古董

# 2022ANTIQUES AUCTION RECORDS

# 拍卖年鉴 翡翠珠宝

2021-01-01～2021-12-31

欣 弘 编



CNS PUBLISHING & MEDIA | 湖南美术出版社
全 国 百 佳 图 书 出 版 单 位
·长 沙·

图书在版编目（CIP）数据

2022古董拍卖年鉴·翡翠珠宝 / 欣弘编. — 长沙：湖南美术出版社, 2022.1
ISBN 978-7-5356-9722-6

Ⅰ. ①2… Ⅱ. ①欣… Ⅲ. ①历史文物－拍卖－价格－中国－2022－年鉴②翡翠－拍卖－价格－中国－2022－年鉴③宝石－拍卖－价格－中国－2022－年鉴
Ⅳ. ①F724.787-54

中国版本图书馆CIP数据核字（2022）第011272号

# 2022古董拍卖年鉴·翡翠珠宝

# 2022 GUDONG PAIMAI NIANJIAN · FEICUI ZHUBAO

出 版 人：黄　啸
编　　者：欣　弘
策　　划：易兴宏　李志文
责任编辑：李　坚　杜作波

湖南美术出版社出版发行（长沙市东二环一段622号）
湖南省新华书店经销
雅昌文化（集团）有限公司制版、印刷
开本：787mm×1092mm　1/16　印张：18
版次：2022年1月第1版　印次：2022年1月第1次印刷
书号：ISBN 978-7-5356-9722-6
定价：158.00元

邮购联系：0731-84787105　邮编：410016　网址：http://www.arts-press.com/
电子邮箱：market@arts-press.com
如有倒装、破损、少页等印装质量问题，请与印刷厂联系斢换。
联系电话：0755-83366138

# 目　录

# 凡 例

1.《2022古董拍卖年鉴》分瓷器卷、玉器卷、杂项卷、翡翠珠宝卷、书画卷，共五册，收录了纽约、伦敦、巴黎、日内瓦、香港、澳门、台北、北京、上海、广州、昆明、天津、重庆、成都、合肥、南京、西安、沈阳、济南等城市或地区的几十家拍卖公司几百个专场的2021年度拍卖成交记录与拍品图片。

2.本书内文条目原则上保留了原拍卖记录（由于拍品来自不同的拍卖公司，为便于搜索，对于用词不一致的名称，如“Cartier ”“CARTIER”“三羊开泰”“三阳开泰”“水呈”“水丞”“安迪 · 沃荷”“安迪 · 沃霍尔”“三联葫芦瓶”“三连葫芦瓶”等，均不作统一），按拍品号、品名、估价、成交价、尺寸、拍卖公司名称、拍卖日期等排序，部分原内容缺失或不详的不注明。书画卷内文条目还有作者姓名、作品形式、创作年代等内容。

3.因境外拍卖公司宿地不同，本书拍品估价涉及多个币种：RMB（人民币），USD（美元），EUR（欧元），GBP（英镑），HKD（港币），NTD（新台币）。但本书所有拍品成交价均按汇率转换成RMB（人民币）。

4.多人合作的作品，条目中仅列出一或两位主要作者的名字。

# 佩饰件

## 吊 坠

1 清乾隆 翡翠微雕财神
估　价：RMB 80,000~120,000
成交价：RMB 759,000
高2.5cm 永乐拍卖 2021-05-22

862 清 翡翠玉佩
估　价：RMB 350,000~400,000
成交价：RMB 483,000
长5.9cm 中贸圣佳 2021-07-07

3162 清代 翡翠荷花佩
估　价：RMB 100,000~150,000
成交价：RMB 115,000
高5cm 古天一 2021-06-07

6411 清 翡翠挂坠及珍珠配饰
估　价：RMB 1,000,000~1,500,000
成交价：RMB 1,725,000
翡翠挂坠4.2cm × 1.5cm × 0.8cm
北京保利 2021-12-06

5139 “荷趣”金镶冰种满绿翡翠吊坠
估　价：RMB 120,000~180,000
成交价：RMB 138,000
吊坠46mm × 22mm 西泠印社 2021-07-25

5126 “豆蔻年华”老坑高冰紫翡吊坠
估　价：RMB 100,000~120,000
成交价：RMB 115,000
吊坠55.5mm × 18.5mm × 14.8mm
西泠印社 2021-07-25

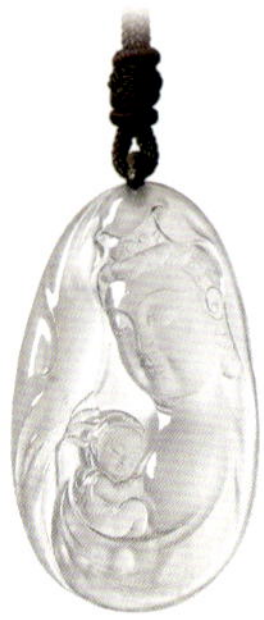

5465 “护佑”精美的天然白冰翡翠雕刻挂件，许群豪作品
估　价：RMB 160,000~220,000
成交价：RMB 253,000
翡翠52.5mm × 35mm × 7.0mm
中国嘉德 2021-11-30

1976 11.12克拉梨形D/VVS1钻石吊坠
估　价：HKD 3,000,000~5,000,000
成交价：RMB 3,312,000
长2.9cm 佳士得 2021-05-23

1982 36.20克拉心形D/IF Type IIa (极优打磨及比例)钻石吊坠项链，Ronald Abram设计
估　价：HKD 14,000,000~25,000,000
成交价：RMB 17,938,850
项链长47.5cm 佳士得 2021-11-28

699 18K白金翡翠帝王绿葫芦挂件
估　价：RMB 170,000~250,000
成交价：RMB 179,200
裸石43.7mm × 15.9mm × 5.0mm
上海联合 2021-06-27

712 18K白金翡翠高冰满绿弥勒佛挂件
估　价：RMB 320,000~500,000
成交价：RMB 358,400
44.6mm × 35.8mm × 14.0mm
上海联合 2021-06-27

718 18K金翡翠白冰佛公挂件
估　价：RMB 100,000~160,000
成交价：RMB 112,000
裸石41.0mm × 31.0mm × 6.0mm
上海联合 2021-06-27

5153 “蓼汀花溆”金镶白冰蛋面翡翠吊坠
估　价：RMB 120,000~160,000
成交价：RMB 138,000
翡翠20.8mm × 16mm 西泠印社 2021-07-25

111 18K金翡翠如意吊坠
估　价：RMB 120,000~160,000
成交价：RMB 161,000
翡翠62mm × 38mm × 11mm；重45g
南京经典 2021-07-18

84 18K金碎钻红宝紫翡翠挂件
估　价：RMB 200,000~250,000
成交价：RMB 287,500
30mm × 35mm × 13.7mm；重25g
南京经典 2021-07-18

82 18K金碎钻老坑冰种翡翠吊坠
估　价：RMB 60,000~80,000
成交价：RMB 92,000
30mm×45mm×12.5mm；重22g
南京经典 2021-07-18

3269 冰种满绿翡翠祥龙佩
估　价：RMB 200,000~260,000
成交价：RMB 230,000
翡翠直径56mm 西泠印社 2021-01-16

85 40.8克拉绿碧玺枕形吊坠
估　价：RMB 200,000~350,000
成交价：RMB 322,000
上海匡时 2021-07-08

97 18K金碎钻镶嵌树叶形翡翠吊坠
估　价：RMB 80,000~120,000
成交价：RMB 103,500
71mm×34mm×10mm；重34g
南京经典 2021-07-18

94 蛋面18K金帝王绿老坑翡翠吊坠
估　价：RMB 70,000~120,000
成交价：RMB 115,000
75mm×20mm×7.9mm；重10g
南京经典 2021-07-18

6205 帝王绿翡翠佛公
估　价：RMB 300,000~400,000
成交价：RMB 368,000
高2.8cm 永乐拍卖 2021-12-02

87 18K金镶钻老坑阿弥陀佛翡翠吊坠
估　价：RMB 200,000~300,000
成交价：RMB 287,500
44mm×34mm×14mm；重21g
南京经典 2021-07-18

1709 4.25克拉方形E色钻石吊坠
估　价：HKD 450,000~650,000
成交价：RMB 424,872
香港苏富比 2021-04-20

1218 翡翠"灵光"吊坠
估　价：RMB 120,000~180,000
成交价：RMB 120,750
80.9mm×72.6mm×12.8mm；重62.04g
上海嘉禾 2021-07-22

1 翡翠螭龙平安扣
估　价：RMB 8,000,000
成交价：RMB 8,080,000
重68.07g（带绳）上海青莲阁 2021-03-08

3528 HARRY WINSTON 97.30克拉斯里兰卡无烧星光蓝宝石吊坠
估　价：RMB 1,600,000~2,000,000
成交价：RMB 1,828,500
永乐拍卖 2021-05-22

1244 翡翠蛋面挂坠
估　价：RMB 1,600,000~2,500,000
成交价：RMB 1,840,000
26.52mm×24.03mm；重45.32g 上海嘉禾 2021-07-22

3437 翡翠“弥勒”吊坠
估　价：RMB 1,800,000~2,000,000
成交价：RMB 2,070,000
永乐拍卖 2021-05-22

1247 翡翠蛋面挂件
估　价：RMB 1,500,000~2,500,000
成交价：RMB 1,610,000
裸石36mm×30mm×12mm；重51.9g（含镶嵌钻石）
上海嘉禾 2021-07-22

3435 翡翠大蛋面吊坠
估　价：RMB 1,500,000~2,200,000
成交价：RMB 1,725,000
永乐拍卖 2021-05-22

1241 翡翠挂件
估　价：RMB 600,000~1,500,000
成交价：RMB 667,000
54mm×41mm；重44.9687g
上海嘉禾 2021-07-22

3499 翡翠观音吊坠
估　价：RMB 350,000~450,000
成交价：RMB 862,500
永乐拍卖 2021-05-22

1869 翡翠及钻石吊坠（一对）
估　价：HKD 280,000~380,000
成交价：RMB 310,500
吊坠长4.6cm×2 佳士得 2021-05-23

1246 翡翠观音吊坠
估　价：RMB 800,000~2,000,000
成交价：RMB 920,000
57.80mm×36.54mm；重81.35g
上海嘉禾 2021-07-22

112 福瓜高冰帝王绿吊坠
估　价：RMB 60,000~80,000
成交价：RMB 92,000
15mm×50mm×6.8mm；重13g
南京经典 2021-07-18

1269 观音冰种吊坠
估　价：RMB 180,000~250,000
成交价：RMB 189,750
上海嘉禾 2021-07-22

6132 罕见满绿翡翠大蛋面吊坠
估　价：RMB 8,000,000~13,000,000
成交价：RMB 13,800,000
永乐拍卖 2021-12-02

11 花开富贵海蓝宝石吊坠
估　价：RMB 180,000~200,000
成交价：RMB 253,000
主石65.81克拉 上海匡时 2021-07-08

6043 加龙 天然木那阳绿布袋佛挂坠
估　价：RMB 1,600,000~2,000,000
成交价：RMB 1,725,000
翡翠67.8mm × 42.4mm × 13mm
华艺国际 2021-03-31

3293 金镶玻璃种白冰翡翠挂坠
估　价：RMB 88,000~98,000
成交价：RMB 101,200
翡翠59.6mm × 18.5mm 西泠印社 2021-01-16

3265 金镶玻璃种帝王绿翡翠观音挂坠
估　价：RMB 3,000,000~6,000,000
成交价：RMB 3,450,000
翡翠57mm × 36.5mm，吊坠76.5mm × 40mm
西泠印社 2021-01-16

3295 金镶木那高冰飘绿观音挂坠
估　价：RMB 260,000~320,000
成交价：RMB 299,000
翡翠84mm × 33mm × 6mm
西泠印社 2021-01-16

3277 金镶白冰蛋面吊坠
估　价：RMB 130,000~160,000
成交价：RMB 149,500
吊坠56mm × 33.5mm 西泠印社 2021-01-16

105 金蝉18K玫瑰金碎钻镶嵌高冰翡翠吊坠
估　价：RMB 120,000~180,000
成交价：RMB 172,500
30mm × 68mm × 14mm；重29g
南京经典 2021-07-18

3262 金镶高冰辣绿翡翠大蛋面吊坠
估　价：RMB 1,000,000~1,500,000
成交价：RMB 1,150,000
翡翠26.5mm × 24.5mm 西泠印社 2021-01-16

5171 金镶高冰满绿蛋面翡翠吊坠
估　价：RMB 1,800,000~2,200,000
成交价：RMB 2,070,000
蛋面24mm×20mm 西泠印社 2021-07-25

4129 缅甸天然冰种翡翠佛公配钻石吊坠
估　价：RMB 100,000~200,000
成交价：RMB 115,000
吊坠长5.3cm 北京保利 2021-06-07

3292 老蒋雕刻 高冰果绿翡翠弥勒佛挂坠
估　价：RMB 200,000~250,000
成交价：RMB 230,000
翡翠46mm×30.5mm×14.8mm
西泠印社 2021-01-16

50 卢比莱57.87克拉红碧玺吊坠
估　价：RMB 250,000~450,000
成交价：RMB 230,000
上海匡时 2021-07-08

4059 缅甸天然满绿翡翠雕龙吊坠
估　价：RMB 420,000~620,000
成交价：RMB 460,000
翡翠长45.56mm，厚约8.97mm
北京保利 2021-06-07

165 卢比莱红碧玺261.73克拉弥勒吊坠
估　价：RMB 800,000~900,000
成交价：RMB 977,500
上海匡时 2021-07-08

6200 满绿翡翠随形吊坠
估　价：RMB 280,000~320,000
成交价：RMB 322,000
永乐拍卖 2021-12-02

4133 缅甸天然满绿翡翠福豆配钻石吊坠
估　价：RMB 335,000~450,000
成交价：RMB 391,000
北京保利 2021-06-07

1863 缅甸天然帝王绿色翡翠佛手挂坠
成交价：RMB 18,178,740
翡翠约54.76mm×33.50mm×15.45mm，
重约188.00克拉 香港苏富比 2021-10-12

105 素面51.13克拉祖母绿吊坠
估　价：RMB 200,000~250,000
成交价：RMB 230,000
上海匡时 2021-07-08

2138 缅甸天然满绿翡翠福瓜挂坠
估　价：HKD 680,000~1,500,000
成交价：RMB 1,576,320
翡翠55.64mm×27.58mm×10.66mm
保利香港 2021-11-27

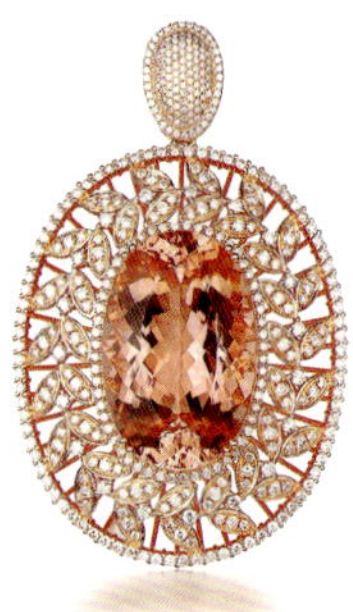

178 摩根石椭圆吊坠
估　价：RMB 100,000~150,000
成交价：RMB 115,000
上海匡时 2021-07-08

93 三元豆18K金冰种帝王绿翡翠吊坠
估　价：RMB 120,000~150,000
成交价：RMB 155,250
翡翠55mm×20mm×11.6mm；重11g
南京经典 2021-07-18

4131 缅甸天然满绿翡翠观音配钻石吊坠
估　价：RMB 300,000~500,000
成交价：RMB 345,000
吊坠长5.5cm 北京保利 2021-06-07

1254 琵琶吊坠
估　价：RMB 200,000~260,000
成交价：RMB 207,000
琵琶吊坠重21.18g；金链重3.42g
上海嘉禾 2021-07-22

3011 天然翡翠豆荚三部曲之豆蔻年华
估　价：RMB 298,000~500,000
成交价：RMB 333,500
59mm×20mm×6.8mm
十竹斋拍卖（北京） 2021-04-25

5073 天然翡翠配火蛋白石及钻石佛公吊坠
估　价：RMB 39,000~68,000
成交价：RMB 115,000
翡翠31.10mm × 21.25mm × 3.73mm
中国嘉德 2021-05-21

5063 天然满绿翡翠配钻石吊坠
估　价：RMB 150,000~250,000
成交价：RMB 172,500
吊坠39.5mm × 24.5mm 中国嘉德 2021-05-21

3022 天然缅甸木那高冰满绿翡翠挂件
估　价：RMB 1,190,000~2,280,000
成交价：RMB 1,380,000
61mm × 37mm × 16mm
十竹斋拍卖（北京） 2021-04-25

6053 天然翡翠平安无事吊坠
估　价：RMB 200,000~250,000
成交价：RMB 230,000
吊坠53.6mm × 25.6mm × 8.2mm
华艺国际 2021-03-31

6045 天然紫罗兰翡翠鸽子蛋吊坠
估　价：RMB 60,000~80,000
成交价：RMB 69,000
总长50mm × 30mm × 20mm
华艺国际 2021-03-31

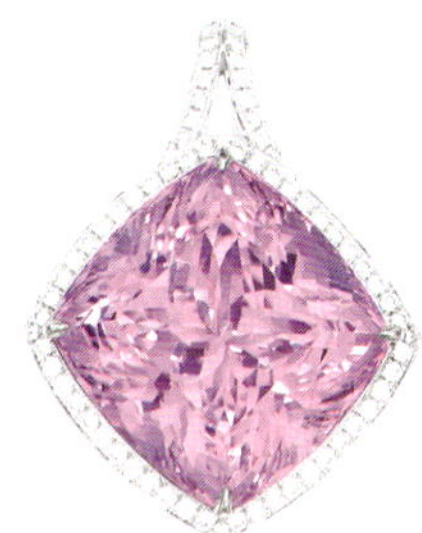

44 91.40克拉紫锂辉石配钻石吊坠
估　价：HKD 45,000~75,000
成交价：RMB 79,488
天成国际 2021-06-01

145 天然满绿翡翠佛公钻石吊坠
估　价：RMB 380,000~450,000
成交价：RMB 437,000
翡翠35mm × 35mm × 10mm
上海匡时 2021-07-08

3029 天然缅甸高冰翡翠佛手挂件
估　价：RMB 168,000~280,000
成交价：RMB 193,200
84.3mm × 40.7mm × 10.9mm
十竹斋拍卖（北京） 2021-04-25

107 望子成龙18K玫瑰金碎钻翡翠吊坠
估　价：RMB 60,000~100,000
成交价：RMB 115,000
20mm × 60mm × 14mm；重36g
南京经典 2021-07-18

3061 天然缅甸老坑冰种帝王绿佛手挂坠
估　价：RMB 4,980,000~7,500,000
成交价：RMB 5,658,000
38.2mm × 24mm × 6.5mm
十竹斋拍卖（北京）2021-04-25

94 27.01克拉，D色，VS2净度钻石吊坠
估　价：USD 1,000,000~1,500,000
成交价：RMB 7,485,970
纽约苏富比 2021-06-09

86 坐莲观音18K金碎钻高冰翡翠吊坠
估　价：RMB 100,000~150,000
成交价：RMB 178,250
33mm × 60mm × 14mm；重38g
南京经典 2021-07-18

85 坐莲观音翡翠吊坠
估　价：RMB 200,000~300,000
成交价：RMB 322,000
30mm × 55mm × 0.8mm；重36g
南京经典 2021-07-18

95 10.43克拉黄色蓝宝石吊坠
估　价：GBP 5,000~7,000
成交价：RMB 62,867
伦敦苏富比 2021-06-24

1200 13.67克拉黄色蓝宝石和钻石吊坠
估　价：CHF 7,000~9,000
成交价：RMB 57,222
长460mm 日内瓦苏富比 2021-07-07

143 19世纪初蓝宝石和钻石吊坠
估　价：CHF 15,000~25,000
成交价：RMB 402,818
长3.6cm 日内瓦佳士得 2021-05-12

6 20.34克拉祖母绿和钻石吊坠
估　价：USD 40,000~60,000
成交价：RMB 327,970
3.2cm × 2.2cm 纽约佳士得 2021-04-13

95 29.84克拉，D色，VS2净度钻石吊坠
估　价：USD 1,200,000~1,800,000
成交价：RMB 11,358,575
纽约苏富比 2021-06-09

98 非凡的47.00克拉祖母绿和钻石吊坠
估　价：CHF 1,250,000~1,550,000
成交价：RMB 9,452,784
日内瓦佳士得 2021-05-12

191 3.51克拉红宝石和钻石吊坠
估　价：EUR 7,000~10,000
成交价：RMB 105,738
吊坠 1.3cm × 1.4cm 巴黎佳士得 2021-07-07

1994 翡翠及钻石吊坠项链
估　价：HKD 1,800,000~2,800,000
成交价：RMB 1,863,000
吊坠长6.1cm 佳士得 2021-05-23

1083 4.09克拉蓝宝石和种子珍珠吊坠
估　价：CHF 2,000~4,000
成交价：RMB 13,897
30mm × 20mm 日内瓦苏富比 2021-07-07

88 116.67克拉天然未经处理橙色海螺珠配钻石太空漫步吊坠项链
估　价：HKD 500,000~800,000
成交价：RMB 516,672
天成国际 2021-06-01

123 4.13克拉蓝宝石配2.02克拉红宝石及钻石吊坠
估　价：CHF 100,000~150,000
成交价：RMB 2,127,390
日内瓦苏富比 2021-05-11

51 7.38克拉钻石吊坠
估　价：EUR 140,000~160,000
成交价：RMB 1,538,000
1.9cm × 1.3cm 巴黎佳士得 2021-07-07

198 梵克雅宝 木制吊坠
估　价：EUR 4,000~6,000
成交价：RMB 163,413
8.8cm × 7.7cm 巴黎佳士得 2021-07-07

311 古柏林 黑蛋白石和钻石吊坠
估　价：USD 7,500~10,000
成交价：RMB 60,584
长2.86cm 纽约苏富比 2021-06-11

1199 红宝石和钻石吊坠
估　价：CHF 3,000~5,000
成交价：RMB 19,619
红宝石14.00mm × 12.61mm × 8.50mm
日内瓦苏富比 2021-07-07

8 卡地亚 双色金吊坠
估　价：USD 8,000~12,000
成交价：RMB 56,079
直径 6.3cm 纽约佳士得 2021-06-04

74 古董橄榄石和钻石吊坠 约1880年
估　价：USD 10,000~15,000
成交价：RMB 224,497
12.1cm × 6.8cm 纽约佳士得 2021-06-08

25 卡地亚 黄金、珍珠母贝和青金石吊坠，法国
估　价：USD 10,000~15,000
成交价：RMB 81,562
长8.89cm 纽约苏富比 2021-08-31

243 孔雀石、钻石和祖母绿吊坠
估　价：USD 7,000~9,000
成交价：RMB 48,467
长5.72cm 纽约苏富比 2021-06-11

745 海瑞温斯顿 祖母绿配钻石吊坠
估　价：CHF 28,000~42,000
成交价：RMB 1,083,907
日内瓦苏富比 2021-05-13

163 蓝宝石配钻石吊坠
估　价：CHF 12,000~17,000
成交价：RMB 162,949
日内瓦苏富比 2021-05-11

7 玛瑙和珐琅吊坠 大约1905年
估　价：GBP 4,000~6,000
成交价：RMB 54,866
伦敦苏富比 2021-06-24

127 精湛的53.53克拉，D色，VVS1净度，IIa型钻石吊坠
估　价：CHF 2,000,000~3,000,000
成交价：RMB 19,979,748
日内瓦佳士得 2021-05-12

1941 天然翡翠"五福临门"吊坠项链
估　价：HKD 25,000,000~35,000,000
成交价：RMB 19,909,250
项链长69.5cm，吊坠7.7cm 佳士得 2021-11-28

145 钻石吊坠
估　价：GBP 26,000~40,000
成交价：RMB 365,771
伦敦苏富比 2021-06-24

167 新艺术风格珐琅、珍珠和黄金吊坠
估　价：USD 2,000~3,000
成交价：RMB 11,383
4.4cm × 3.4cm 纽约佳士得 2021-04-21

11 31.0克拉祖母绿和钻石吊坠 19世纪90年代
估　价：GBP 20,000~30,000
成交价：RMB 434,353
伦敦苏富比 2021-06-24

## 吊　牌

860 清乾隆 翡翠九如牌
估　价：RMB 220,000~250,000
成交价：RMB 276,000
长4.7cm 中贸圣佳 2021-07-07

29 祖母绿吊坠 18世纪末
估　价：GBP 2,000~3,000
成交价：RMB 22,861
长55mm 伦敦苏富比 2021-06-24

1192 26.05克拉卢比莱碧玺97分钻石吊坠（带G18K金素金项链）
成交价：RMB 218,500
重13.22g 上海嘉禾 2021-07-22

422 18K金镶钻满绿翡翠平安牌
估　价：RMB 250,000
成交价：RMB 460,000
直径3.7cm 浙江佳宝 2021-01-10

4065 “欧旋碧海邀紫气”品质卓越的缅甸天然紫罗兰翡翠山水雕纹饰牌
成交价：RMB 9,200,000
翡翠牌69.53mm×52.94mm×17.78mm
北京保利 2021-06-07

3271 金镶冰种阳绿素面翡翠牌吊坠
估　价：RMB 140,000~180,000
成交价：RMB 161,000
翡翠32.2mm×19.1mm 西泠印社 2021-01-16

5125 冰种紫色翡翠佛牌
估　价：RMB 600,000~800,000
成交价：RMB 690,000
翡翠73mm×45mm×8mm
西泠印社 2021-07-25

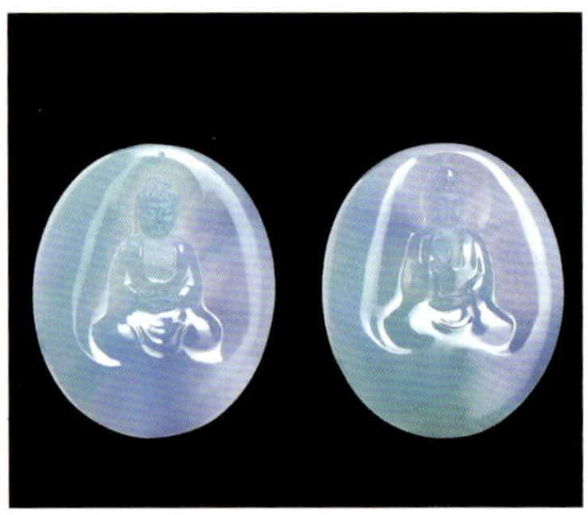

3266 陈梅松雕刻 冰种春带彩翡翠释迦牟尼牌（一对）
估　价：RMB 100,000~150,000
成交价：RMB 115,000
翡翠52mm×46.5mm×6mm
52.2mm×46.5mm×5.8mm
西泠印社 2021-01-16

3062 卢葵设计师款天然满绿翡翠聚宝牌
估　价：RMB 418,000~600,000
成交价：RMB 471,500
36.6mm×25.5mm×9.8mm
十竹斋拍卖（北京） 2021-04-25

3030 翡翠“上善若水”吊牌
估　价：RMB 122,000~200,000
成交价：RMB 140,300
51mm×51mm×13.8mm
十竹斋拍卖（北京） 2021-04-25

3004 翡翠“东坡志林”吊牌
估　价：RMB 368,000~568,000
成交价：RMB 414,000
72mm×40mm×26mm
十竹斋拍卖（北京） 2021-04-25

3268 加龙雕刻 高冰飘绿翡翠山水牌
估　价：RMB 460,000~560,000
成交价：RMB 529,000
翡翠66.5mm×40mm×6mm
西泠印社 2021-01-16

2269 清 翡翠无字牌
成交价：RMB 103,500
长6cm；宽2.6cm 十竹斋 2021-06-27

6016 天然翡翠梵音观音牌
估　价：RMB 220,000~280,000
成交价：RMB 253,000
翡翠70.3mm × 43.1mm × 10mm
华艺国际 2021-03-31

## 带　钩

1446 清 翡翠带钩（一对）
估　价：RMB 70,000~100,000
成交价：RMB 92,000
长5cm × 2 广东崇正 2021-01-07

1751 清 红翡浮雕龙纹带钩
估　价：RMB 8,000~15,000
成交价：RMB 20,700
长9.7cm 西泠印社 2021-04-10

## 扳　指

1911 清乾隆 翡翠扳指
估　价：RMB 200,000~300,000
成交价：RMB 552,000
直径3.1cm；高2.5cm 中贸圣佳 2021-05-21

3160 清代 翡翠扳指
估　价：RMB 50,000~80,000
成交价：RMB 57,500
高2.5cm；直径3cm 古天一 2021-06-07

## 戒　指

1824 “Twist” 8.02克拉艳彩黄色钻石配钻石戒指
估　价：HKD 3,000,000~5,000,000
成交价：RMB 3,338,496
香港苏富比 2021-10-12

5190 1.02克拉淡彩紫粉钻石戒指吊坠两用
估　价：RMB 380,000~480,000
成交价：RMB 483,000
戒圈12 西泠印社 2021-07-25

5207 “红玫瑰” 8.11克拉未经加热缅甸红宝石戒指
估　价：RMB 5,000,000~6,000,000
成交价：RMB 5,750,000
戒圈11 西泠印社 2021-07-25

2024 1.01克拉浓彩粉色钻石及浓彩黄色钻石配钻石戒指
估　价：HKD 2,000,000~2,800,000
成交价：RMB 1,970,400
保利香港 2021-11-27

1908 1.03克拉正方形淡蓝色VS1钻石及1.00克拉正方形微粉红色VS2钻石戒指
估　价：HKD 250,000~350,000
成交价：RMB 175,950
佳士得 2021-05-23

2079 1.75克拉巴西帕拉伊巴碧玺配钻石戒指
估　价：HKD 280,000~480,000
成交价：RMB 141,624
保利香港 2021-04-22

1865 1.02克拉淡粉红色钻石配1.01克拉淡绿蓝色钻石及钻石戒指
估　价：HKD 350,000~500,000
成交价：RMB 365,148
香港苏富比 2021-10-12

2025 1.09克拉艳彩紫粉色钻石配钻石戒指
估　价：HKD 3,000,000~3,800,000
成交价：RMB 2,832,480
保利香港 2021-04-22

1975 10.02克拉长方形D/FL Type IIa（极优打磨）钻石戒指
估　价：HKD 4,100,000~6,000,000
成交价：RMB 5,175,000
佳士得 2021-05-23

1989 1.02克拉梨形浓彩粉红色SI1（极优打磨）钻石戒指
估　价：HKD 1,300,000~1,800,000
成交价：RMB 1,449,000
佳士得 2021-05-23

118 1.22克拉椭圆形天然艳彩黄色VS2净度钻石配钻石戒指
估　价：HKD 120,000~180,000
成交价：RMB 119,232
天成国际 2021-06-01

6197 1.41克拉艳彩绿蓝色钻石配钻石戒指
估　价：RMB 2,800,000~3,100,000
成交价：RMB 3,220,000
永乐拍卖 2021-12-02

1907 1.75克拉长方形深彩棕黄橘色SI2钻石戒指
估　价：HKD 100,000~150,000
成交价：RMB 103,500
佳士得 2021-05-23

6066 10.04克拉缅甸无烧红宝石配钻石戒指
估　价：RMB 4,200,000~5,800,000
成交价：RMB 4,830,000
永乐拍卖 2021-12-02

1618 10.39克拉天然缅甸尖晶石配钻石戒指
估　价：HKD 900,000~1,200,000
成交价：RMB 955,962
香港苏富比 2021-04-20

1886 10.04克拉天然缅甸未经加热蓝宝石配钻石戒指
估　价：HKD 2,000,000~2,600,000
成交价：RMB 2,086,560
香港苏富比 2021-10-12

3533 10.10克拉阿斯切钻石戒指
估　价：RMB 3,200,000~3,600,000
成交价：RMB 3,680,000
永乐拍卖 2021-05-22

1678 10.41克拉椭圆形D色内部无瑕钻石戒指
估　价：HKD 5,500,000~7,500,000
成交价：RMB 5,451,681
香港苏富比 2021-04-20

1927 10.09克拉圆形D/SI2（极优切割、打磨及比例）钻石戒指
估　价：HKD 1,200,000~1,800,000
成交价：RMB 2,070,000
佳士得 2021-05-23

3526 10.11克拉绿色钻石戒指
估　价：RMB 1,110,000~1,600,000
成交价：RMB 1,334,000
永乐拍卖 2021-05-22

1826 10.75克拉梨形D色钻石戒指
估　价：HKD 4,200,000~5,800,000
成交价：RMB 4,352,796
香港苏富比 2021-10-12

1239 10克拉 VVS2钻戒
估　价：RMB 2,500,000~3,500,000
成交价：RMB 2,875,000
上海嘉禾 2021-07-22

6099 11.22克拉天然变色蓝宝石配钻石戒指，未经加热
估　价：RMB 200,000~250,000
成交价：RMB 230,000
华艺国际 2021-03-31

2003 12.50克拉长方形哥伦比亚天然祖母绿及钻石戒指
估　价：HKD 7,200,000~9,000,000
成交价：RMB 8,652,600
佳士得 2021-05-23

3564 11.03克拉莫桑比克无烧鸽血红红宝石配钻石戒指
估　价：RMB 3,800,000~4,000,000
成交价：RMB 4,370,000
永乐拍卖 2021-05-22

4111 11.39克拉D色TypeIIA钻石戒指，净度内部无瑕
估　价：RMB 4,000,000~5,500,000
成交价：RMB 4,715,000
北京保利 2021-06-07

2010 12.55克拉圆形D/IF（极优切割、打磨及比例）钻石戒指
估　价：HKD 8,800,000~12,000,000
成交价：RMB 8,950,680
佳士得 2021-05-23

4017 11.08克拉哥伦比亚艳绿色祖母绿配钻石戒指，未经注油
估　价：RMB 1,200,000~2,200,000
成交价：RMB 1,667,500
北京保利 2021-06-07

5238 13.01克拉哥伦比亚极微油祖母绿戒指
估　价：RMB 1,200,000~1,600,000
成交价：RMB 1,380,000
戒圈13.5 西泠印社 2021-07-25

1973 13.03克拉长方形天然蓝宝石及钻石戒指
估　价：HKD 1,600,000~2,500,000
成交价：RMB 2,070,000
佳士得 2021-05-23

1131 12.62克拉彩橙粉色钻石配钻石戒指
估　价：RMB 12,000,000~16,000,000
成交价：RMB 12,650,000
北京保利 2021-09-26

1913 15.52克拉梨形深彩棕黄色VVS2钻石戒指
估　价：HKD 350,000~550,000
成交价：RMB 828,000
佳士得 2021-05-23

1670 13.52克拉天然哥伦比亚祖母绿配钻石戒指
估　价：HKD 3,800,000~5,800,000
成交价：RMB 6,063,699
香港苏富比 2021-04-20

120 14.48克拉椭圆形天然缅甸未经加热处理“皇家蓝”蓝宝石配钻石戒指
估　价：HKD 1,200,000~1,800,000
成交价：RMB 1,280,760
天成国际 2021-11-26

3566 16.95克拉哥伦比亚无油祖母绿配钻石戒指
估　价：RMB 2,560,000~3,000,000
成交价：RMB 2,932,500
永乐拍卖 2021-05-22

1983 14.20克拉梨形电气石及钻石戒指
估　价：HKD 5,800,000~8,800,000
成交价：RMB 5,175,000
佳士得 2021-05-23

2005 15.32克拉枕形缅甸天然皇家蓝蓝宝石及钻石戒指
估　价：HKD 2,500,000~3,500,000
成交价：RMB 2,691,000
佳士得 2021-05-23

99 17.01克拉古垫形天然艳彩黄色VS1净度钻石配钻石戒指
估　价：HKD 5,400,000~8,400,000
成交价：RMB 5,270,820
天成国际 2021-11-26

6006 17克拉天然火欧泊配钻石鲤鱼戒指
估　价：RMB 120,000~150,000
成交价：RMB 161,000
华艺国际 2021-06-04

1817 24.25克拉猫眼石戒指
估　价：HKD 150,000~250,000
成交价：RMB 297,613
佳士得 2021-11-28

1925 21.54克拉椭圆形缅甸天然红宝石戒指
估　价：HKD 3,800,000~5,800,000
成交价：RMB 3,899,750
佳士得 2021-11-28

619 18K白金2.0克拉莫桑比克无烧鸽血红红宝石2克拉花式戒指
估　价：RMB 96,000~180,000
成交价：RMB 107,520
裸石8.31mm×6.98mm×3.62mm
上海联合 2021-06-27

625 18K白金2.5克拉哥伦比亚木佐祖母绿花式戒指
估　价：RMB 470,000~600,000
成交价：RMB 526,400
上海联合 2021-06-27

630 18K白金3.2克拉帕拉伊巴碧玺钻石花式戒指
估　价：RMB 112,000~200,000
成交价：RMB 125,440
上海联合 2021-06-27

657 18K白金3.93克拉斯里兰卡无烧皇家蓝蓝宝石花式戒指
估　价：RMB 166,000~250,000
成交价：RMB 185,920
上海联合 2021-06-27

627 18K白金3克拉莫桑比克无烧鸽血红红宝石花式戒指
估　价：RMB 100,000~250,000
成交价：RMB 156,800
上海联合 2021-06-27

1958 7.00克拉长方形艳彩黄色VS2 (极优打磨及比例)钻石戒指
估　价：HKD 2,800,000~3,800,000
成交价：RMB 3,591,875
佳士得 2021-11-28

662 18K白金4.7克拉莫桑比克无烧鸽血红红宝石钻石花式戒指
估　价：RMB 500,000~800,000
成交价：RMB 672,000
上海联合 2021-06-27

1959 3.32克拉长方形艳彩蓝色IF钻石戒指
估　价：HKD 32,000,000~50,000,000
成交价：RMB 37,642,850
佳士得 2021-11-28

626 18K白金6.03克拉莫桑比克无烧鸽血红红宝石花式戒指（两用款）
估　价：RMB 750,000~900,000
成交价：RMB 840,000
上海联合 2021-06-27

702 18K金翡翠马鞍满绿花式戒指
估　价：RMB 135,000~180,000
成交价：RMB 151,200
上海联合 2021-06-27

2020 2.01克拉彩紫粉色钻石配钻石戒指
估　价：HKD 350,000~620,000
成交价：RMB 465,336
保利香港 2021-04-22

1967 5.85克拉长方形克什米尔天然蓝宝石戒指
估　价：HKD 4,500,000~6,500,000
成交价：RMB 4,618,125
佳士得 2021-11-28

666 18K蓝钻钻石花式戒指
估　价：RMB 1,280,000~1,800,000
成交价：RMB 1,433,600
上海联合 2021-06-27

3327 2.01克拉莫桑比克鸽血红红宝石戒指，未经优化处理
估　价：RMB 90,000~120,000
成交价：RMB 103,500
戒圈13 西泠印社 2021-01-16

6020 2.04克拉天然鸽血红红宝石配钻石戒指，未经加热
估　价：RMB 120,000~150,000
成交价：RMB 161,000
华艺国际 2021-06-04

2016 2.08克拉艳彩紫粉色钻石配钻石戒指
估　价：HKD 9,200,000~14,000,000
成交价：RMB 8,866,800
保利香港 2021-11-27

3333 2.06克拉亚历山大变石戒指，未经优化处理
估　价：RMB 90,000~100,000
成交价：RMB 103,500
戒圈10.5 西泠印社 2021-01-16

2012 2.14克拉彩绿色钻石配钻石戒指
估　价：HKD 880,000~1,200,000
成交价：RMB 1,083,720
保利香港 2021-11-27

6048 2.45克拉天然哥伦比亚木佐祖母绿配钻石戒指
估　价：RMB 150,000~180,000
成交价：RMB 172,500
华艺国际 2021-06-04

6047 2.0克拉天然克什米尔矢车菊蓝宝石配钻石戒指
估　价：RMB 300,000~400,000
成交价：RMB 345,000
华艺国际 2021-06-04

1899 2.38克拉、2.12克拉及2.07克拉枕形哥伦比亚天然祖母绿戒指
估　价：HKD 580,000~800,000
成交价：RMB 672,750
佳士得 2021-05-23

1967 2.51克拉椭圆形E/VS1 Type IIa（极优打磨）钻石及珍珠戒指
估　价：HKD 120,000~180,000
成交价：RMB 238,050
佳士得 2021-05-23

3315 2.52克拉枕形淡粉钻石戒指
估　价：RMB 800,000~1,500,000
成交价：RMB 1,265,000
戒圈13 西泠印社 2021-01-16

1898 2.85克拉椭圆形缅甸天然鸽血红红宝石及1.53克拉椭圆形D/IF钻石戒指
估　价：HKD 700,000~900,000
成交价：RMB 776,250
佳士得 2021-05-23

4121 20.40克拉马达加斯加皇家蓝蓝宝石配钻石戒指，未经加热
估　价：RMB 1,500,000~2,200,000
成交价：RMB 1,725,000
北京保利 2021-06-07

1872 2.67克拉天然巴西未经处理亚历山大变色石配钻石戒指
估　价：HKD 240,000~400,000
成交价：RMB 292,118
香港苏富比 2021-10-12

1732 20.00克拉天然斯里兰卡皇家蓝蓝宝石配钻石戒指
估　价：HKD 1,600,000~2,000,000
成交价：RMB 1,699,488
香港苏富比 2021-04-20

1210 20.54克拉蓝宝石戒指
估　价：RMB 1,000,000~1,500,000
成交价：RMB 943,000
上海嘉禾 2021-07-22

1981 2.77克拉椭圆形电气石及钻石戒指
估　价：HKD 1,200,000~1,800,000
成交价：RMB 1,242,000
佳士得 2021-05-23

1938 20.02克拉椭圆形彩棕橘粉红色VVS2（极优打磨及比例）钻石戒指
估　价：HKD 9,300,000~12,000,000
成交价：RMB 9,447,480
佳士得 2021-05-23

1935 20.88克拉心形F/IF Type IIa（极优打磨及比例）钻石戒指
估　价：HKD 9,000,000~12,000,000
成交价：RMB 9,646,200
佳士得 2021-05-23

5018 20.96克拉天然哥伦比亚祖母绿配钻石戒指
估　价：RMB 180,000~280,000
成交价：RMB 264,500
指环11 中国嘉德 2021-05-21

1128 3.02克拉艳彩黄色钻石配钻石戒指
估　价：RMB 880,000~1,200,000
成交价：RMB 1,012,000
北京保利 2021-09-26

1991 3.18克拉梨形彩灰蓝色VS2钻石戒指
估　价：HKD 1,800,000~2,800,000
成交价：RMB 2,691,000
佳士得 2021-05-23

6196 20克拉粉钻戒指
估　价：RMB 5,500,000~6,500,000
成交价：RMB 8,050,000
永乐拍卖 2021-12-02

3534 3.03克拉粉色钻石戒指
估　价：RMB 3,200,000~3,800,000
成交价：RMB 3,680,000
永乐拍卖 2021-05-22

22 3.34克拉圆形天然哥伦比亚木佐未经处理祖母绿配钻石戒指
估　价：HKD 365,000~565,000
成交价：RMB 362,664
天成国际 2021-06-01

6052 21.26克拉天然缅甸蓝宝石配钻石戒指，未经加热
估　价：RMB 2,700,000~3,500,000
成交价：RMB 2,875,000
华艺国际 2021-12-10

3459 3.05克拉莫桑比克无烧红宝石戒指
估　价：RMB 190,000~220,000
成交价：RMB 218,500
永乐拍卖 2021-05-22

1607 3.51克拉天然巴西亚历山大变色石配钻石戒指
估　价：HKD 200,000~280,000
成交价：RMB 318,654
香港苏富比 2021-04-20

1825 3.53克拉枕形缅甸天然红宝石戒指，Bulgari（宝格丽）设计
估　价：HKD 380,000~580,000
成交价：RMB 393,300
佳士得 2021-05-23

2089 3.6克拉艳彩橙黄色钻石配钻石戒指
估　价：HKD 880,000~1,200,000
成交价：RMB 890,208
保利香港 2021-04-22

57 3.74克拉椭圆形天然艳彩黄色VS2净度极优打磨钻石配钻石戒指
估　价：HKD 1,000,000~1,500,000
成交价：RMB 993,600
天成国际 2021-06-01

1664 3.61克拉天然缅甸鸽血红红宝石配钻石戒指
估　价：HKD 1,200,000~1,600,000
成交价：RMB 1,380,834
香港苏富比 2021-04-20

1774 3.72克拉天然淡彩粉红色钻石配钻石戒指
估　价：RMB 1,200,000~1,500,000
成交价：RMB 1,380,000
保利厦门 2021-11-04

1979 3.85克拉梨形坦桑尼亚天然尖晶石戒指
估　价：HKD 40,000~60,000
成交价：RMB 124,200
佳士得 2021-05-23

5194 3.67克拉淡粉钻石戒指
估　价：RMB 1,200,000~1,800,000
成交价：RMB 1,380,000
戒圈14 西泠印社 2021-07-25

1844 3.74克拉天然莫桑比克未经加热红宝石配钻石戒指
估　价：HKD 800,000~1,200,000
成交价：RMB 834,624
香港苏富比 2021-10-12

1666 4.06克拉巴西帕拉伊巴配钻石戒指
估　价：HKD 1,600,000~2,200,000
成交价：RMB 2,018,142
香港苏富比 2021-04-20

3535 30.24克拉天然哥伦比亚祖母绿配钻石戒指 未注油
估　价：RMB 13,000,000~15,000,000
成交价：RMB 16,560,000
永乐拍卖 2021-05-22

1936 31.17克拉正方形艳彩黄色VS2（极优打磨及比例）钻石戒指
估　价：HKD 9,750,000~12,000,000
成交价：RMB 13,819,320
佳士得 2021-05-23

3567 39.285克拉缅甸皇家蓝蓝宝石配钻石戒指
估　价：RMB 12,000,000~14,000,000
成交价：RMB 13,800,000
永乐拍卖 2021-05-22

3324 4.08克拉净度为SI1枕形彩蓝绿钻石戒指
估　价：RMB 5,500,000~6,500,000
成交价：RMB 6,325,000
戒圈13 西泠印社 2021-01-16

6099 4.11克拉天然缅甸鸽血红红宝石配钻石戒指，未经加热
估　价：RMB 2,800,000~3,500,000
成交价：RMB 3,220,000
华艺国际 2021-06-04

50 4.36克拉椭圆形天然莫桑比克帕拉伊巴碧玺配钻石戒指
估　价：HKD 150,000~250,000
成交价：RMB 158,976
天成国际 2021-06-01

1817 4.39克拉椭圆形马达加斯加天然紫粉红色蓝宝石戒指
估　价：HKD 120,000~180,000
成交价：RMB 269,100
佳士得 2021-05-23

3475 4.77克拉克什米尔蓝宝石配钻石戒指
估　价：RMB 2,400,000~3,400,000
成交价：RMB 2,760,000
永乐拍卖 2021-05-22

1611 43.23克拉哥伦比亚祖母绿配钻石戒指/吊坠
估　价：HKD 240,000~400,000
成交价：RMB 509,846
香港苏富比 2021-04-20

1845 4.47克拉巴西帕拉伊巴碧玺配钻石戒指
估　价：HKD 2,400,000~3,200,000
成交价：RMB 2,503,872
香港苏富比 2021-10-12

1237 40.89克拉蓝宝石戒指
估　价：RMB 4,200,000~7,000,000
成交价：RMB 4,830,000
上海嘉禾 2021-07-22

1215 5.02克拉红宝石花形戒指
估　价：RMB 400,000~650,000
成交价：RMB 368,000
上海嘉禾 2021-07-22

3470 4.53克拉斯里兰卡皇家蓝蓝宝石戒指
估　价：RMB 290,000~400,000
成交价：RMB 333,500
永乐拍卖 2021-05-22

6037 42.31克拉天然斯里兰卡变色星光蓝宝石配钻石戒指，未经加热
估　价：RMB 2,000,000~3,000,000
成交价：RMB 2,185,000
华艺国际 2021-12-10

1620 5.03克拉方形D色钻石戒指
估　价：HKD 800,000~1,000,000
成交价：RMB 849,744
香港苏富比 2021-04-20

1980 10.63克拉D/IF Type IIa戈尔康达钻石戒指
估　价：HKD 10,000,000~15,000,000
成交价：RMB 14,983,250
佳士得 2021-11-28

1200 5.34克拉蓝色钻石戒指（水滴形）
估　价：RMB 2,800,000~10,000,000
成交价：RMB 2,875,000
上海嘉禾 2021-07-22

1960 5.31克拉梨形浓彩橘粉红色VS2 Type IIa钻石戒指
估　价：HKD 10,500,000~15,000,000
成交价：RMB 10,057,250
佳士得 2021-11-28

1693 5.05克拉浓彩紫粉红色钻石配钻石戒指
估　价：HKD 11,000,000~16,000,000
成交价：RMB 11,367,855
香港苏富比 2021-04-20

1238 5.3克拉粉钻戒指
估　价：RMB 7,000,000~15,000,000
成交价：RMB 7,935,000
上海嘉禾 2021-07-22

5158 5.05克拉天然D色IF内部无瑕净度IIa型钻石配钻石戒指
估　价：RMB 1,300,000~1,800,000
成交价：RMB 1,552,500
指环12 中国嘉德 2021-05-21

1199 5.19克拉蓝色钻石戒指
估　价：RMB 2,500,000~8,000,000
成交价：RMB 2,875,000
上海嘉禾 2021-07-22

45 51.44克拉古垫形天然缅甸未经加热处理橄榄石配钻石戒指
估　价：HKD 200,000~300,000
成交价：RMB 417,312
天成国际 2021-06-01

6234 56.41克拉皇家蓝蓝宝石戒指
估　价：RMB 6,500,000~7,000,000
成交价：RMB 9,430,000
永乐拍卖 2021-12-02

2007 6.04克拉枕形缅甸天然鸽血红红宝石及钻石戒指
估　价：HKD 12,000,000~18,000,000
成交价：RMB 11,633,400
佳士得 2021-05-23

4018 6.53克拉缅甸抹谷鸽血红红宝石配钻石戒指，未经加热
估　价：RMB 780,000~1,500,000
成交价：RMB 1,092,500
北京保利 2021-06-07

1816 6.03克拉淡粉红棕色钻石配钻石戒指
估　价：HKD 900,000~1,300,000
成交价：RMB 1,251,936
香港苏富比 2021-10-12

4021 6.09克拉缅甸抹谷鸽血红红宝石配钻石戒指/吊坠两用，未经加热
估　价：RMB 1,600,000~2,600,000
成交价：RMB 1,840,000
北京保利 2021-06-07

1837 6.62克拉椭圆形天然缅甸星光红宝石戒指
估　价：HKD 150,000~250,000
成交价：RMB 113,850
佳士得 2021-05-23

6016 6.03克拉天然莫桑比克鸽血红红宝石钻石戒指，未经加热
估　价：RMB 1,300,000~2,000,000
成交价：RMB 1,380,000
华艺国际 2021-12-10

6090 6.47克拉天然缅甸红宝石配钻石戒指，未经加热
估　价：RMB 600,000~700,000
成交价：RMB 690,000
华艺国际 2021-03-31

1889 6.82克拉天然哥伦比亚无油祖母绿配钻石戒指
估　价：HKD 2,800,000~3,800,000
成交价：RMB 2,921,184
香港苏富比 2021-10-12

2008 7.03克拉圆形D/IF钻石戒指
估　价：HKD 3,000,000~5,000,000
成交价：RMB 4,657,500
佳士得 2021-05-23

6010 7.37克拉天然缅甸星光红宝石配钻石戒指，未经加热
估　价：RMB 100,000~150,000
成交价：RMB 115,000
华艺国际 2021-06-04

93 7.75克拉古垫形天然未经加热处理粉红色尖晶石配钻石戒指
估　价：HKD 128,000~188,000
成交价：RMB 129,168
天成国际 2021-06-01

119 7.15克拉古垫形天然缅甸抹谷未经加热处理“鸽血红”红宝石配钻石戒指
估　价：HKD 1,650,000~2,650,000
成交价：RMB 1,625,580
天成国际 2021-11-26

4105 7.37克拉艳彩黄色钻石配钻石戒指
估　价：RMB 500,000~800,000
成交价：RMB 1,472,000
北京保利 2021-06-07

49 8.23克拉古垫形天然缅甸未经加热处理粉红色尖晶石配钻石戒指/吊坠
估　价：HKD 128,000~188,000
成交价：RMB 258,336
天成国际 2021-06-01

2069 7.1克拉天然珍珠配钻石戒指
估　价：HKD 180,000~380,000
成交价：RMB 182,088
保利香港 2021-04-22

1117 7.59克拉哥伦比亚祖母绿配钻石戒指，未经注油
估　价：RMB 2,400,000~3,200,000
成交价：RMB 2,645,000
北京保利 2021-09-26

5443 8.34克拉天然D色VS2净度钻石配钻石戒指
估　价：RMB 1,200,000~1,600,000
成交价：RMB 1,380,000
中国嘉德 2021-11-30

1971 8.40克拉枕形克什米尔天然蓝宝石及钻石戒指
估　价：HKD 3,000,000~5,000,000
成交价：RMB 3,312,000
佳士得 2021-05-23

3477 8.88克拉缅甸抹谷无烧红宝石配钻石戒指
估　价：RMB 11,200,000~14,000,000
成交价：RMB 12,650,000
永乐拍卖 2021-05-22

79 8.60克拉阶梯式切割天然“哥伦比亚”未经处理祖母绿配钻石戒指，Harry Winston
估　价：HKD 2,800,000~3,800,000
成交价：RMB 2,758,560
天成国际 2021-11-26

1851 8.83克拉天然哥伦比亚无油祖母绿配钻石戒指
估　价：HKD 2,600,000~3,500,000
成交价：RMB 3,952,044
香港苏富比 2021-10-12

1677 8.88克拉艳彩黄色钻石配钻石戒指
估　价：HKD 6,000,000~8,500,000
成交价：RMB 7,287,735
香港苏富比 2021-04-20

1902 8.80克拉枕形哥伦比亚祖母绿戒指，Bulgari设计
估　价：HKD 2,000,000~3,000,000
成交价：RMB 2,070,000
佳士得 2021-05-23

1715 8.88克拉方形D色完美无瑕钻石戒指
估　价：HKD 4,000,000~6,000,000
成交价：RMB 4,227,645
香港苏富比 2021-04-20

1846 8.94克拉天然斯里兰卡未经加热橙粉红色刚玉配钻石戒指
估　价：HKD 1,700,000~2,600,000
成交价：RMB 1,773,576
香港苏富比 2021-10-12

3565 9.11克拉克什米尔无烧蓝宝石配钻石戒指
估　价：RMB 7,400,000~9,400,000
成交价：RMB 8,510,000
永乐拍卖 2021-05-22

1648 JAR 18.62克拉天然斯里兰卡蓝宝石戒指
估　价：HKD 1,400,000~2,000,000
成交价：RMB 1,805,706
香港苏富比 2021-04-20

4107 5.03克拉艳彩黄色钻石配钻石戒指
估　价：RMB 3,000,000~4,000,000
成交价：RMB 3,852,500
北京保利 2021-06-07

4122 9.40克拉缅甸红宝石配钻石戒指，未经加热
估　价：RMB 1,500,000~2,500,000
成交价：RMB 1,495,000
北京保利 2021-06-07

6068 Tiffany（蒂芙尼）设计 10.03克拉D色VVS1净度钻石戒指
估　价：RMB 8,000,000~10,000,000
成交价：RMB 9,200,000
华艺国际 2021-03-31

5031 9.82克拉天然缅甸未经加热尖晶石配钻石玫瑰花园戒指
估　价：RMB 120,000~180,000
成交价：RMB 138,000
指环13 中国嘉德 2021-05-21

6072 Cartier（卡地亚）设计 豹钻石戒指
估　价：RMB 100,000~120,000
成交价：RMB 115,000
华艺国际 2021-03-31

6046 Tiffany设计 2.0克拉哥伦比亚祖母绿配钻石戒指
估　价：RMB 300,000~400,000
成交价：RMB 460,000
华艺国际 2021-06-04

1812 宝格丽 10.10克拉榄尖形D色完美无瑕钻石戒指
估　价：HKD 6,000,000~8,000,000
成交价：RMB 5,955,804
香港苏富比 2021-10-12

2113 宝格丽设计 13.36克拉克什米尔皇家蓝蓝宝石配钻石戒指，未经加热
估　价：HKD 14,000,000~16,000,000
成交价：RMB 12,807,600
保利香港 2021-11-27

1696 宝格丽 16.31克拉天然缅甸皇家蓝蓝宝石配钻石戒指
估　价：HKD 2,800,000~3,600,000
成交价：RMB 3,398,976
香港苏富比 2021-04-20

6186 布契拉提 约39克拉祖母绿配钻石鸡尾酒戒指
估　价：RMB 1,450,000~2,000,000
成交价：RMB 1,667,500
永乐拍卖 2021-12-02

91 蛋面18K金满绿冰种翡翠戒指
估　价：RMB 120,000~160,000
成交价：RMB 166,750
18.5mm × 16mm × 9.5mm；重7g
南京经典 2021-07-18

4038 宝格丽 45.62克拉缅甸蓝宝石配红宝石及钻石戒指，未经加热
估　价：RMB 1,200,000~2,400,000
成交价：RMB 1,322,500
北京保利 2021-06-07

1650 陈世英 35.42克拉坦桑石配玉髓及钻石戒指
估　价：HKD 500,000~700,000
成交价：RMB 531,090
香港苏富比 2021-04-20

89 蛋面18K金碎钻镶嵌高冰翡翠戒指
估　价：RMB 120,000~160,000
成交价：RMB 172,500
蛋面22mm × 22mm × 14mm；重16g
南京经典 2021-07-18

1671 蒂芙尼 10.13克拉天然莫桑比克红宝石戒指
估　价：HKD 2,400,000~4,000,000
成交价：RMB 6,573,714
香港苏富比 2021-04-20

1672 蒂芙尼 13.47克拉圆形D色内部无瑕钻石戒指
估　价：HKD 8,000,000~12,000,000
成交价：RMB 10,347,825
香港苏富比 2021-04-20

1603 蒂芙尼 9.64克拉金绿猫眼石戒指
估　价：HKD 160,000~240,000
成交价：RMB 223,058
香港苏富比 2021-04-20

1882 非常珍罕瑰丽5.29克拉浓彩绿色钻石配钻石戒指
估　价：HKD 20,000,000~26,000,000
成交价：RMB 19,681,560
香港苏富比 2021-10-12

4042 梵克雅宝 9.45克拉D色钻石戒指，净度内部无瑕
估　价：RMB 3,300,000~4,500,000
成交价：RMB 4,289,500
北京保利 2021-06-07

1079 梵克雅宝设计 5.29克拉缅甸红宝石配钻石戒指，未经加热
估　价：RMB 5,200,000~7,500,000
成交价：RMB 5,175,000
北京保利 2021-09-26

1951 翡翠及钻石戒指
估　价：HKD 1,200,000~1,800,000
成交价：RMB 1,242,000
蛋面17.1mm × 14.5mm × 7.5mm
佳士得 2021-05-23

1948 翡翠戒指
估　价：HKD 600,000~800,000
成交价：RMB 621,000
蛋面14.2mm × 12.9mm × 7.7mm
佳士得 2021-05-23

5157 瑰丽与稀有的25.30克拉天然D色VVS1净度钻石配钻石戒指
估　价：RMB 10,000,000~15,000,000
成交价：RMB 11,730,000
指环13 中国嘉德 2021-05-21

1918 黑蛋白石及钻石戒指，Suwa设计
估　价：HKD 80,000~120,000
成交价：RMB 144,900
佳士得 2021-05-23

1847 海瑞温斯顿 10.16克拉天然克什米尔未经加热蓝宝石配钻石戒指
估　价：HKD 4,800,000~7,800,000
成交价：RMB 7,558,812
香港苏富比 2021-10-12

1757 海瑞温斯顿 12.14克拉方形D色内部无瑕钻石戒指
估　价：HKD 7,500,000~9,500,000
成交价：RMB 7,797,750
香港苏富比 2021-04-20

75 红宝石戒指
估　价：RMB 780,000~980,000
成交价：RMB 805,000
上海匡时 2021-07-08

1848 海瑞温斯顿 10.87克拉方形D色完美无瑕钻石戒指
估　价：HKD 6,800,000~9,000,000
成交价：RMB 7,759,188
香港苏富比 2021-10-12

2011 海瑞温斯顿设计 8.88克拉E色钻石戒指，净度内部无瑕
估　价：HKD 2,800,000~3,500,000
成交价：RMB 2,731,320
保利香港 2021-04-22

61 花形蓝宝石戒指
估　价：RMB 500,000~700,000
成交价：RMB 644,000
上海匡时 2021-07-08

1901 极其珍罕6.03克拉天然缅甸鸽血红未经加热红宝石配钻石戒指
估　价：HKD 18,500,000~24,000,000
成交价：RMB 16,675,920
香港苏富比 2021-10-12

5559 极为精美的7.79克拉天然缅甸抹谷未经加热鸽血红红宝石配钻石戒指，蒂芙尼
估　价：RMB 3,100,000~4,000,000
成交价：RMB 3,220,000
中国嘉德 2021-11-30

1852 极其珍罕重要28.37克拉天然克什米尔未经加热蓝宝石配钻石戒指，海瑞温斯顿 戒托
成交价：RMB 17,176,860
香港苏富比 2021-10-12

5152 极为精美的9.38克拉天然D色IF内部无瑕净度钻石配钻石戒指，卡地亚
估　价：RMB 2,700,000~3,800,000
成交价：RMB 3,565,000
指环20.5 中国嘉德 2021-05-21

5156 极为精美的10.74克拉天然D色IF内部无瑕净度IIa型钻石戒指
估　价：RMB 4,700,000~6,200,000
成交价：RMB 6,037,500
指环13 中国嘉德 2021-05-21

5149 极为精美的6.22克拉天然D色IF内部无瑕净度IIa型钻石配钻石戒指，蒂芙尼
估　价：RMB 1,800,000~2,400,000
成交价：RMB 3,335,000
指环14 中国嘉德 2021-05-21

5564 极为重要的33.10克拉天然缅甸未经加热皇家蓝蓝宝石配钻石戒指，海瑞温斯顿
估　价：RMB 5,200,000~6,800,000
成交价：RMB 5,462,500
中国嘉德 2021-11-30

3260 金镶高冰辣绿翡翠蛋面戒指
估　价：RMB 800,000~1,200,000
成交价：RMB 920,000
翡翠16.5mm × 13.5mm，戒圈11.5
西泠印社 2021-01-16

5118 精美的9.09克拉天然缅甸未经加热红宝石配钻石戒指
估　价：RMB 1,300,000~1,800,000
成交价：RMB 1,495,000
指环9.5 中国嘉德 2021-05-21

5113 精美的9.62克拉天然缅甸未经加热蓝宝石配钻石戒指，宝格丽
估　价：RMB 800,000~1,000,000
成交价：RMB 920,000
指环13.5 中国嘉德 2021-05-21

5023 精美的19.85克拉天然缅甸未经加热矢车菊蓝蓝宝石配总重约4.26克拉钻石戒指/吊坠两用
估　价：RMB 300,000~450,000
成交价：RMB 345,000
指环13 中国嘉德 2021-05-21

5151 精美的9.52克拉天然D色IF内部无瑕净度IIa型钻石戒指
估　价：RMB 2,800,000~4,000,000
成交价：RMB 3,795,000
指环13.5 中国嘉德 2021-05-21

5165 精美的天然翡翠配总重约7.00克拉钻石戒指
估　价：RMB 630,000~850,000
成交价：RMB 724,500
指环12 中国嘉德 2021-05-21

5138 金镶冰种满绿翡翠蛋面男戒指
估　价：RMB 300,000~400,000
成交价：RMB 402,500
蛋面20mm × 13mm，戒圈21.5
西泠印社 2021-07-25

5170 金镶高冰满绿大蛋面翡翠戒指
估　价：RMB 3,000,000~4,000,000
成交价：RMB 3,450,000
蛋面23mm × 19mm，戒圈16
西泠印社 2021-07-25

5173 金镶高冰满绿蛋面翡翠戒指
估　价：RMB 500,000~800,000
成交价：RMB 575,000
蛋面15mm × 18mm，戒圈14.5
西泠印社 2021-07-25

5105 精美与稀有的7.01克拉天然淡彩橘粉红色VVS1净度钻石配钻石戒指
估　价：RMB 4,300,000~5,200,000
成交价：RMB 4,945,000
指环12 中国嘉德 2021-05-21

1740 卡地亚 9.10克拉天然缅甸红宝石配钻石戒指
估　价：HKD 16,000,000~24,000,000
成交价：RMB 15,957,990
香港苏富比 2021-04-20

1818 卡地亚 “Panthère”钻石配缟玛瑙及祖母绿戒指
估　价：HKD 800,000~1,500,000
成交价：RMB 886,788
香港苏富比 2021-10-12

1738 卡地亚 5.10克拉及4.71克拉天然克什米尔蓝宝石配钻石戒指
估　价：HKD 7,500,000~9,000,000
成交价：RMB 7,491,741
香港苏富比 2021-04-20

4039 卡地亚 7.23克拉D色钻石戒指，净度内部无瑕
估　价：RMB 1,800,000~2,800,000
成交价：RMB 2,300,000
北京保利 2021-06-07

1736 卡地亚 12.16克拉天然哥伦比亚祖母绿配钻石戒指
估　价：HKD 4,800,000~8,000,000
成交价：RMB 5,043,669
香港苏富比 2021-04-20

1622 卡地亚 6.86克拉天然阿富汗红宝石配钻石戒指
估　价：HKD 1,600,000~2,400,000
成交价：RMB 3,186,540
香港苏富比 2021-04-20

1658 卡地亚 水果锦囊宝石配钻石戒指
估　价：HKD 300,000~400,000
成交价：RMB 1,487,052
香港苏富比 2021-04-20

2008 卡地亚设计 10.00克拉D色TYPE IIA全美钻石戒指，净度无瑕
估　价：HKD 6,200,000~7,200,000
成交价：RMB 6,108,240
保利香港 2021-11-27

31 蓝宝石戒指
估　价：RMB 180,000~250,000
成交价：RMB 218,500
上海匡时 2021-07-08

1100 缅甸天然翡翠蛋面配钻石、珍珠及红宝石戒指
估　价：RMB 160,000~250,000
成交价：RMB 184,000
翡翠蛋面13.83mm × 11.88mm × 4.63mm
北京保利 2021-09-26

2013 卡地亚 镶嵌 6.14克拉哥伦比亚祖母绿配钻石戒指，未经注油
估　价：HKD 3,200,000~3,800,000
成交价：RMB 3,237,120
保利香港 2021-04-22

95 梨形素面祖母绿戒指
估　价：RMB 240,000~300,000
成交价：RMB 276,000
上海匡时 2021-07-08

1656 苏富比钻石 Joseph Ramsay设计 萨克森 5.20克拉圆形D色内部无瑕钻石配蓝宝石及石榴石戒指
估　价：HKD 2,200,000~3,000,000
成交价：RMB 2,336,796
香港苏富比 2021-04-20

6337 克罗心 22K金镶钻石戒指
估　价：RMB 150,000~200,000
成交价：RMB 172,500
华艺国际 2021-06-04

3063 卢葵设计师款天然缅甸木那甜绿蛋面翡翠镶蓝宝石南红戒指
估　价：RMB 365,000~700,000
成交价：RMB 419,750
翡翠16.7mm × 15.3mm 十竹斋拍卖（北京）2021-04-25

4015 尚美（Chaumet）5.33克拉缅甸抹谷鸽血红红宝石配钻石戒指，未经加热
估　价：RMB 550,000~750,000
成交价：RMB 747,500
北京保利 2021-06-07

4024 品质卓越的23.28克拉哥伦比亚祖母绿配钻石戒指，未经注油
成交价：RMB 14,950,000
戒指13号 北京保利 2021-06-07

1720 天然翡翠马鞍戒指
估　价：HKD 600,000~900,000
成交价：RMB 637,308
香港苏富比 2021-04-20

5155 天然D-E色VVS净度钻石戒指
估　价：RMB 1,500,000~2,000,000
成交价：RMB 1,725,000
指环12 中国嘉德 2021-05-21

1861 天然帝王绿翡翠配钻石戒指
估　价：HKD 3,800,000~5,800,000
成交价：RMB 2,712,528
香港苏富比 2021-10-12

1629 天然翡翠配钻石“牛气冲天”戒指
估　价：HKD 480,000~700,000
成交价：RMB 509,846
香港苏富比 2021-04-20

1682 天然帝王绿翡翠戒指
估　价：HKD 3,000,000~4,000,000
成交价：RMB 5,043,669
香港苏富比 2021-04-20

1688 天然帝王绿翡翠配钻石戒指/吊坠
估　价：HKD 6,000,000~9,000,000
成交价：RMB 5,247,675
香港苏富比 2021-04-20

1833 天然翡翠配钻石戒指
估　价：HKD 750,000~1,000,000
成交价：RMB 782,460
香港苏富比 2021-10-12

1871 无与伦比3.01克拉艳彩蓝色钻石配浓彩粉红色钻石戒指
估　价：HKD 33,000,000~45,000,000
成交价：RMB 28,999,044
香港苏富比 2021-10-12

5078 稀有的天然帝王绿翡翠蛋面配钻石吊坠/戒指两用
估　价：RMB 1,350,000~1,850,000
成交价：RMB 1,380,000
吊坠50.5mm × 22mm 中国嘉德 2021-05-21

5099 稀有的16.38克拉天然艳彩黄色IF内部无瑕净度钻石配钻石戒指
估　价：RMB 3,600,000~5,200,000
成交价：RMB 4,370,000
指环13 中国嘉德 2021-05-21

5153 稀有的9.77克拉天然D色IF内部无瑕净度钻石配钻石戒指
估　价：RMB 2,900,000~4,200,000
成交价：RMB 4,025,000
指环9.5—07.5（可调节）
中国嘉德 2021-05-21

109 赞比亚祖母绿戒指（两用）
估　价：RMB 200,000~250,000
成交价：RMB 287,500
上海匡时 2021-07-08

3042 天然缅甸满绿翡翠花形戒指
估　价：RMB 110,000~200,000
成交价：RMB 126,500
10.5mm × 9.8mm
十竹斋拍卖（北京） 2021-04-25

1642 香奈儿 "Ruban Couture" 钻石戒指
估　价：HKD 50,000~80,000
成交价：RMB 180,824
香港苏富比 2021-04-20

5556 珍贵的4.46克拉天然克什米尔未经加热蓝宝石配钻石戒指
估　价：RMB 1,700,000~2,200,000
成交价：RMB 1,955,000
中国嘉德 2021-11-30

5560 珍贵的6.22克拉天然哥伦比亚未经处理祖母绿配钻石戒指
估　价：RMB 1,720,000~2,200,000
成交价：RMB 1,978,000
中国嘉德 2021-11-30

719 1.06克拉和1.12克拉浓彩绿黄色钻石戒指
估　价：CHF 38,000~55,000
成交价：RMB 270,977
日内瓦苏富比 2021-05-13

1 10.00克拉钻石戒指
估　价：USD 600,000~800,000
成交价：RMB 5,623,102
纽约苏富比 2021-02-04

24 枕形尖晶石钻石戒指
估　价：RMB 80,000~100,000
成交价：RMB 126,500
上海匡时 2021-07-08

3 1.07克拉I色SI2净度红宝石钻戒
估　价：USD 40,000~60,000
成交价：RMB 491,955
纽约佳士得 2021-04-13

650 10.03克拉淡彩黄棕色钻石戒指
估　价：CHF 50,000~80,000
成交价：RMB 451,628
日内瓦苏富比 2021-05-13

5119 重要的5.08克拉天然缅甸抹谷未经加热鸽血红红宝石配钻石戒指 卡地亚
估　价：RMB 3,400,000~4,800,000
成交价：RMB 3,910,000
指环12 中国嘉德 2021-05-21

160 1.61克拉艳彩蓝色钻石戒指
估　价：CHF 1,200,000~1,800,000
成交价：RMB 10,141,204
日内瓦苏富比 2021-05-11

80 10.18克拉，浓彩黄绿色，自然色，SI1净度彩色钻石和钻石戒指
估　价：USD 300,000~400,000
成交价：RMB 2,405,325
纽约佳士得 2021-06-08

112 10.2毫米人工养殖珍珠和钻石戒指
估　价：USD 2,000~3,000
成交价：RMB 13,985
纽约佳士得 2021-04-21

11 10.52克拉钻石和蓝宝石戒指
估　价：USD 200,000~300,000
成交价：RMB 1,774,357
纽约苏富比 2021-06-09

128 11.73克拉蓝宝石配钻石戒指
估　价：CHF 170,000~240,000
成交价：RMB 1,901,072
日内瓦苏富比 2021-05-11

135 10.42克拉，彩黄，自然色，VVS2净度彩色钻石和钻石戒指
估　价：USD 80,000~120,000
成交价：RMB 737,933
纽约佳士得 2021-04-13

159 11.33克拉蓝宝石配钻石戒指
估　价：CHF 500,000~800,000
成交价：RMB 7,272,353
日内瓦苏富比 2021-05-11

37 12.85克拉石榴石和钻石戒指
估　价：USD 4,000~6,000
成交价：RMB 36,588
纽约佳士得 2021-04-21

63 10.48克拉，D色，内部无瑕净度，IIa型钻石戒指 格拉夫
估　价：CHF 800,000
成交价：RMB 6,058,375
日内瓦佳士得 2021-05-12

148 11.59克拉淡彩黄色钻石戒指
估　价：CHF 95,000~140,000
成交价：RMB 814,745
日内瓦苏富比 2021-05-11

158 14.02克拉蓝宝石及5.63克拉彩色蓝宝石和钻石戒指
估　价：USD 8,000~12,000
成交价：RMB 573,948
纽约佳士得 2021-04-13

96 13.02克拉红宝石和钻石戒指
估　价：USD 1,000,000~2,000,000
成交价：RMB 16,005,701
纽约苏富比 2021-06-09

128 16.33克拉蓝宝石和钻石戒指
估　价：CHF 800,000~1,200,000
成交价：RMB 8,120,801
日内瓦佳士得 2021-05-12

2011 15.81克拉枕形艳彩紫粉红色IF Type IIa钻石戒指
估　价：HKD 195,000,000~300,000,000
成交价：RMB 187,355,700
佳士得 2021-05-23

50 16.48克拉J色VS2净度钻石戒指
估　价：USD 180,000~220,000
成交价：RMB 2,459,775
纽约佳士得 2021-04-13

74 14.50克拉D色内部无瑕IIa型钻石戒指
估　价：USD 700,000~1,000,000
成交价：RMB 9,248,754
纽约佳士得 2021-04-13

112 15.11克拉，彩棕黄色，自然色，VVS1净度彩色钻石戒指
估　价：USD 130,000~180,000
成交价：RMB 1,042,308
纽约佳士得 2021-06-08

113 18.54克拉，H色，VVS2净度钻石戒指，宝格丽
估　价：CHF 500,000~700,000
成交价：RMB 5,972,441
日内瓦佳士得 2021-05-12

158 18.38克拉艳彩黄色钻石戒指
估　价：CHF 2,255,000~3,200,000
成交价：RMB 18,400,017
日内瓦苏富比 2021-05-11

234 2.01克拉红宝石钻戒
估　价：USD 2,000~4,000
成交价：RMB 36,588
纽约佳士得 2021-04-21

122 18.80克拉，D色，VVS1净度，IIa型钻石戒指
估　价：CHF 600,000~800,000
成交价：RMB 5,972,441
日内瓦佳士得 2021-05-12

31 19.21克拉黄色蓝宝石和钻石戒指
估　价：GBP 12,000~18,000
成交价：RMB 137,164
伦敦苏富比 2021-06-24

10 2.13克拉红宝石和钻石戒指
估　价：USD 25,000~35,000
成交价：RMB 258,088
纽约苏富比 2021-06-09

52 19.18克拉祖母绿和钻石戒指，REZA
估　价：CHF 200,000~300,000
成交价：RMB 1,611,270
日内瓦佳士得 2021-05-12

137 19世纪早期蓝宝石和钻石戒指
估　价：CHF 10,000~18,000
成交价：RMB 554,993
日内瓦佳士得 2021-05-12

64 2.19克拉及2.04克拉彩色钻石和蓝宝石戒指
估　价：USD 30,000~50,000
成交价：RMB 262,376
纽约佳士得 2021-04-13

124 2.13克拉，艳彩蓝，自然色，VS1净度彩色钻石和钻石戒指
估　价：USD 2,000,000~3,000,000
成交价：RMB 17,513,598
纽约佳士得 2021-04-13

126 2.17克拉，艳彩紫粉色，自然色，SI1净度彩色钻石和钻石戒指
估　价：USD 1,500,000~2,500,000
成交价：RMB 23,023,494
纽约佳士得 2021-04-13

125 2.34克拉，艳彩橙色，自然色，VS1净度彩色钻石和钻石戒指
估　价：USD 1,500,000~2,500,000
成交价：RMB 14,365,086
纽约佳士得 2021-04-13

148 2.50克拉红宝石和钻石戒指
估　价：GBP 3,000~4,000
成交价：RMB 32,005
伦敦苏富比 2021-06-24

76 2.50克拉祖母绿和3.35克拉钻石戒指
估　价：USD 150,000~200,000
成交价：RMB 1,048,484
纽约苏富比 2021-06-09

77 2.58克拉，浓彩紫粉色，自然色，SI1净度彩色钻石戒指
估　价：USD 200,000~300,000
成交价：RMB 4,329,585
纽约佳士得 2021-06-08

102 2.43克拉，D色，内部无瑕，IIa型彩色钻石和钻石戒指
估　价：USD 2,500,000~3,500,000
成交价：RMB 18,665,322
纽约佳士得 2021-06-08

155 24.38克拉祖母绿配钻石戒指
估　价：CHF 916,000~1,200,000
成交价：RMB 6,663,809
日内瓦苏富比 2021-05-11

167 20.27克拉变色蓝宝石和钻石戒指
估　价：USD 35,000~55,000
成交价：RMB 696,936
纽约佳士得 2021-04-13

92 22.87克拉蓝宝石和钻石戒指
估　价：CHF 150,000~200,000
成交价：RMB 2,864,480
日内瓦佳士得 2021-05-12

201 24.77克拉碧玺和钻石戒指
估　价：USD 2,000~3,000
成交价：RMB 52,782
纽约佳士得 2021-01-27

62 21.65克拉浓彩黄钻和钻石戒指
估　价：USD 300,000~400,000
成交价：RMB 3,226,104
纽约苏富比 2021-06-09

248 23.58克拉自然色SI1净度彩黄钻戒
估　价：USD 200,000~300,000
成交价：RMB 2,111,265
纽约佳士得 2021-01-27

184 25.55克拉，艳彩黄，自然色，VS1净度彩色钻石戒指
估　价：USD 925,000~1,225,000
成交价：RMB 10,823,010
纽约佳士得 2021-04-13

217 3.02克拉，艳彩紫粉色，SI2净度彩色钻石戒指
估　价：USD 1,000,000~1,500,000
成交价：RMB 8,855,190
纽约佳士得 2021-04-13

43 3.75克拉，自然色，净度 VVS1浓彩粉红色钻石和钻石戒指
估　价：USD 1,500,000~2,500,000
成交价：RMB 12,907,617
纽约苏富比 2021-06-09

179 3.03克拉，彩粉棕色，自然色，VS2净度彩色钻石戒指
估　价：USD 40,000~60,000
成交价：RMB 696,936
纽约佳士得 2021-04-13

194 3.28克拉红宝石和钻石戒指
估　价：USD 40,000~50,000
成交价：RMB 1,229,888
纽约佳士得 2021-04-13

118 3.39克拉淡粉红色钻石戒指
估　价：CHF 76,000~110,000
成交价：RMB 814,745
日内瓦苏富比 2021-05-11

652 3.21克拉尖晶石配钻石戒指
估　价：CHF 14,000~23,000
成交价：RMB 198,716
日内瓦苏富比 2021-05-13

9 3.35克拉两石彩色钻石戒指
估　价：USD 4,000~6,000
成交价：RMB 52,798
纽约佳士得 2021-08-18

644 3.77克拉深彩棕橙黄色钻石戒指
估　价：CHF 30,000~42,000
成交价：RMB 216,781
日内瓦苏富比 2021-05-13

192 30.40克拉蓝宝石和钻石戒指
估　价：USD 100,000~150,000
成交价：RMB 1,557,858
纽约佳士得 2021-04-13

1993 4.19克拉心形艳彩粉红色VVS1钻石戒指，配0.61及0.61克拉梨形D/IF钻石
估　价：HKD 43,000,000~60,000,000
成交价：RMB 41,938,200
佳士得 2021-05-23

113 32.48克拉浓彩黄色配4.24克拉和3.82克拉彩黄色钻石戒指
估　价：CHF 600,000~800,000
成交价：RMB 4,925,112
日内瓦苏富比 2021-05-11

156 5.04克拉艳彩橙粉红色钻石戒指
估　价：CHF 2,660,000~3,600,000
成交价：RMB 21,008,063
日内瓦苏富比 2021-05-11

16 32.87克拉尖晶石和钻石戒指
估　价：CHF 150,000~250,000
成交价：RMB 2,148,360
日内瓦佳士得 2021-05-12

226 5.20克拉和5.00克拉的黄褐色彩钻石和钻石戒指
估　价：USD 18,000~22,000
成交价：RMB 240,338
纽约佳士得 2021-06-04

301 51.15克拉坦桑石和钻石戒指
估　价：USD 4,000~6,000
成交价：RMB 105,700
纽约佳士得 2021-04-21

121 52.63克拉蓝宝石和钻石戒指，REZA
估　价：CHF 100,000~150,000
成交价：RMB 1,835,058
日内瓦佳士得 2021-05-12

80 6.11克拉红宝石和钻石戒指
估　价：USD 250,000~350,000
成交价：RMB 2,742,188
纽约苏富比 2021-06-09

28 7.46克拉红宝石和钻石戒指，MARINA B
估　价：CHF 80,000~110,000
成交价：RMB 1,074,180
日内瓦佳士得 2021-05-12

139 6.05克拉彩粉红色钻石戒指
估　价：CHF 1,222,000~2,260,000
成交价：RMB 9,706,530
日内瓦苏富比 2021-05-11

159 6.56克拉，浓彩橙粉色，自然色，VVS1净度稀有彩色钻石和钻石戒指
估　价：USD 700,000~1,000,000
成交价：RMB 5,864,104
纽约佳士得 2021-04-13

126 7.58克拉，花式蓝绿色，VS1净度彩色钻石和钻石戒指
估　价：CHF 500,000~700,000
成交价：RMB 7,519,260
日内瓦佳士得 2021-05-12

133 6.06克拉帕拉伊巴碧玺和钻石戒指
估　价：EUR 4,000~7,000
成交价：RMB 69,501
米兰苏富比 2021-03-04

46 7.06克拉红宝石和彩色钻石戒指
估　价：USD 200,000~300,000
成交价：RMB 1,613,052
纽约苏富比 2021-06-09

13 7.58克拉钻石戒指
估　价：USD 400,000~600,000
成交价：RMB 3,425,747
纽约苏富比 2021-02-04

62 9.40克拉钻石和缟玛瑙戒指
估　价：CHF 140,000~220,000
成交价：RMB 2,372,148
日内瓦佳士得 2021-05-12

91 Glenn Spiro “The Sienna Star”73.11克拉艳彩黄钻和钻石戒指
成交价：RMB 21,814,608
纽约苏富比 2021-06-09

51 9.83克拉，艳彩橙黄色，自然色，VS1净度彩色钻石和钻石戒指
估　价：USD 600,000~800,000
成交价：RMB 5,263,542
纽约佳士得 2021-08-18

144 JAR 2.04克拉彩色钻石和钻石戒指
估　价：USD 200,000~300,000
成交价：RMB 4,489,940
纽约佳士得 2021-06-08

147 JAR 彩色蓝宝石、粉红色尖晶石和钻石“Bonnet”戒指
估　价：USD 120,000~220,000
成交价：RMB 1,603,550
纽约佳士得 2021-06-08

52 F.J.COOPER 优质红宝石和金戒指
估　价：USD 1,200,000~2,200,000
成交价：RMB 10,823,010
纽约佳士得 2021-04-13

150 JAR 碧玺和钻石戒指
估　价：USD 100,000~150,000
成交价：RMB 801,775
纽约佳士得 2021-06-08

149 JAR 彩色蓝宝石、红宝石和钻石“玛蒂尔德”戒指
估　价：USD 120,000~220,000
成交价：RMB 1,403,106
纽约佳士得 2021-06-08

141 JAR 彩色钻石和钻石戒指
估　价：USD 50,000~70,000
成交价：RMB 881,953
纽约佳士得 2021-06-08

67 宝格丽 25.29克拉精湛的蓝宝石和钻石戒指
估　价：USD 2,000,000~3,000,000
成交价：RMB 18,329,264
纽约苏富比 2021-06-09

151 JAR 祖母绿、彩色蓝宝石和钻石戒指
估　价：USD 80,000~120,000
成交价：RMB 2,405,325
纽约佳士得 2021-06-08

68 PARAIBA（帕拉伊巴）57.83克拉碧玺、彩色蓝宝石和红宝石戒指，MICCHELE DELLA VALLE
估　价：CHF 30,000~50,000
成交价：RMB 671,363
日内瓦佳士得 2021-05-12

133 宝诗龙 虎眼和珊瑚色戒指
估　价：EUR 2,000~4,000
成交价：RMB 23,070
巴黎佳士得 2021-07-07

142 JAR 钻石戒指
估　价：USD 200,000~300,000
成交价：RMB 1,523,373
纽约佳士得 2021-06-08

5 宝格丽 橄榄石和蓝宝石戒指
估　价：USD 3,000~5,000
成交价：RMB 52,782
重6.00—6.50克拉 纽约佳士得 2021-01-27

13 碧玺和碧玺戒指
估　价：USD 100,000~150,000
成交价：RMB 721,598
纽约佳士得 2021-06-08

57 变色蓝宝石和钻石戒指
估　价：EUR 2,000~3,000
成交价：RMB 96,125
巴黎佳士得 2021-07-07

58 蛋白石和钻石戒指
估　价：USD 4,000~6,000
成交价：RMB 69,111
纽约佳士得 2021-04-21

102 梵克雅宝 10.63克拉帕拉伊巴碧玺配紫色刚玉及钻石戒指
估　价：CHF 90,000~150,000
成交价：RMB 2,806,344
日内瓦苏富比 2021-05-11

19 波赖 粉红色蓝宝石、孔雀石和钻石戒指 20世纪70年代
估　价：GBP 2,000~3,000
成交价：RMB 29,719
伦敦苏富比 2021-06-24

245 蒂芙尼 PALOMA PICASSO黄水晶戒指
估　价：USD 1,000~1,500
成交价：RMB 17,888
纽约佳士得 2021-04-21

23 梵克雅宝 绿松石和钻石戒指
估　价：USD 5,000~7,000
成交价：RMB 113,831
纽约佳士得 2021-04-21

63 大卫·韦伯 18.31克拉蓝宝石和钻石戒指
估　价：USD 90,000~130,000
成交价：RMB 1,048,484
纽约苏富比 2021-06-09

332 蒂芙尼 钻石“编织”永恒戒指
估　价：USD 1,000~1,500
成交价：RMB 34,149
纽约佳士得 2021-04-21

1106 梵克雅宝 紫水晶和黄水晶戒指
估　价：CHF 2,000~3,000
成交价：RMB 17,984
日内瓦苏富比 2021-07-07

92 非凡的23.59克拉，D 色，内部无瑕钻石戒指
估　价：USD 1,800,000~2,800,000
成交价：RMB 18,716,524
纽约苏富比 2021-06-09

44 格拉夫 红宝石和钻石炸弹戒指
估　价：USD 45,000~65,000
成交价：RMB 176,391
纽约佳士得 2021-06-08

157 格拉夫 3.11克拉深彩蓝色钻石戒指
估　价：CHF 1,222,000~2,800,000
成交价：RMB 14,922,622
日内瓦苏富比 2021-05-11

5 海瑞温斯顿珊瑚和钻石戒指和一对未签名水滴吊坠
估　价：USD 15,000~20,000
成交价：RMB 122,989
吊坠 3.0cm × 1.3cm × 2
纽约佳士得 2021-04-13

101 橄榄石和钻石戒指
估　价：GBP 4,000~6,000
成交价：RMB 40,000
伦敦苏富比 2021-06-24

153 格拉夫 4.50克拉艳彩橙黄色钻石戒指
估　价：CHF 250,000~450,000
成交价：RMB 1,991,599
日内瓦苏富比 2021-05-11

67 海蓝宝石和钻石戒指 20世纪40年代
估　价：GBP 7,000~9,000
成交价：RMB 80,012
伦敦苏富比 2021-06-24

174 海瑞温斯顿 43.24克拉，D颜色，VVS1净度，IIa型钻石戒指
估　价：CHF 2,255,000~3,300,000
成交价：RMB 14,922,622
日内瓦苏富比 2021-05-11

129 华丽的15.23克拉，浓彩粉红色，VS1净度，IIa型彩色钻石和钻石戒指
估　价：CHF 7,000,000~11,000,000
成交价：RMB 61,614,965
日内瓦佳士得 2021-05-12

200 华丽的38.04克拉，D色，无瑕净度钻石戒指
估　价：USD 2,500,000~3,500,000
成交价：RMB 19,874,982
纽约佳士得 2021-04-13

97 精湛的8.06克拉，花式紫粉色，VVS2净度彩色钻石和钻石戒指，巴黎宝诗龙
估　价：CHF 1,200,000~1,500,000
成交价：RMB 22,557,780
日内瓦佳士得 2021-05-12

1120 海螺珍珠和钻石戒指
估　价：CHF 3,000~5,000
成交价：RMB 26,158
日内瓦苏富比 2021-07-07

91 红宝石和钻石戒指
估　价：EUR 4,800~6,500
成交价：RMB 168,787
米兰苏富比 2021-03-04

277 黄金、2.50克拉祖母绿和钻石戒指
估　价：USD 40,000~60,000
成交价：RMB 727,007
纽约苏富比 2021-06-11

158 卡地亚 珐琅、碧玺和祖母绿戒指，法国
估　价：USD 3,000~5,000
成交价：RMB 34,256
纽约苏富比 2021-08-31

2 卡地亚 黄金和石榴石戒指
估　价：USD 6,000~8,000
成交价：RMB 88,124
纽约佳士得 2021-06-04

66 卡地亚 祖母绿和钻石戒指
估　价：USD 100,000~150,000
成交价：RMB 766,200
祖母绿 13.4mm × 12.7mm × 4.9mm
纽约苏富比 2021-06-09

6 卡地亚 缟玛瑙、祖母绿和钻石“Panthère”戒指，法国
估　价：USD 30,000~50,000
成交价：RMB 194,590
纽约苏富比 2021-06-09

743 卡地亚 珊瑚配白水晶及钻石首饰套装，戒指一枚，约1970年
估　价：CHF 20,000~30,000
成交价：RMB 451,628
长620mm 日内瓦苏富比 2021-05-13

39 蓝宝石和珐琅戒指
估　价：CHF 80,000~120,000
成交价：RMB 626,605
日内瓦佳士得 2021-05-12

136 卡地亚 红宝石配钻石戒指
估　价：CHF 170,000~230,000
成交价：RMB 1,448,436
日内瓦苏富比 2021-05-11

215 卡地亚 祖母绿和钻石戒指
估　价：USD 150,000~200,000
成交价：RMB 1,475,865
纽约佳士得 2021-04-13

20 雷内·博文 宝石镶嵌戒指 20世纪50年代
估　价：GBP 6,000~8,000
成交价：RMB 114,303
伦敦苏富比 2021-06-24

26 雷内・博文 红宝石和钻石戒指 20世纪70年代
估　价：GBP 6,000~8,000
成交价：RMB 114,303
伦敦苏富比 2021-06-24

261 尼古拉斯・瓦尼 13.60克拉橄榄石和钻石戒指
估　价：USD 3,000~5,000
成交价：RMB 52,506
纽约苏富比 2021-06-11

176 双色黄金和6.21克拉钻石戒指
估　价：USD 26,000~35,000
成交价：RMB 210,024
纽约苏富比 2021-06-11

18 雷内・博文 黄水晶和檀香木戒指 20世纪70年代
估　价：GBP 4,000~6,000
成交价：RMB 51,437
伦敦苏富比 2021-06-24

6 青金石和钻石戒指，巴黎卡地亚
估　价：CHF 15,000~20,000
成交价：RMB 322,254
日内瓦佳士得 2021-05-12

22 水晶和珊瑚戒指 20世纪70年代
估　价：GBP 4,000~6,000
成交价：RMB 48,007
伦敦苏富比 2021-06-24

119 绿色蓝宝石和钻石戒指
估　价：GBP 4,000~6,000
成交价：RMB 57,152
伦敦苏富比 2021-06-24

726 深彩黄棕色钻石戒指
估　价：CHF 30,000~50,000
成交价：RMB 361,302
日内瓦苏富比 2021-05-13

205 坦桑石和钻石戒指
估　价：USD 3,000~5,000
成交价：RMB 48,722
纽约佳士得 2021-01-27

15 天然珍珠、钻石和珐琅戒指 20世纪初
估　价：GBP 6,000~8,000
成交价：RMB 74,297
伦敦苏富比 2021-06-24

269 亚历克斯·塞普斯 8.32克拉海蓝宝石、蓝宝石和钻石戒指
估　价：USD 3,000~5,000
成交价：RMB 40,389
纽约苏富比 2021-06-11

32 养殖珍珠和钻石戒指
估　价：GBP 4,000~5,000
成交价：RMB 27,433
伦敦苏富比 2021-06-24

260 托帕石和钻石戒指
估　价：USD 3,000~5,000
成交价：RMB 34,149
托帕石14.20mm×14.40mm×8.70mm
纽约佳士得 2021-04-21

250 亚历克斯·塞普斯 锰铝榴石和钻石戒指
估　价：USD 3,000~5,000
成交价：RMB 40,389
纽约苏富比 2021-06-11

109 一枚罕见的4.10克拉，彩灰蓝色，自然色，SI2净度彩色钻石戒指
估　价：USD 250,000~350,000
成交价：RMB 5,426,413
纽约佳士得 2021-06-08

63 星光蓝宝石和钻石戒指
估　价：EUR 4,000~6,000
成交价：RMB 86,513
巴黎佳士得 2021-07-07

113 养殖珍珠、祖母绿和沙弗莱石榴石戒指，法国
估　价：USD 3,000~5,000
成交价：RMB 179,437
纽约苏富比 2021-08-31

1222 棕色养殖珍珠和钻石戒指
估　价：CHF 2,000~4,000
成交价：RMB 9,809
日内瓦苏富比 2021-07-07

7 祖母绿，红宝石，蓝宝石和钻石“TUTTI FRUTTI”戒指，巴黎卡地亚
估　价：CHF 40,000~60,000
成交价：RMB 492,333
日内瓦佳士得 2021-05-12

1821 16.63克拉及15.03克拉哥伦比亚祖母绿配钻石耳坠一对
估　价：HKD 5,000,000~7,000,000
成交价：RMB 5,154,300
香港苏富比 2021-10-12

1889 2.53克拉及2.10克拉枕形缅甸天然鸽血红红宝石耳环
估　价：HKD 800,000~1,200,000
成交价：RMB 879,750
耳环长1.6cm × 2 佳士得 2021-05-23

## 耳　饰

3334 1.21克拉及1.28克拉哥伦比亚祖母绿耳坠，未经优化处理
估　价：RMB 200,000~280,000
成交价：RMB 230,000
耳坠29.7mm × 13mm × 2
西泠印社 2021-01-16

3461 1950年 吊胆形祖母绿钻石耳坠
估　价：RMB 280,000~350,000
成交价：RMB 322,000
永乐拍卖 2021-05-22

3467 28.87克拉坦桑石戒指，耳环一对
估　价：RMB 370,000~470,000
成交价：RMB 425,500
永乐拍卖 2021-05-22

1914 15.03克拉及15.01克拉长方形彩棕黄色/VS1-VS2钻石耳环
估　价：HKD 1,880,000~2,800,000
成交价：RMB 1,966,500
耳环长3.2cm × 2 佳士得 2021-05-23

1813 2.09克拉及2.02克拉深彩棕黄橙色钻石配钻石耳环一对
估　价：HKD 280,000~500,000
成交价：RMB 292,118
香港苏富比 2021-10-12

1969 3.38克拉及3.04克拉椭圆形缅甸天然红宝石耳环
估　价：HKD 1,200,000~1,800,000
成交价：RMB 1,345,500
耳环长3.7cm × 2 佳士得 2021-05-23

2050 5.03克拉及5.02克拉缅甸鸽血红红宝石配钻石耳环，未经加热
估　价：HKD 18,000,000~22,000,000
成交价：RMB 11,822,400
保利香港 2021-11-27

1981 5.10克拉及5.02克拉D/IF Type IIa戈尔康达钻石耳环
估　价：HKD 8,500,000~12,000,000
成交价：RMB 9,564,650
耳环长1.1cm×2 佳士得 2021-11-28

8161 5.45克拉及5.24克拉哥伦比亚祖母绿配钻石耳环，未经注油
估　价：RMB 3,000,000~3,800,000
成交价：RMB 3,392,500
北京保利 2021-12-05

5100 4.16克拉天然F色VVS2净度钻石和4.01克拉天然F色VS1净度钻石耳环
估　价：RMB 1,000,000~1,500,000
成交价：RMB 1,725,000
中国嘉德 2021-05-21

6065 5.05克拉及5.06克拉缅甸无烧鸽血红红宝石配钻石耳环
估　价：RMB 4,500,000~6,500,000
成交价：RMB 5,175,000
永乐拍卖 2021-12-02

2009 7.04克拉及6.96克拉圆形D/IF Type IIa（极优切割、打磨及比例）钻石耳环
估　价：HKD 5,500,000~8,500,000
成交价：RMB 6,963,480
耳环长2.8cm×2 佳士得 2021-05-23

1078 5.05克拉及4.20克拉缅甸红宝石配钻石耳环，未经加热
估　价：RMB 1,800,000~2,800,000
成交价：RMB 1,955,000
耳环长3.95cm×2 北京保利 2021-09-26

1697 5.24克拉及5.05克拉天然缅甸鸽血红红宝石配钻石耳坠一对
估　价：HKD 5,500,000~7,000,000
成交价：RMB 5,757,690
香港苏富比 2021-04-20

1977 7.10克拉及7.05克拉榄尖形F-E/VS1钻石耳环
估　价：HKD 2,500,000~3,500,000
成交价：RMB 2,794,500
耳环长2.2cm×2 佳士得 2021-05-23

2004 7.32克拉及6.46克拉枕形哥伦比亚天然祖母绿及有色钻石耳环
估　价：HKD 8,000,000~12,000,000
成交价：RMB 13,123,800
耳环长3.5cm×2 佳士得 2021-05-23

1951 5.19克拉及5.03克拉椭圆形缅甸天然鸽血红红宝石耳环
估　价：HKD 22,800,000~33,800,000
成交价：RMB 20,401,850
耳环长3.0cm×2 佳士得 2021-11-28

1096 CARNET设计 缅甸天然翡翠环配钻石及祖母绿耳环
估　价：RMB 450,000~650,000
成交价：RMB 494,500
耳环长6.8cm×2 北京保利 2021-09-26

1716 7.13克拉及6.03克拉彩粉红棕色钻石配钻石耳坠一对
估　价：HKD 2,600,000~3,500,000
成交价：RMB 2,761,668
香港苏富比 2021-04-20

1896 9.20克拉及9.10克拉天然缅甸未经加热蓝宝石配钻石耳环一对（钻石共重15.61克拉）
估　价：HKD 1,200,000~2,200,000
成交价：RMB 1,982,232
香港苏富比 2021-10-12

1646 FORMS 2.77克拉及2.59克拉艳彩黄色钻石配2.86克拉及2.41克拉梨形D色内部无瑕钻石耳坠一对
估　价：HKD 1,500,000~2,000,000
成交价：RMB 1,805,706
香港苏富比 2021-04-20

1669 8.40克拉及7.95克拉哥伦比亚祖母绿配钻石耳坠一对
估　价：HKD 1,500,000~2,500,000
成交价：RMB 2,124,360
香港苏富比 2021-04-20

1609 Aletto Brothers 白水晶配红宝石及钻石耳环一对
估　价：HKD 160,000~240,000
成交价：RMB 148,705
香港苏富比 2021-04-20

1644 FORMS 天然翡翠配钻石及月光石耳坠一对
估　价：HKD 450,000~650,000
成交价：RMB 477,981
香港苏富比 2021-04-20

1692 Moussaieff 12.38克拉及11.92克拉梨形D色钻石配钻石耳坠一对
估　价：HKD 9,000,000~12,000,000
成交价：RMB 9,327,795
香港苏富比 2021-04-20

1968 8.93克拉及8.76克拉枕形克什米尔天然皇家蓝蓝宝石耳环
估　价：HKD 22,000,000~30,000,000
成交价：RMB 20,401,850
耳环长3.6cm×2 佳士得 2021-11-28

1891 梵克雅宝 红宝石配钻石耳夹一对
估　价：HKD 200,000~400,000
成交价：RMB 1,564,920
香港苏富比 2021-10-12

4040 宝诗龙 3.11克拉及2.99克拉克什米尔蓝宝石配钻石耳环，未经加热
估　价：RMB 2,000,000~3,000,000
成交价：RMB 2,185,000
耳环长1.8cm×2 北京保利 2021-06-07

1649 陈世英 天然翡翠配沙弗莱石及钻石耳坠一对
估　价：HKD 400,000~500,000
成交价：RMB 424,872
香港苏富比 2021-04-20

1907 梵克雅宝 钻石耳夹一对配天然翡翠珠
估　价：HKD 1,000,000~1,500,000
成交价：RMB 1,043,280
香港苏富比 2021-10-12

1840 宝石耳环，Michele della Valle设计
估　价：HKD 40,000~60,000
成交价：RMB 134,550
耳环长4.0cm×2 佳士得 2021-05-23

6016 迪奥设计 ARCHI DIOR系列钻石耳环
估　价：RMB 180,000~250,000
成交价：RMB 207,000
耳环28.5mm×26mm×2
华艺国际 2021-06-04

1952 翡翠及钻石耳环
估　价：HKD 2,000,000~3,000,000
成交价：RMB 4,554,000
耳环长2.2cm×2 佳士得 2021-05-23

1998 翡翠及钻石耳环
估　价：HKD 3,200,000~5,000,000
成交价：RMB 3,312,000
耳环长2.1cm×2 佳士得 2021-05-23

1751 格拉夫 "Rosette"祖母绿配钻石耳坠一对
估　价：HKD 260,000~350,000
成交价：RMB 254,923
香港苏富比 2021-04-20

1745 格拉夫 "Snowfall"钻石耳坠一对
估　价：HKD 350,000~500,000
成交价：RMB 509,846
香港苏富比 2021-04-20

1750 格拉夫 蓝宝石配钻石耳坠一对
估　价：HKD 200,000~260,000
成交价：RMB 180,571
香港苏富比 2021-04-20

1073 共重约4.1克拉缅甸红宝石配钻石耳环，未经加热
估　价：RMB 380,000~550,000
成交价：RMB 414,000
耳环长3.5cm×2 北京保利 2021-09-26

87 海螺珠配钻石吊耳环（一对）
估　价：HKD 220,000~320,000
成交价：RMB 218,592
天成国际 2021-06-01

1804 海瑞温斯顿 养殖珍珠配红宝石及钻石耳夹一对
估　价：HKD 80,000~150,000
成交价：RMB 125,194
香港苏富比 2021-10-12

1849 海瑞温斯顿 钻石耳环一对配7.05克拉及6.65克拉天然哥伦比亚无油祖母绿
估　价：HKD 3,800,000~5,000,000
成交价：RMB 3,952,044
香港苏富比 2021-10-12

1888 红宝石及钻石耳环
估　价：HKD 800,000~1,200,000
成交价：RMB 1,345,500
耳环长2.8cm×2 佳士得 2021-05-23

2101 海瑞温斯顿设计 24.01克拉及22.92克拉缅甸皇家蓝蓝宝石配钻石耳环，未经加热
估　价：HKD 7,500,000~9,800,000
成交价：RMB 7,587,000
耳环长3cm×2 保利香港 2021-04-22

1814 红宝石及钻石耳环，Graff（格拉夫）设计
估　价：HKD 220,000~280,000
成交价：RMB 248,400
耳环长5.2cm×2 佳士得 2021-05-23

1739 卡地亚 5.02克拉及5.01克拉梨形D色完美无瑕及内部无瑕钻石耳坠一对
估　价：HKD 4,000,000~6,500,000
成交价：RMB 4,227,645
香港苏富比 2021-04-20

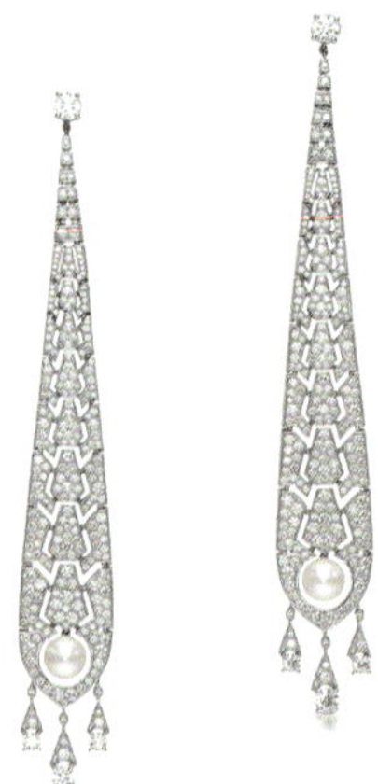

1894 卡地亚 “Evasions Joaillieres”钻石配养殖珍珠耳坠一对
估　价：HKD 700,000~900,000
成交价：RMB 730,296
香港苏富比 2021-10-12

5172 金镶高冰满绿翡翠平安扣耳坠
估　价：RMB 1,600,000~2,600,000
成交价：RMB 1,840,000
翡翠直径25mm，厚度7mm，
耳坠长42.5mm×2 西泠印社 2021-07-25

1806 红宝石及钻石耳环，Graff设计
估　价：HKD 260,000~360,000
成交价：RMB 134,550
耳环长2.1cm×2 佳士得 2021-05-23

2073 胡茵菲设计 钻石、蓝宝石及碧玺夏竹耳环
估　价：HKD 240,000~350,000
成交价：RMB 222,552
保利香港 2021-04-22

1741 卡地亚 0.81克拉及0.79克拉深彩粉红色钻石耳环一对
估　价：HKD 2,800,000~4,000,000
成交价：RMB 2,974,104
香港苏富比 2021-04-20

1624 卡地亚 2.35克拉及2.31克拉圆形D色内部无瑕钻石配红宝石耳环一对
估　价：HKD 500,000~700,000
成交价：RMB 743,526
香港苏富比 2021-04-20

1874 卡地亚 缅甸红宝石配钻石耳坠一对（红宝石共重11.87克拉）
估　价：HKD 480,000~650,000
成交价：RMB 521,640
香港苏富比 2021-10-12

1804 蓝宝石及钻石耳环，Graff设计
估　价：HKD 150,000~200,000
成交价：RMB 269,100
耳环长4.0cm×2 佳士得 2021-05-23

101 斯里兰卡红宝石套装（吊坠 耳钉 戒指）
估　价：RMB 120,000~180,000
成交价：RMB 155,250
尺寸不一；重吊坠6g、耳钉6g、戒指6g
南京经典 2021-07-18

1827 蓝宝石、尖晶石及钻石耳环，Bulgari设计
估　价：HKD 48,000~65,000
成交价：RMB 113,850
长1.9cm×2 佳士得 2021-05-23

1830 绿松石、蓝宝石及钻石耳环，Bulgari设计
估　价：HKD 120,000~180,000
成交价：RMB 144,900
长3.5cm×2 佳士得 2021-05-23

1085 浓彩黄色钻石耳环
估　价：RMB 520,000~880,000
成交价：RMB 575,000
耳环长2.4cm×2 北京保利 2021-09-26

1820 蓝宝石、钻石及有色钻石耳环
估　价：HKD 180,000~280,000
成交价：RMB 144,900
长3.3cm×2 佳士得 2021-05-23

2127 缅甸天然紫罗兰翡翠珠配钻石及红宝石戒指及耳环套装
估　价：HKD 180,000~280,000
成交价：RMB 182,088
保利香港 2021-04-22

1899 天然帝王绿翡翠配钻石耳环一对
估　价：HKD 2,400,000~3,200,000
成交价：RMB 2,503,872
香港苏富比 2021-10-12

1681 天然帝王绿翡翠耳环一对
估　价：HKD 3,000,000~4,000,000
成交价：RMB 5,859,693
香港苏富比 2021-04-20

1630 天然翡翠配钻石耳坠一对
估　价：HKD 750,000~1,000,000
成交价：RMB 796,635
香港苏富比 2021-04-20

1635 天然翡翠雕福豆配钻石及红宝石耳坠一对
估　价：HKD 2,000,000~3,000,000
成交价：RMB 1,965,033
香港苏富比 2021-04-20

1832 天然翡翠配钻石耳环一对
估　价：HKD 500,000~700,000
成交价：RMB 521,640
香港苏富比 2021-10-12

1634 天然翡翠配钻石及珍珠耳坠一对
估　价：HKD 400,000~600,000
成交价：RMB 424,872
香港苏富比 2021-04-20

1719 天然翡翠雕双环配钻石耳坠一对
估　价：HKD 1,500,000~2,000,000
成交价：RMB 1,593,270
香港苏富比 2021-04-20

1859 天然翡翠配钻石耳坠一对
估　价：HKD 1,000,000~1,500,000
成交价：RMB 1,043,280
香港苏富比 2021-10-12

6032 天然翡翠圆珠配钻石耳坠
估　价：RMB 150,000~200,000
成交价：RMB 184,000
耳坠长47mm×2 华艺国际 2021-06-04

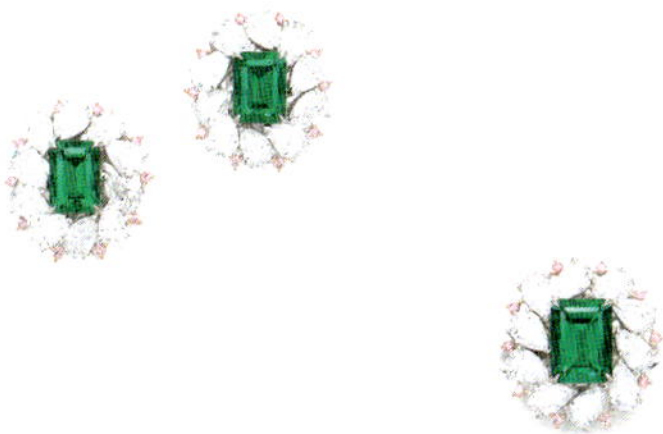

1729 天然哥伦比亚木佐祖母绿配钻石戒指及耳环套装
估　价：HKD 750,000~1,000,000
成交价：RMB 796,635
香港苏富比 2021-04-20

5061 天然老坑种翡翠配钻石葫芦耳环
估　价：RMB 180,000~280,000
成交价：RMB 207,000
耳环长46mm×2 中国嘉德 2021-05-21

4080 王小鱼设计春色如许2.54克拉及2.68克拉哥伦比亚木佐祖母绿配钻石及彩色宝石耳环
估　价：RMB 350,000~450,000
成交价：RMB 368,000
北京保利 2021-06-07

5045 天然红宝石配钻石耳环
估　价：RMB 100,000~160,000
成交价：RMB 287,500
耳环49mm×18mm×2 中国嘉德 2021-05-21

127 天然满绿冰翠水滴翡翠钻石耳环
估　价：RMB 700,000~900,000
成交价：RMB 690,000
上海匡时 2021-07-08

5576 稀有的3.39克拉及3.08克拉天然彩黄绿色钻石配钻石吊耳环
估　价：RMB 1,350,000~1,850,000
成交价：RMB 1,552,500
中国嘉德 2021-11-30

5075 天然老坑种帝王绿翡翠配钻石花好月圆耳环
估　价：RMB 350,000~500,000
成交价：RMB 414,000
耳环长37mm×2 中国嘉德 2021-05-21

2102 天然珍珠配钻石耳环
估　价：HKD 980,000~1,600,000
成交价：RMB 991,368
保利香港 2021-04-22

5134 稀有的总重13.38克拉天然缅甸抹谷矿未经加热鸽血红红宝石配钻石耳环及戒指套装
估　价：RMB 520,000~700,000
成交价：RMB 598,000
耳环长40mm×2，指环12.5
中国嘉德 2021-05-21

3456 馨动高定品牌 红宝石配钻石子母耳环
估　价：RMB 90,000~130,000
成交价：RMB 103,500
永乐拍卖 2021-05-22

1846 养殖珍珠及钻石耳环，Buccellati（布契拉提）设计
估　价：HKD 80,000~120,000
成交价：RMB 113,850

1904 有色钻石及钻石耳环
估　价：HKD 150,000~250,000
成交价：RMB 227,700
耳环长2.6cm×2 佳士得 2021-05-23

5472 珍罕精美的天然帝王绿翡翠蛋面配总重约7.75克拉钻石耳环
估　价：RMB 1,800,000~2,400,000
成交价：RMB 1,840,000
中国嘉德 2021-11-30

2001 祖母绿及钻石耳环
估　价：HKD 600,000~800,000
成交价：RMB 672,750
耳环长2.3cm×2 佳士得 2021-05-23

115 紫罗兰冰种套装（手串 戒指 耳环）
估　价：RMB 60,000~100,000
成交价：RMB 105,800
尺寸不一；重手串56g、戒指7g、耳环11g
南京经典 2021-07-18

4019 总重38.15克拉赞比亚艳绿色祖母绿配钻石耳环，未经注油、极微注油
估　价：RMB 1,200,000~2,400,000
成交价：RMB 1,380,000
耳环长3.3cm×2 北京保利 2021-06-07

5143 重要与稀有的35.09克拉及30.46克拉天然哥伦比亚祖母绿配总重约6.80克拉钻石耳环，格拉夫设计
估　价：RMB 2,800,000~3,600,000
成交价：RMB 3,795,000
耳环长50mm×2 中国嘉德 2021-05-21

4 0.63克拉和0.73克拉心形彩色钻石和钻石耳环
估　价：USD 40,000~60,000
成交价：RMB 341,051
纽约佳士得 2021-01-27

120 12.79克拉和9.63克拉蓝宝石和钻石耳环，REZA
估　价：CHF 120,000~180,000
成交价：RMB 1,790,300
日内瓦佳士得 2021-05-12

139 19世纪早期蓝宝石和钻石耳环
估　价：CHF 30,000~45,000
成交价：RMB 1,253,210
长4.4cm × 2 日内瓦佳士得 2021-05-12

154 2.00克拉，E色，VS1净度钻石和彩色钻石耳环
估　价：USD 20,000~30,000
成交价：RMB 237,778
2.0cm × 1.0cm × 2 纽约佳士得 2021-04-13

195 3.35克拉和2.40克拉红宝石和钻石耳环
估　价：USD 30,000~50,000
成交价：RMB 491,955
纽约佳士得 2021-04-13

49 5.04克拉和4.13克拉蓝宝石钻石耳环
估　价：USD 4,000~6,000
成交价：RMB 178,877
纽约佳士得 2021-04-21

36 6.29克拉和5.13克拉花式黄钻和钻石吊坠/耳夹一对
估　价：USD 50,000~70,000
成交价：RMB 766,200
纽约苏富比 2021-06-09

107 7.02克拉和7.01克拉彩色钻石和钻石耳环梵克雅宝
估　价：CHF 300,000~500,000
成交价：RMB 1,342,725
日内瓦佳士得 2021-05-12

67 7.71克拉和7.69克拉帕拉伊巴碧玺和钻石耳环
估　价：CHF 50,000~80,000
成交价：RMB 626,605
日内瓦佳士得 2021-05-12

114 9.57克拉和8.02克拉钻石耳环，马索尼
估　价：CHF 350,000~450,000
成交价：RMB 4,475,750
日内瓦佳士得 2021-05-12

20 ANGELA CUMMINGS 砂金石和金耳环
估　价：USD 3,000~5,000
成交价：RMB 24,392
2.8cm×2.6cm×2 纽约佳士得 2021-04-21

2 JAR “牵牛花”耳环
估　价：USD 2,000~3,000
成交价：RMB 146,354
直径5.8cm×2 纽约佳士得 2021-04-21

143 JAR 彩色钻石和钻石耳环
估　价：USD 50,000~70,000
成交价：RMB 1,042,308
长12.3cm×2 纽约佳士得 2021-06-08

218 GRAFF BOMB 蓝宝石和钻石耳环
估　价：USD 15,000~20,000
成交价：RMB 178,877
4.0cm×1.5cm×2 纽约佳士得 2021-04-21

164 JAR 白色树脂“栀子花”耳环
估　价：USD 2,000~3,000
成交价：RMB 721,013
5.5cm×5.8cm×2 纽约佳士得 2021-06-04

233 HEMMERLE 珊瑚和铁耳环
估　价：USD 4,000~6,000
成交价：RMB 105,700
3.3cm×2.1cm×2 纽约佳士得 2021-04-21

168 JAR 铝“天竺葵”耳夹一对，巴黎
估　价：USD 3,000~5,000
成交价：RMB 121,168
长5.08cm×2 纽约苏富比 2021-06-11

146 JAR 多颗宝石、彩色钻石和钻石“海盗”耳环
估　价：USD 70,000~100,000
成交价：RMB 1,523,373
6.6cm×1.7cm×2 纽约佳士得 2021-06-08

1853 JAR 欧泊配蓝宝石、祖母绿及钻石耳夹一对
估　价：HKD 800,000~1,500,000
成交价：RMB 1,147,608
香港苏富比 2021-10-12

122 JAR 月光石和钻石耳环
估　价：USD 30,000~50,000
成交价：RMB 573,948
3.2cm × 3.2cm × 2 纽约佳士得 2021-04-13

298 VERDURA 橄榄石和钻石“环绕式”耳环
估　价：USD 8,000~12,000
成交价：RMB 80,113
2.5cm × 3.0cm × 2 纽约佳士得 2021-06-04

187 JAR 钛和玻璃“Carnaval a Venise”耳夹一对，巴黎
估　价：USD 5,500~7,500
成交价：RMB 32,625
长7.0cm × 2 纽约苏富比 2021-08-31

70 MIKIMOTO 养殖珍珠和钻石耳环
估　价：USD 3,000~5,000
成交价：RMB 69,111
1.8cm × 2.2cm × 2 纽约佳士得 2021-04-21

617 宝格丽 宝石配钻石耳坠一对
估　价：CHF 10,000~15,000
成交价：RMB 162,586
日内瓦苏富比 2021-05-13

153 JAR 天然珍珠和钻石耳环
估　价：USD 700,000~1,000,000
成交价：RMB 5,580,354
7.5cm × 5.3cm × 2 纽约佳士得 2021-06-08

18 Seaman SCHEPPS紫水晶和金耳环
估　价：USD 1,500~2,000
成交价：RMB 34,149
3cm × 2.1cm × 2 纽约佳士得 2021-04-21

611 宝格丽 彩色刚玉配钻石耳环一对
估　价：CHF 12,000~18,000
成交价：RMB 135,488
日内瓦苏富比 2021-05-13

42 宝格丽 赤铁矿红宝石和钻石耳环
估　价：USD 2,000~3,000
成交价：RMB 21,113
最宽处2.3cm×1.3cm×2
纽约佳士得 2021-01-27

5 宝格丽 黄水晶和钻石“Parentesi”耳夹一对
估　价：USD 4,000~6,000
成交价：RMB 53,016
长3.18cm×2 纽约苏富比 2021-08-31

118 宝格丽 青金石、玛瑙和钻石耳夹一对，法国
估　价：USD 4,000~6,000
成交价：RMB 88,856
纽约苏富比 2021-06-11

61 宝格丽 多宝石耳环
估　价：USD 3,000~5,000
成交价：RMB 52,782
直径2.4cm×2 纽约佳士得 2021-01-27

172 宝格丽 金色和电气石耳夹一对
估　价：USD 4,000~6,000
成交价：RMB 32,625
长2.22cm×2 纽约苏富比 2021-08-31

188 宝格丽 软玉和菱锰矿耳夹一对
估　价：USD 2,000~3,000
成交价：RMB 64,623
纽约苏富比 2021-06-11

236 宝格丽 红宝石、钻石和水晶耳夹一对，法国
估　价：USD 6,000~8,000
成交价：RMB 282,725
长2.86cm×2 纽约苏富比 2021-06-11

257 宝格丽 蓝宝石、橄榄石和钻石耳环一对
估　价：USD 6,000~8,000
成交价：RMB 145,401
长3.18cm×2 纽约苏富比 2021-06-11

603 宝格丽 天然珍珠、养殖珍珠配钻石耳环一对
估　价：CHF 30,000~50,000
成交价：RMB 903,256
日内瓦苏富比 2021-05-13

660 宝格丽 天然珍珠配钻石耳坠一对，约1957年
估　价：CHF 30,000~50,000
成交价：RMB 270,977
日内瓦苏富比 2021-05-13

295 宝格丽 紫水晶、黄玉和钻石“Parentesi”耳夹一对
估　价：USD 7,000~9,000
成交价：RMB 80,779
长4.13cm × 2 纽约苏富比 2021-06-11

749 宝格丽 祖母绿配红宝石及钻石耳坠一对
估　价：CHF 14,000~19,000
成交价：RMB 270,977
日内瓦苏富比 2021-05-13

59 宝格丽 钻石和多宝石耳环
估　价：USD 4,000~6,000
成交价：RMB 154,285
长3.9cm × 2 纽约佳士得 2021-01-27

1104 宝石镶嵌钻石耳环一对
估　价：CHF 2,000~4,000
成交价：RMB 14,714
日内瓦苏富比 2021-07-07

14 碧玺、蓝宝石和钻石“小行星”耳环，LILY GABRIELLA
估　价：CHF 40,000~60,000
成交价：RMB 340,157
长4.0cm × 2 日内瓦佳士得 2021-05-12

282 伯勒·马克思 黄金和玉髓耳夹一对和吊坠
估　价：USD 6,000~8,000
成交价：RMB 48,467
耳夹长3.18cm × 2 纽约苏富比 2021-06-11

60 彩色钻石和钻石耳环，GRAFF
估　价：CHF 40,000~60,000
成交价：RMB 447,575
日内瓦佳士得 2021-05-12

83 彩色钻石和钻石耳环，卡内特
估　价：CHF 35,000~50,000
成交价：RMB 268,545
长7.5cm × 2 日内瓦佳士得 2021-05-12

40 彩色钻石和钻石耳环一对
估　价：GBP 3,000~4,000
成交价：RMB 51,437
伦敦苏富比 2021-06-24

34 大卫·韦伯 红宝石和钻石耳环
估　价：USD 6,000~8,000
成交价：RMB 81,203
2.7cm×2.2cm×2 纽约佳士得 2021-01-27

279 大卫·韦伯 金色和珐琅耳夹一对
估　价：USD 4,000~6,000
成交价：RMB 33,927
长2.86cm×2 纽约苏富比 2021-06-11

157 彩色钻石和钻石耳环一对
估　价：GBP 3,000~5,000
成交价：RMB 34,291
伦敦苏富比 2021-06-24

213 大卫·韦伯 黄金、珐琅和钻石耳夹一对
估　价：USD 3,000~5,000
成交价：RMB 64,623
长3.18cm×2 纽约苏富比 2021-06-11

27 大卫·韦伯 金色和珊瑚色吊坠/耳夹一对
估　价：USD 12,000~15,000
成交价：RMB 122,343
长8.26cm×2 纽约苏富比 2021-08-31

1053 大卫·韦伯 宝石镶嵌钻石耳夹一对
估　价：CHF 9,000~14,000
成交价：RMB 73,571
日内瓦苏富比 2021-07-07

134 大卫·韦伯 黄金和钻石耳环
估　价：USD 3,000~5,000
成交价：RMB 44,661
2.7cm×2.2cm×2 纽约佳士得 2021-01-27

217 大卫·韦伯 钻石和多宝石耳环
估　价：USD 3,000~5,000
成交价：RMB 60,902
3.3cm×3.2cm×2
纽约佳士得 2021-01-27

138 大卫·韦伯 水晶和钻石耳夹一对
估　价：USD 8,000~12,000
成交价：RMB 76,740
长2.54cm×2 纽约苏富比 2021-06-11

215 德格里索戈诺 彩色钻石吊坠/耳夹一对
估　价：USD 12,000~18,000
成交价：RMB 161,557
纽约苏富比 2021-06-11

312 德格里索戈诺 彩色钻石和彩色蓝宝石耳夹一对
估　价：USD 5,000~7,000
成交价：RMB 121,168
长6.99cm×2 纽约苏富比 2021-06-11

267 德格里索戈诺 彩色钻石和沙弗莱石榴石耳夹一对
估　价：USD 20,000~30,000
成交价：RMB 210,024
长7.62cm×2 纽约苏富比 2021-06-11

273 德格里索戈诺 橙色蓝宝石、养殖珍珠和钻石吊坠/耳夹
估　价：USD 10,000~15,000
成交价：RMB 121,168
纽约苏富比 2021-06-11

271 德格里索戈诺 蓝宝石、橙色蓝宝石和钻石耳夹一对
估　价：USD 4,000~6,000
成交价：RMB 60,584
长2.54cm×2 纽约苏富比 2021-06-11

182 德格里索戈诺 绿松石和钻石耳夹一对
估　价：USD 12,000~18,000
成交价：RMB 339,270
纽约苏富比 2021-06-11

170 德格里索戈诺 锰铝榴石和钻石 “Boule” 吊坠/耳夹一对
估　价：USD 12,000~18,000
成交价：RMB 210,024
长6.35cm×2 纽约苏富比 2021-06-11

260 德格里索戈诺 沙弗莱石和钻石 “Boule” 耳夹一对
估　价：USD 12,000~18,000
成交价：RMB 339,270
长6.35cm×2 纽约苏富比 2021-06-11

247 德格里索戈诺 紫水晶、星辰石和彩色钻石吊坠/耳夹
估　价：USD 8,000~12,000
成交价：RMB 129,246
长5.72cm×2 纽约苏富比 2021-06-11

63 蒂芙尼 古董紫水晶和钻石耳环
估　价：USD 4,000~6,000
成交价：RMB 32,045
长5.0cm×2 纽约佳士得 2021-06-04

101 蒂芙尼 钻石和黄金"翅膀"耳环
估　价：USD 2,000~3,000
成交价：RMB 73,177
3.0cm×3.1cm×2 纽约佳士得 2021-04-21

293 德格里索戈诺 紫水晶和钻石耳环一对
估　价：USD 8,000~12,000
成交价：RMB 193,869
长4.45cm×2 纽约苏富比 2021-06-11

26 蒂芙尼 养殖珍珠和钻石耳环
估　价：USD 1,500~2,000
成交价：RMB 97,569
直径3.0cm×2 纽约佳士得 2021-04-21

101 多色蓝宝石和钻石耳环
估　价：USD 12,000~18,000
成交价：RMB 136,191
长4.7cm×2 纽约佳士得 2021-06-04

131 蒂芙尼 珐琅钻石耳环
估　价：USD 3,000~5,000
成交价：RMB 73,177
纽约佳士得 2021-04-21

184 蒂芙尼 珍珠和钻石耳夹一对
估　价：USD 2,500~3,500
成交价：RMB 32,311
纽约苏富比 2021-06-11

203 梵克雅宝 多宝石"MAGIC ALHAMBRA"耳环
估　价：USD 3,000~5,000
成交价：RMB 60,981
6.7cm×2.0cm×2 纽约佳士得 2021-04-21

1940 天然翡翠豆荚吊坠及耳环套装
估 价：HKD 1,800,000~2,800,000
成交价：RMB 1,847,250
吊坠长4.6cm，耳环长3.7cm × 2 佳士得 2021-11-28

214 梵克雅宝 红宝石和钻石耳环
估 价：USD 40,000~60,000
成交价：RMB 1,065,903
2.9cm × 2.6cm × 2 纽约佳士得 2021-04-13

42 梵克雅宝 珊瑚、绿玉髓和钻石耳环
估 价：USD 20,000~30,000
成交价：RMB 737,933
7.2cm × 3.0cm × 2 纽约佳士得 2021-04-13

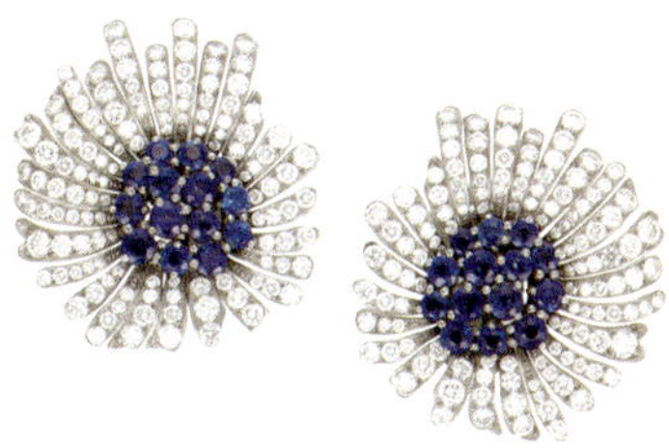

132 梵克雅宝 蓝宝石和钻石花朵耳环
估 价：USD 20,000~30,000
成交价：RMB 262,376
3.2cm × 3.0cm × 2 纽约佳士得 2021-04-13

203 梵克雅宝 珊瑚、绿玉髓和钻石耳环
估 价：USD 8,000~12,000
成交价：RMB 98,391
纽约佳士得 2021-04-13

109 梵克雅宝 珊瑚和钻石耳夹一对
估 价：USD 4,000~6,000
成交价：RMB 61,172
纽约苏富比 2021-08-31

78 梵克雅宝 神秘镶嵌红宝石和钻石耳夹一对，法国
估 价：USD 50,000~70,000
成交价：RMB 1,209,789
纽约苏富比 2021-06-09

77 梵克雅宝 神秘镶嵌蓝宝石和钻石耳夹一对
估 价：USD 100,000~150,000
成交价：RMB 806,526
纽约苏富比 2021-06-09

69 梵克雅宝 天然珍珠和钻石耳夹一对
估 价：USD 15,000~20,000
成交价：RMB 322,610
纽约苏富比 2021-06-09

1961 3.06及2.61克拉梨形艳彩蓝色VS2钻石耳环
估　价：HKD 48,000,000~65,000,000
成交价：RMB 47,494,850
耳环长3.5cm×2 佳士得 2021-11-28

44 梵克雅宝 祖母绿和钻石耳环
估　价：USD 30,000~50,000
成交价：RMB 508,354
5.5cm×2.9cm×2 纽约佳士得 2021-04-13

48 梵克雅宝 一对珊瑚和钻石“Rose de Nol”耳夹，法国
估　价：USD 250,000~350,000
成交价：RMB 1,935,662
纽约苏富比 2021-06-09

216 梵克雅宝 祖母绿和钻石耳环
估　价：USD 40,000~60,000
成交价：RMB 1,065,903
3.0cm×2.9cm×2 纽约佳士得 2021-04-13

7 梵克雅宝 钻石“COSMOS”耳环
估　价：USD 6,000~8,000
成交价：RMB 178,877
2.0cm×2.0cm×2 纽约佳士得 2021-04-21

55 梵克雅宝 一对珊瑚和钻石耳夹
估　价：USD 18,000~22,000
成交价：RMB 193,566
珊瑚20.7mm×14.5mm×2
纽约苏富比 2021-06-09

170 梵克雅宝 紫水晶和粉红色蓝宝石“夏威夷”耳夹一对，法国
估　价：USD 3,000~4,000
成交价：RMB 44,859
直径2.54cm×2 纽约苏富比 2021-08-31

58 梵克雅宝 钻石“雪花”耳环
估　价：USD 40,000~60,000
成交价：RMB 532,623
4.8cm×3.0cm×2 纽约佳士得 2021-04-13

159 翡翠、缟玛瑙和种子珍珠吊坠耳环一对，法国
估 价：USD 8,000~12,000
成交价：RMB 39,150
长6.04cm × 2 纽约苏富比 2021-08-31

107 缟玛瑙和钻石吊坠/耳夹一对
估 价：USD 5,000~7,000
成交价：RMB 69,328
纽约苏富比 2021-08-31

69 格拉夫 “图标”祖母绿和钻石耳环
估 价：USD 25,000~35,000
成交价：RMB 259,848
长6.0cm × 2 纽约佳士得 2021-01-27

201 粉红色托帕石和钻石耳环
估 价：EUR 3,000~5,000
成交价：RMB 144,188
巴黎佳士得 2021-07-07

290 戈什瓦拉 两对镶宝石和钻石耳环
估 价：USD 3,000~5,000
成交价：RMB 21,002
长3.18cm × 2 纽约苏富比 2021-06-11

25 格拉夫 粉红色蓝宝石和钻石耳环
估 价：USD 12,000~18,000
成交价：RMB 56,124
长1.5cm × 2 纽约佳士得 2021-06-08

169 粉色、蓝色蓝宝石和钻石耳夹一对
估 价：GBP 4,000~6,000
成交价：RMB 48,007
长23mm × 2 伦敦苏富比 2021-06-24

9 格拉夫 “INFINITY”蓝宝石和钻石耳环
估 价：USD 15,000~20,000
成交价：RMB 97,443
长6.5cm × 2 纽约佳士得 2021-01-27

33 格拉夫 红宝石和钻石“GYPSY”耳环
估 价：USD 50,000~70,000
成交价：RMB 240,533
6.3cm × 3.6cm × 2 纽约佳士得 2021-06-08

31 格拉夫 红宝石和钻石吊灯耳环
估　价：USD 60,000~80,000
成交价：RMB 336,746
7.3cm × 2.6cm × 2 纽约佳士得 2021-06-08

51 格拉夫 红宝石和钻石耳环
估　价：USD 100,000~150,000
成交价：RMB 801,775
7.0cm × 6.1cm × 2 纽约佳士得 2021-06-08

241 格拉夫 红宝石和钻石耳环
估　价：USD 45,000~55,000
成交价：RMB 324,810
长5.6cm × 2 纽约佳士得 2021-01-27

46 格拉夫 红宝石和钻石耳环
估　价：USD 35,000~55,000
成交价：RMB 176,391
长4.3cm × 2 纽约佳士得 2021-06-08

86 格拉夫 红宝石和钻石耳环一对，“迷你蝴蝶”
估　价：GBP 8,500~10,000
成交价：RMB 148,594
伦敦苏富比 2021-06-24

45 格拉夫 红宝石和钻石炸弹形耳环
估　价：USD 35,000~55,000
成交价：RMB 144,320
长2.2cm × 2 纽约佳士得 2021-06-08

651 格拉夫 红宝石配钻石耳坠一对
估　价：CHF 22,000~33,000
成交价：RMB 234,847
日内瓦苏富比 2021-05-13

54 格拉夫 蓝宝石与钻石吊灯耳环
估　价：USD 80,000~120,000
成交价：RMB 801,775
8.5cm × 2.8cm × 2 纽约佳士得 2021-06-08

202 格拉夫 养殖珍珠和钻石耳环
估　价：USD 20,000~30,000
成交价：RMB 344,369
5.0cm × 1.6cm × 2 纽约佳士得 2021-04-13

38 格拉夫 祖母绿和钻石 BOMBÉ 吊坠耳环
估 价：USD 55,000~75,000
成交价：RMB 601,331
4.3cm × 3.0cm × 2 纽约佳士得 2021-06-08

40 格拉夫 钻石“扇形”耳环
估 价：USD 100,000~150,000
成交价：RMB 721,598
纽约佳士得 2021-06-08

229 格拉夫 钻石和红宝石“雪花”耳环
估 价：USD 15,000~20,000
成交价：RMB 178,877
4.9cm × 2.8cm × 2 纽约佳士得 2021-04-21

36 格拉夫 祖母绿和钻石耳环
估 价：USD 35,000~55,000
成交价：RMB 224,497
纽约佳士得 2021-06-08

73 格拉夫 钻石半环耳环
估 价：USD 3,000~5,000
成交价：RMB 39,028
2.0cm × 0.5cm × 2 纽约佳士得 2021-04-21

131 格拉夫 钻石和蓝宝石耳环，“蝴蝶”
估 价：GBP 6,000~8,000
成交价：RMB 125,734
长25mm × 2 伦敦苏富比 2021-06-24

124 格拉夫 祖母绿和钻石耳环，“牛眼”一对
估 价：GBP 11,000~15,000
成交价：RMB 137,164
长35mm × 2 伦敦苏富比 2021-06-24

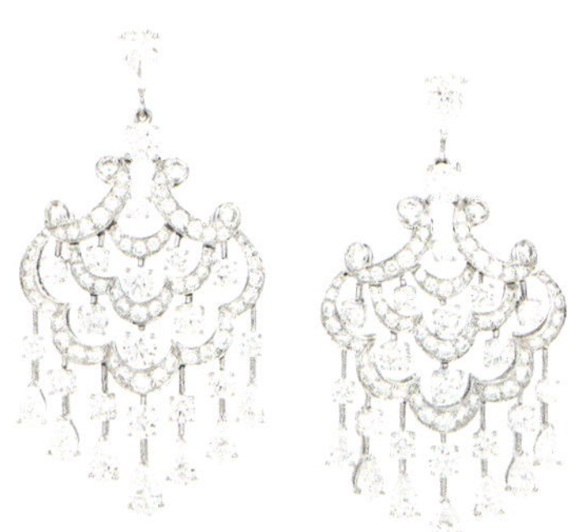

32 格拉夫 钻石吊灯耳环
估 价：USD 40,000~60,000
成交价：RMB 256,568
6.1cm × 3.3cm × 2 纽约佳士得 2021-06-08

117 格拉夫 钻石和蓝宝石耳环，“钻石上的钻石”
估 价：GBP 4,500~5,500
成交价：RMB 85,728
伦敦苏富比 2021-06-24

172 海瑞温斯顿 21.20克拉和20.20克拉祖母绿配钻石耳坠一对，20世纪70年代
估　价：CHF 282,000~470,000
成交价：RMB 8,837,181
日内瓦苏富比 2021-05-11

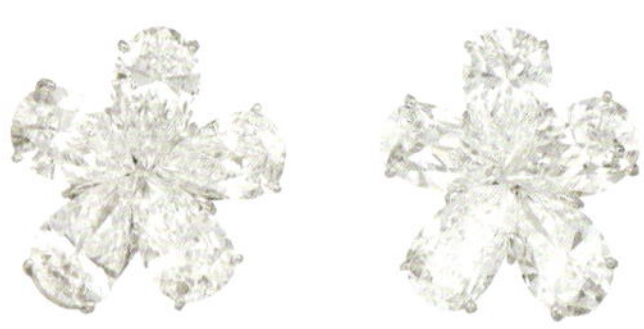

119 海瑞温斯顿钻石耳环
估　价：USD 150,000~200,000
成交价：RMB 1,557,858
2.2cm×2.0cm×2 纽约佳士得 2021-04-13

133 红宝石和钻石“神秘套装”耳环和戒指套装，梵克雅宝
估　价：CHF 50,000~70,000
成交价：RMB 1,432,240
耳环长3.2cm×2 日内瓦佳士得 2021-05-12

1907 天然珍珠耳环
估　价：HKD 1,200,000~1,800,000
成交价：RMB 1,488,063
耳环长5.1cm×2 佳士得 2021-11-28

1973 天然翡翠蛋面耳环
估　价：HKD 3,800,000~5,800,000
成交价：RMB 3,899,750
耳环长1.8cm×2 佳士得 2021-11-28

1947 5.43克拉及5.06克拉长方形哥伦比亚天然祖母绿耳环
估　价：HKD 3,000,000~5,000,000
成交价：RMB 3,284,000
耳环长3.7cm×2 佳士得 2021-11-28

110 赫默尔 星月长石和石榴石吊坠/耳夹一对
估　价：USD 15,000~20,000
成交价：RMB 137,324
长3.81cm×2 纽约苏富比 2021-06-11

5 黑玉、石英和钻石“PNEU”耳环
估　价：USD 3,000~5,000
成交价：RMB 88,124
5.0cm×1.8cm×2 纽约佳士得 2021-06-04

111 黑玉珊瑚吊坠/耳夹一对
估　价：USD 3,500~5,500
成交价：RMB 30,994
长7.62cm×2 纽约苏富比 2021-08-31

19 红宝石耳环，米歇尔·德拉瓦勒
估　价：EUS 1,000~1,500
成交价：RMB 27,353
长2.5cm×2 米兰佳士得 2021-02-03

47 红宝石和钻石耳环，宝格丽
估　价：CHF 15,000~20,000
成交价：RMB 286,448
长6.6cm×2 日内瓦佳士得 2021-05-12

80 红宝石和钻石耳环一对
估　价：GBP 12,000~14,000
成交价：RMB 160,025
伦敦苏富比 2021-06-24

1265 红宝石和钻石戒指和一对耳夹
估　价：CHF 4,000~6,000
成交价：RMB 32,698
日内瓦苏富比 2021-07-07

738 红宝石配钻石耳坠一对
估　价：CHF 20,000~30,000
成交价：RMB 180,651
日内瓦苏富比 2021-05-13

1212 黄金钻石耳夹一对
估　价：CHF 3,000~5,000
成交价：RMB 17,984
日内瓦苏富比 2021-07-07

124 金色和彩色钻石“Allegra”戒指和耳夹一对
估　价：USD 4,000~6,000
成交价：RMB 228,374
纽约苏富比 2021-08-31

169 金色和钻石“Zigana”耳夹一对
估　价：USD 6,000~8,000
成交价：RMB 260,999
长3.81cm×2 纽约苏富比 2021-08-31

49 卡地亚 彩色钻石和缟玛瑙耳夹一对，法国
估　价：USD 80,000~120,000
成交价：RMB 685,547
纽约苏富比 2021-06-09

700 卡地亚 粉水晶配缟玛瑙及钻石耳环一对
估　价：CHF 40,000~60,000
成交价：RMB 361,302
日内瓦苏富比 2021-05-13

1 卡地亚 四只蜜蜂耳环
估　价：EUS 1,000~1,500
成交价：RMB 34,191
长1.4cm × 4 米兰佳士得 2021-02-03

123 蓝宝石，粉红色蓝宝石和钻石耳环
估　价：USD 80,000~120,000
成交价：RMB 2,049,813
纽约佳士得 2021-04-13

277 卡地亚 红宝石碧玺和钻石耳环
估　价：USD 6,000~8,000
成交价：RMB 162,615
长3.5cm × 2 纽约佳士得 2021-04-21

614 卡地亚 钻石耳环一对
估　价：CHF 12,000~18,000
成交价：RMB 126,456
日内瓦苏富比 2021-05-13

137 蓝宝石和玉髓耳环一对
估　价：EUR 2,000~3,000
成交价：RMB 34,750
米兰苏富比 2021-03-04

166 卡地亚 三色金钻戒及耳夹一对 1995年
估　价：USD 6,000~8,000
成交价：RMB 44,428
纽约苏富比 2021-06-11

205 卡地亚 钻石环耳环
估　价：USD 4,000~6,000
成交价：RMB 56,915
直径 3.3cm × 2 纽约佳士得 2021-04-21

171 蓝宝石和钻石耳环
估　价：EUR 6,000~8,000
成交价：RMB 57,675
巴黎佳士得 2021-07-07

80 蓝宝石和钻石耳环，宝格丽
估　价：CHF 20,000~30,000
成交价：RMB 268,545
长4.9cm×2 日内瓦佳士得 2021-05-12

152 两颗20.08克拉 D色，无瑕，极品抛光和对称，Ila 型钻石耳坠一对
估　价：CHF 3,570,000~4,300,000
成交价：RMB 27,962,852
日内瓦苏富比 2021-05-11

23 雷内·博文 红宝石和钻石耳夹一对 20世纪70年代
估　价：GBP 100,000
成交价：RMB 80,012
伦敦苏富比 2021-06-24

123 两颗10.88克拉钻石耳环
估　价：CHF 800,000~1,200,000
成交价：RMB 8,808,276
日内瓦佳士得 2021-05-12

201 洛林施瓦茨 粉红色蓝宝石和红宝石吊坠耳夹一对
估　价：USD 6,000~8,000
成交价：RMB 52,506
长9.53cm×2 纽约苏富比 2021-06-11

286 洛林施瓦茨 绿松石钻石耳环一对
估　价：USD 7,000~9,000
成交价：RMB 210,024
长8.26cm×2 纽约苏富比 2021-06-11

298 洛林施瓦茨 薰衣草翡翠钻石吊坠耳环一对
估　价：USD 5,000~7,000
成交价：RMB 68,662
长7.62cm×2 纽约苏富比 2021-06-11

197 洛林施瓦茨 钻石和黑钻吊坠耳环
估　价：USD 6,000~8,000
成交价：RMB 153,479
纽约苏富比 2021-06-11

251 尼古拉斯·瓦尼 金色和钻石耳夹一对
估　价：USD 5,000~7,000
成交价：RMB 33,927
长2.22cm×2 纽约苏富比 2021-06-11

90 珊瑚、钻石和珐琅耳环 约1925年
估　价：USD 15,000~20,000
成交价：RMB 245,978
5.7cm×1.5cm×2 纽约佳士得 2021-04-13

117 马兹海蓝宝石、橄榄石和钻石耳环
估　价：USD 1,500~2,000
成交价：RMB 17,865
2.9cm×2.9cm×2 纽约佳士得 2021-01-27

145 人工养殖珍珠和钻石耳环
估　价：USD 2,000~3,000
成交价：RMB 60,981
3.5cm×2.5cm×2 纽约佳士得 2021-04-21

111 天然珍珠和钻石耳环
估　价：USD 15,000~20,000
成交价：RMB 196,782
6.4cm×1.2cm×2 纽约佳士得 2021-04-13

193 玛格丽塔·布尔格纳 海蓝宝石和钻石吊坠/耳夹一对
估　价：USD 15,000~20,000
成交价：RMB 129,246
纽约苏富比 2021-06-11

137 人工养殖珍珠和钻石耳环
估　价：USD 1,500~2,000
成交价：RMB 19,514
3.8cm×2.0cm×2 纽约佳士得 2021-04-21

161 天然珍珠和钻石耳环
估　价：USD 12,000~18,000
成交价：RMB 97,569
长2.0cm×2 纽约佳士得 2021-04-21

68 天然珍珠和钻石耳夹一对
估　价：USD 80,000~120,000
成交价：RMB 766,200
纽约苏富比 2021-06-09

163 托尼·杜奎特 黄水晶、紫水晶和橄榄石耳夹一对
估　价：USD 3,000~5,000
成交价：RMB 40,389
长3.81cm×2 纽约苏富比 2021-06-11

195 托尼·杜奎特 锂紫玉和钻石耳夹一对
估　价：USD 3,000~5,000
成交价：RMB 36,350
长2.54cm×2 纽约苏富比 2021-06-11

186 托尼·杜奎特 珊瑚色和金色耳夹一对
估　价：USD 2,000~3,000
成交价：RMB 72,701
纽约苏富比 2021-06-11

6 香奈儿 GRIPOIX 玻璃龟耳环
估　价：USD 600~800
成交价：RMB 32,441
2.8cm×5.2cm×2
纽约佳士得 2021-01-14

37 香奈儿 GRIPOIX 玻璃和人造珍珠茶花耳环
估　价：USD 2,000~3,000
成交价：RMB 25,953
7.0cm×5.0cm×2
纽约佳士得 2021-01-14

106 香奈儿 大号水钻和 GRIPOIX 玻璃吊坠耳环
估　价：USD 1,500~2,000
成交价：RMB 60,827
最大宽度7.2cm×2，最大长度13.9cm×2
纽约佳士得 2021-01-14

13 香奈儿 人造珍珠耳环
估　价：USD 600~800
成交价：RMB 89,213
4.8cm×4.8cm×2 纽约佳士得 2021-01-14

58 香奈儿 水钻和玻璃吊坠耳环
估　价：USD 2,000~3,000
成交价：RMB 36,496
长10.2cm×2 纽约佳士得 2021-01-14

57 香奈儿 水钻和人造珍珠吊坠耳环
估　价：USD 800~1,200
成交价：RMB 25,953
长13.6cm×2，宽5.7cm×2
纽约佳士得 2021-01-14

67 养殖珍珠和钻石耳环
估　价：USD 2,000~4,000
成交价：RMB 21,140
3.4cm×1.3cm×2 纽约佳士得 2021-04-21

88 养殖珍珠和钻石耳环一对和钻石戒指
估　价：EUR 3,000~6,000
成交价：RMB 64,536
米兰苏富比 2021-03-04

711 养殖珍珠配钻石耳坠一对
估　价：CHF 15,000~25,000
成交价：RMB 135,488
日内瓦苏富比 2021-05-13

1115 一对紫水晶和钻石吊坠耳环
估　价：CHF 4,500~7,500
成交价：RMB 49,047
日内瓦苏富比 2021-07-07

8 玉髓和钻石“ROSE DE NOL”耳环
估　价：USD 15,000~20,000
成交价：RMB 286,974
长3.4cm×2 纽约佳士得 2021-04-13

170 装饰艺术祖母绿与钻石耳环
估　价：USD 10,000~15,000
成交价：RMB 81,993
长5.8cm×2 纽约佳士得 2021-04-13

152 紫水晶、海蓝宝石和钻石耳环
估　价：USD 10,000~15,000
成交价：RMB 24,598
4.1cm×1.6cm×2 纽约佳士得 2021-04-13

149 紫水晶、绿松石和钻石耳夹一对，法国
估　价：USD 10,000~15,000
成交价：RMB 81,562
长3.81cm×2 纽约苏富比 2021-08-31

135 祖母绿、天然珍珠和钻石耳环，BHAGAT
估　价：CHF 100,000~150,000
成交价：RMB 1,253,210
长10.0cm×2 日内瓦佳士得 2021-05-12

85 祖母绿和钻石耳环 20世纪60年代
估　价：CHF 80,000~120,000
成交价：RMB 716,120
长6.0cm×2 日内瓦佳士得 2021-05-12

176 紫水晶、珊瑚和钻石耳夹
估　价：USD 4,000~6,000
成交价：RMB 32,625
长3.81cm×2 纽约苏富比 2021-08-31

28 祖母绿耳环一对 18世纪末
估　价：GBP 1,800~2,200
成交价：RMB 20,575
长43mm×2 伦敦苏富比 2021-06-24

165 祖母绿和钻石耳环
估　价：USD 7,000~10,000
成交价：RMB 262,376
5.4cm×1.9cm×2 纽约佳士得 2021-04-13

35 祖母绿和钻石耳环，REZA
估　价：CHF 20,000~30,000
成交价：RMB 402,818
日内瓦佳士得 2021-05-12

128 祖母绿和钻石耳环一对
估　价：GBP 18,000~24,000
成交价：RMB 205,746
长41mm×2 伦敦苏富比 2021-06-24

84 祖母绿和钻石戒指、耳环
估　价：EUR 6,000~8,000
成交价：RMB 74,465
米兰苏富比 2021-03-04

627 祖母绿配钻石耳环一对，约1955年
估　价：CHF 40,000~60,000
成交价：RMB 343,237
日内瓦苏富比 2021-05-13

176 祖母绿钻石耳环
估　价：USD 3,500~5,000
成交价：RMB 32,481
长5.0cm×2 纽约佳士得 2021-01-27

137 钻石，天青石和珊瑚耳环
估　价：USD 2,000~3,000
成交价：RMB 16,241
长9.6cm×2，宽2.6cm×2
纽约佳士得 2021-01-27

114 祖母绿配钻石耳坠一对
估　价：CHF 80,000~100,000
成交价：RMB 769,481
日内瓦苏富比 2021-05-11

143 祖母绿钻石耳环
估　价：USD 2,000~3,000
成交价：RMB 13,822
2.8cm×2.3cm×2 纽约佳士得 2021-04-21

134 钻石“佩斯利”耳环，BHAGAT
估　价：CHF 70,000~100,000
成交价：RMB 698,217
日内瓦佳士得 2021-05-12

746 祖母绿配钻石耳坠一对
估　价：CHF 20,000~30,000
成交价：RMB 135,488
日内瓦苏富比 2021-05-13

27 钻石，缟玛瑙和祖母绿“PANTHÈRE”耳环，卡地亚
估　价：CHF 30,000~50,000
成交价：RMB 286,448
长5.9cm×2 日内瓦佳士得 2021-05-12

156 钻石铂金耳环
估　价：USD 8,000~12,000
成交价：RMB 97,569
3.0cm×0.7cm×2 纽约佳士得 2021-04-21

29 钻石耳环
估　价：USD 1,500~2,000
成交价：RMB 32,523
长4.1cm × 2 纽约佳士得 2021-04-21

104 钻石和红宝石耳环一对
估　价：CHF 150,000~250,000
成交价：RMB 2,327,390
日内瓦佳士得 2021-05-12

282 钻石和红宝石环形耳环
估　价：USD 5,000~7,000
成交价：RMB 40,654
长2.9cm × 2 纽约佳士得 2021-04-21

187 钻石和黄金“目标”耳环
估　价：USD 6,000~8,000
成交价：RMB 52,073
3.0cm × 3.0cm × 2 纽约佳士得 2021-06-04

26 钻石和金耳环
估　价：USD 1,500~2,000
成交价：RMB 22,737
长2.5cm × 2 纽约佳士得 2021-01-27

80 钻石和金羽毛耳环
估　价：USD 1,500~2,000
成交价：RMB 22,766
3.2cm × 1.5cm × 2 纽约佳士得 2021-04-21

204 钻石花朵耳环
估　价：USD 10,000~15,000
成交价：RMB 136,191
1.7cm × 2.5cm × 2 纽约佳士得 2021-06-04

186 钻石金耳环
估　价：USD 3,000~5,000
成交价：RMB 25,985
长3.1cm × 2，宽2.7cm × 2
纽约佳士得 2021-01-27

## 胸　针

1830 “富贵鸟”天然翡翠配钻石胸针
估　价：HKD 260,000~350,000
成交价：RMB 229,522
香港苏富比 2021-10-12

3360 “玉兰”金镶和田羊脂籽玉胸针
估　价：RMB 180,000~280,000
成交价：RMB 253,000
胸针56.7mm×37mm 西泠印社 2021-01-16

3421 18K金贝壳花神胸针
估　价：RMB 118,000~228,000
成交价：RMB 143,750
总重45.48克 永乐拍卖 2021-05-22

6144 DONGYEEMAN 祖母绿猫眼海马胸针
估　价：RMB 320,000~380,000
成交价：RMB 437,000
永乐拍卖 2021-12-02

5403 “鸢尾花”精美的7.22克拉天然缅甸抹谷未经加热红宝石配彩色宝石及钻石胸针
估　价：RMB 600,000~900,000
成交价：RMB 195,500
胸针62mm×46mm 中国嘉德 2021-11-30

1902 4.82克拉，4.09克拉及3.99克拉I色钻石胸针
估　价：HKD 800,000~1,000,000
成交价：RMB 834,624
香港苏富比 2021-10-12

6148 DONGYEEMAN 祖母绿钻石“蝴蝶”胸针/戒指
估　价：RMB 380,000~480,000
成交价：RMB 437,000
永乐拍卖 2021-12-02

1978 17.38克拉及16.81克拉枕形蓝宝石、钻石及祖母绿胸针，Bhagat设计
估　价：HKD 1,000,000~1,500,000
成交价：RMB 1,035,000
胸针长3.0cm 佳士得 2021-05-23

6145 DONGYEEMAN 紫翡绿翡胸针
估　价：RMB 320,000~380,000
成交价：RMB 632,500
永乐拍卖 2021-12-02

64 K金配蓝宝石及钻石“花束”胸针，Cartier
估　价：HKD 180,000~280,000
成交价：RMB 216,744
天成国际 2021-11-26

2083 Jacques Timey为海瑞温斯顿设计102.91克拉斯里兰卡蓝宝石配钻石胸针/戒指，未经加热
估　价：HKD 14,000,000~16,000,000
成交价：RMB 11,822,400
保利香港 2021-11-27

1905 天然珍珠胸针，Bulgari设计
估　价：HKD 1,500,000~2,500,000
成交价：RMB 1,539,375
胸针长7.3cm，项链长43.5cm 佳士得 2021-11-28

8196 彩色蓝宝石及钻石“芭蕾舞少女”胸针
估　价：RMB 60,000~90,000
成交价：RMB 126,500
北京保利 2021-12-05

1733 宝格丽 24.33克拉哥伦比亚祖母绿，紫水晶配珊瑚及钻石胸针
估　价：HKD 850,000~1,200,000
成交价：RMB 955,962
香港苏富比 2021-04-20

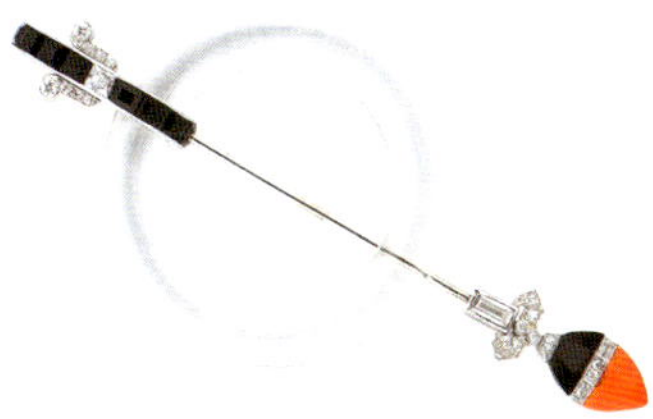

1959 宝石胸针，Cartier设计
估　价：HKD 200,000~300,000
成交价：RMB 289,800
胸针长8.2cm 佳士得 2021-05-23

1801 蒂芙尼 Schlumberger设计橄榄石配钻石及红宝石胸针
估　价：HKD 100,000~150,000
成交价：RMB 125,194
香港苏富比 2021-10-12

1862 宝石L’ARCHE DE NOE胸针一对，Van Cleef & Arpels设计
估　价：HKD 600,000~800,000
成交价：RMB 828,000
胸针长5.1cm，长4.9cm 佳士得 2021-05-23

1819 宝石胸针，Michele della Valle设计
估　价：HKD 95,000~120,000
成交价：RMB 103,500
长9.2cm 佳士得 2021-05-23

1820 梵克雅宝 39.11克拉哥伦比亚祖母绿配钻石胸针
估　价：HKD 1,000,000~1,300,000
成交价：RMB 1,356,264
香港苏富比 2021-10-12

1905 梵克雅宝 星光红宝石配钻石胸针
估　价：HKD 1,800,000~2,800,000
成交价：RMB 2,921,184
香港苏富比 2021-10-12

1911 2.81克拉枕形紫色蓝宝石“翩翩系列·美梦如华”胸针，陈世英设计
估　价：HKD 900,000~1,200,000
成交价：RMB 2,565,625
胸针长7.8cm 佳士得 2021-11-28

1805 海瑞温斯顿 钻石胸针
估　价：HKD 120,000~180,000
成交价：RMB 135,626
香港苏富比 2021-10-12

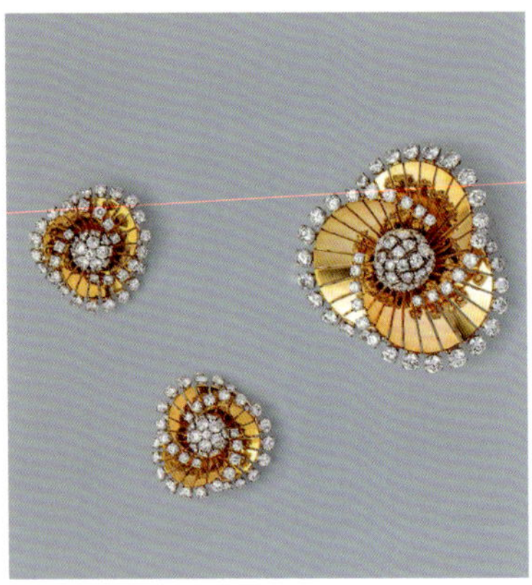

3494 梵克雅宝 胸针、耳钉套装
估　价：RMB 480,000~560,000
成交价：RMB 552,000
永乐拍卖 2021-05-22

1700 梵克雅宝 钻石胸针
估　价：HKD 80,000~120,000
成交价：RMB 233,680
香港苏富比 2021-04-20

3422 幻蝶·珍珠蜻蜓彩宝胸针
估　价：RMB 128,000~228,000
成交价：RMB 218,500
永乐拍卖 2021-05-22

1855 梵克雅宝 钻石配缟玛瑙及祖母绿胸针
估　价：HKD 800,000~1,200,000
成交价：RMB 730,296
香港苏富比 2021-10-12

1946 翡翠及钻石胸针
估　价：HKD 280,000~380,000
成交价：RMB 496,800
胸针长3.8cm 佳士得 2021-05-23

1842 黄水晶、钻石及有色蓝宝石Bird on a Rock胸针，Tiffany & Co.设计
估　价：HKD 160,000~250,000
成交价：RMB 227,700
胸针长5.8cm 佳士得 2021-05-23

1856 卡地亚 "Panthère" 钻石配缟玛瑙及祖母绿胸针，1970年
估　价：HKD 2,800,000~3,500,000
成交价：RMB 2,921,184
香港苏富比 2021-10-12

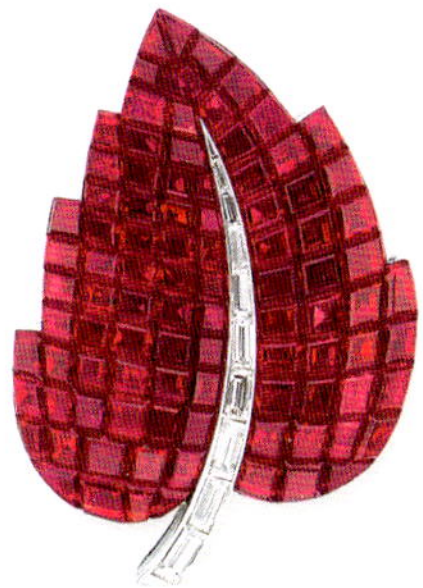

1810 红宝石 "Mystery-Set" 胸针，梵克雅宝
估　价：HKD 120,000~180,000
成交价：RMB 872,313
胸针长3.3cm 佳士得 2021-11-28

1821 蓝宝石及钻石胸针，Michele della Valle设计
估　价：HKD 150,000~250,000
成交价：RMB 269,100
长12.4cm 佳士得 2021-05-23

1659 卡地亚 "Panthère" 青金石配祖母绿及珐琅彩胸针，约1970年
估　价：HKD 180,000~220,000
成交价：RMB 276,167
香港苏富比 2021-04-20

1892 卡地亚 红宝石及钻石配祖母绿及珐琅彩胸针
估　价：HKD 300,000~500,000
成交价：RMB 333,850
香港苏富比 2021-10-12

44 帕拉伊巴碧玺花形胸针
估　价：RMB 200,000~300,000
成交价：RMB 230,000
上海匡时 2021-07-08

1657 卡地亚 宝石配钻石及缟玛瑙胸针
估　价：HKD 350,000~450,000
成交价：RMB 849,744
香港苏富比 2021-04-20

1854 卡地亚 钻石配宝石及贝母胸针
估　价：HKD 800,000~1,200,000
成交价：RMB 834,624
香港苏富比 2021-10-12

82 沙弗莱石榴石配蓝宝石及钻石"蜂鸟"胸针/吊坠，Nisan
估　价：HKD 60,000~90,000
成交价：RMB 59,112
天成国际 2021-11-26

1663 卡地亚 钻石配缟玛瑙及祖母绿胸针
估　价：HKD 650,000~850,000
成交价：RMB 1,168,398
香港苏富比 2021-04-20

1912 蓝宝石“Pavot de L’ Himalaya”胸针，梵克雅宝
估　价：HKD 1,800,000~2,800,000
成交价：RMB 1,795,938
胸针长9.3cm 佳士得 2021-11-28

3423 蜻蜓点水胸针
估　价：RMB 138,000~238,000
成交价：RMB 1,265,000
永乐拍卖 2021-05-22

1904 天然珍珠胸针，梵克雅宝
估　价：HKD 600,000~800,000
成交价：RMB 615,750
胸针长9.8cm 佳士得 2021-11-28

1866 前南斯拉夫Dimitri王子4.36克拉淡粉红色钻石配宝石及钻石胸针
估　价：HKD 1,000,000~2,000,000
成交价：RMB 1,043,280
香港苏富比 2021-10-12

122 珊瑚配天然翡翠及钻石“春色”胸针/摆件，王进玲
估　价：HKD 58,000~88,000
成交价：RMB 59,112
天成国际 2021-11-26

1626 天然翡翠配钻石胸针一对
估　价：HKD 120,000~160,000
成交价：RMB 127,462
香港苏富比 2021-04-20

1119 天然海螺珠配钻石双夹胸针
估　价：RMB 120,000~180,000
成交价：RMB 138,000
胸针长56mm 北京保利 2021-09-26

1956 天然珍珠及钻石胸针
估　价：HKD 800,000~1,200,000
成交价：RMB 828,000
胸针长7.3cm 佳士得 2021-05-23

1859 有色钻石及钻石胸针，Cartier设计
估　价：HKD 120,000~180,000
成交价：RMB 269,100
胸针长6.1cm 佳士得 2021-05-23

5038 总重约5.30克拉彩色宝石配总重约2克拉钻石及钛金属蝴蝶胸针
估　价：RMB 85,000~140,000
成交价：RMB 101,200
胸针90mm×70mm 中国嘉德 2021-05-21

4077 魏文镌设计蝶卉/蝶翼 1克拉缅甸鸽血红红宝石配钻石戒指/胸针两用
估　价：RMB 130,000~200,000
成交价：RMB 144,900
北京保利 2021-06-07

1903 有色钻石及钻石胸针耳环套装
估　价：HKD 120,000~180,000
成交价：RMB 144,900
胸针长5.3cm，耳环长2.1cm×2
佳士得 2021-05-23

1855 祖母绿及钻石胸针
估　价：HKD 120,000~180,000
成交价：RMB 144,900
胸针长7.1cm 佳士得 2021-05-23

3420 五凤鹓雏-18K金石榴石胸针
估　价：RMB 88,800~188,000
成交价：RMB 241,500
永乐拍卖 2021-05-22

5033 总重约36.45克拉天然红宝石配总重约12克拉钻石蝴蝶胸针
估　价：RMB 200,000~300,000
成交价：RMB 230,000
胸针90mm×75mm 中国嘉德 2021-05-21

1923 钻石胸针
估　价：HKD 120,000~180,000
成交价：RMB 124,200
胸针长4.8cm 佳士得 2021-05-23

1921 钻石胸针，Harry Winston设计
估　价：HKD 120,000~180,000
成交价：RMB 165,600
佳士得 2021-05-23

1920 钻石胸针，Tiffany & Co.设计
估　价：HKD 280,000~380,000
成交价：RMB 331,200
胸针长3.4cm 佳士得 2021-05-23

1931 钻石胸针，Van Cleef & Arpels设计（一对）
估　价：HKD 500,000~800,000
成交价：RMB 641,700
胸针长6.4cm×2 佳士得 2021-05-23

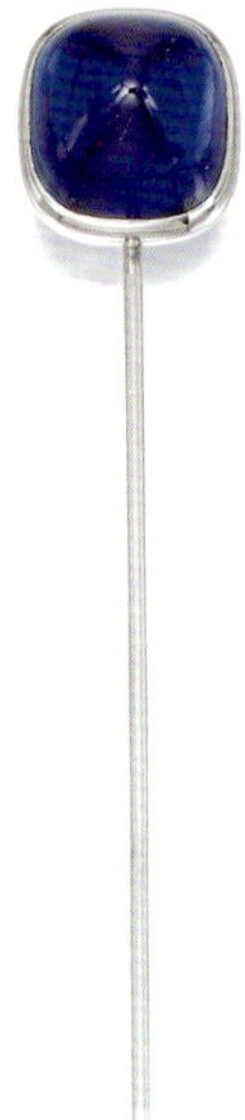

90 11.87克拉蓝宝石棒针
估　价：USD 200,000~300,000
成交价：RMB 4,155,529
纽约苏富比 2021-06-09

37 19世纪后期橡木枝胸针
估　价：EUS 6,000~8,000
成交价：RMB 97,689
长10.64cm 米兰佳士得 2021-02-03

141 19世纪初蓝宝石和钻石胸针
估　价：CHF 25,000~40,000
成交价：RMB 537,090
长3.7cm 日内瓦佳士得 2021-05-12

140 19世纪初蓝宝石和钻石胸针
估　价：CHF 5,000~10,000
成交价：RMB 143,224
长3.6cm 日内瓦佳士得 2021-05-12

102 19世纪晚期祖母绿，钻石和珍珠胸针
估　价：CHF 20,000~30,000
成交价：RMB 734,023
日内瓦佳士得 2021-05-12

81 19世纪中叶钻石胸针
估　价：USD 15,000~20,000
成交价：RMB 180,384
8.9cm × 3.1cm 纽约佳士得 2021-04-13

179 55.19克拉和25.97克拉蓝宝石配钻石别针，20世纪30年代
估　价：CHF 1,880,000~2,800,000
成交价：RMB 25,354,806
日内瓦苏富比 2021-05-11

106 2.10克拉彩黄色钻石配钻石别针
估　价：CHF 70,000~100,000
成交价：RMB 1,086,327
日内瓦苏富比 2021-05-11

175 80.45克拉祖母绿配钻石别针/吊坠组合
估　价：CHF 2,350,000~3,300,000
成交价：RMB 22,746,760
日内瓦苏富比 2021-05-11

5 2.19克拉花式绿黄色垫形钻石和钻石胸针/吊坠 1900年
估　价：EUR 6,000~10,000
成交价：RMB 139,001
米兰苏富比 2021-03-04

13 20 世纪早期红宝石和钻石胸针，蒂芙尼
估　价：EUS 4,000~6,000
成交价：RMB 39,076
胸针长2.8cm 米兰佳士得 2021-02-03

607 4.30克拉钻石配绿宝石别针
估　价：CHF 42,000~55,000
成交价：RMB 379,368
日内瓦苏富比 2021-05-13

23 4.65克拉钻石胸针
估　价：USD 15,000~20,000
成交价：RMB 387,132
纽约苏富比 2021-06-09

80 BUCCELLATI 雕刻祖母绿和金胸针
估　价：USD 1,000~1,500
成交价：RMB 24,361
7.3cm × 3.3cm 纽约佳士得 2021-01-27

63 MASSONI 钻石，彩色钻石和养殖珍珠耳环和胸针
估　价：USD 15,000~20,000
成交价：RMB 121,961
耳环 5.7cm × 3.5cm × 2，胸针 5.8cm × 5.0cm
纽约佳士得 2021-04-21

49 BELLE EPOQUE 钻石和红宝石胸针，卡地亚
估　价：CHF 40,000~60,000
成交价：RMB 375,963
长5.7cm 日内瓦佳士得 2021-05-12

117 HEMMERLE 橙色蓝宝石和铜“CORTINARIUS SANGUINEUS”胸针
估　价：USD 15,000~20,000
成交价：RMB 368,966
6.8cm × 5.0cm 纽约佳士得 2021-04-13

57 宝格丽 蓝宝石和钻石夹式胸针 约1960年
估　价：USD 30,000~50,000
成交价：RMB 258,088
纽约苏富比 2021-06-09

71 BOUCHERON 钻石和黄金胸针、耳环套装
估　价：USD 5,000~7,000
成交价：RMB 52,850
胸针直径 3.7cm，耳环直径 2.0cm × 2
纽约佳士得 2021-04-21

108 MARCUS & CO. 新艺术风格祖母绿，珐琅和钻石手表胸针
估　价：USD 10,000~15,000
成交价：RMB 155,786
7.0cm × 2.9cm 纽约佳士得 2021-04-13

92 宝格丽 钻石胸针
估　价：EUR 13,000~22,000
成交价：RMB 188,645
米兰苏富比 2021-03-04

77 宝格丽 钻石胸针
估　价：USD 5,000~7,000
成交价：RMB 105,700
5.0cm × 4.4cm 纽约佳士得 2021-04-21

142 彩色钻石、钻石和红宝石胸针
估　价：GBP 8,000~10,000
成交价：RMB 108,860
长39mm 伦敦苏富比 2021-06-24

115 大卫·韦伯 黄金、祖母绿和钻石“Aquarius”夹式胸针
估　价：USD 8,000~12,000
成交价：RMB 65,250
5.72cm × 5.08cm 纽约苏富比 2021-08-31

59 宝石花胸针
估　价：USD 4,000~6,000
成交价：RMB 48,785
6.0cm × 3.8cm 纽约佳士得 2021-04-21

43 大卫·韦伯 多宝石和钻石胸针、耳环首饰套装
估　价：USD 20,000~30,000
成交价：RMB 229,579
胸针 5.7cm × 5.2cm 纽约佳士得 2021-04-13

86 大卫·韦伯 黄金和钻石吊坠/胸针
估　价：USD 3,000~5,000
成交价：RMB 97,875
纽约苏富比 2021-08-31

5 变色蓝宝石、天然珍珠和钻石胸针 大约1900年
估　价：GBP 9,000~12,000
成交价：RMB 102,873
伦敦苏富比 2021-06-24

12 大卫·韦伯 红宝石，祖母绿和钻石吊坠胸针
估　价：USD 12,000~18,000
成交价：RMB 163,985
7.2cm × 7.2cm 纽约佳士得 2021-04-13

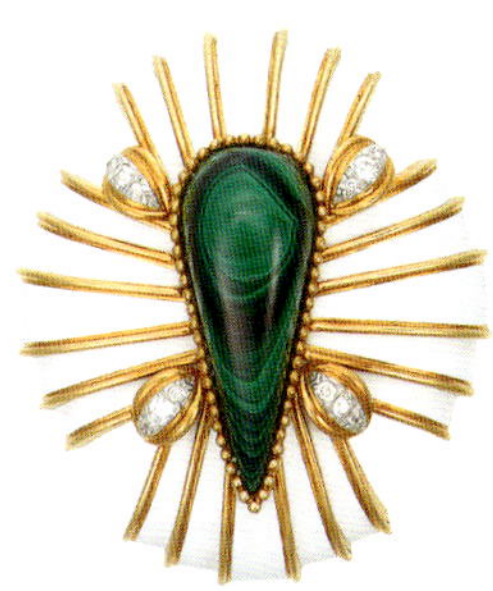

9 大卫·韦伯 孔雀石，钻石和珐琅吊坠胸针
估　价：USD 10,000~15,000
成交价：RMB 80,178
7.5cm × 6.7cm 纽约佳士得 2021-06-08

12 大卫·韦伯 绿松石，蓝宝石和钻石吊坠胸针
估　价：USD 10,000~15,000
成交价：RMB 104,231
6cm×4.7cm 纽约佳士得 2021-06-08

239 大卫·韦伯 祖母绿、蓝宝石、红宝石和钻石吊坠胸针
估　价：USD 10,000~15,000
成交价：RMB 129,246
纽约苏富比 2021-06-11

200 大卫·弗蕾达坦桑石，钻石和珐琅兰花胸针
估　价：USD 6,000~8,000
成交价：RMB 48,785
12.5cm×4.7cm 纽约佳士得 2021-04-21

1052 玳瑁、蓝宝石、红宝石、锆石和养殖珍珠胸针“Moretto”和一对珊瑚钻石耳环
估　价：CHF 3,000~5,000
成交价：RMB 34,333
日内瓦苏富比 2021-07-07

155 蛋白石、红宝石、珐琅和钻石胸针
估　价：USD 12,000~18,000
成交价：RMB 122,343
纽约苏富比 2021-08-31

163 蛋白石、祖母绿、彩色钻石和钻石胸针
估　价：USD 8,000~12,000
成交价：RMB 89,719
长5.1cm 纽约苏富比 2021-08-31

78 蛋白石、祖母绿和钻石胸针
估　价：USD 4,000~6,000
成交价：RMB 154,968
纽约苏富比 2021-08-31

259 蛋白石、钻石和红宝石胸针
估　价：USD 5,000~7,000
成交价：RMB 40,389
长5.08cm 纽约苏富比 2021-06-11

13 蒂芙尼·斯伦贝谢钻石“五叶”胸针
估　价：USD 2,000~3,000
成交价：RMB 48,785
6.3cm×5.2cm 纽约佳士得 2021-04-21

12 蒂芙尼 珐琅和多宝石鹦鹉胸针
估　价：USD 12,000~18,000
成交价：RMB 136,191
纽约佳士得 2021-06-04

208 蒂芙尼 两个多宝石“海豚”夹式胸针
估　价：USD 15,000~20,000
成交价：RMB 311,572
5.8cm × 4.2cm × 2 纽约佳士得 2021-04-13

85 蒂芙尼 钻石，红宝石和珐琅胸针
估　价：USD 30,000~50,000
成交价：RMB 336,746
8.0cm × 5.7cm 纽约佳士得 2021-06-08

105 蒂芙尼 橄榄石和钻石别针
估　价：USD 8,000~12,000
成交价：RMB 72,701
4.13cm × 3.49cm 纽约苏富比 2021-06-11

224 蒂芙尼 · 斯伦贝谢钻石十字吊坠胸针
估　价：USD 4,000~6,000
成交价：RMB 44,661
直径4.7cm 纽约佳士得 2021-01-27

109 蒂芙尼 钻石，蓝宝石和珐琅蝴蝶胸针
估　价：USD 4,000~6,000
成交价：RMB 69,111
6.5cm × 5.0cm 纽约佳士得 2021-04-21

86 蒂芙尼 黑色蛋白石，钻石和多宝石孔雀胸针
估　价：USD 30,000~50,000
成交价：RMB 336,746
12.5cm × 4.4cm 纽约佳士得 2021-06-08

141 蒂芙尼 祖母绿和钻石胸针
估　价：USD 3,000~5,000
成交价：RMB 52,850
直径4.0cm 纽约佳士得 2021-04-21

171 蒂芙尼 钻石、珐琅和宝石镶嵌夹式胸针
估　价：USD 6,000~8,000
成交价：RMB 153,479
5.72cm × 3.18cm 纽约苏富比 2021-06-11

73 蒂芙尼 钻石“海星”胸针
估　价：USD 8,000~12,000
成交价：RMB 97,443
4.2cm×4.8cm 纽约佳士得 2021-01-27

132 多宝石宝塔胸针一对
估　价：USD 4,000~6,000
成交价：RMB 89,323
长5.8cm×2，宽3.6cm×2
纽约佳士得 2021-01-27

56 多宝石和钻石胸针
估　价：EUR 3,000~5,000
成交价：RMB 76,900
6.0cm×5.8cm 巴黎佳士得 2021-07-07

250 蒂芙尼 钻石“镶嵌花蕾”胸针
估　价：USD 4,000~6,000
成交价：RMB 89,438
5.5cm×3.7cm 纽约佳士得 2021-04-21

106 多宝石和钻石蝴蝶胸针耳环首饰
估　价：USD 5,000~7,000
成交价：RMB 56,915
胸针 6.6cm×6.8cm；耳环 4.0cm×2.6cm×2
纽约佳士得 2021-04-21

22 多宝石蝴蝶胸针
估　价：EUS 3,000~5,000
成交价：RMB 31,260
5.3cm×7.7cm 米兰佳士得 2021-02-03

9 蒂芙尼 钻石和蓝宝石“瞪羚”胸针
估　价：USD 10,000~15,000
成交价：RMB 104,146
纽约佳士得 2021-06-04

28 多宝石和钻石花束胸针
估　价：USD 6,000~8,000
成交价：RMB 56,915
5.1cm×8.7cm 纽约佳士得 2021-04-21

52 珐琅和多宝石丑角胸针
估　价：EUS 400~600
成交价：RMB 15,630
米兰佳士得 2021-02-03

670 珐琅配钻石别针，约1890年
估 价：CHF 2,800~4,600
成交价：RMB 27,098
日内瓦苏富比 2021-05-13

213 梵克雅宝 红宝石和钻石夹式胸针
估 价：USD 40,000~60,000
成交价：RMB 1,229,888
5.0cm×5.0cm 纽约佳士得 2021-04-13

6 珐琅钻石胸针 19世纪末
估 价：GBP 2,000~3,000
成交价：RMB 22,861
伦敦苏富比 2021-06-24

6 梵克雅宝 多宝石和钻石夹式胸针
估 价：USD 10,000~15,000
成交价：RMB 96,213
3.7cm×3.2cm 纽约佳士得 2021-06-08

1 梵克雅宝 复古钻石和黄金“LUDO HEXAGON”别针 约1935年
估 价：USD 5,000~7,000
成交价：RMB 97,569
4.0cm×2.6cm 纽约佳士得 2021-04-21

658 梵克雅宝 白水晶配红宝石及钻石胸针、耳环首饰套装
估 价：CHF 40,000~60,000
成交价：RMB 406,465
日内瓦苏富比 2021-05-13

1118 梵克雅宝 粉红色蓝宝石和钻石胸针
估 价：CHF 5,000~7,000
成交价：RMB 98,094
日内瓦苏富比 2021-07-07

197 梵克雅宝 红宝石和钻石胸针
估 价：USD 15,000~20,000
成交价：RMB 213,181
纽约佳士得 2021-04-13

183 梵克雅宝 红宝石和钻石胸针、耳环
估 价：USD 12,000~18,000
成交价：RMB 121,804
胸针4.5cm×4.0cm；耳环2.2cm×1.6cm×2
纽约佳士得 2021-01-27

693 梵克雅宝 黄金镶蓝宝石及钻石别针，20世纪40年代
估 价：CHF 11,000~17,000
成交价：RMB 99,358
日内瓦苏富比 2021-05-13

2 梵克雅宝 珊瑚“ROSE DE NOEL”胸针
估 价：USD 12,000~18,000
成交价：RMB 89,323
直径3.8cm 纽约佳士得 2021-01-27

17 梵克雅宝 黄金，钻石和红宝石胸针
估 价：USD 40,000~60,000
成交价：RMB 725,873
纽约苏富比 2021-06-09

45 梵克雅宝 绿松石，蓝宝石和钻石耳环配无签名胸针
估 价：USD 20,000~30,000
成交价：RMB 367,326
耳环5.7cm×1.8cm×2；胸针4.8cm×3.5cm
纽约佳士得 2021-04-13

65 梵克雅宝 珊瑚“ROSE DE NOEL”胸针
估 价：USD 8,000~12,000
成交价：RMB 64,962
纽约佳士得 2021-01-27

153 梵克雅宝 黄金、钻石和宝石胸针
估 价：USD 18,000~22,000
成交价：RMB 138,656
纽约苏富比 2021-08-31

146 梵克雅宝 绿松石，钻石和红宝石蝴蝶胸针
估 价：USD 2,000~3,000
成交价：RMB 44,719
2.5cm×2.5cm 纽约佳士得 2021-04-21

621 梵克雅宝 珊瑚配钻石别针/吊坠，20世纪70年代
估 价：CHF 19,000~28,000
成交价：RMB 171,619
日内瓦苏富比 2021-05-13

75 梵克雅宝 神秘镶嵌蓝宝石和钻石胸针
估　价：USD 150,000~250,000
成交价：RMB 1,613,052
纽约苏富比 2021-06-09

205 梵克雅宝 钻石和祖母绿天鹅夹胸针
估　价：USD 12,000~18,000
成交价：RMB 245,978
5.0cm × 5.0cm 纽约佳士得 2021-04-13

1978 68.90克拉长方形哥伦比亚祖母绿胸针/吊坠，Harry Winston设计
估　价：HKD 12,000,000~18,000,000
成交价：RMB 11,042,450
胸针/吊坠5.8cm 佳士得 2021-11-28

9 梵克雅宝 一对玉髓、蓝宝石和钻石“蓝色栀子花”夹式胸针
估　价：USD 15,000~20,000
成交价：RMB 213,181
长4.1cm × 2 纽约佳士得 2021-04-13

17 梵克雅宝 钻石和多宝石“稻草人”胸针
估　价：USD 4,000~6,000
成交价：RMB 80,113
纽约佳士得 2021-06-04

60 梵克雅宝 钻石蝴蝶结胸针
估　价：USD 15,000~20,000
成交价：RMB 131,188
5.6cm × 4.5cm 纽约佳士得 2021-04-13

70 梵克雅宝 钻石吊坠/胸针
估　价：USD 60,000~80,000
成交价：RMB 443,589
纽约苏富比 2021-06-09

92 梵克雅宝 钻石和红宝石叶胸针
估　价：USD 30,000~40,000
成交价：RMB 256,568
4.9cm × 3.9cm 纽约佳士得 2021-06-08

299 梵克雅宝 钻石夹式胸针
估　价：USD 3,000~5,000
成交价：RMB 64,623
长4.76cm 纽约苏富比 2021-06-11

625 翡翠配珊瑚及钻石别针
估　价：CHF 5,000~8,000
成交价：RMB 54,195
日内瓦苏富比 2021-05-13

106 缟玛瑙和祖母绿“PANTHÈRE”胸针，卡地亚 约1970年
估　价：CHF 150,000~250,000
成交价：RMB 3,133,025
长6.2cm 日内瓦佳士得 2021-05-12

255 粉红色蓝宝石和钻石胸针
估　价：USD 4,000~6,000
成交价：RMB 33,927
8.57cm × 6.35cm 纽约苏富比 2021-06-11

30 复古花形胸针配红宝石和钻石，卡地亚
估　价：EUS 8,000~12,000
成交价：RMB 78,151
长10.1cm 米兰佳士得 2021-02-03

73 古董天然珍珠和钻石胸针，19 世纪后期
估　价：USD 10,000~15,000
成交价：RMB 128,180
6.7cm × 3.8cm 纽约佳士得 2021-06-04

100 复古海蓝宝石、红宝石和钻石胸针
估　价：USD 12,000~18,000
成交价：RMB 286,974
10.5cm × 9.6cm 纽约佳士得 2021-04-13

62 格里马 碧玺、紫水晶、橄榄石和钻石胸针 1970年
估　价：GBP 7,000~9,000
成交价：RMB 80,012
伦敦苏富比 2021-06-24

82 古董钻石和红宝石胸针 约1900年
估　价：USD 10,000~20,000
成交价：RMB 180,384
纽约佳士得 2021-04-13

13 海蓝宝石蜻蜓、珐琅和钻石胸针 大约1900年
估　价：EUR 30,000~50,000
成交价：RMB 1,345,750
13.8cm × 4.5cm 巴黎佳士得 2021-07-07

177 海瑞温斯顿 104.40克拉祖母绿配钻石别针/吊坠组合，约1970年
估　价：CHF 940,000~1,400,000
成交价：RMB 12,749,250
日内瓦苏富比 2021-05-11

125 海蓝宝石，摩根石和钻石胸针
估　价：USD 2,000~3,000
成交价：RMB 24,392
5.2cm × 5.0cm 纽约佳士得 2021-04-21

28 海蓝宝石和钻石夹式胸针一对
估　价：EUR 4,000~6,000
成交价：RMB 158,859
米兰苏富比 2021-03-04

96 红宝石，祖母绿和钻石胸针
估　价：USD 10,000~15,000
成交价：RMB 196,782
长3.7cm 纽约佳士得 2021-04-13

81 红宝石和钻石“草莓”胸针
估　价：USD 1,200~1,800
成交价：RMB 12,992
4.6cm×2.8cm 纽约佳士得 2021-01-27

135 红宝石和钻石别针
估　价：USD 2,000~3,000
成交价：RMB 21,140
3.7cm×3.5cm 纽约佳士得 2021-04-21

154 红宝石和钻石胸针和耳环
估　价：USD 2,000~3,000
成交价：RMB 15,448
胸针4.5cm×5.0cm，耳环5.0cm×2
纽约佳士得 2021-04-21

632 红宝石配钻石别针
估　价：CHF 22,000~28,000
成交价：RMB 234,847
日内瓦苏富比 2021-05-13

33 黄金和钻石胸针
估　价：USD 60,000~80,000
成交价：RMB 564,568
纽约苏富比 2021-06-09

65 黄水晶和钻石胸针 20世纪40年代
估　价：GBP 1,500~2,000
成交价：RMB 17,146
伦敦苏富比 2021-06-24

12 黄水晶胸针和耳环套装，REPOSSI
估　价：EUS 3,000~5,000
成交价：RMB 29,307
胸针长6.9cm，耳环长4.7cm×2
米兰佳士得 2021-02-03

601 卡地亚 1.41克拉红宝石配钻石别针，约1937年
估　价：CHF 20,000~30,000
成交价：RMB 316,140
日内瓦苏富比 2021-05-13

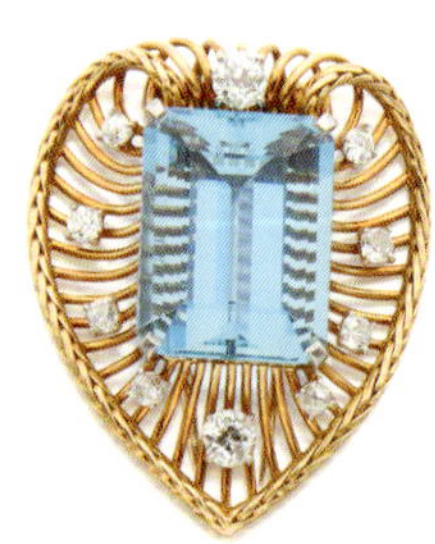

191 卡地亚 海蓝宝石和钻石胸针
估　价：USD 5,000~7,000
成交价：RMB 60,584
纽约苏富比 2021-06-11

179 卡地亚 黄金、珐琅和钻石 Jabot 胸针，法国
估　价：USD 10,000~15,000
成交价：RMB 81,562
长5.72cm 纽约苏富比 2021-08-31

52 卡地亚 蓝宝石和钻石胸针吊坠 大约1920年
估　价：EUR 15,000~20,000
成交价：RMB 124,963
巴黎佳士得 2021-07-07

84 卡地亚 美女Époque钻石蝴蝶结胸针 大约1915年
估　价：USD 30,000~50,000
成交价：RMB 450,959
8.9cm × 6.2 cm 纽约佳士得 2021-04-13

108 卡地亚 黄金、祖母绿和钻石“Panthère”胸针，法国
估　价：USD 10,000~15,000
成交价：RMB 138,656
纽约苏富比 2021-08-31

254 卡地亚 绿松石和钻石胸针
估　价：USD 3,000~5,000
成交价：RMB 48,785
长4.8cm，宽3.1cm 纽约佳士得 2021-04-21

78 卡地亚 珊瑚和钻石瓢虫胸针
估　价：USD 3,000~5,000
成交价：RMB 44,661
2.2cm × 1.8cm 纽约佳士得 2021-01-27

22 卡地亚 蓝宝石，祖母绿，红宝石和钻石 Tutti Frutti 胸针/吊坠
估　价：EUR 30,000~50,000
成交价：RMB 1,489,301
米兰苏富比 2021-03-04

624 卡地亚 珊瑚配钻石“COCCINELLE”别针
估　价：CHF 12,000~18,000
成交价：RMB 135,488
日内瓦苏富比 2021-05-13

64 卡地亚 镶嵌钻石胸针 约1950年
估　价：USD 30,000~50,000
成交价：RMB 241,958
纽约苏富比 2021-06-09

42 卡地亚 祖母绿和钻石胸针
估　价：EUR 30,000~40,000
成交价：RMB 384,500
巴黎佳士得 2021-07-07

26 卡地亚 祖母绿，珍珠和钻石夹
估　价：USD 15,000~20,000
成交价：RMB 483,916
纽约苏富比 2021-06-09

143 卡地亚 祖母绿配红宝石及钻石别针，约1958年
估　价：CHF 57,000~85,000
成交价：RMB 452,636
日内瓦苏富比 2021-05-11

104 卡地亚 钻石和红宝石狗胸针
估　价：USD 7,000~10,000
成交价：RMB 139,387
3.2cm × 2.8cm 纽约佳士得 2021-04-13

22 卡地亚 祖母绿和钻石 Jabot 胸针，法国
估　价：USD 40,000~60,000
成交价：RMB 322,610
纽约苏富比 2021-06-09

9 卡地亚 钻石和多宝石独角兽胸针
估　价：USD 4,000~6,000
成交价：RMB 60,981
5.9cm × 3.5cm 纽约佳士得 2021-04-21

689 卡地亚珐琅配钻石“红桃皇帝”及“红桃皇后”别针一对，约1950年
估　价：CHF 40,000~60,000
成交价：RMB 361,302
日内瓦苏富比 2021-05-13

64 蓝宝石、红宝石和钻石夹式胸针
估　价：USD 7,000~9,000
成交价：RMB 146,812
纽约苏富比 2021-08-31

21 蓝宝石和钻石胸针一对
估　价：EUS 4,000~6,000
成交价：RMB 41,029
长4.7cm × 2 米兰佳士得 2021-02-03

3 路易威斯 19世纪末胸针
估　价：GBP 2,000~3,000
成交价：RMB 34,291
伦敦苏富比 2021-06-24

1101 蓝宝石、红宝石和钻石胸针
估　价：CHF 5,000~8,000
成交价：RMB 44,960
75mm × 55mm 日内瓦苏富比 2021-07-07

14 勒内·博伊万 两个金色和红宝石夹式胸针，法国
估　价：USD 55,000~75,000
成交价：RMB 524,242
纽约苏富比 2021-06-09

238 蓝宝石和钻石双夹胸针
估　价：USD 3,000~5,000
成交价：RMB 28,458
7.5cm × 5.5cm 纽约佳士得 2021-04-21

153 两颗彩色钻石和钻石胸针
估　价：GBP 15,000~20,000
成交价：RMB 171,455
58mm × 69mm 和 58mm × 65mm
伦敦苏富比 2021-06-24

13 吕西安·高特瑞 珐琅胸针 大约1900年
估　价：GBP 4,000~6,000
成交价：RMB 40,006
伦敦苏富比 2021-06-24

252 尼古拉斯·瓦尼 黄金、钻石和彩色钻石夹式胸针
估　价：USD 7,000~9,000
成交价：RMB 48,467
纽约苏富比 2021-06-11

151 萨尔瓦多·达利　钻石和石榴石胸针，"Tristan and Isolde" 20世纪50年代
估　价：GBP 5,000~8,000
成交价：RMB 205,746
长47mm 伦敦苏富比 2021-06-24

16 玛瑙和多宝石花卉胸针，SABBADINI
估　价：EUS 2,000~3,000
成交价：RMB 21,492
7.5cm×9.4cm×3.1cm
米兰佳士得 2021-02-03

1 乔治·安东尼奥·吉拉尔代 半镶边丝玛瑙吊坠、胸针、耳环 19世纪70年代
估　价：GBP 6,000~8,000
成交价：RMB 171,455
伦敦苏富比 2021-06-24

168 三色金钻石夹式胸针
估　价：USD 3,000~5,000
成交价：RMB 65,250
纽约苏富比 2021-08-31

130 纳迪多宝石黑色胸针
估　价：USD 2,000~3,000
成交价：RMB 44,661
长5.9cm，宽3.8cm 纽约佳士得 2021-01-27

83 青金石和钻石龟胸针一对
估　价：USD 3,000~5,000
成交价：RMB 44,719
长2.5cm×3.9cm×2 纽约佳士得 2021-04-21

262 沙弗莱石、海蓝宝石和橄榄石胸针
估　价：USD 5,000~7,000
成交价：RMB 36,350
长5.72cm 纽约苏富比 2021-06-11

744 珊瑚配翡翠及钻石别针，约1970年
估　价：CHF 20,000~30,000
成交价：RMB 234,847
日内瓦苏富比 2021-05-13

21 尚美 青金石、绿松石和钻石胸针，法国
估　价：USD 3,000~5,000
成交价：RMB 28,547
长3.81cm 纽约苏富比 2021-08-31

14 石榴石，钻石和黄金“TRIStan AND ISOLDE”胸针
估　价：USD 12,000~18,000
成交价：RMB 163,985
纽约佳士得 2021-04-13

89 珊瑚胸针 约1870年
估　价：USD 1,000~1,500
成交价：RMB 15,428
6.3cm × 4.0cm 纽约佳士得 2021-01-27

48 19世纪晚期钻石胸针
估　价：EUR 5,000~7,000
成交价：RMB 96,125
5.1cm × 4.5cm 巴黎佳士得 2021-07-07

203 双夹式复古蓝宝石、彩色蓝宝石和钻石胸针
估　价：EUR 20,000~25,000
成交价：RMB 230,700
8.2cm × 6.2cm 巴黎佳士得 2021-07-07

171 尚美 红宝石配钻石别针，约1928年
估　价：CHF 470,000~750,000
成交价：RMB 4,055,763
日内瓦苏富比 2021-05-11

51 斯特莱 黄金，绿松石和钻石胸针和一对耳夹，法国
估　价：USD 30,000~50,000
成交价：RMB 483,916
纽约苏富比 2021-06-09

8 天然珍珠，钻石和红宝石胸针 1910年
估　价：EUR 4,000~6,000
成交价：RMB 59,572
米兰苏富比 2021-03-04

161 托尼·杜奎特 石英胸针和耳夹一对
估　价：USD 6,000~8,000
成交价：RMB 72,701
胸针长11.11cm，耳夹长3.18cm×2
纽约苏富比 2021-06-11

42 香奈儿 GRIPOIX 玻璃水钻花卉胸针
估　价：USD 500~700
成交价：RMB 21,087
宽9.0cm；长10.2cm 纽约佳士得 2021-01-14

162 天然珍珠和钻石胸针
估　价：USD 10,000~15,000
成交价：RMB 77,242
直径3.0cm 纽约佳士得 2021-04-21

291 托尼·杜奎特 紫水晶、绿色石英和钻石夹式胸针
估　价：USD 7,000~9,000
成交价：RMB 56,545
9.84cm×9.84cm 纽约苏富比 2021-06-11

59 香奈儿 GRIPOIX 玻璃胸针
估　价：USD 1,000~1,500
成交价：RMB 19,465
宽7.4cm；长7.4cm 纽约佳士得 2021-01-14

125 天然珍珠和钻石胸针 约1935年
估　价：CHF 35,000~45,000
成交价：RMB 375,963
5.7cm×3.0cm 日内瓦佳士得 2021-05-12

1228 沃尔弗斯 钻石胸针和耳环
估　价：CHF 7,000~10,000
成交价：RMB 57,222
日内瓦苏富比 2021-07-07

86 香奈儿 玻璃，人造钻石和人造珍珠胸针
估　价：USD 600~800
成交价：RMB 19,465
宽5.9cm，长13.6cm 纽约佳士得 2021-01-14

20 香奈儿 超大号玻璃石鸟胸针
估　价：USD 3,000~5,000
成交价：RMB 194,646
最宽12.7cm；最高17.9cm
纽约佳士得 2021-01-14

19 香奈儿 水钻，人造珍珠和 GRIPOIX 玻璃十字吊坠胸针（无签名）
估　价：USD 1,000~1,500
成交价：RMB 24,331
8.0cm × 8.1cm 纽约佳士得 2021-01-14

165 新艺术风格钻石和玻璃葡萄胸针
估　价：USD 2,000~3,000
成交价：RMB 15,448
4.3cm × 2.2cm 纽约佳士得 2021-04-21

90 香奈儿 人造珍珠，水钻和玻璃吊坠胸针
估　价：USD 1,000~1,500
成交价：RMB 30,819
5.9cm × 8.4cm（长包括最大的紫色玻璃水滴）
纽约佳士得 2021-01-14

80 香奈儿 水钻和 GRIPOIX 玻璃胸针
估　价：USD 1,000~1,500
成交价：RMB 24,331
8.4cm × 8.6cm 纽约佳士得 2021-01-14

103 养殖珍珠和钻石夹式胸针，法国
估　价：USD 8,000~12,000
成交价：RMB 106,031
纽约苏富比 2021-08-31

87 香奈儿 人造珍珠和人造钻石胸针
估　价：USD 2,000~3,000
成交价：RMB 52,717
最大宽度6.6cm，最大长度13.3cm
纽约佳士得 2021-01-14

35 香奈儿 系列人造珍珠和 GRIPOIX 玻璃首饰
估　价：USD 1,500~2,000
成交价：RMB 30,819
胸针8.3cm × 8.6cm；耳环长7.7cm
纽约佳士得 2021-01-14

30 一套钻石和铂金胸针
估　价：USD 8,000~12,000
成交价：RMB 89,438
4.4cm × 4.8cm，2.8cm × 4.4cm
纽约佳士得 2021-04-21

220 银顶黄金、钻石和珍珠胸针
估　价：USD 12,000~18,000
成交价：RMB 161,557
8.57cm × 7.62cm 纽约苏富比 2021-06-11

109 早期格鲁吉亚钻石蝴蝶结胸针 约1830年
估　价：USD 40,000~60,000
成交价：RMB 311,572
9.2cm × 7.4cm 纽约佳士得 2021-04-13

14 紫水晶和绿松石耳环和胸针
估　价：USD 5,000~7,000
成交价：RMB 32,523
耳环4.0cm × 2.5cm × 2，胸针 5.8cm × 3.0cm
纽约佳士得 2021-04-21

36 祖母绿，仿祖母绿和钻石胸针
估　价：USD 3,000~5,000
成交价：RMB 21,140
4.8cm × 4.6cm 纽约佳士得 2021-04-21

209 祖母绿和钻石胸针
估　价：USD 5,000~7,000
成交价：RMB 121,804
纽约佳士得 2021-01-27

82 祖母绿与钻石蛇形胸针
估　价：USD 1,000~1,500
成交价：RMB 25,985
长7.4cm，宽1.5cm 纽约佳士得 2021-01-27

178 祖母绿钻石花胸针
估　价：USD 5,000~7,000
成交价：RMB 69,022
长7.0cm，宽5.5cm 纽约佳士得 2021-01-27

45 钻石，经过处理的有色钻石和养殖珍珠胸针
估　价：USD 3,000~5,000
成交价：RMB 36,588
6.7cm × 5.0cm 纽约佳士得 2021-04-21

244 钻石、蓝宝石和祖母绿胸针
估　价：EUR 6,000~8,000
成交价：RMB 288,375
巴黎佳士得 2021-07-07

129 钻石，彩色钻石和红宝石鸟胸针
估　价：USD 4,000~6,000
成交价：RMB 44,719
9.5cm × 6.2cm 纽约佳士得 2021-04-21

166 钻石别针，19世纪末
估　价：CHF 141,000~230,000
成交价：RMB 2,353,708
日内瓦苏富比 2021-05-11

50 钻石铂金胸针
估　价：USD 5,000~7,000
成交价：RMB 89,438
3.6cm × 5.7cm 纽约佳士得 2021-04-21

30 钻石带胸针
估　价：USD 3,000~5,000
成交价：RMB 60,902
11.3cm × 3.4cm 纽约佳士得 2021-01-27

201 钻石珐琅兰花胸针
估　价：USD 2,000~3,000
成交价：RMB 19,514
9.5cm × 4.4cm 纽约佳士得 2021-04-21

129 钻石铂金胸针
估　价：USD 3,000~5,000
成交价：RMB 56,842
8.0cm × 5.5cm 纽约佳士得 2021-01-27

60 钻石耳环和胸针
估　价：USD 6,000~8,000
成交价：RMB 73,177
胸针长5.0cm，耳环长3.2cm × 2
纽约佳士得 2021-04-21

84 钻石珐琅蜻蜓胸针
估　价：USD 1,500~2,000
成交价：RMB 19,489
长4.1cm，宽5.0cm 纽约佳士得 2021-01-27

226 钻石和宝石镶嵌胸针
估　价：USD 7,000~9,000
成交价：RMB 105,025
6.35cm×5.72cm 纽约苏富比 2021-06-11

86 钻石和多宝石蝴蝶胸针
估　价：USD 3,000~5,000
成交价：RMB 52,782
5.5cm×3.6cm 纽约佳士得 2021-01-27

83 钻石和黄金龟胸针
估　价：USD 1,500~2,000
成交价：RMB 24,361
4.4cm×3.2cm 纽约佳士得 2021-01-27

123 钻石和彩色钻石棒别针
估　价：USD 6,000~8,000
成交价：RMB 154,285
长6.4cm 纽约佳士得 2021-01-27

65 钻石和珐琅胸针和耳环
估　价：USD 4,000~6,000
成交价：RMB 32,523
胸针4.2cm×6.1cm，耳环1.9cm×2.6cm×2
纽约佳士得 2021-04-21

36 钻石和黄金胸针
估　价：USD 3,000~5,000
成交价：RMB 64,962
6.5cm×5.8cm 纽约佳士得 2021-01-27

85 钻石和多宝石蜂鸟胸针
估　价：USD 1,000~1,500
成交价：RMB 60,902
3.2cm×3.4cm 纽约佳士得 2021-01-27

82 钻石和红宝石鸟胸针
估　价：USD 2,000~3,000
成交价：RMB 89,438
长7.3cm 纽约佳士得 2021-04-21

48 钻石胸针
估　价：USD 15,000~20,000
成交价：RMB 278,775
5.8cm×6.0cm 纽约佳士得 2021-04-13

210 钻石胸针
估　价：USD 3,000~5,000
成交价：RMB 73,082
5.7cm × 3.0cm 纽约佳士得 2021-01-27

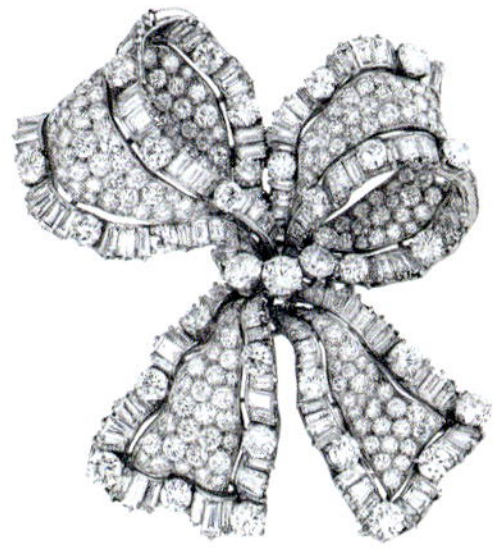

1 钻石胸针，宝格丽
估　价：CHF 30,000~50,000
成交价：RMB 787,732
长7.4cm 日内瓦佳士得 2021-05-12

155 钻石珍珠胸针
估　价：USD 2,000~3,000
成交价：RMB 22,766
9.0cm × 5.4cm 纽约佳士得 2021-04-21

17 钻石和养殖珍珠胸针和耳环套装，REPOSSI
估　价：EUS 4,000~6,000
成交价：RMB 53,729
胸针长5.7cm，耳环长4.7cm × 2
米兰佳士得 2021-02-03

## 手链、手镯

3968 18K玫瑰金及钻石米兰编织凯莉手环
估　价：HKD 80,000~100,000
成交价：RMB 196,650
周长15cm 佳士得 2021-05-21

26 钻石胸针 1927年
估　价：EUR 28,000~48,000
成交价：RMB 278,003
米兰苏富比 2021-03-04

53 钻石与祖母绿青蛙胸针
估　价：USD 1,000~1,500
成交价：RMB 30,897
5.8cm × 4.3cm 纽约佳士得 2021-04-21

621 18K白金1.02克拉绿钻钻石花式手链
估　价：RMB 170,000~300,000
成交价：RMB 190,400
上海联合 2021-06-27

5032 11.87克拉天然缅甸未经加热尖晶石配总重约5.82克拉钻石手链
估　价：RMB 180,000~280,000
成交价：RMB 207,000
手链长168mm 中国嘉德 2021-05-21

1980 15颗枕形缅甸天然尖晶石手链，Forms设计
估　价：HKD 1,800,000~2,800,000
成交价：RMB 3,933,000
手链长16.9cm 佳士得 2021-05-23

1919 16颗天然珍珠手链
估　价：HKD 120,000~180,000
成交价：RMB 165,600
手链长19.0cm 佳士得 2021-05-23

1891 14颗枕形及椭圆形缅甸天然鸽血红红宝石手链
估　价：HKD 2,000,000~3,000,000
成交价：RMB 1,345,500
手链长18.0cm 佳士得 2021-05-23

1896 19颗长方形哥伦比亚祖母绿手链
估　价：HKD 800,000~1,200,000
成交价：RMB 828,000
手链长17.8cm 佳士得 2021-05-23

4033 宝格丽 缅甸鸽血红红宝石配钻石手链
估　价：RMB 300,000~500,000
成交价：RMB 345,000
北京保利 2021-06-07

1613 蒂芙尼 天然缅甸红宝石配钻石手链
估　价：HKD 480,000~600,000
成交价：RMB 371,763
香港苏富比 2021-04-20

3514 黄色钻石手链
估　价：RMB 90,000~120,000
成交价：RMB 103,500
永乐拍卖 2021-05-22

1814 彩色钻石配钻石手链（39颗彩色钻石共重13.60克拉）
估　价：HKD 450,000~800,000
成交价：RMB 417,312
香港苏富比 2021-10-12

1813 绿松石及蓝宝石手链，Bulgari设计
估　价：HKD 280,000~380,000
成交价：RMB 923,625
手链长17.0cm 佳士得 2021-11-28

6075 Hermes设计 钻石手链
估　价：RMB 90,000~110,000
成交价：RMB 103,500
长17cm 华艺国际 2021-03-31

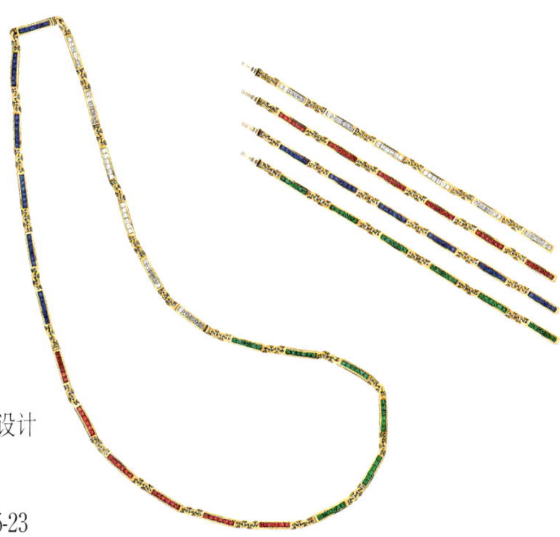

1824 宝石手链4条套装，Bulgari设计
估　价：HKD 180,000~280,000
成交价：RMB 186,300
手链长17.6cm × 4 佳士得 2021-05-23

4079 葛雯竹设计 芳华四季 钻石，彩钻及彩色宝石耳环，手链及戒指套装
估　价：RMB 240,000~400,000
成交价：RMB 258,750
北京保利 2021-06-07

1606 卡地亚 “AL’Infini”钻石手链
估　价：HKD 150,000~200,000
成交价：RMB 159,327
香港苏富比 2021-04-20

1809 卡地亚 钻石配祖母绿手链
估　价：HKD 650,000~1,000,000
成交价：RMB 625,968
香港苏富比 2021-10-12

1887 天然哥伦比亚木佐无油祖母绿配钻石手链（祖母绿共重17.16克拉）
估　价：HKD 2,600,000~3,500,000
成交价：RMB 3,338,496
香港苏富比 2021-10-12

3418 水果锦囊鹦鹉造型手链
估　价：RMB 120,000~160,000
成交价：RMB 138,000
手链长16cm 永乐拍卖 2021-05-22

1608 卡地亚 钻石配祖母绿手链
估　价：HKD 320,000~500,000
成交价：RMB 531,090
香港苏富比 2021-04-20

1602 萧邦 钻石手链
估　价：HKD 180,000~240,000
成交价：RMB 201,814
香港苏富比 2021-04-20

1909 有色钻石及钻石手链
估　价：HKD 380,000~580,000
成交价：RMB 1,035,000
手链长16.5cm 佳士得 2021-05-23

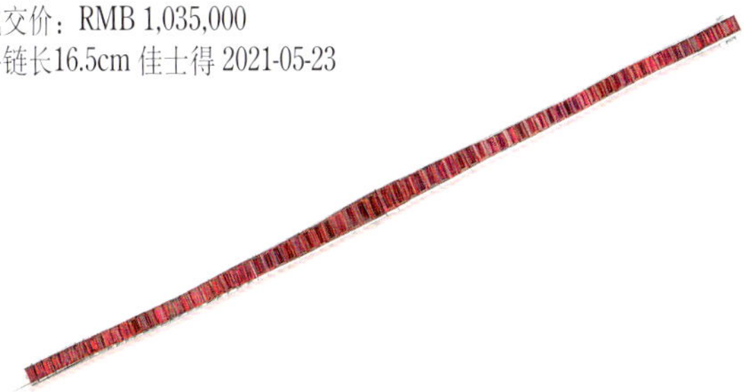

5049 总重量约15.17克拉红宝石手链
估　价：RMB 75,000~128,000
成交价：RMB 126,500
手链长180mm 中国嘉德 2021-05-21

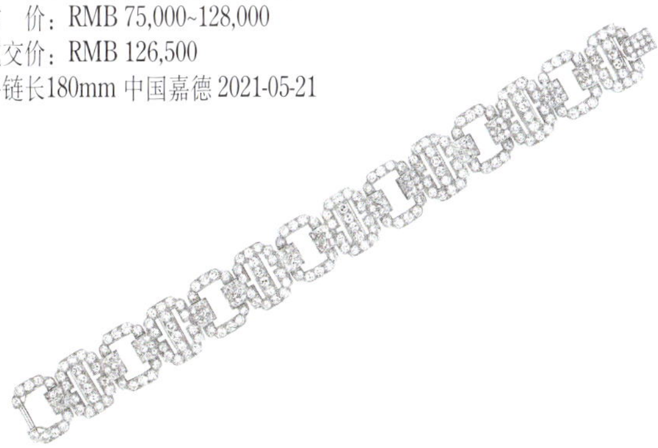

1933 钻石手链，Cartier设计
估　价：HKD 240,000~350,000
成交价：RMB 248,400
内周长16.5cm 佳士得 2021-05-23

1072 总重约11.49克拉哥伦比亚祖母绿配钻石手链
估　价：RMB 480,000~650,000
成交价：RMB 529,000
手链长17.0cm 北京保利 2021-09-26

138 19世纪初蓝宝石和钻石手链
估　价：CHF 10,000~17,000
成交价：RMB 805,635
长17.5cm 日内瓦佳士得 2021-05-12

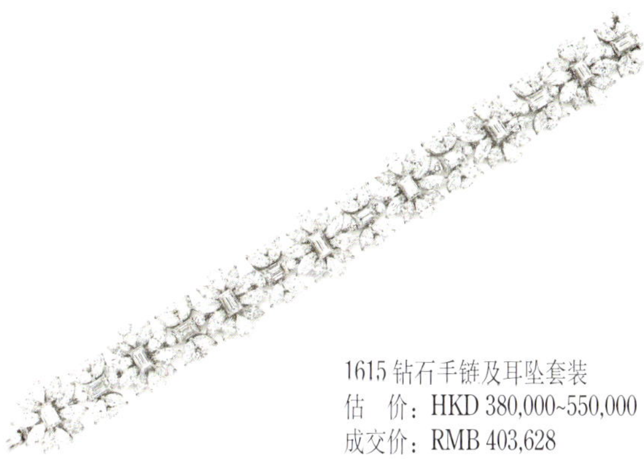

1615 钻石手链及耳坠套装
估　价：HKD 380,000~550,000
成交价：RMB 403,628
香港苏富比 2021-04-20

5 20世纪中叶蓝宝石与钻石手链
估　价：CHF 20,000~30,000
成交价：RMB 170,079
长18.0cm 日内瓦佳士得 2021-05-12

5205 金镶总重16.82克拉缅甸红宝石手链
估　价：RMB 800,000~1,200,000
成交价：RMB 1,012,000
手链长15.5cm 西泠印社 2021-07-25

1969 9颗5.18至1.67克拉枕形克什米尔天然蓝宝石手链
估　价：HKD 17,500,000~25,000,000
成交价：RMB 16,953,650
手链长17.7cm 佳士得 2021-11-28

5051 精美的总重约16.74克拉天然缅甸未经加热鸽血红红宝石配钻石手链
估　价：RMB 280,000~380,000
成交价：RMB 322,000
手链长160mm 中国嘉德 2021-05-21

70 20世纪中叶祖母绿和钻石手链，卡地亚
估　价：CHF 50,000~80,000
成交价：RMB 1,253,210
长17.5cm 日内瓦佳士得 2021-05-12

131 23.96克拉，13.93克拉和10.85克拉蓝宝石和钻石手链
估　价：CHF 100,000~200,000
成交价：RMB 2,953,995
日内瓦佳士得 2021-05-12

152 JAR 彩色钻石和钻石双面“伸缩环”手链
估　价：USD 200,000~300,000
成交价：RMB 2,886,390
纽约佳士得 2021-06-08

137 JAR 黑色钻石“卡特彼勒”手链
估　价：USD 25,000~45,000
成交价：RMB 320,710
长18.4cm 纽约佳士得 2021-06-08

130 ROBERTO 硬币钻石手链
估　价：USD 6,000~8,000
成交价：RMB 81,308
19.5cm × 2.0cm 纽约佳士得 2021-04-21

4 SEAMAN SCHEPPS 多宝石手链、耳环首饰套装
估　价：USD 15,000~20,000
成交价：RMB 81,993
手链 20.3cm，耳环 2.5cm 纽约佳士得 2021-04-13

5089 总重6.66克拉天然彩色钻石配钻石手链
估　价：RMB 220,000~350,000
成交价：RMB 253,000
手链长165mm 中国嘉德 2021-05-21

166 宝诗龙古董金手链
估　价：USD 4,000~6,000
成交价：RMB 130,092
长20.8cm 纽约佳士得 2021-04-21

95 TONY DUQUETTE 多色蓝宝石和红宝石手链
估　价：USD 12,000~18,000
成交价：RMB 144,320
17.2cm × 5.8cm 纽约佳士得 2021-06-08

15 宝格丽 黄金，珐琅和钻石 "Serpenti" 手链腕表
估　价：USD 120,000~150,000
成交价：RMB 887,179
纽约苏富比 2021-06-09

116 大卫·莫里斯 钻石手链和钻石耳环一对
估　价：GBP 12,000~18,000
成交价：RMB 182,885
伦敦苏富比 2021-06-24

94 宝格丽 宝石镶嵌、钻石和养殖珍珠手链，"Allegra"
估　价：GBP 4,500~5,500
成交价：RMB 251,468
长170mm 伦敦苏富比 2021-06-24

171 宝格丽 黄金、紫水晶和电气石手链
估　价：USD 5,000~7,000
成交价：RMB 89,719
长19.05cm 纽约苏富比 2021-08-31

52 大卫·韦伯 黄金，珊瑚，祖母绿和钻石手链
估　价：USD 30,000~50,000
成交价：RMB 225,827
纽约苏富比 2021-06-09

276 大卫·韦伯 黄金、钻石、祖母绿和珐琅手链
估 价：USD 18,000~28,000
成交价：RMB 177,713
内周长14.92cm 纽约苏富比 2021-06-11

169 德格里索戈诺 彩色蓝宝石、石榴石和钻石手链
估 价：USD 2,000~3,000
成交价：RMB 387,737
长17.15cm 纽约苏富比 2021-06-11

66 蒂芙尼 碧玺、黄玉和缟玛瑙手链
估 价：USD 15,000~20,000
成交价：RMB 136,191
纽约佳士得 2021-06-04

119 大卫·韦伯 黄金和钻石手链
估 价：USD 12,000~18,000
成交价：RMB 193,869
内周长16.51cm 纽约苏富比 2021-06-11

249 德格里索戈诺 黄金、锰铝榴石和钻石手链
估 价：USD 7,000~9,000
成交价：RMB 64,623
长20.32cm—22.86cm 纽约苏富比 2021-06-11

10 大卫·韦伯 钻石和金手链
估 价：USD 10,000~15,000
成交价：RMB 104,231
16.4cm×2.3cm 纽约佳士得 2021-06-08

283 蒂芙尼 珐琅和黄金手链、耳环珠宝
估 价：USD 10,000~15,000
成交价：RMB 97,569
手链内周长17.14cm 纽约佳士得 2021-04-21

20 蒂芙尼 复古多色蓝宝石和钻石手链
估　价：USD 10,000~15,000
成交价：RMB 152,214
纽约佳士得 2021-06-04

18 多宝石和钻石蛇形手链
估　价：USD 20,000~30,000
成交价：RMB 163,985
内周长16.2cm 纽约佳士得 2021-04-13

18 梵克雅宝 复古钻石和金色“LUDO”手链，约1940年
估　价：USD 40,000~60,000
成交价：RMB 600,844
纽约佳士得 2021-06-04

1230 蒂芙尼 黄金和钻石手链
估　价：CHF 9,000~14,000
成交价：RMB 106,269
日内瓦苏富比 2021-07-07

11 多宝石和钻石手链
估　价：USD 8,000~12,000
成交价：RMB 160,355
18.2cm × 2.3cm 纽约佳士得 2021-06-08

225 蒂芙尼 蓝宝石钻石手链
估　价：USD 6,000~8,000
成交价：RMB 64,962
长17.5cm 纽约佳士得 2021-01-27

168 珐琅与钻石手链
估　价：USD 4,000~6,000
成交价：RMB 60,084
长18.0cm 纽约佳士得 2021-06-04

59 梵克雅宝 红宝石和钻石“PELOUSE”手链
估　价：USD 20,000~30,000
成交价：RMB 213,181
16.6cm × 1.2cm 纽约佳士得 2021-04-13

97 梵克雅宝 红宝石和钻石手链
估　价：USD 30,000~50,000
成交价：RMB 426,361
长18cm 纽约佳士得 2021-04-13

185 梵克雅宝 绿松石和黄金珠宝手链、耳环、戒指套装
估　价：USD 8,000~12,000
成交价：RMB 73,082
手链长18.0cm，宽1.1cm；耳环1.8cm×1.6cm
纽约佳士得 2021-01-27

1054 梵克雅宝 黄金和珐琅半宝石耳环、戒指和手链
估　价：CHF 6,000~10,000
成交价：RMB 57,222
日内瓦苏富比 2021-07-07

72 梵克雅宝 珊瑚，玛瑙及钻石手链鱼
估　价：USD 3,000~5,000
成交价：RMB 69,111
长17.5cm 纽约佳士得 2021-04-21

1077 梵克雅宝 黄金和钻石手链，“Ludo Briquettes”，约 1930 年
估　价：CHF 9,000~14,000
成交价：RMB 155,316
日内瓦苏富比 2021-07-07

2 梵克雅宝 砂金石石英和钻石手链 约1970年
估　价：USD 6,000~8,000
成交价：RMB 72,160
21.5cm×2.0cm 纽约佳士得 2021-06-08

79 梵克雅宝 神秘镶嵌红宝石和钻石手链
估　价：USD 200,000~300,000
成交价：RMB 2,338,925
纽约苏富比 2021-06-09

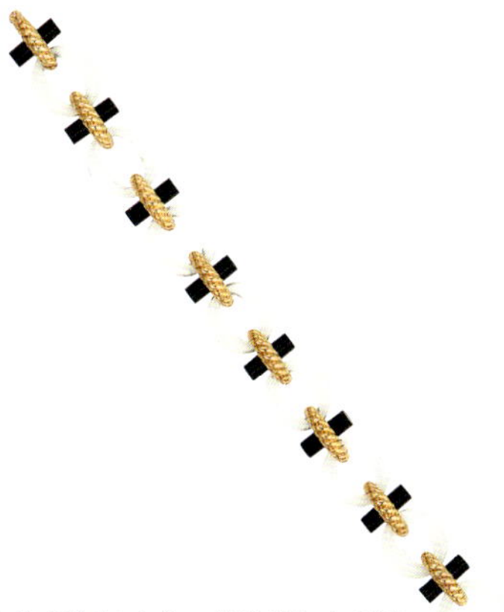

1 梵克雅宝 水晶，缟玛瑙和金手链
估 价：USD 6,000~8,000
成交价：RMB 88,195
19.1cm × 1.8cm 纽约佳士得 2021-06-08

64 梵克雅宝 钻石及蓝宝石手链
估 价：USD 8,000~12,000
成交价：RMB 138,223
17.5cm × 1.4cm 纽约佳士得 2021-04-21

76 格鲁吉亚钻石手链
估 价：USD 30,000~50,000
成交价：RMB 344,369
17.0cm × 2.0cm 纽约佳士得 2021-04-13

104 梵克雅宝 钻石耳环和手链
估 价：EUR 17,000~25,000
成交价：RMB 347,504
米兰苏富比 2021-03-04

226 复古黄水晶和红宝石手链和戒指
估 价：USD 3,000~5,000
成交价：RMB 30,897
手链内周长16.5cm 纽约佳士得 2021-04-21

222 红宝石和珐琅印度手链
估 价：EUR 2,000~4,000
成交价：RMB 124,963
长18.5cm 巴黎佳士得 2021-07-07

209 梵克雅宝 钻石和金手链
估 价：USD 20,000~30,000
成交价：RMB 213,181
16.0cm × 2.0cm 纽约佳士得 2021-04-13

212 复古蓝宝石和钻石腕表手链
估 价：USD 15,000~20,000
成交价：RMB 655,940
15.2cm × 4.0cm 纽约佳士得 2021-04-13

110 红宝石和钻石手链
估　价：USD 20,000~30,000
成交价：RMB 360,799
19.0cm×3.1cm 纽约佳士得 2021-06-08

115 红玉髓和金臂章/手链
估　价：USD 20,000~30,000
成交价：RMB 360,767
臂章内周长24.1cm 纽约佳士得 2021-04-13

75 红宝石和钻石手链 大约1910年
估　价：GBP 24,000~30,000
成交价：RMB 434,353
伦敦苏富比 2021-06-24

97 黄金、养殖珍珠和钻石手链
估　价：USD 5,000~7,000
成交价：RMB 61,172
纽约苏富比 2021-08-31

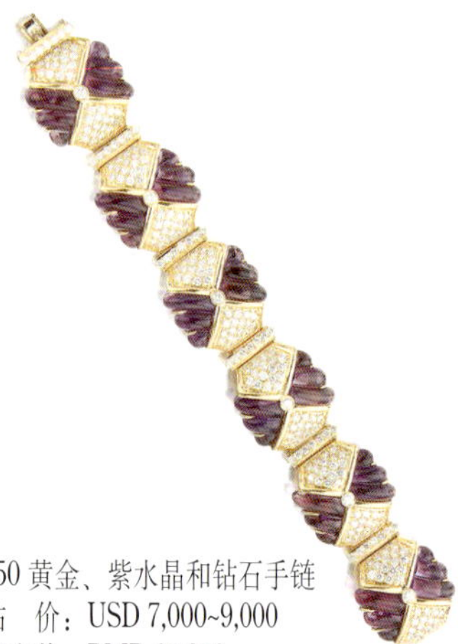

150 黄金、紫水晶和钻石手链
估　价：USD 7,000~9,000
成交价：RMB 65,250
长17.46cm 纽约苏富比 2021-08-31

129 红宝石和钻石手链 约1950年
估　价：USD 30,000~50,000
成交价：RMB 280,621
18.9cm×4.0cm 纽约佳士得 2021-06-08

218 黄金和紫水晶珠宝手链、胸针，耳环套装
估　价：USD 10,000~15,000
成交价：RMB 68,662
纽约苏富比 2021-06-11

238 黄金和钻石手链
估　价：USD 7,000~9,000
成交价：RMB 56,545
纽约苏富比 2021-06-11

200 火蛋白石和木制手链
估　价：EUR 7,000~10,000
成交价：RMB 67,288
巴黎佳士得 2021-07-07

5 卡地亚 “C”形黄金和钻石手链
估　价：EUS 1,000~1,500
成交价：RMB 37,122
内周长18.5cm 米兰佳士得 2021-02-03

1084 黄金和钻石手链/手表组合
估　价：CHF 5,500~9,000
成交价：RMB 57,222
长170mm 日内瓦苏富比 2021-07-07

45 金色和宝石镶嵌 “Fifties” 袖口手链
估　价：USD 8,000~12,000
成交价：RMB 228,374
内周长17.78cm 纽约苏富比 2021-08-31

24 卡地亚 复古红宝石和蓝宝石手链
估　价：USD 20,000~30,000
成交价：RMB 280,394
长15.9cm 纽约佳士得 2021-06-04

695 黄水晶配钻石别针/手镯组合一对，约1940年
估　价：CHF 38,000~55,000
成交价：RMB 343,237
内周长160mm 日内瓦苏富比 2021-05-13

183 金手链和金钻石耳夹一对
估　价：USD 8,000~12,000
成交价：RMB 228,374
手链内周长15.88cm 纽约苏富比 2021-08-31

28 卡地亚 复古钻石手链
估　价：USD 30,000~50,000
成交价：RMB 384,540
17.0cm × 3.5cm 纽约佳士得 2021-06-04

240 卡地亚 黄金、珐琅和钻石手链
估　价：USD 8,000~12,000
成交价：RMB 113,090
内周长14.61cm 纽约苏富比 2021-06-11

7 卡地亚 金钻石搭扣手链
估　价：USD 15,000~20,000
成交价：RMB 136,191
长可调节，最长 21.5cm
纽约佳士得 2021-06-04

168 卡地亚 蓝宝石、绿松石、青金石和钻石手链
估　价：EUR 40,000~80,000
成交价：RMB 528,688
长20.0cm 巴黎佳士得 2021-07-07

1051 卡地亚 黄金和珊瑚色手链、耳环、戒指
估　价：CHF 7,000~10,000
成交价：RMB 114,443
手链长190mm 日内瓦苏富比 2021-07-07

239 卡地亚 钻石、红宝石和缟玛瑙手链
估　价：USD 30,000~50,000
成交价：RMB 600,844
7.5cm × 1.1cm 纽约佳士得 2021-06-04

612 卡地亚 黄金手镯
估　价：CHF 8,000~10,000
成交价：RMB 72,260
长180mm 日内瓦苏富比 2021-05-13

88 卡地亚 钻石，缟玛瑙和祖母绿“Panthère”手链，法国
估　价：USD 125,000~175,000
成交价：RMB 1,613,052
内周长15.88cm 纽约苏富比 2021-06-09

76 卡地亚 钻石和玫瑰金“爱”手链
估　价：USD 6,000~8,000
成交价：RMB 138,223
内周长16.0cm 纽约佳士得 2021-04-21

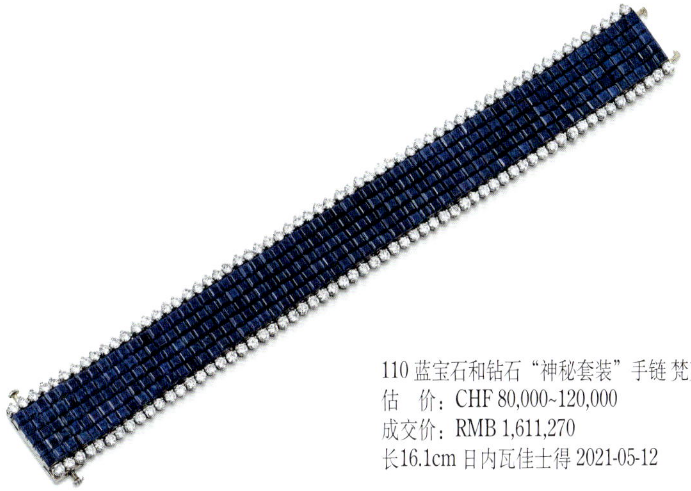

110 蓝宝石和钻石“神秘套装”手链 梵克雅宝
估　价：CHF 80,000~120,000
成交价：RMB 1,611,270
长16.1cm 日内瓦佳士得 2021-05-12

19 卡地亚 钻石手链，法国
估　价：USD 200,000~300,000
成交价：RMB 1,935,662
纽约苏富比 2021-06-09

112 蓝宝石和钻石手链，REZA
估　价：CHF 30,000~50,000
成交价：RMB 671,363
长17.8cm 日内瓦佳士得 2021-05-12

21 雷内·博文 彩色蓝宝石和钻石手链 20世纪70年代
估　价：GBP 12,000~18,000
成交价：RMB 342,910
长165mm 伦敦苏富比 2021-06-24

77 蓝宝石，祖母绿，红宝石和钻石手链
估　价：EUR 2,000~3,000
成交价：RMB 99,287
内周长15.5cm 米兰苏富比 2021-03-04

1073 蓝宝石和钻石手链，约 1940 年
估　价：CHF 5,000~7,000
成交价：RMB 57,222
长190mm 日内瓦苏富比 2021-07-07

297 洛林施瓦茨 钻石和薰衣草翡翠手链
估　价：USD 10,000~15,000
成交价：RMB 282,725
长17.78cm 纽约苏富比 2021-06-11

83 绿松石与钻石手链
估　价：USD 15,000~20,000
成交价：RMB 120,266
18.5cm × 4.7cm 纽约佳士得 2021-06-08

4 青金石和珐琅手链 19世纪60年代
估　价：GBP 6,000~8,000
成交价：RMB 74,297
长185mm 伦敦苏富比 2021-06-24

211 珊瑚与钻石复古手链
估　价：EUR 30,000~50,000
成交价：RMB 288,375
内周长25.0cm 巴黎佳士得 2021-07-07

229 纳尔迪 黄金、祖母绿、钻石和珐琅手链
估　价：USD 5,000~7,000
成交价：RMB 64,623
内周长16.19cm 纽约苏富比 2021-06-11

69 珊瑚，青金石，钻石和蓝宝石手链
估　价：EUR 6,000~10,000
成交价：RMB 64,536
长19.0cm 米兰苏富比 2021-03-04

46 19世纪中叶蓝宝石和钻石皇冠手链
估　价：EUR 40,000~60,000
成交价：RMB 576,750
内径17.2cm 巴黎佳士得 2021-07-07

71 青金石 Parure 项链和两条钻石手链
估　价：EUR 1,000~2,000
成交价：RMB 39,715
项链长42.0cm，手链内周长15.5cm
米兰苏富比 2021-03-04

130 天然珍珠与钻石手链
估　价：USD 15,000~20,000
成交价：RMB 120,266
7.8cm × 1.9cm 纽约佳士得 2021-06-08

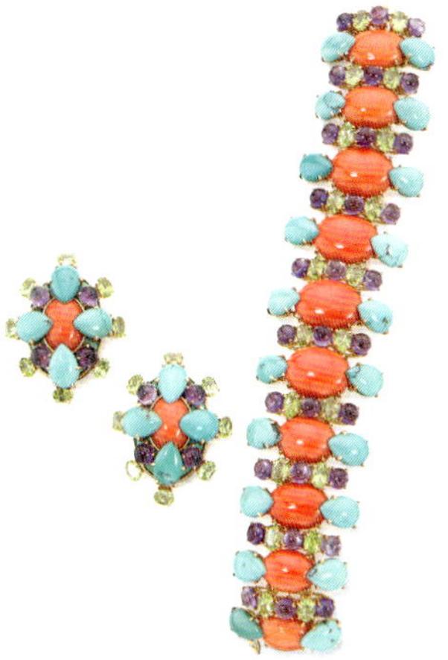

287 托尼·杜奎特 宝石手链和一对耳夹
估　价：USD 8,000~12,000
成交价：RMB 113,090
手链长17.78cm 纽约苏富比 2021-06-11

202 托尼·杜奎特 月光石和钻石手链
估　价：USD 7,000~8,000
成交价：RMB 64,623
长18.42cm 纽约苏富比 2021-06-11

193 五颗5.95至5.08克拉，十五颗3.21至2.00克拉钻石手链
估　价：USD 500,000~700,000
成交价：RMB 7,674,498
17.0cm × 1.0cm 纽约佳士得 2021-04-13

278 托尼·杜奎特 黄金、珊瑚和绿玉髓手链
估　价：USD 10,000~15,000
成交价：RMB 161,557
内周长17.15cm 纽约苏富比 2021-06-11

164 托尼·杜奎特 紫水晶和石英手链
估　价：USD 8,000~12,000
成交价：RMB 64,623
长20.32cm 纽约苏富比 2021-06-11

46 种子珍珠，钻石和多宝石手链
估　价：USD 3,000~5,000
成交价：RMB 32,523
17.9cm × 4.4cm 纽约佳士得 2021-04-21

205 托尼·杜奎特 金鲍鱼手链及耳夹一对
估　价：USD 8,000~12,000
成交价：RMB 96,934
手链长21cm 纽约苏富比 2021-06-11

116 紫水晶与钻石手链
估　价：USD 4,000~6,000
成交价：RMB 34,149
长18.8cm 纽约佳士得 2021-04-21

256 祖母绿，钻石和红宝石手链
估　价：USD 6,000~8,000
成交价：RMB 56,915
内周长14.6cm 纽约佳士得 2021-04-21

56 钻石铂金手链
估　价：USD 12,000~18,000
成交价：RMB 260,184
17.0cm × 2.8cm 纽约佳士得 2021-04-21

36 祖母绿和钻石手链，REZA
估　价：CHF 40,000~60,000
成交价：RMB 1,029,423
长17.0cm 日内瓦佳士得 2021-05-12

19 钻石“皇冠羽毛”手链和耳环
估　价：USD 20,000~30,000
成交价：RMB 192,270
手链内周长14.5cm 纽约佳士得 2021-06-04

157 钻石铂金手链
估　价：USD 10,000~15,000
成交价：RMB 73,177
长18.0cm 纽约佳士得 2021-04-21

230 钻石、祖母绿手链和祖母绿戒指
估　价：USD 30,000~50,000
成交价：RMB 240,338
手链内周长 15.3cm 纽约佳士得 2021-06-04

62 钻石和金手链
估　价：USD 5,000~7,000
成交价：RMB 60,902
内周长17.0cm 纽约佳士得 2021-01-27

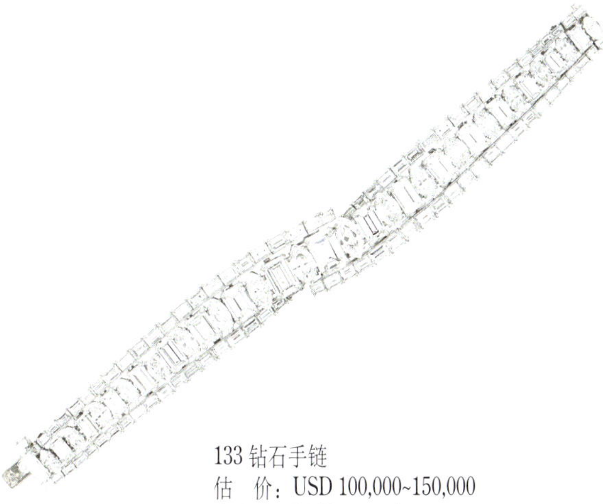

133 钻石手链
估　价：USD 100,000~150,000
成交价：RMB 1,147,895
17.5cm × 2.0cm 纽约佳士得 2021-04-13

32 钻石手链，PEDERZANI
估　价：EUS 8,000~12,000
成交价：RMB 97,689
长18.0cm 米兰佳士得 2021-02-03

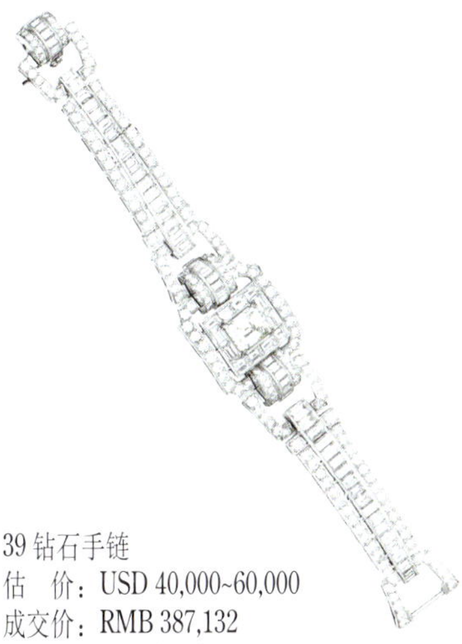

39 钻石手链
估　价：USD 40,000~60,000
成交价：RMB 387,132
长19.69cm 纽约苏富比 2021-06-09

108 钻石手链 20世纪中叶
估　价：GBP 10,000~15,000
成交价：RMB 137,164
内周长150mm 伦敦苏富比 2021-06-24

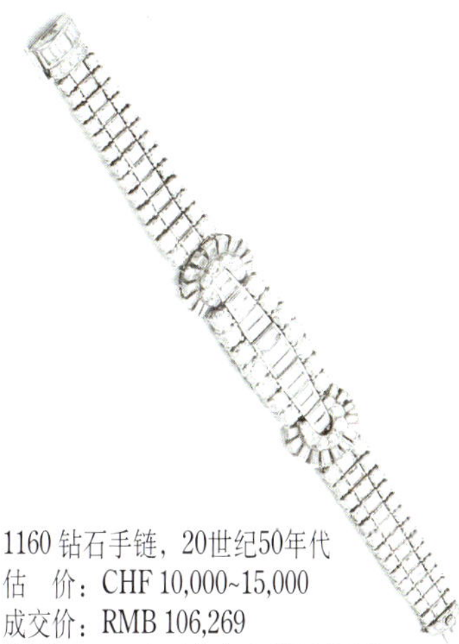

1160 钻石手链，20世纪50年代
估　价：CHF 10,000~15,000
成交价：RMB 106,269
长175mm 日内瓦苏富比 2021-07-07

83 钻石手链
估　价：EUR 4,000~6,000
成交价：RMB 99,287
内周长13.0cm 米兰苏富比 2021-03-04

3550 清 翡翠镯（一对）
估　价：RMB 60,000~80,000
成交价：RMB 184,000
内直径5.7cm × 2 中国嘉德 2021-05-19

2072 清代 翡翠手镯
估　价：RMB 90,000
成交价：RMB 101,200
直径7.5cm 古天一 2021-06-07

722 18K翡翠冰糯种手镯
估　价：RMB 125,000~180,000
成交价：RMB 140,000
圈口：58mm 上海联合 2021-06-27

1913 21.15克拉椭圆形M色钻石配黄色刚玉手镯，Lily Gabriella设计
估　价：HKD 2,400,000~3,200,000
成交价：RMB 2,399,544
香港苏富比 2021-10-12

3299 “虞美人”老坑冰种翡翠对镯
估　价：RMB 8,600,000~12,600,000
成交价：RMB 9,890,000
圈口54mm、55.5mm，壁厚均为12mm，壁宽12mm、11.5mm，重78.27克、77.35克
西泠印社 2021-01-16

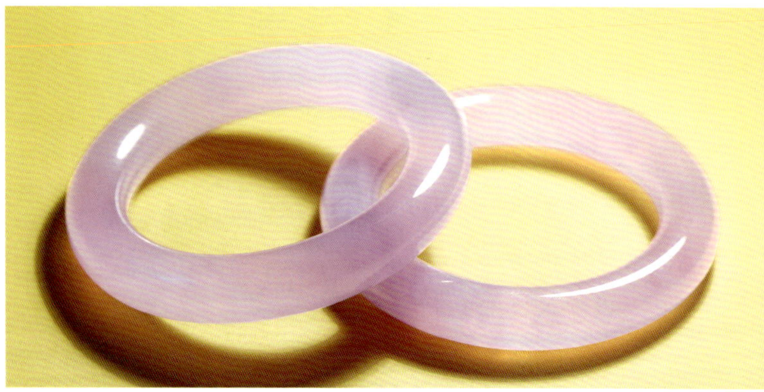

3301 “怀金垂紫”高冰粉紫翡翠对镯
估　价：RMB 4,000,000~8,000,000
成交价：RMB 5,750,000
圈口57mm、58mm，壁厚12.5mm、13.1mm，壁宽12.2mm、13mm，重90.91克、103.66克
西泠印社 2021-01-16

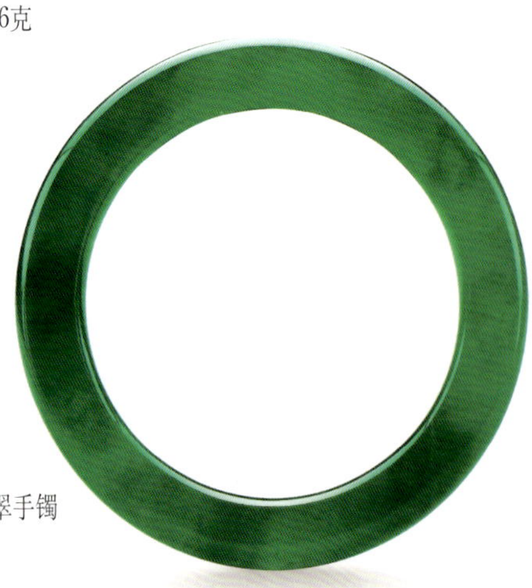

1766 “天赐圆满”极其珍罕天然满色翡翠手镯
成交价：RMB 25,648,275
内直径55.21mm，厚度10.12mm
香港苏富比 2021-04-20

5131 55圈口冰种飘绿翡翠半圆贵妃镯
估　价：RMB 550,000~600,000
成交价：RMB 632,500
圈口55mm，壁厚8.5mm，壁宽14.5mm
西泠印社 2021-07-25

3240 57圈口糯冰春带彩翡翠贵妃镯
估　价：RMB 180,000~220,000
成交价：RMB 207,000
重73.59克 西泠印社 2021-01-16

6013 宝格丽设计 SERPENTI系列 红色碧玺配钻石手镯
估　价：RMB 200,000~300,000
成交价：RMB 230,000
手镯内径43.5mm，宽18mm
华艺国际 2021-06-04

5175 58圈口高冰满绿翡翠圆镯
估　价：RMB 6,000,000~12,000,000
成交价：RMB 11,270,000
圈口58mm，壁厚13mm，壁宽12.8mm
西泠印社 2021-07-25

4068 非常罕有的缅甸天然紫罗兰翡翠手镯
成交价：RMB 10,350,000
内径54.02mm，厚度13.17mm，宽度11.89mm
北京保利 2021-06-07

3259 56圈口木那高冰手镯
估　价：RMB 190,000~220,000
成交价：RMB 218,500
重53.73克 西泠印社 2021-01-16

3261 58.5圈口冰种飘绿翡翠手镯
估　价：RMB 1,600,000~2,200,000
成交价：RMB 1,955,000
手镯圈口58.5mm，壁厚7mm，壁宽13mm
西泠印社 2021-01-16

3512 翡翠手镯
估　价：RMB 3,000,000~4,000,000
成交价：RMB 3,450,000
内径51mm 永乐拍卖 2021-05-22

1996 翡翠手镯
估　价：HKD 3,800,000~5,800,000
成交价：RMB 3,933,000
手镯内径53.4mm 佳士得 2021-05-23

3023 翡翠手镯
估　价：RMB 50,000
成交价：RMB 101,200
内直径5.8cm 深圳世浩 2021-03-31

1273 花开富贵手镯
估　价：RMB 1,000,000~3,000,000
成交价：RMB 1,725,000
内径60mm；重80g 上海嘉禾 2021-07-22

4067 极其珍稀的缅甸天然满绿翡翠手镯
成交价：RMB 11,500,000
内径55.55mm，厚度11.91mm，宽度12.46mm
北京保利 2021-06-07

5481 极为瑰丽与珍罕的天然翡翠手镯
成交价：RMB 15,870,000
翡翠手镯总重约82.89克，
79.8mm × 12.09mm × 11.9mm
中国嘉德 2021-11-30

5601 极为精美的天然满绿翡翠手镯，
53mm圈口
估　价：RMB 6,000,000~8,000,000
成交价：RMB 6,900,000
手镯外径73.2mm，条宽约10.1mm
中国嘉德 2021-11-30

1744 卡地亚 “L’Odysséede CartierPar-coursd” “uunstyle” 63.66克拉梨形D色内部无瑕钻石配白水晶手镯
估　价：HKD 40,000,000~65,000,000
成交价：RMB 39,517,311
香港苏富比 2021-04-20

4075 秦依依设计 和光吉维尼缅甸天然冰种翡翠配彩色宝石及钻石手镯及耳环套装
估　价：RMB 120,000~220,000
成交价：RMB 126,500
手镯直径50.5mm 北京保利 2021-06-07

1726 马里奥布契拉提 蓝宝石配钻石手镯
估　价：HKD 280,000~450,000
成交价：RMB 424,872
香港苏富比 2021-04-20

2136 盛世玲珑 缅甸天然翡翠手镯
成交价：RMB 30,348,000
手镯内径56.87mm，厚度12.59mm
保利香港 2021-04-22

1893 马里奥布契拉提红宝石配钻石手镯
估　价：HKD 280,000~380,000
成交价：RMB 333,850
香港苏富比 2021-10-12

139 天然冰种翡翠玉镯
估　价：RMB 500,000~600,000
成交价：RMB 575,000
上海匡时 2021-07-08

1632 天然玻璃种翡翠手镯
估　价：HKD 500,000~800,000
成交价：RMB 637,308
香港苏富比 2021-04-20

6106 天然玻璃种满绿翡翠手镯
成交价：RMB 13,800,000
镯圈口为57mm，壁厚度均为13.5mm，
壁宽为10mm 华艺国际 2021-06-04

1828 天然紫色翡翠手镯一对
估　价：HKD 500,000~800,000
成交价：RMB 292,118
香港苏富比 2021-10-12

6018 天然翡翠圆条手镯
估　价：RMB 900,000~1,200,000
成交价：RMB 1,092,500
内径56.2mm，宽13mm，厚12.8mm
华艺国际 2021-03-31

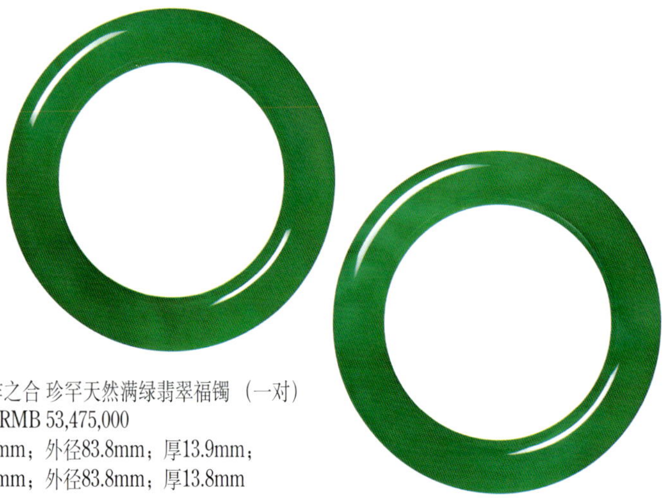

1782 天作之合 珍罕天然满绿翡翠福镯（一对）
成交价：RMB 53,475,000
内径57.1mm；外径83.8mm；厚13.9mm；
内径57.3mm；外径83.8mm；厚13.8mm
保利厦门 2021-11-04

6055 天然翡翠圆条手镯
估　价：RMB 900,000~1,000,000
成交价：RMB 1,035,000
内径58mm，宽13mm，厚12.7mm
华艺国际 2021-03-31

4076 魏文镌设计鱼跃有栖 彩色碧玺配钻石及彩色宝石手镯及胸针套装
估　价：RMB 120,000~220,000
成交价：RMB 133,400
北京保利 2021-06-07

119 高冰飘花翡翠手镯
估　价：RMB 120,000~200,000
成交价：RMB 195,500
75mm×75mm×8.8mm；重85g
南京经典 2021-07-18

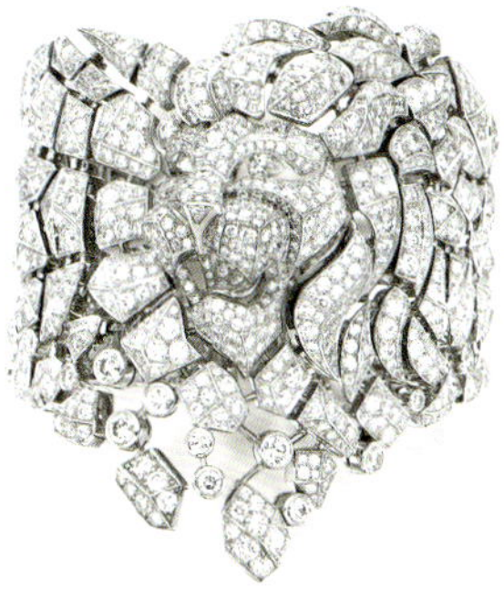

1639 香奈儿 “Sousle SigneduLion”钻石手镯
估　价：HKD 500,000~1,000,000
成交价：RMB 531,090
香港苏富比 2021-04-20

5066 珍罕的天然老坑种翡翠手镯
估　价：RMB 380,000~520,000
成交价：RMB 494,500
手镯外圈直径74.8mm，条宽10.0mm
中国嘉德 2021-05-21

1847 祖母绿及钻石手镯，Buccellati设计
估　价：HKD 150,000~250,000
成交价：RMB 331,200
内周长16.0cm 佳士得 2021-05-23

3457 馨动高定品牌 蓝宝石配钻石戒指、手镯（一套）
估　价：RMB 200,000~280,000
成交价：RMB 230,000
永乐拍卖 2021-05-22

1837 珍罕夺目天然满色翡翠手镯
估　价：HKD 13,000,000~18,000,000
成交价：RMB 13,169,340
香港苏富比 2021-10-12

117 徐飞 冰种黄翡手镯
估　价：RMB 400,000~800,000
成交价：RMB 690,000
65mm × 65mm × 8.9mm；重47.7g
南京经典 2021-07-18

3503 紫绿双色翡翠手镯
估　价：RMB 650,000~1,000,000
成交价：RMB 747,500
永乐拍卖 2021-05-22

428 现代 紫罗兰翡翠手镯
估　价：RMB 80,000
成交价：RMB 161,000
内径5.9cm；宽1.2cm 浙江佳宝 2021-01-10

117 安吉拉 · 卡明斯 黄金和珍珠母手镯和耳夹一对
估　价：USD 8,000~12,000
成交价：RMB 72,701
内周长17.15cm 纽约苏富比 2021-06-11

154 JAR 钻石“雪下分支”手镯
估　价：USD 400,000~600,000
成交价：RMB 12,122,838
内径 5.7cm 纽约佳士得 2021-06-08

68 10.15克拉钻石扭力手镯
估　价：USD 20,000~30,000
成交价：RMB 1,188,891
内径 5.8cm 纽约佳士得 2021-04-13

220 “彩虹”多颗宝石手镯
估　价：EUR 10,000~15,000
成交价：RMB 105,738
内周长46cm 巴黎佳士得 2021-07-07

120 大卫 · 韦伯 金手镯
估　价：USD 3,000~5,000
成交价：RMB 36,541
长18cm 纽约佳士得 2021-01-27

58 62.44克拉紫水晶，祖母绿，彩色钻石和钻石手镯，KARRY BERREBY
估　价：CHF 30,000~50,000
成交价：RMB 179,030
内周长16.5cm 日内瓦佳士得 2021-05-12

165 宝格丽 三色黄金和钻石手镯
估　价：USD 5,000~7,000
成交价：RMB 68,662
长16.83cm 纽约苏富比 2021-06-11

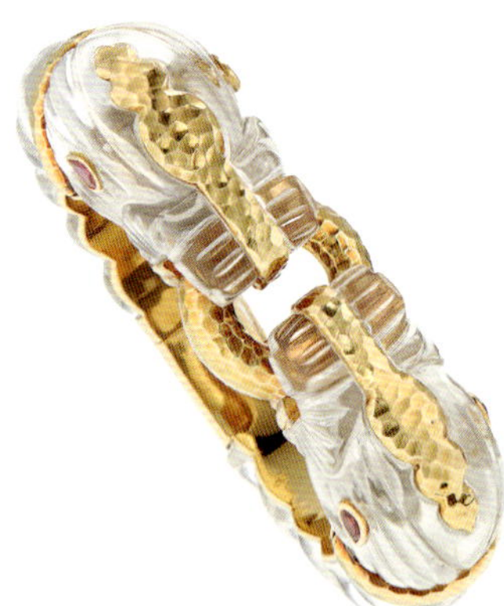

7 大卫 · 韦伯 水晶，红宝石和金色“奇美拉”手镯
估　价：USD 20,000~30,000
成交价：RMB 208,462
内周长16.0cm 纽约佳士得 2021-06-08

222 大卫·韦伯 钻石和黄金手镯
估 价：USD 8,000~12,000
成交价：RMB 89,323
纽约佳士得 2021-01-27

168 蒂芙尼 珐琅和钻石窄手镯
估 价：USD 15,000~20,000
成交价：RMB 131,188
内周长15.2cm 纽约佳士得 2021-04-13

247 蒂芙尼 金手镯
估 价：USD 3,000~5,000
成交价：RMB 52,850
19.0cm × 2.2cm 纽约佳士得 2021-04-21

31 蒂芙尼蓝宝石和钻石“vannerie”手镯
估 价：USD 2,000~3,000
成交价：RMB 56,842
长18.8cm，宽1.4cm 纽约佳士得 2021-01-27

4 蒂芙尼 珐琅绿松石手镯
估 价：USD 18,000~22,000
成交价：RMB 192,426
内周长15.2cm 纽约佳士得 2021-06-08

19 蒂芙尼 墨玉金“SEVILLANA”手镯
估 价：USD 3,000~5,000
成交价：RMB 105,700
内周长15.3cm 纽约佳士得 2021-04-21

6 蒂芙尼 多宝石手镯
估 价：USD 1,000~15,000
成交价：RMB 89,438
内周长16.5cm 纽约佳士得 2021-04-21

1130 蒂芙尼 黄金和珐琅手镯和耳夹一对
估 价：CHF 6,000~10,000
成交价：RMB 53,134
日内瓦苏富比 2021-07-07

4 蒂芙尼 青金石和玛瑙手镯
估 价：USD 10,000~15,000
成交价：RMB 89,438
内周长16.5cm 纽约佳士得 2021-04-21

60 蒂芙尼 钻石和黄金手镯
估　价：USD 8,000~12,000
成交价：RMB 105,563
长17.0cm 纽约佳士得 2021-01-27

41 梵克雅宝 黄金，祖母绿和角狮子手镯
估　价：USD 12,000~18,000
成交价：RMB 155,786
内周长16.4cm 纽约佳士得 2021-04-13

94 古董钻石，红宝石和蓝宝石手镯
估　价：USD 1,200~1,800
成交价：RMB 24,361
内周长17.3cm 纽约佳士得 2021-01-27

22 法拉昂金和黑色金手镯
估　价：USD 6,000~8,000
成交价：RMB 60,902
长17.3cm 纽约佳士得 2021-01-27

21 梵克雅宝 木金手镯
估　价：USD 3,000~5,000
成交价：RMB 52,073
内周长19.5cm 纽约佳士得 2021-06-04

93 古董钻石和黄金手镯 约1880年
估　价：USD 1,500~2,000
成交价：RMB 32,481
内周长15.4cm 纽约佳士得 2021-01-27

114 梵克雅宝 缟玛瑙和钻石手镯
估　价：USD 10,000~15,000
成交价：RMB 96,934
长20.32cm 纽约苏富比 2021-06-11

11 梵克雅宝 钻石，蓝宝石和绿松石手镯
估　价：USD 12,000~18,000
成交价：RMB 89,438
17.5cm × 1.5cm 纽约佳士得 2021-04-21

9 黄金和青金石手镯，宝格丽
估　价：EUS 2,000~3,000
成交价：RMB 58,613
内周长14.5cm 米兰佳士得 2021-02-03

1078 黄金和钻石手镯、戒指
估　价：CHF 4,000~7,000
成交价：RMB 57,222
手镯内周长165mm 日内瓦苏富比 2021-07-07

225 金手镯
估　价：USD 5,000~7,000
成交价：RMB 48,785
17.3cm × 3.3cm 纽约佳士得 2021-04-21

21 卡地亚 金手镯
估　价：USD 6,000~8,000
成交价：RMB 146,165
长18.0cm，宽3.4cm 纽约佳士得 2021-01-27

216 黄金漩涡手镯
估　价：USD 3,000~5,000
成交价：RMB 56,915
内周长16.5cm 纽约佳士得 2021-04-21

236 金手镯
估　价：USD 3,000~5,000
成交价：RMB 36,541
长17.5cm 纽约佳士得 2021-01-27

73 卡地亚 两个手镯
估　价：EUR 6,500~9,500
成交价：RMB 158,859
内周长16.0cm 米兰苏富比 2021-03-04

18 黄金和钻石手镯和耳环套装，宝格丽
估　价：EUS 5,000~7,000
成交价：RMB 53,729
手镯内周长13.0cm，耳环长2.6cm × 2
米兰佳士得 2021-02-03

123 卡地亚 手镯，“三位一体” 1997年
估　价：GBP 2,000~3,000
成交价：RMB 29,719
内周长190mm 伦敦苏富比 2021-06-24

21 卡地亚 钻石和黄金手镯
估 价：USD 4,000~6,000
成交价：RMB 69,111
纽约佳士得 2021-04-21

54 蓝宝石钻石手镯
估 价：USD 2,000~3,000
成交价：RMB 38,977
长16.0cm 纽约佳士得 2021-01-27

48 两个MULTI-GEM手镯
估 价：USD 4,000~6,000
成交价：RMB 52,782
内周长15.0cm 纽约佳士得 2021-01-27

132 卡地亚 钻石手镯
估 价：USD 6,000~8,000
成交价：RMB 211,400
长15.0cm 纽约佳士得 2021-04-21

24 雷内·博文 珊瑚和水晶手镯 20世纪70年代
估 价：GBP 7,000~9,000
成交价：RMB 160,025
内周长175mm 伦敦苏富比 2021-06-24

231 两个宝格丽 “parentesi” 金和钢手镯
估 价：USD 3,000~5,000
成交价：RMB 40,601
浅色手链长20.5cm；深色手链长20.0cm
纽约佳士得 2021-01-27

204 蓝宝石钻石手镯
估 价：USD 4,000~6,000
成交价：RMB 73,082
长17.2cm 纽约佳士得 2021-01-27

20 两个吊坠手镯
估 价：EUS 5,000~7,000
成交价：RMB 53,729
长17.0cm 米兰佳士得 2021-02-03

38 两个钻石手镯
估　价：GBP 3,000~5,000
成交价：RMB 36,577
内周长186mm和181mm
伦敦苏富比 2021-06-24

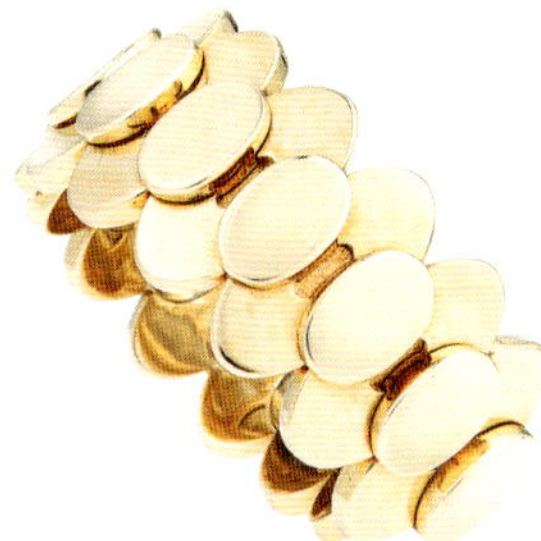

17 玛丽娜B金手镯
估　价：USD 3,000~5,000
成交价：RMB 60,981
内周长14.6cm 纽约佳士得 2021-04-21

38 香奈儿 宽型人造珍珠手镯(无签名)
估　价：USD 1,200~1,800
成交价：RMB 21,087
从18.7cm到15.9cm（连续内周），宽7.0cm
纽约佳士得 2021-01-14

187 绿松石和钻石手镯
估　价：USD 5,000~7,000
成交价：RMB 64,962
长18.0cm，宽3.0cm 纽约佳士得 2021-01-27

7 玛瑙金手镯，宝格丽
估　价：EUS 4,000~6,000
成交价：RMB 126,995
长18.0cm 米兰佳士得 2021-02-03

101 养殖珍珠和钻石手镯一对
估　价：EUR 6,000~10,000
成交价：RMB 168,787
米兰苏富比 2021-03-04

76 绿松石和钻石手镯
估　价：USD 2,000~3,000
成交价：RMB 24,361
内周长16.5cm 纽约佳士得 2021-01-27

5 香奈儿 GRIPOIX 玻璃手镯
估　价：USD 1,500~2,000
成交价：RMB 34,063
内周长17cm，最大宽度8.4cm
纽约佳士得 2021-01-14

116 伊丽莎白·盖奇金手镯
估　价：USD 2,000~3,000
成交价：RMB 52,782
长21.5cm 纽约佳士得 2021-01-27

149 祖母绿手镯
估　价：USD 20,000~30,000
成交价：RMB 245,978
内周长17.1cm 纽约佳士得 2021-04-13

155 钻石手镯
估　价：GBP 4,000~6,000
成交价：RMB 48,007
内周长161mm 伦敦苏富比 2021-06-24

## 项链、朝珠

5228 “乘物游心”蓝宝石项链
估　价：RMB 160,000~180,000
成交价：RMB 184,000
项链长78cm 西泠印社 2021-07-25

29 钻石和红宝石手镯
估　价：EUS 6,000~8,000
成交价：RMB 78,151
长18.0cm 米兰佳士得 2021-02-03

43 钻石和白金手镯
估　价：USD 5,000~7,000
成交价：RMB 48,785
18.0cm × 1.9cm 纽约佳士得 2021-04-21

198 钻石手镯和耳夹一对
估　价：USD 10,000~15,000
成交价：RMB 68,662
手链内周长18.42cm 纽约苏富比 2021-06-11

3341 “蝶恋花”金镶祖母绿项圈
估　价：RMB 180,000~220,000
成交价：RMB 207,000
项圈直径19.5cm 西泠印社 2021-01-16

2023 10.27克拉浓彩黄色钻石配钻石项链
估　价：HKD 1,200,000~1,800,000
成交价：RMB 1,477,800
保利香港 2021-11-27

1765 “四季平安”天然翡翠珠配钻石及红宝石项链
成交价：RMB 19,732,101
香港苏富比 2021-04-20

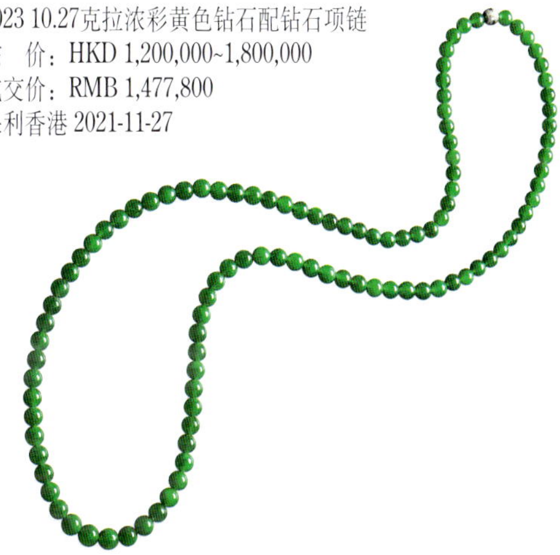

4062 108颗缅甸天然满绿翡翠珠项链
估　价：RMB 2,600,000~3,500,000
成交价：RMB 2,875,000
项链长88cm 北京保利 2021-06-07

1859 缅甸天然红宝石项链
估　价：HKD 2,500,000~3,500,000
成交价：RMB 2,155,125
项链长41.0cm 佳士得 2021-11-28

1901 3.40至0.25克拉圆形艳彩黄色VVS1-SI2钻石首饰套装
估　价：HKD 16,000,000~25,000,000
成交价：RMB 13,702,490
项链长40.0cm，耳环长2.5cm
佳士得 2021-11-28

6088 28.22克拉天然缅甸鸽血红红宝石项链
估　价：RMB 900,000~1,200,000
成交价：RMB 1,035,000
项链长42cm 华艺国际 2021-06-04

3300 “旋转乾坤”41颗木那坑冰种翡翠珠串
估　价：RMB 12,600,000~18,600,000
成交价：RMB 16,100,000
珠串长58.5cm，重184.68克
西泠印社 2021-01-16

624 18K莫桑比克无烧5.07克拉鸽血红钻石花式项链
估　价：RMB 585,000~800,000
成交价：RMB 655,200
上海联合 2021-06-27

5176 “扭转乾坤”43颗高冰帝王绿翡翠珠串
估　价：RMB 8,000,000~16,000,000
成交价：RMB 11,385,000
珠串长560mm，翡翠珠最小直径11.2mm，最大直径13mm 西泠印社 2021-07-25

5197 24.55克拉卢比莱碧玺项链戒指两用
估　价：RMB 90,000~100,000
成交价：RMB 103,500
西泠印社 2021-07-25

3419 爱德华时期风格 珍珠项链
估　价：RMB 120,000~160,000
成交价：RMB 209,300
永乐拍卖 2021-05-22

3563 33.06克拉缅甸无烧皇家蓝蓝宝石配钻石项链
估　价：RMB 3,800,000~4,800,000
成交价：RMB 4,370,000
项链长43cm 永乐拍卖 2021-05-22

1892 38颗椭圆形缅甸天然鸽血红红宝石项链，Faidee设计
估　价：HKD 4,800,000~6,800,000
成交价：RMB 4,968,000
项链长38.5cm 佳士得 2021-05-23

5174 45颗高冰紫翡珠串
估　价：RMB 800,000~1,200,000
成交价：RMB 920,000
翡翠珠直径13mm，珠串长560mm
西泠印社 2021-07-25

3375 27颗15—17mm无瑕南洋海水珍珠项链
估　价：RMB 350,000~450,000
成交价：RMB 402,500
项链长46cm 西泠印社 2021-01-16

1217 57.11克拉祖母绿项链
估　价：RMB 1,500,000~3,000,000
成交价：RMB 1,610,000
上海嘉禾 2021-07-22

102 18K金翡翠碎钻套装（项链 耳钉 戒指）
估　价：RMB 150,000~250,000
成交价：RMB 207,000
尺寸不一；重项链19g、耳钉6g、戒指5g 南京经典 2021-07-18

2117 5.06克拉D色TypeIIA钻石配红宝石项链
估　价：HKD 1,200,000~2,000,000
成交价：RMB 1,213,920
保利香港 2021-04-22

171 42.71克拉红碧玺“飞凤祥云”项链
估　价：RMB 190,000~210,000
成交价：RMB 218,500
上海匡时 2021-07-08

18 4.11克拉梨形天然哥伦比亚祖母绿配钻石吊坠项链
估　价：HKD 120,000~180,000
成交价：RMB 119,232
天成国际 2021-06-01

6036 47.68克拉天然海蓝宝配钻石项链
估　价：RMB 90,000~120,000
成交价：RMB 115,000
华艺国际 2021-03-31

1985 5.01克拉圆形D/VVS1钻石吊坠项链
估　价：HKD 1,600,000~2,500,000
成交价：RMB 1,604,250
吊坠长1.9cm，项链长45.5cm
佳士得 2021-05-23

730 18K白金翡翠满绿蛋面花式套件（项链、戒指）
估　价：RMB 500,000~700,000
成交价：RMB 560,000
上海联合 2021-06-27

1699 30.89克拉美乐珠配钻石项链
估　价：HKD 150,000~220,000
成交价：RMB 159,327
香港苏富比 2021-04-20

46 56.79克拉海蓝宝日本海水珍珠项链
估　价：RMB 100,000~200,000
成交价：RMB 138,000
上海匡时 2021-07-08

1928 5.41及5.10克拉圆形I-H/VVS2-SI1钻石项链，Cusi设计
估　价：HKD 1,500,000~2,500,000
成交价：RMB 1,552,500
项链长36.5cm 佳士得 2021-05-23

1937 50.05克拉水滴形D/FL Type IIa（极优打磨及比例）钻石吊坠项链
估　价：HKD 20,000,000~30,000,000
成交价：RMB 17,098,200
吊坠长4.0cm，项链长40.6—43.4cm 佳士得 2021-05-23

3513 冰种正阳绿翡翠配钻石项链
估　价：RMB 10,000,000~12,000,000
成交价：RMB 13,800,000
项链长46cm 永乐拍卖 2021-05-22

3478 JAMES W.CURRENS作品 心动 共49.30克拉心形天然缅甸鸽血红红宝石配钻石项链、耳环、戒指套装
估　价：RMB 8,800,000~12,000,000
成交价：RMB 11,270,000
耳环长4.5cm，项链长38cm 永乐拍卖 2021-05-22

2002 6.03克拉、3.09克拉、3.02克拉、2.23克拉及2.06克拉长方形及正方形哥伦比亚天然祖母绿及钻石项链，Cartier设计
估　价：HKD 10,000,000~15,000,000
成交价：RMB 13,322,520
项链长37.5cm 佳士得 2021-05-23

6146 DONGYEEMAN 祖母绿套装项链、耳饰
估　价：RMB 3,500,000~5,500,000
成交价：RMB 6,900,000
永乐拍卖 2021-12-02

1987 6.58克拉梨形D/IF钻石及0.54克拉长方形深粉红色SI2钻石吊坠项链
估　价：HKD 2,000,000~3,000,000
成交价：RMB 2,691,000
项链长43.0cm，吊坠长3.4cm
佳士得 2021-05-23

2082 6.38克拉缅甸星光红宝石配钻石项链，未经加热
估　价：HKD 140,000~180,000
成交价：RMB 131,508
保利香港 2021-04-22

3495 宝诗龙水果锦囊项链、胸针、手链三用款
估　价：RMB 580,000~780,000
成交价：RMB 667,000
项链长38cm 永乐拍卖 2021-05-22

1701 爱马仕 K金配钻石项链
估　价：HKD 80,000~120,000
成交价：RMB 233,680
香港苏富比 2021-04-20

2003 爱马仕设计 18K金及钻石项链及手镯套装
估　价：HKD 50,000~120,000
成交价：RMB 131,508
保利香港 2021-04-22

3466 78.54克拉无烧坦桑石项链
估　价：RMB 300,000~500,000
成交价：RMB 345,000
永乐拍卖 2021-05-22

1811 宝石PANTHÈRE吊坠项链，Cartier设计
估　价：HKD 30,000~50,000
成交价：RMB 196,650
吊坠长7.8cm 佳士得 2021-05-23

1880 蒂芙尼 10.03克拉心形D色完美无瑕钻石项链
估　价：HKD 5,800,000~7,500,000
成交价：RMB 5,655,240
香港苏富比 2021-10-12

2049 丹赤凤翥 J.W. CURRENS为辉帝设计 共重57.71克拉缅甸天然鸽血红红宝石配钻石“火凤凰”项链，未经加热
估　价：HKD 12,000,000~22,000,000
成交价：RMB 10,837,200
项链长约40cm 保利香港 2021-11-27

1864 宝石御前赛宝项链，Wallace Chan设计
估　价：HKD 1,200,000~1,800,000
成交价：RMB 2,380,500
吊坠长6.9cm，项链长72.5cm
佳士得 2021-05-23

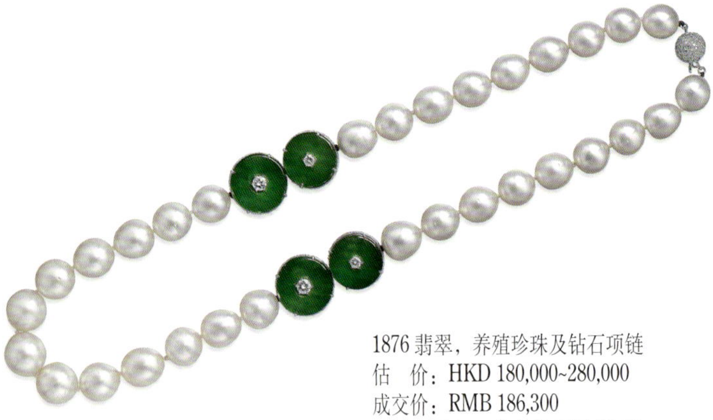

1876 翡翠，养殖珍珠及钻石项链
估　价：HKD 180,000~280,000
成交价：RMB 186,300
项链长58.0cm 佳士得 2021-05-23

1730 梵克雅宝 蓝宝石配珍珠母及钻石项链/腕表
估　价：HKD 500,000~800,000
成交价：RMB 1,168,398
香港苏富比 2021-04-20

1610 蒂芙尼 15.07克拉天然斯里兰卡变色蓝宝石配钻石项链
估　价：HKD 180,000~240,000
成交价：RMB 191,192
香港苏富比 2021-04-20

1250 白金翡翠项链耳环（一套）
估　价：RMB 2,500,000~8,000,000
成交价：RMB 3,335,000
上海嘉禾 2021-07-22

4141 非常重要的缅甸天然满绿翡翠蛋面配钻石项链、戒指及耳环套装
成交价：RMB 20,700,000
项链长44.3cm，戒指16号，耳环长2cm×2
北京保利 2021-06-07

3428 法国1950年 珍珠项链
估　价：RMB 100,000~120,000
成交价：RMB 115,000
永乐拍卖 2021-05-22

1836 非常珍罕硕大天然紫色翡翠珠配钻石及红宝石项链
估　价：HKD 3,800,000~5,800,000
成交价：RMB 3,952,044
香港苏富比 2021-10-12

1673 蒂芙尼 18.44克拉圆形D色内部无瑕钻石项链
估　价：HKD 12,000,000~16,000,000
成交价：RMB 11,877,870
香港苏富比 2021-04-20

1878 翡翠挂件项链
估　价：HKD 320,000~500,000
成交价：RMB 331,200
项链内周长38.1cm 佳士得 2021-05-23

1906 梵克雅宝 “Zip” 钻石项链
估　价：HKD 1,200,000~2,200,000
成交价：RMB 2,712,528
香港苏富比 2021-10-12

1735 梵克雅宝“Tania”钻石项链
估　价：HKD 3,200,000~4,000,000
成交价：RMB 4,023,639
香港苏富比 2021-04-20

1877 翡翠玉珠项链
估　价：HKD 280,000~380,000
成交价：RMB 269,100
项链长62.5cm 佳士得 2021-05-23

5600 非常精美的天然满绿翡翠配钻石珠链
估　价：RMB 3,600,000~4,600,000
成交价：RMB 4,485,000
中国嘉德 2021-11-30

1966 钻石项链
估　价：HKD 3,000,000~5,000,000
成交价：RMB 5,131,250
项链长43.9cm 佳士得 2021-11-28

1955 73.68克拉梨形F/IF Type IIa (极优打磨及比例)钻石吊坠项链，Ronald Abram设计
估　价：HKD 35,000,000~55,000,000
成交价：RMB 31,731,650
项链长43.0cm，吊坠4.6cm 佳士得 2021-11-28

1953 翡翠及宝石项链
估　价：HKD 4,800,000~6,800,00
成交价：RMB 4,761,000
项链长76.0cm 佳士得 2021-05-23

5602 极为珍罕的天然满绿翡翠蛋面配钻石及蓝宝石项链、戒指套装
成交价：RMB 13,800,000
项链（可拆卸）长454mm，最宽约15.5mm；吊坠48mm×32mm 中国嘉德 2021-11-30

3438 翡翠配钻石项链
估　价：RMB 1,800,000~2,200,000
成交价：RMB 2,070,000
永乐拍卖 2021-05-22

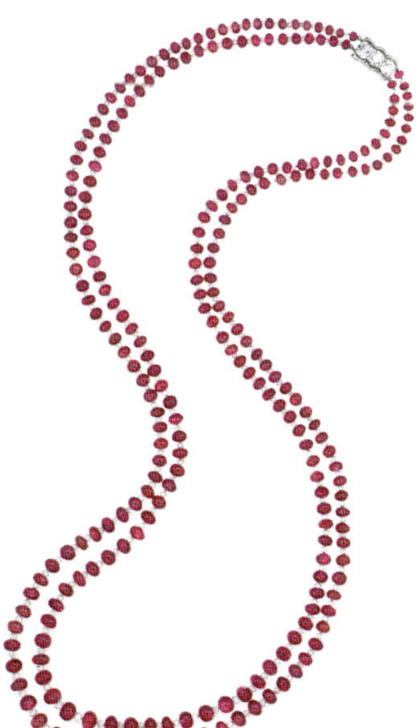

1838 红宝石及钻石项链
估　价：HKD 500,000~800,000
成交价：RMB 517,500
项链长69.0cm 佳士得 2021-05-23

185 橄榄石套链
估　价：RMB 300,000~500,000
成交价：RMB 437,000
上海匡时 2021-07-08

86 罕见天然帕拉伊巴碧玺项链/吊坠
估　价：RMB 1,800,000~2,500,000
成交价：RMB 2,530,000
总长42cm 上海匡时 2021-07-08

5475 极为精美的天然满绿翡翠配总重14.78克拉钻石项链及耳环套装
估　价：RMB 4,200,000~5,600,000
成交价：RMB 4,830,000
中国嘉德 2021-11-30

5181 极为精美的天然满绿翡翠配红宝石及钻石珠链
估　价：RMB 4,500,000~6,000,000
成交价：RMB 5,175,000
珠链长610mm 中国嘉德 2021-05-21

3510 翡翠配钻石“中国结”项链
估　价：RMB 1,500,000~1,800,000
成交价：RMB 1,725,000
永乐拍卖 2021-05-22

3440 翡翠配钻石项链
估　价：RMB 4,000,000~5,000,000
成交价：RMB 4,600,000
项链长46cm 永乐拍卖 2021-05-22

4041 格拉夫 7.13克拉 D色TYPE IIA钻石配钻石项链
估　价：RMB 2,600,000~3,800,000
成交价：RMB 4,163,000
项链长46.2cm 北京保利 2021-06-07

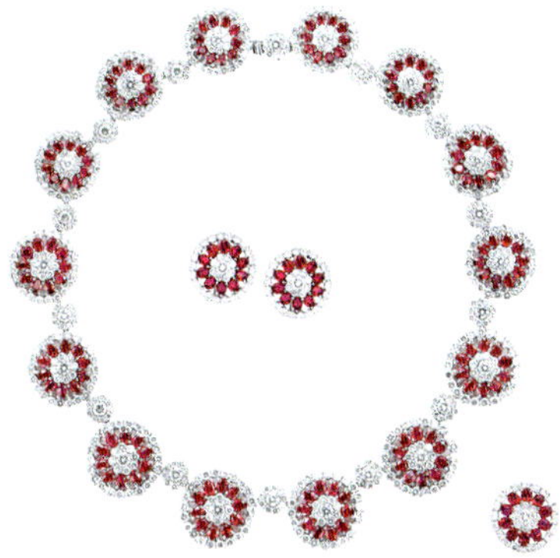

1069 红宝石配钻石项链、耳环及戒指套装
估　价：RMB 220,000~380,000
成交价：RMB 207,000
项链长34cm，耳环长2cm，戒指6¼号
北京保利 2021-09-26

3463 翡翠配钻石项链
估　价：RMB 250,000~350,000
成交价：RMB 287,500
永乐拍卖 2021-05-22

1876 天然翡翠项链
估　价：HKD 180,000~280,000
成交价：RMB 564,438
项链长38.5cm 佳士得 2021-11-28

1754 格拉夫 红宝石配钻石项链
估　价：HKD 2,200,000~3,000,000
成交价：RMB 2,124,360
香港苏富比 2021-04-20

1974 天然翡翠项链及手链套装，Cartier设计
估　价：HKD 1,000,000~1,500,000
成交价：RMB 6,609,050
项链长39.0cm，手链长18.0cm 佳士得 2021-11-28

3312 金镶海螺珠项链
估　价：RMB 200,000~250,000
成交价：RMB 230,000
长40.5cm 西泠印社 2021-01-16

6068 卡地亚 1910年代 49克拉梨形无烧斯里兰卡蓝宝石配珍珠、钻石项链
估　价：RMB 5,300,000~7,000,000
成交价：RMB 6,095,000
永乐拍卖 2021-12-02

1873 翡翠及钻石项链
估　价：HKD 380,000~580,000
成交价：RMB 558,900
项链长42.5cm 佳士得 2021-05-23

1930 梨形哥伦比亚祖母绿及钻石项链，Cartier设计
估　价：HKD 280,000~380,000
成交价：RMB 393,300
项链长50.6cm 佳士得 2021-05-23

1917 卡地亚 天然珍珠配3.69及2.32克拉D色钻石及红宝石项链
估　价：HKD 1,800,000~2,600,000
成交价：RMB 1,877,904
香港苏富比 2021-10-12

2055 共重40.07克拉缅甸鸽血红红宝石配钻石项链
估　价：HKD 1,500,000~2,200,000
成交价：RMB 1,163,340
项链长46cm 保利香港 2021-04-22

5159 精美的5.02克拉天然D色IF内部无瑕净度IIa型钻石配钻石吊坠项链
估　价：RMB 1,400,000~2,000,000
成交价：RMB 2,185,000
项链长400mm 中国嘉德 2021-05-21

5160 极为稀有与重要的22.12克拉天然D色VVS1净度IIa型钻石配总重约36.82克拉钻石吊坠项链
估　价：RMB 10,000,000~15,000,000
成交价：RMB 11,500,000
项链长416mm，吊坠长75mm
中国嘉德 2021-05-21

1662 卡地亚 “Panthére” 钻石配缟玛瑙及祖母绿项链
估　价：HKD 650,000~850,000
成交价：RMB 690,417
香港苏富比 2021-04-20

3488 卡地亚 金珠项链
估　价：RMB 88,000~100,000
成交价：RMB 101,200
永乐拍卖 2021-05-22

1914 卡地亚 钻石项链
估　价：HKD 500,000~800,000
成交价：RMB 605,102
香港苏富比 2021-10-12

6049 卡地亚设计 香水瓶项链
估　价：RMB 1,300,000~2,000,000
成交价：RMB 1,495,000
华艺国际 2021-12-10

1916 卡地亚 珍珠配2.52克拉梨形F色钻石及粉红刚玉项链
估　价：HKD 600,000~800,000
成交价：RMB 1,877,904
香港苏富比 2021-10-12

1737 卡地亚 42.09克拉哥伦比亚祖母绿配珍珠及钻石项链
估　价：HKD 4,000,000~6,500,000
成交价：RMB 4,227,645
香港苏富比 2021-04-20

2084 卡地亚设计 总重124.87克拉皇家蓝蓝宝石配钻石首饰套装
估　价：HKD 12,000,000~14,000,000
成交价：RMB 11,822,400
保利香港 2021-11-27

2012 卡地亚设计 蓝宝石，钻石配祖母绿及黑玛瑙AZURIN美洲豹项链
估　价：HKD 3,800,000~6,800,000
成交价：RMB 4,046,400
项链长38cm 保利香港 2021-04-22

2145 缅甸天然翡翠珠配红宝石及钻石项链
成交价：RMB 14,778,000
最大翡翠珠直径约11.99mm，珠链长约570mm
保利香港 2021-11-27

1915 卡地亚 钻石配祖母绿项链
估　价：HKD 400,000~700,000
成交价：RMB 438,178
香港苏富比 2021-10-12

172 39.91克拉梨形海蓝宝石钻石项链
估　价：RMB 100,000~120,000
成交价：RMB 115,000
上海匡时 2021-07-08

4078 龙梓嘉设计流光海雾10.22克拉蓝宝石配钻石及玉髓项链
估　价：RMB 200,000~400,000
成交价：RMB 230,000
北京保利 2021-06-07

1918 卡地亚 祖母绿配钻石及贝母项链
估　价：HKD 1,200,000~1,800,000
成交价：RMB 1,512,756
香港苏富比 2021-10-12

70 浪花水波设计蓝宝石钻石项链
估　价：RMB 1,800,000~2,200,000
成交价：RMB 2,300,000
上海匡时 2021-07-08

2006 蓝宝石及钻石项链 Etcetera设计
估　价：HKD 5,500,000~8,500,000
成交价：RMB 6,367,320
项链长46.5cm 佳士得 2021-05-23

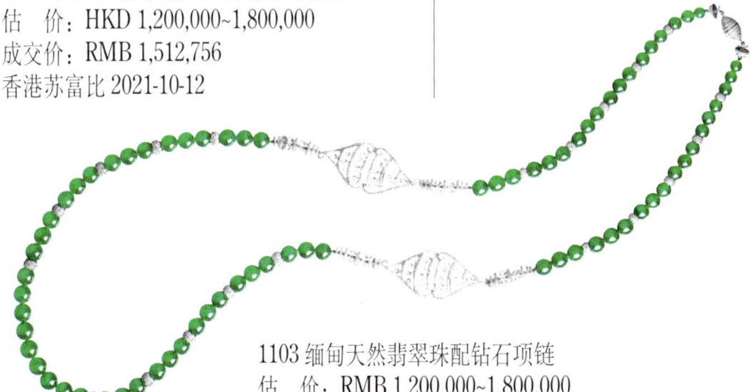

1103 缅甸天然翡翠珠配钻石项链
估　价：RMB 1,200,000~1,800,000
成交价：RMB 943,000
项链长91.5cm 北京保利 2021-09-26

84 卢比莱红碧玺108.4克拉钻石项链
估　价：RMB 650,000~850,000
成交价：RMB 1,127,000
上海匡时 2021-07-08

1270 美松珠蓝宝石项链
估　价：RMB 300,000~380,000
成交价：RMB 287,500
上海嘉禾 2021-07-22

6082 天然玻璃种满绿翡翠配红宝石及钻石珠链
估　价：RMB 12,000,000~15,000,000
成交价：RMB 14,950,000
项链长540mm 华艺国际 2021-06-04

4052 缅甸天然满绿翡翠葫芦配钻石项链
估　价：RMB 120,000~220,000
成交价：RMB 276,000
北京保利 2021-06-07

1864 硕美非凡天然翡翠珠配钻石及红宝石项链
成交价：RMB 16,675,920
香港苏富比 2021-10-12

6045 卡地亚设计 14.9克拉斯里兰卡矢车菊蓝蓝宝石配钻石项链，未经加热
估　价：RMB 400,000~500,000
成交价：RMB 460,000
项链长360mm 华艺国际 2021-06-04

186 水滴透辉石套链
估　价：RMB 300,000~400,000
成交价：RMB 368,000
上海匡时 2021-07-08

2268 清 翡翠项链
成交价：RMB 109,250
每颗直径1.2cm 十竹斋 2021-06-27

1835 天然帝王绿翡翠项链
估　价：HKD 4,500,000~6,500,000
成交价：RMB 3,129,840
香港苏富比 2021-10-12

3410 欧洲古董珍珠项链
估　价：RMB 168,000~240,000
成交价：RMB 230,000
永乐拍卖 2021-05-22

3230 缅甸天然紫罗兰翡翠蛋面配钻石套装
估　价：RMB 650,000~850,000
成交价：RMB 747,500
北京保利 2021-12-05

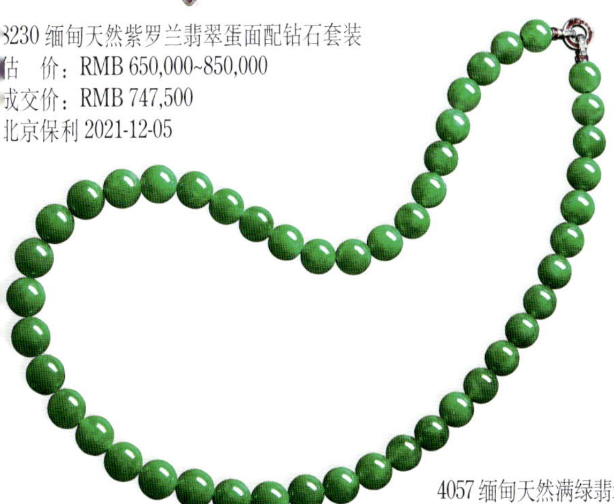

4057 缅甸天然满绿翡翠珠配钻石及红宝石项链
估　价：RMB 250,000~450,000
成交价：RMB 287,500
北京保利 2021-06-07

4056 缅甸天然紫罗兰翡翠珠配钻石项链
估　价：RMB 180,000~380,000
成交价：RMB 207,000
北京保利 2021-06-07

8162 精美绝伦 13颗总重24.02克拉哥伦比亚“木佐绿”祖母绿配钻石项链，未经注油
估　价：RMB 4,500,000~5,500,000
成交价：RMB 4,600,000
项链长43.0cm 北京保利 2021-12-05

6015 天然翡翠蛋面配钻石项链、耳环、戒指三件套
估　价：RMB 120,000~150,000
成交价：RMB 138,000
耳环总长4cm 华艺国际 2021-03-31

5072 天然翡翠配总重约5.70克拉钻石观音吊坠项链
估　价：RMB 250,000~360,000
成交价：RMB 287,500
项链长540mm 中国嘉德 2021-05-21

1831 天然翡翠配红宝石及钻石项链、耳环、戒指套装
估　价：HKD 800,000~1,200,000
成交价：RMB 625,968
香港苏富比 2021-10-12

6039 天然翡翠蛋面配钻石项链
估　价：RMB 90,000~120,000
成交价：RMB 115,000
项链长42cm 华艺国际 2021-03-31

1725 天然翡翠配钻石项链
估　价：HKD 5,000,000~8,000,000
成交价：RMB 4,431,651
香港苏富比 2021-04-20

1729 天然满绿翡翠珠链
成交价：RMB 9,200,000
保利厦门 2021-11-04

1722 天然翡翠项链
估　价：HKD 1,000,000~1,500,000
成交价：RMB 1,911,924
香港苏富比 2021-04-20

1120 天然海螺珠配钻石项链
估　价：RMB 2,200,000~3,200,000
成交价：RMB 2,300,000
北京保利 2021-09-26

1717 天然翡翠配钻石项链
估　价：HKD 140,000~200,000
成交价：RMB 148,705
香港苏富比 2021-04-20

6083 天然翡翠蛋面配钻石项链
估　价：RMB 650,000~700,000
成交价：RMB 862,500
长41cm 华艺国际 2021-03-31

3069 天然缅甸39颗辣绿翡翠珠链
估　价：RMB 3,800,000~5,280,000
成交价：RMB 4,313,000
翡翠直径：12mm—13.5mm；链长540mm
十竹斋拍卖（北京）2021-04-25

3068 天然缅甸冰种满绿大鸽子蛋翡翠镶钻吊坠项链
估　价：RMB 3,800,000~5,280,000
成交价：RMB 4,370,000
翡翠36mm×30mm
十竹斋拍卖（北京）2021-04-25

924 维多利亚时期 蝴蝶结绸蔓花卉饰钻石项链
估　价：RMB 80,000~120,000
成交价：RMB 103,500
长38cm；重13.6g 西泠印社 2021-07-23

5057 天然满绿翡翠配钻石无事牌吊坠项链
估　价：RMB 480,000~660,000
成交价：RMB 552,000
吊坠53mm×24mm 中国嘉德 2021-05-21

6091 天然坦桑石、月光石月之海洋套链
估　价：RMB 250,000~300,000
成交价：RMB 287,500
坦桑石23.6mm×23.6mm×14mm，重63.3g
华艺国际 2021-03-31

1876 天然珍珠配钻石及珍珠项链，卡地亚钻石链扣
估　价：HKD 1,600,000~2,600,000
成交价：RMB 1,669,248
香港苏富比 2021-10-12

1823 托帕石项链，Michele della Valle设计
估　价：HKD 280,000~380,000
成交价：RMB 289,800
内周长39.5cm 佳士得 2021-05 23

921 维多利亚时期 花叶枝蔓饰钻石晚宴项链
估　价：RMB 200,000~250,000
成交价：RMB 230,000
长36cm；重24g 西泠印社 2021-07-23

1877 天然缅甸未经加热红宝石配钻石套装
(红宝石共重24.78克拉)
估　价：HKD 1,800,000~2,800,000
成交价：RMB 1,877,904
香港苏富比 2021-10-12

41 天然翡翠配钻石项链
估　价：HKD 380,000~580,000
成交价：RMB 377,568
天成国际 2021-06-01

1890 天然缅甸未经加热尖晶石配贝母及钻石
套装（尖晶石共重62.66克拉）
估　价：HKD 1,300,000~1,700,000
成交价：RMB 1,043,280
香港苏富比 2021-10-12

3066 天然缅甸帝王绿老坑冰种翡翠葫芦项链、耳环、戒指套装
估　价：RMB 1,210,000~2,280,000
成交价：RMB 1,265,000
项链：翡翠20.4mm × 12.9mm—16.1mm × 10.2mm；
戒指：翡翠16mm × 11.5mm；耳钉：翡翠13.5mm × 8.8mm
十竹斋拍卖（北京） 2021-04-25

6054 天然满绿翡翠珠链
估　价：RMB 600,000~700,000
成交价：RMB 805,000
华艺国际 2021-03-31

6082 珍罕卓绝 天然满绿翡翠108颗珠链
成交价：RMB 15,525,000
总长逾100cm 华艺国际 2021-03-31

6070 天然满绿冰种翡翠蛋面配钻石项链及耳环（一套）
估　价：RMB 2,000,000~3,000,000
成交价：RMB 2,415,000
华艺国际 2021-12-10

1912 有色钻石及钻石项链
估　价：HKD 680,000~950,000
成交价：RMB 724,500
项链长45.5cm 佳士得 2021-05-23

1958 天然珍珠及钻石项链，Cartier设计
估　价：HKD 3,000,000~5,000,000
成交价：RMB 3,105,000
项链长48.3cm 佳士得 2021-05-23

1832 祖母绿及钻石项链、手链首饰套装
估　价：HKD 280,000~380,000
成交价：RMB 289,800
项链长43.2cm，手链长19.5cm
佳士得 2021-05-23

1264 天然珊瑚挂件项链
估　价：RMB 100,000~150,000
成交价：RMB 138,000
25.4mm × 20mm × 12.6mm
上海嘉禾 2021-07-22

1845 养殖珍珠及钻石项链，Cartier设计
估　价：HKD 120,000~180,000
成交价：RMB 155,250
项链长40.5cm 佳士得 2021-05-23

5136 珍罕的总重34.03克拉天然缅甸未经加热鸽血红红宝石配总重约26.79克拉钻石项链
估　价：RMB 3,800,000~5,200,000
成交价：RMB 4,025,000
项链长440mm 中国嘉德 2021-05-21

1641 香奈儿 钻石项链
估　价：HKD 80,000~120,000
成交价：RMB 138,083
香港苏富比 2021-04-20

1643 香奈儿 “Collerette”钻石项链
估　价：HKD 60,000~100,000
成交价：RMB 318,654
香港苏富比 2021-04-20

3492 钻石项链
估　价：RMB 240,000~350,000
成交价：RMB 276,000
永乐拍卖 2021-05-22

1638 香奈儿 “Sousle SigneduLion”钻石项链
估　价：HKD 200,000~280,000
成交价：RMB 318,654
香港苏富比 2021-04-20

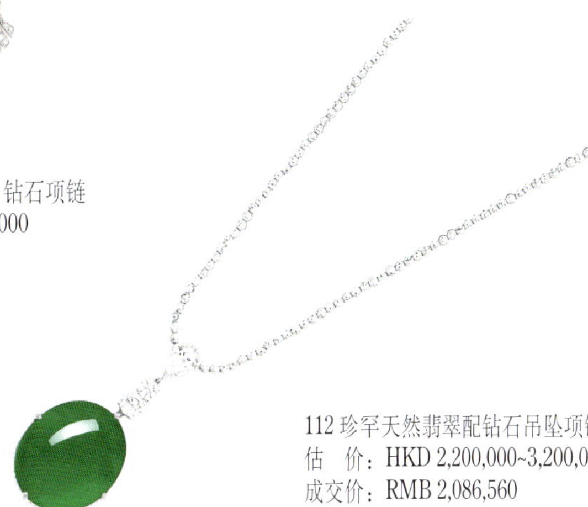

112 珍罕天然翡翠配钻石吊坠项链
估　价：HKD 2,200,000~3,200,000
成交价：RMB 2,086,560
天成国际 2021-06-01

1917 有色钻石及钻石项链、耳环首饰套装
估　价：HKD 2,500,000~3,500,000
成交价：RMB 2,070,000
项链长43.5cm，耳环长4.9cm×2
佳士得 2021-05-23

56 总重量42.21克拉椭圆形及古垫形天然缅甸未经加热处理红宝石配钻石项链
估　价：HKD 880,000~1,500,000
成交价：RMB 874,368
天成国际 2021-06-01

1848 祖母绿及钻石项链、耳环、戒指套装
Tiffany & Co.设计
估　价：HKD 500,000~800,000
成交价：RMB 621,000
项链长42.5cm，耳环长1.5cm×2
佳士得 2021-05-23

92 紫锂辉石套链
估　价：RMB 300,000~500,000
成交价：RMB 368,000
主石89.95克拉×11粒 上海匡时 2021-07-08

4023 总重50.1克拉缅甸抹谷鸽血红红宝石配钻石项链，未经加热
估　价：RMB 6,500,000~8,500,000
成交价：RMB 7,360,000
项链长39.5cm 北京保利 2021-06-07

5451 重要与稀有的45.18克拉天然哥伦比亚艳绿色极微油处理祖母绿配总重约10.35克拉钻石吊坠项链/胸针
估　价：RMB 1,650,000~2,150,000
成交价：RMB 1,897,500
中国嘉德 2021-11-30

5025 总重约15.33克拉天然赞比亚艳彩绿祖母绿配总重约5.26克拉钻石项链、手链及戒指套装
估　价：RMB 180,000~280,000
成交价：RMB 207,000
项链长400—450mm（可调节），手链长163mm
中国嘉德 2021-05-21

2034 总重65.13克拉缅甸鸽血红红宝石配钻石项链，未经加热
估　价：HKD 2,800,000~3,500,000
成交价：RMB 2,758,560
保利香港 2021-11-27

10 钻石项链
估　价：HKD 168,000~268,000
成交价：RMB 198,720
天成国际 2021-06-01

1906 钻石及有色钻石项链
估　价：HKD 380,000~580,000
成交价：RMB 465,750
项链长40.5cm 佳士得 2021-05-23

1885 钻石项链
估　价：HKD 300,000~500,000
成交价：RMB 465,750
项链长37.0cm 佳士得 2021-05-23

8206 总重80.21克拉缅甸抹谷鸽血红红宝石配钻石项链，未经加热
估　价：RMB 1,400,000~2,600,000
成交价：RMB 2,012,500
北京保利 2021-12-05

1815 钻石吊坠项链，Graff设计
估　价：HKD 120,000~180,000
成交价：RMB 258,750
项链长42.0cm，吊坠长6.1cm
佳士得 2021-05-23

1831 祖母绿及钻石项链、手链套装，Fred设计
估　价：HKD 150,000~250,000
成交价：RMB 393,300
项链长40.3cm，手链长17.3cm
佳士得 2021-05-23

1812 钻石及蓝宝石吊坠项链，Graff设计
估　价：HKD 120,000~180,000
成交价：RMB 165,600
项链长41.0cm，吊坠长4.5cm
佳士得 2021-05-23

99 141.22克拉彩色钻石和钻石吊坠项链
估　价：CHF 2,200,000~2,800,000
成交价：RMB 17,401,716
日内瓦佳士得 2021-05-12

66 20世纪早期钻石手链/项链
估　价：CHF 60,000~80,000
成交价：RMB 716,120
项链长58.0cm，手链长18.5cm
日内瓦佳士得 2021-05-12

176 2.33克拉浓彩黄钻钻石吊坠项链
估　价：GBP 12,000~18,000
成交价：RMB 137,164
项链长400mm 伦敦苏富比 2021-06-24

76 钻石项链蓝宝石吊坠
估　价：RMB 2,500,000~3,800,000
成交价：RMB 2,415,000
上海匡时 2021-07-08

73 16.44克拉钻石吊坠项链
估　价：USD 40,000~60,000
成交价：RMB 1,598,854
吊坠3.8cm×2.4cm，链条长40.7cm
纽约佳士得 2021-04-13

1805 钻石项链，Graff设计
估　价：HKD 200,000~250,000
成交价：RMB 165,600
项链长38.5cm 佳士得 2021-05-23

1884 钻石项链，Harry Winston设计
估　价：HKD 200,000~300,000
成交价：RMB 724,500
项链长44.0cm 佳士得 2021-05-23

136 19世纪早期蓝宝石和钻石项链
估　价：CHF 180,000~320,000
成交价：RMB 3,133,025
长40.5cm 日内瓦佳士得 2021-05-12

1881 钻石项链及耳环套装
估　价：HKD 150,000~250,000
成交价：RMB 155,250
项链内周长35.4cm，耳环1.7cm×2
佳士得 2021-05-23

124 19世纪晚期天然珍珠项链
估　价：CHF 12,000~18,000
成交价：RMB 313,303
长116.5cm 日内瓦佳士得 2021-05-12

118 18.36克拉和17.21克拉钻石项链
估　价：CHF 250,000~350,000
成交价：RMB 2,416,905
日内瓦佳士得 2021-05-12

704 22.50克拉蓝宝石配钻石吊坠一枚及钻石项链一条
估　价：CHF 20,000~30,000
成交价：RMB 541,954
日内瓦苏富比 2021-05-13

16 45.33克拉和10.10克拉祖母绿和钻石吊坠项链
估　价：USD 10,000~15,000
成交价：RMB 245,978
项链长40.5cm；吊坠长5.7cm
纽约佳士得 2021-04-13

71 57.96克拉浓彩黄钻项链
估　价：USD 450,000~650,000
成交价：RMB 3,613,365
项链长42.55cm 纽约苏富比 2021-06-09

168 60.17克拉蓝宝石配钻石项链、手链、耳夹首饰套装
估　价：CHF 330,000~420,000
成交价：RMB 3,794,959
项链（可调节）长370—420mm
日内瓦苏富比 2021-05-11

166 BUCCELLATI 海蓝宝石，黄水晶和金项链
估　价：USD 15,000~20,000
成交价：RMB 196,782
长36.1cm 纽约佳士得 2021-04-13

239 AARON BASHA 钻石吊饰项链
估　价：USD 3,000~5,000
成交价：RMB 52,850
长40.6cm 纽约佳士得 2021-04-21

1 24.45克拉，D色，内部无瑕，IIa 型钻石项链
估　价：USD 1,550,000~2,550,000
成交价：RMB 13,061,382
吊坠长3.0cm，项链43.8cm
纽约佳士得 2021-08-18

108 6.05克拉梨形及2.43克拉椭圆形红宝石和钻石吊坠项链
估　价：USD 8,000~12,000
成交价：RMB 146,354
项链长40.5cm 纽约佳士得 2021-04-21

87 ART DECO 多宝石和钻石项链
估　价：USD 40,000~60,000
成交价：RMB 286,974
项链长38.0cm
纽约佳士得 2021-04-13

9 BELLE EPOQUE 钻石 LAVALLIÈRE 项链
估　价：CHF 80,000~120,000
成交价：RMB 1,074,180
长43.0cm 日内瓦佳士得 2021-05-12

12 BELLE EPOQUE 钻石吊坠项链，CHARLTON & CO. 1915年
估　价：CHF 70,000~90,000
成交价：RMB 1,074,180
项链长32.2cm，吊坠长6.0cm
日内瓦佳士得 2021-05-12

51 BELLE EPOQUE 钻石胸针/吊坠项链，宝诗龙
估　价：CHF 10,000~15,000
成交价：RMB 232,739
项链长45.0cm，吊坠长7.8cm
日内瓦佳士得 2021-05-12

66 BOUCHERON 蓝宝石，钻石，水晶和玫瑰石英项链、耳环首饰套装
估　价：USD 40,000~60,000
成交价：RMB 344,369
项链长37.7cm；可拆卸吊坠 4.1cm × 3.5cm；耳环 4.5cm × 2 纽约佳士得 2021-04-13

67 BUCCELLATI 玉髓双色金项链
估　价：USD 6,000~8,000
成交价：RMB 69,022
长42.5cm 纽约佳士得 2021-01-27

114 LALAOUNIS 金叶项链
估　价：USD 10,000~25,000
成交价：RMB 180,384
长54.5cm 纽约佳士得 2021-04-13

116 MARINA B 玉髓，粉红碧玺和钻石 “NI-LUFAR” 项链
估　价：USD 15,000~20,000
成交价：RMB 155,786
36.8cm × 1.4cm 纽约佳士得 2021-04-13

131 RENÉ BOIVIN 钻石“PAMPILLES DE FEUILLES”耳环/项链/夹式胸针组合
估　价：USD 150,000~250,000
成交价：RMB 1,311,880
纽约佳士得 2021-04-13

279 VHERNIER 琥珀金“Trottola”项链
估　价：USD 4,000~6,000
成交价：RMB 73,177
纽约佳士得 2021-04-21

81 STERLÉ 绿松石和钻石项链、耳环首饰套装
估　价：USD 30,000~50,000
成交价：RMB 440,976
项链 35.5cm；耳环 3.8cm
纽约佳士得 2021-06-08

93 安德鲁·克伦 镶嵌28颗渐变椭圆形钻石，总重168.91克拉华丽的钻石项链
估　价：USD 2,000,000~3,000,000
成交价：RMB 26,461,734
长38.1cm 纽约苏富比 2021-06-09

60 宝格丽 黄金，珐琅和钻石长项链
估　价：USD 50,000~80,000
成交价：RMB 1,532,399
长88.27cm 纽约苏富比 2021-06-09

177 阿斯普雷 黄水晶和钻石项链和一对耳夹，法国
估　价：USD 10,000~15,000
成交价：RMB 105,012
纽约苏富比 2021-06-11

280 宝格丽 宝石镶嵌和瓷器“Chandra”项链和耳夹一对
估　价：USD 6,000~8,000
成交价：RMB 105,012
项链长48.9cm 纽约苏富比 2021-06-11

92 宝格丽 宝石镶嵌吊坠项链，“Allegra”
估　价：GBP 1,500~2,000
成交价：RMB 54,866
伦敦苏富比 2021-06-24

123 宝格丽 黄金和古币“monete”吊坠项链
估　价：USD 18,000~22,000
成交价：RMB 242,336
项链长61.6cm，吊坠直径5.08cm
纽约苏富比 2021-06-11

5 百达翡丽珊瑚和钻石项链、手链、耳环首饰套装
估　价：USD 15,000~20,000
成交价：RMB 160,355
项链长39.3cm；手链内周长16.4cm；
耳环 2.5cm×2.2cm 纽约佳士得 2021-06-08

46 宝格丽 红玉髓 TUBOGAS 项链
估　价：USD 6,000~8,000
成交价：RMB 60,902
长38.1cm 纽约佳士得 2021-01-27

235 宝格丽 瓷器、黄玉、紫水晶、电气石“Chandra”项链和手链
估　价：EUR 8,000~12,000
成交价：RMB 76,900
项链长41.0cm 巴黎佳士得 2021-07-07

10 8.02克拉钻石吊坠项链
估　价：USD 250,000~350,000
成交价：RMB 2,042,996
长45cm 纽约苏富比 2021-02-04

85 大卫·韦伯 黄金和钻石项链
估　价：USD 12,000~15,000
成交价：RMB 130,500
纽约苏富比 2021-08-31

709 宝格丽 彩色刚玉配钻石项链
估　价：CHF 24,000~35,000
成交价：RMB 270,977
长约360mm 日内瓦苏富比 2021-05-13

2 宝格丽 古代银币项链“莫奈”
估　价：EUR 10,000~20,000
成交价：RMB 576,750
长71.0cm 巴黎佳士得 2021-07-07

231 宝格丽 黄金和古董硬币“Monete”项链
估　价：USD 6,000~8,000
成交价：RMB 129,246
长41.92cm 纽约苏富比 2021-06-11

1128 宝格丽 黄水晶和钻石项链和一对黄水晶耳夹
估　价：CHF 7,000~10,000
成交价：RMB 81,745
项链长385mm 日内瓦苏富比 2021-07-07

1221 宝格丽 黄金和钻石项链
估　价：CHF 7,500~11,000
成交价：RMB 114,443
长420mm 日内瓦苏富比 2021-07-07

4 宝格丽 金“松木”项链和一对耳夹
估　价：USD 25,000~35,000
成交价：RMB 212,062
项链内周长38.1cm 纽约苏富比

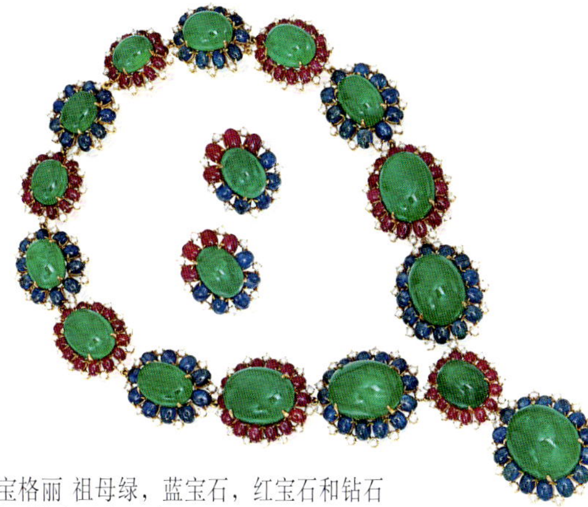

28 宝格丽 祖母绿，蓝宝石，红宝石和钻石吊坠-项链和耳夹一对
估　价：USD 70,000~90,000
成交价：RMB 2,177,620
纽约苏富比 2021-06-09

116 宝石镶嵌钻石项圈，耳夹
估　价：EUR 7,000~14,000
成交价：RMB 238,288
米兰苏富比 2021-03-04

653 宝石配钻石项链
估　价：CHF 40,000~60,000
成交价：RMB 316,140
日内瓦苏富比 2021-05-13

132 宝诗龙 可变形金项链、手链和耳环
估　价：EUR 8,000~12,000
成交价：RMB 96,125
项链长39.5cm 巴黎佳士得 2021-07-07

699 宝诗龙 宝石配钻石首饰套装
估　价：CHF 30,000~50,000
成交价：RMB 270,977
日内瓦苏富比 2021-05-13

122 宝格丽 珍珠母贝和钻石吊坠项链，“Intarsio”
估　价：GBP 3,000~4,000
成交价：RMB 51,437
链长（最长）913mm，吊坠长54mm
伦敦苏富比 2021-06-24

62 宝格丽 养殖珍珠，钻石和多宝石项链
估　价：USD 20,000~30,000
成交价：RMB 426,361
42.5cm × 1.5cm 纽约佳士得 2021-04-13

618 宝诗龙 白水晶配蓝宝石及钻石首饰套装
估　价：CHF 60,000~90,000
成交价：RMB 632,279
日内瓦苏富比 2021-05-13

38 碧玺和钻石项链和耳环
估　价：USD 12,000~18,000
成交价：RMB 284,576
项链长42.0cm；耳环 6.2cm × 2.2cm
纽约佳士得 2021-04-21

221 宝石镶嵌项链
估　价：USD 4,000~6,000
成交价：RMB 30,696
长45.72cm 纽约苏富比 2021-06-11

20 布切拉蒂珊瑚项链
估　价：EUR 2,600~4,200
成交价：RMB 94,322
长42cm 米兰苏富比 2021-03-04

1219 宝石镶嵌和钻石项链和耳环
估　价：CHF 4,000~6,000
成交价：RMB 36,785
日内瓦苏富比 2021-07-07

79 布切拉蒂海蓝宝石和黄水晶 Parure项链，手链，耳环
估　价：EUR 6,000~9,000
成交价：RMB 169,103
项链长34.0cm，手链长17.5cm
米兰苏富比 2021-03-04

214 大卫·韦伯 项链，耳环黄金珠宝
估　价：USD 10,000~15,000
成交价：RMB 113,831
项链最宽处 31.0cm × 2.2cm
纽约佳士得 2021-04-21

103 彩色蓝宝石和钻石项链和一对黄水晶和钻石耳环
估　价：EUR 9,000~13,000
成交价：RMB 148,930
米兰苏富比 2021-03-04

15 碧玺和钻石项链，FRED
估　价：CHF 35,000~55,000
成交价：RMB 626,605
长31.5cm 日内瓦佳士得 2021-05-12

1105 宝石项链、手链、戒指和耳环套装，“Cimin”
估　价：CHF 8,000~12,000
成交价：RMB 65,396
日内瓦苏富比 2021-07-07

139 波梅拉托 蓝色托帕石和钻石戒指“Lulu”，以及玫瑰石英和碧玺吊坠项链“Luna”
估　价：GBP 2,200~2,600
成交价：RMB 45,721
伦敦苏富比 2021-06-24

100 大卫·韦伯 金项链
估　价：USD 10,000~15,000
成交价：RMB 121,961
项链长83.5cm，可拆卸部分为 19.5cm
纽约佳士得 2021-04-21

89 大卫·韦伯 金、缟玛瑙和钻石项链
估　价：USD 5,000~7,000
成交价：RMB 73,406
内周长48.26cm 纽约苏富比 2021-08-31

8 大卫·韦伯 金项链
估　价：USD 10,000~15,000
成交价：RMB 136,302
63.5cm × 3.1cm 纽约佳士得 2021-06-08

292 电气石、紫水晶和钻石项链和一对吊坠耳夹
估　价：USD 7,000~9,000
成交价：RMB 56,545
项链长43.82cm 纽约苏富比 2021-06-11

268 彩色钻石和钻石珠宝项链、戒指、耳环套装
估　价：USD 20,000~30,000
成交价：RMB 129,246
项链内周长33.02cm 纽约苏富比 2021-06-11

248 德格里索戈诺 黄金、锰铝榴石和钻石吊坠项链
估　价：USD 8,000~12,000
成交价：RMB 56,545
长53.34cm 纽约苏富比 2021-06-11

19 彩色钻石和钻石项链，格拉夫
估　价：CHF 70,000~90,000
成交价：RMB 581,848
长39.7cm 日内瓦佳士得 2021-05-12

17 彩色蓝宝石和钻石项链，REZA
估　价：CHF 20,000~30,000
成交价：RMB 116,370
长42.8cm 日内瓦佳士得 2021-05-12

46 大卫·韦伯 绿松石和钻石首饰套装
估　价：USD 40,000~60,000
成交价：RMB 532,951
项链长41.7cm 纽约佳士得 2021-04-13

294 蒂芙尼 金玫瑰花瓣项链
估　价：USD 10,000~15,000
成交价：RMB 104,146
45cm×3.2cm 纽约佳士得 2021-06-04

3 蒂芙尼 金色“网状”项链
估　价：USD 5,000~7,000
成交价：RMB 38,454
长68cm 纽约佳士得 2021-06-04

69 蒂芙尼 彩色钻石和金瓶吊坠项链
估　价：USD 3,000~5,000
成交价：RMB 26,018
项链长73.4cm 纽约佳士得 2021-04-21

174 蒂芙尼 金珊瑚项链/手链组合
估　价：USD 5,000~7,000
成交价：RMB 88,856
项链长37.47cm 纽约苏富比 2021-06-11

1082 珐琅、钻石和蓝宝石项链、耳夹和戒指
估　价：CHF 7,000~10,000
成交价：RMB 114,443
长810mm 日内瓦苏富比 2021-07-07

24 多色蓝宝石项链
估　价：EUS 7,000~10,000
成交价：RMB 126,995
长44.5cm 米兰佳士得 2021-02-03

103 梵克雅宝 复古红宝石和钻石项链
估　价：USD 150,000~200,000
成交价：RMB 2,008,816
长37.5cm 纽约佳士得 2021-04-13

12 梵克雅宝 绿松石“VINTAGE ALHAMBRA”项链
估　价：USD 6,000~8,000
成交价：RMB 162,615
项链长42.0cm 纽约佳士得 2021-04-21

30 蒂芙尼 祖母绿和钻石项链
估　价：USD 120,000~150,000
成交价：RMB 887,179
长41.28cm 纽约苏富比 2021-06-09

51 梵克雅宝 红宝石和钻石项链、耳环首饰套装
估　价：USD 50,000~70,000
成交价：RMB 1,065,903
项链 39.6cm × 3.1cm；耳环 3.6cm × 2.5cm
纽约佳士得 2021-04-13

7 梵克雅宝 “VINTAGE ALHAMBRA”松石项链
估　价：USD 8,000~12,000
成交价：RMB 154,285
长42.3cm 纽约佳士得 2021-01-27

16 梵克雅宝 黄金，珊瑚和绿玉髓吊坠项链，法国
估　价：USD 40,000~60,000
成交价：RMB 443,589
纽约苏富比 2021-06-09

18 梵克雅宝 金，粉红蓝宝石和钻石“Zip Antique Udaipur”项链/手链组合，法国
估　价：USD 250,000~350,000
成交价：RMB 3,226,104
纽约苏富比 2021-06-09

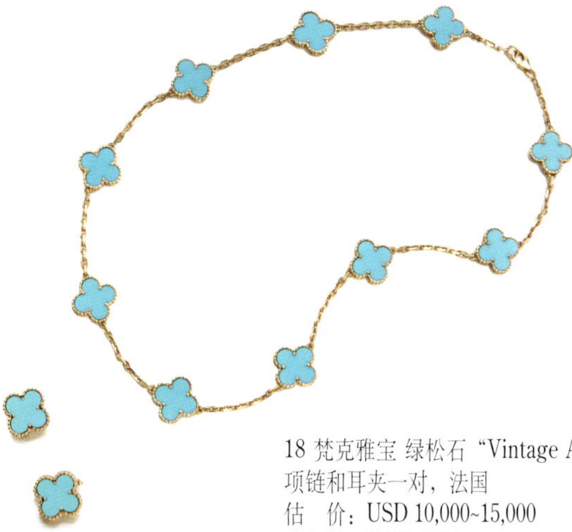

18 梵克雅宝 绿松石 “Vintage Alhambra” 项链和耳夹一对，法国
估　价：USD 10,000~15,000
成交价：RMB 228,374
项链长43.18cm 纽约苏富比 2021-08-31

204 梵克雅宝 绿玉髓和钻石项链，手链，耳环首饰套装
估　价：USD 25,000~35,000
成交价：RMB 368,966
项链 35.5cm × 1.0cm，手链 17.1cm，耳环 3.8cm × 2.2cm 纽约佳士得 2021-04-13

86 梵克雅宝 钻石项链/手链组合
估　价：EUR 4,000~6,000
成交价：RMB 446,790
米兰苏富比 2021-03-04

207 梵克雅宝 养殖珍珠，钻石和祖母绿项链、手链首饰套装
估　价：USD 20,000~30,000
成交价：RMB 393,564
项链 44.5cm × 2.0cm，手链 21.0cm × 2.0cm 纽约佳士得 2021-04-13

82 梵克雅宝 玉髓和钻石项链，吊坠，手链，耳环，戒指
估　价：EUR 15,000~25,000
成交价：RMB 695,007
米兰苏富比 2021-03-04

120 橄榄石项链
估　价：GBP 2,600~3,200
成交价：RMB 29,719
伦敦苏富比 2021-06-24

67 蒂芙尼 蛋白石和钻石吊坠项链
估 价：USD 5,000~7,000
成交价：RMB 144,203
吊坠5.6cm×2.3cm，项链39.5cm
纽约佳士得 2021-06-04

75 梵克雅宝 钻石蝴蝶吊坠项链
估 价：USD 5,000~7,000
成交价：RMB 89,438
项链长41.5cm 纽约佳士得 2021-04-21

156 梵克雅宝 紫水晶和金长链，法国
估 价：USD 6,000~8,000
成交价：RMB 888,565
长91.44cm 纽约苏富比 2021-06-11

142 梵克雅宝 祖母绿和钻石项链
估 价：USD 60,000~80,000
成交价：RMB 1,147,895
纽约佳士得 2021-04-13

90 梵克雅宝 钻石吊坠项链
估 价：EUR 15,000~20,000
成交价：RMB 595,720
米兰苏富比 2021-03-04

83 格拉夫 红宝石和钻石吊坠项链，“Bulls-eye”
估 价：GBP 4,500~5,500
成交价：RMB 91,443
吊坠长34mm 伦敦苏富比 2021-06-24

118 格拉夫 蓝宝石和钻石吊坠项链，“Icon”
估 价：GBP 7,000~9,000
成交价：RMB 125,734
吊坠长61mm 伦敦苏富比 2021-06-24

74 梵克雅宝 钻石项链/手链组合
估 价：EUR 17,000~25,000
成交价：RMB 476,576
米兰苏富比 2021-03-04

37 梵克雅宝 钻石项链/手链组合
估　价：USD 60,000~80,000
成交价：RMB 1,492,073
项链长43.18cm 纽约苏富比 2021-06-09

79 方钠石和黄金项链，吊坠，耳环套装
估　价：USD 5,000~7,000
成交价：RMB 44,719
项链 63.6cm，吊坠 4.6cm × 4.6cm，
耳环 2.4cm × 2.4cm 纽约佳士得 2021-04-21

41 格拉夫 “雪花”红宝石和钻石吊坠项链
估　价：USD 10,000~20,000
成交价：RMB 154,285
长42.5cm 纽约佳士得 2021-01-27

141 复古可变形钻石项链 约1940年
估　价：EUR 15,000~20,000
成交价：RMB 144,188
项链 42.0cm 巴黎佳士得 2021-07-07

201 格拉夫 1.65克拉，淡彩黄色，自然色，
VS2净度彩色钻石和钻石套索项链
估　价：USD 60,000~80,000
成交价：RMB 1,147,895
钻石链长39.0cm 纽约佳士得 2021-04-13

10 格拉夫 “INFINITY”钻石和蓝宝石项链
估　价：USD 55,000~75,000
成交价：RMB 365,411
长42.5cm 纽约佳士得 2021-01-27

61 格拉夫 蓝宝石和钻石“韵律”项链
估　价：USD 85,000~125,000
成交价：RMB 1,048,484
长42.55cm 纽约苏富比 2021-06-09

82 格拉夫 红宝石和钻石项链
估　价：USD 100,000~150,000
成交价：RMB 685,547
长39.37cm 纽约苏富比 2021-06-09

715 格拉夫 祖母绿配钻石项链
估　价：CHF 75,000~110,000
成交价：RMB 812,931
长410mm 日内瓦苏富比 2021-05-13

126 格拉夫 钻石吊坠项链，“钻石上的钻石”
估　价：GBP 4,500~5,500
成交价：RMB 62,867
长420mm 伦敦苏富比 2021-06-24

41 格拉夫 钻石吊灯项链
估　价：USD 80,000~120,000
成交价：RMB 440,976
纽约佳士得 2021-06-08

37 格拉夫 祖母绿和钻石 BOMBÉ 项链
估　价：USD 50,000~70,000
成交价：RMB 440,976
长43.0cm 纽约佳士得 2021-06-08

246 格拉夫 雪花钻石大奖章项链
估　价：USD 75,000~95,000
成交价：RMB 529,440
项链长41.5cm，吊坠4.5cm，奖章直径3.7cm
纽约佳士得 2021-01-27

230 格拉夫 钻石和红宝石“雪花”吊坠项链
估　价：USD 10,000~15,000
成交价：RMB 121,961
项链长40.5cm，吊坠 3.0cm×2.4cm
纽约佳士得 2021-04-21

10 格拉夫 钻石和红宝石项链和耳环
估　价：USD 12,000~18,000
成交价：RMB 178,877
项链长37.0cm，耳环长5.3cm
纽约佳士得 2021-04-21

28 格拉夫 钻石项链
估　价：USD 40,000~60,000
成交价：RMB 320,710
吊坠长6.6cm；项链长39.8cm
纽约佳士得 2021-06-08

20 格拉夫彩色钻石项链
估　价：USD 25,000~35,000
成交价：RMB 262,376
长38.7cm 纽约佳士得 2021-04-13

164 古董MICRO-MOSAIC项链
估　价：USD 3,000~5,000
成交价：RMB 60,981
长47.5cm 纽约佳士得 2021-04-21

142 海瑞温斯顿祖母绿，钻石，红宝石和珍珠项链
估　价：USD 15,000~20,000
成交价：RMB 195,138
项链长39.0cm 纽约佳士得 2021-04-21

107 古董蓝宝石和钻石项链 约1890年
估　价：USD 50,000~70,000
成交价：RMB 696,936
长39.0cm 纽约佳士得 2021-04-13

17 海蓝宝石和黑漆项链
估　价：EUR 350,000~450,000
成交价：RMB 7,536,200
项链长58.5cm，吊坠9.8cm × 4.5cm
巴黎佳士得 2021-07-07

113 古董钻石项链 约1900年
估　价：USD 70,000~100,000
成交价：RMB 532,951
项链长39.1cm 纽约佳士得 2021-04-13

235 海蓝宝石，钻石和金项链
估　价：USD 10,000~15,000
成交价：RMB 121,961
项链长31.0cm，吊坠 4.9cm × 4.2cm
纽约佳士得 2021-04-21

1235 海蓝宝石项链和手链
估　价：CHF 8,000~12,000
成交价：RMB 81,745
项链长415mm，手链长170mm
日内瓦苏富比 2021-07-07

178 海瑞温斯顿 111.73克拉蓝宝石配钻石项链
估　价：CHF 1,410,000~2,350,000
成交价：RMB 30,570,899
长470mm 日内瓦苏富比 2021-05-11

183 黑钻石和钻石项链和戒指
估　价：GBP 6,000~8,000
成交价：RMB 68,582
长430mm 伦敦苏富比 2021-06-24

35 红宝石，蓝宝石和钻石项链、耳环和戒指套装
估　价：EUS 10,000~15,000
成交价：RMB 97,689
最短链式项链长49.0cm，耳环长5.5cm
米兰佳士得 2021-02-03

1092 红宝石和钻石项链
估　价：CHF 12,000~18,000
成交价：RMB 98,094
长560mm 日内瓦苏富比 2021-07-07

132 红宝石和钻石“神秘套装”胸针/吊坠项链，梵克雅宝
估　价：CHF 70,000~90,000
成交价：RMB 1,074,180
项链长40.3cm，胸针/吊坠长4.7cm
日内瓦佳士得 2021-05-12

193 红宝石，蓝宝石和祖母绿项链
估　价：USD 3,000~5,000
成交价：RMB 38,977
长45.5cm，宽1.1cm 纽约佳士得 2021-01-27

97 海瑞温斯顿 令人印象深刻的祖母绿和钻石项链
估　价：USD 1,500,000~2,500,000
成交价：RMB 17,942,003
长39.37cm 纽约苏富比 2021-06-09

305 红宝石和钻石项链和一对耳夹
估　价：USD 7,000~9,000
成交价：RMB 121,168
纽约苏富比 2021-06-11

222 黄水晶，钻石和缟玛瑙项链
估　价：USD 5,000~7,000
成交价：RMB 40,654
长38.5cm 纽约佳士得 2021-04-21

301 红宝石和钻石项链和耳夹一对
估　价：USD 25,000~35,000
成交价：RMB 242,336
项链内周长38.74cm 纽约苏富比 2021-06-11

1126 黄水晶项链
估　价：CHF 5,000~8,000
成交价：RMB 53,134
长550mm 日内瓦苏富比 2021-07-07

19 卡地亚 豹子吊坠和项链
估　价：USD 4,000~6,000
成交价：RMB 162,405
项链长44.5cm，吊坠 6.0cm × 3.2cm
纽约佳士得 2021-01-27

1244 红宝石和黄金项链、耳环和戒指
估　价：CHF 12,000~18,000
成交价：RMB 89,920
项链内周长350mm 日内瓦苏富比 2021-07-07

1064 红宝石和钻石项链
估　价：CHF 10,000~19,000
成交价：RMB 98,094
日内瓦苏富比 2021-07-07

639 红宝石配钻石项链、手链、耳环首饰套装
估　价：CHF 55,000~77,000
成交价：RMB 496,791
项链长400mm 日内瓦苏富比 2021-05-13

1095 红宝石和钻石项链、手链和耳环
估　价：CHF 3,000~5,000
成交价：RMB 31,063
日内瓦苏富比 2021-07-07

34 花式黄钻，彩钻和钻石项链
估　价：USD 200,000~300,000
成交价：RMB 2,419,578
长40.64cm 纽约苏富比 2021-06-09

306 黄金和钻石项链
估　价：USD 3,000~4,000
成交价：RMB 52,850
长28cm 纽约佳士得 2021-04-21

16 虎眼钻石吊坠项链
估　价：USD 8,000~12,000
成交价：RMB 136,191
项链76cm，吊坠14.0cm × 3.3cm
纽约佳士得 2021-06-04

4 红宝石钻石项链
估　价：EUS 2,000~3,000
成交价：RMB 63,498
项链长35.0cm 米兰佳士得 2021-02-03

47 精美珍珠和钻石项链
估　价：EUR 15,000~20,000
成交价：RMB 403,725
长38.0cm 巴黎佳士得 2021-07-07

117 黄金和钻石项链，梵克雅宝 20世纪70年代
估　价：CHF 30,000~50,000
成交价：RMB 537,090
长80.0cm 日内瓦佳士得 2021-05-12

214 黄金和钻石项链和手链
估　价：USD 6,000~8,000
成交价：RMB 56,545
项链长36.2cm，手链长19.69cm 纽约苏富比 2021-06-11

176 海瑞温斯顿 钻石项链，约1973年
估　价：CHF 1,410,000~2,350,000
成交价：RMB 23,616,109
长370mm 日内瓦苏富比 2021-05-11

42 卡地亚 钻石项链，法国
估　价：USD 300,000~500,000
成交价：RMB 4,310,433
纽约苏富比 2021-06-09

68 金项链
估　价：USD 4,000~6,000
成交价：RMB 36,588
长38.5cm 纽约佳士得 2021-04-21

173 海瑞温斯顿 126.43克拉蓝宝石配钻石项链
估　价：CHF 1,130,000~1,700,000
成交价：RMB 14,922,622
长680mm 日内瓦苏富比 2021-05-11

160 金，玛瑙和钻石项链
估　价：USD 10,000~15,000
成交价：RMB 80,779
内周长44.45cm 纽约苏富比 2021-06-11

229 卡地亚 金项链
估　价：USD 3,000~5,000
成交价：RMB 40,601
长36.5cm 纽约佳士得 2021-01-27

105 金色“ATOMO”项链
估　价：USD 4,000~6,000
成交价：RMB 64,090
长可调节 44cm 纽约佳士得 2021-06-04

105 精湛的钻石项链
估　价：CHF 400,000~600,000
成交价：RMB 4,923,325
长39.0cm 日内瓦佳士得 2021-05-12

172 莱俪 玻璃项链
估　价：GBP 2,000~3,000
成交价：RMB 25,147
长440mm 伦敦苏富比 2021-06-24

135 克莱斯勒 54.03克拉，D色，内部无瑕，IaB型梨形钻石吊坠项链
估　价：USD 3,500,000~4,500,000
成交价：RMB 32,519,994
纽约佳士得 2021-06-08

189 克里斯托弗·沃林 金项链和耳夹一对
估　价：USD 10,000~15,000
成交价：RMB 105,012
项链长54.61cm 纽约苏富比 2021-06-11

1018 蓝宝石和钻石项链
估　价：CHF 90,000~120,000
成交价：RMB 735,705
长440mm 日内瓦苏富比 2021-07-07

181 孔雀石和红玉髓项链
估　价：USD 4,000~6,000
成交价：RMB 44,859
长57.79cm 纽约苏富比 2021-08-31

217 拉劳尼斯 金项链
估　价：USD 5,000~7,000
成交价：RMB 121,168
长38.1cm 纽约苏富比 2021-06-11

206 卡地亚 钻石和多宝石“MELI-MELO”珠宝套装
估　价：USD 10,000~15,000
成交价：RMB 154,484
项链长41.9cm，耳环长4.2cm 纽约佳士得 2021-04-21

130 蓝宝石和钻石项链，卡地亚
估　价：CHF 500,000~800,000
成交价：RMB 13,104,996
长34.8cm 日内瓦佳士得 2021-05-12

741 蓝宝石配钻石项链、耳夹首饰套装
估　价：CHF 19,000~38,000
成交价：RMB 216,781
长380mm 日内瓦苏富比 2021-05-13

1224 蓝宝石和钻石项链和耳环
估　价：CHF 4,000~7,000
成交价：RMB 34,333
项链长360mm 日内瓦苏富比 2021-07-07

111 蓝宝石和钻石项链，REZA
估　价：CHF 300,000~500,000
成交价：RMB 2,774,965
项链长37.5cm，吊坠长7.0cm
日内瓦佳士得 2021-05-12

128 蓝宝石钻石项链
估　价：USD 5,000~7,000
成交价：RMB 73,082
长60.5cm 纽约佳士得 2021-01-27

1156 蓝宝石和钻石项链和耳环
估　价：CHF 17,000~26,000
成交价：RMB 196,188
日内瓦苏富比 2021-07-07

646 蓝宝石配钻石耳环一对，项链一条
估　价：CHF 38,000~50,000
成交价：RMB 722,605
项链长390mm 日内瓦苏富比 2021-05-13

44 勒内·博伊万 黄金，红宝石和钻石项链，法国
估　价：USD 75,000~95,000
成交价：RMB 604,895
内周长41.91cm 纽约苏富比 2021-06-09

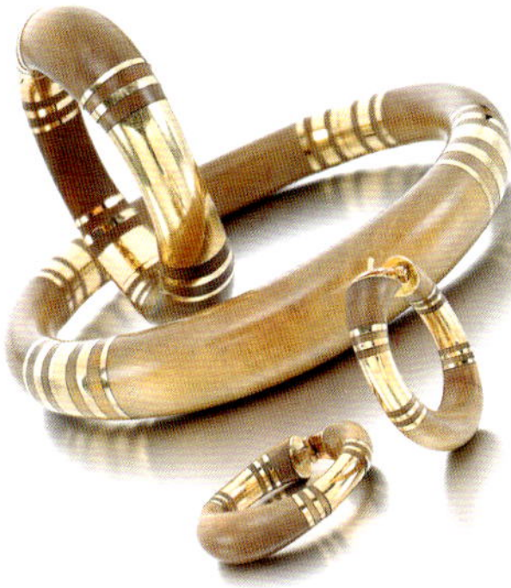

16 勒内·博伊文 木材项链，手链，耳环装饰 20世纪70年代
估　价：GBP 10,000~15,000
成交价：RMB 137,164
项链内周长340mm 伦敦苏富比 2021-06-24

41 两条祖母绿和养殖珍珠项链
估　价：USD 12,000~15,000
成交价：RMB 285,468
长68.58cm 纽约苏富比 2021-08-31

103 路易威登 帕拉伊巴碧玺配祖母绿及钻石“Acte V Apotheosis”项链
估　价：CHF 130,000~200,000
成交价：RMB 2,534,762
内周长400mm 日内瓦苏富比 2021-05-11

181 马里奥·布契拉提 养殖珍珠和钻石项链
估　价：GBP 3,000~5,000
成交价：RMB 48,007
长450mm 伦敦苏富比 2021-06-24

302 人工养殖珍珠，钻石及多宝石项链
估　价：USD 3,000~5,000
成交价：RMB 34,149
31.0cm × 1.6cm 纽约佳士得 2021-04-21

181 人工养殖珍珠和钻石项链
估　价：USD 12,000~18,000
成交价：RMB 113,684
长35.5cm，宽2.0cm 纽约佳士得 2021-01-27

47 两条项链，耳环和养殖珍珠和钻石戒指的套装
估　价：EUS 12,000~18,000
成交价：RMB 156,302
项链（灰）长39.0cm、项链（白）长45.5cm 米兰佳士得 2021-02-03

68 青金石和钻石项链和一对耳夹
估　价：EUR 4,000~8,000
成交价：RMB 158,859
长46.0cm 米兰苏富比 2021-03-04

103 珊瑚珠、玉石和红宝石项链
估　价：GBP 4,000~6,000
成交价：RMB 68,582
伦敦苏富比 2021-06-24

110 珊瑚和养殖珍珠项链
估　价：USD 6,000~8,000
成交价：RMB 163,125
长41.91cm 纽约苏富比 2021-08-31

116 让·马希 金项链
估　价：USD 5,000~7,000
成交价：RMB 77,484
长74.93cm 纽约苏富比 2021-08-31

185 三股天然珍珠、祖母绿和钻石项链
估　价：USD 20,000~30,000
成交价：RMB 163,985
最短链 41.0cm 纽约佳士得 2021-04-13

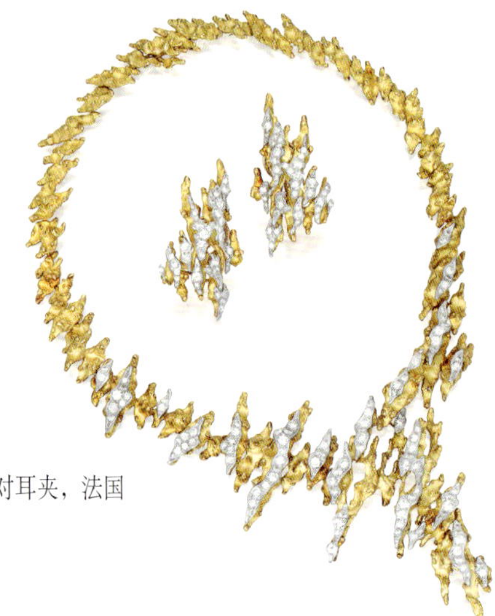

32 斯特莱 黄金和钻石项链和一对耳夹，法国
估　价：USD 20,000~30,000
成交价：RMB 306,480
纽约苏富比 2021-06-09

43 三金钻石项链
估　价：EUS 8,000~12,000
成交价：RMB 253,991
长32.0cm 米兰佳士得 2021-02-03

12 石榴石项链、胸针、耳环套装
19世纪初及以后
估　价：GBP 2,000~3,000
成交价：RMB 22,861
伦敦苏富比 2021-06-24

131 珊瑚色袖扣及珊瑚色和钻石项链、耳环、戒指
估　价：EUR 5,000~7,000
成交价：RMB 86,513
巴黎佳士得 2021-07-07

31 斯特莱 法国黄金和钻石项链、手链、耳夹珠宝套装
估　价：USD 20,000~30,000
成交价：RMB 403,263
纽约苏富比 2021-06-09

33 天然珍珠和养殖珍珠项链
估　价：GBP 2,000~3,000
成交价：RMB 228,607
长380mm 伦敦苏富比 2021-06-24

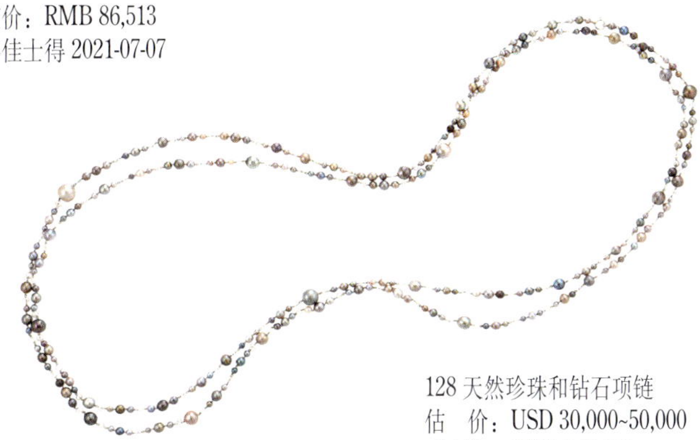

128 天然珍珠和钻石项链
估　价：USD 30,000~50,000
成交价：RMB 245,978
长181cm 纽约佳士得 2021-04-13

187 天然珍珠和钻石项链
估　价：GBP 5,000~7,000
成交价：RMB 62,867
长343mm 伦敦苏富比 2021-06-24

1 石英石、玛瑙和孔雀石项链
估　价：USD 30,000~50,000
成交价：RMB 407,812
长59.7cm 纽约苏富比 2021-08-31

154 水晶项链
估　价：USD 5,000~7,000
成交价：RMB 68,662
长38.1cm 纽约苏富比 2021-06-11

126 天然珍珠配钻石及红宝石长项链/项链组合
估　价：CHF 200,000~300,000
成交价：RMB 1,629,490
最短长420mm 日内瓦苏富比 2021-05-11

136 香奈儿 Demi-parure项链和手链，“山茶花”
估　价：GBP 1,500~2,400
成交价：RMB 43,435
项链长500mm，手链长180mm
伦敦苏富比 2021-06-24

313 托尼·杜奎特 火蛋白石珠宝套装
估　价：USD 15,000~20,000
成交价：RMB 161,557
项链长46.99cm，胸针长7.62cm 纽约苏富比 2021-06-11

163 天然珍珠和钻石项链
估　价：USD 3,000~5,000
成交价：RMB 97,569
项链长44.0cm 纽约佳士得 2021-04-21

288 托尼·杜奎特 宝石镶嵌项链
估　价：USD 10,000~15,000
成交价：RMB 177,713
内周长55.88cm 纽约苏富比 2021-06-11

162托尼·杜奎特 黄金和黄水晶项链和耳夹一对
估　价：USD 8,000~12,000
成交价：RMB 64,623
项链长50.8cm 纽约苏富比 2021-06-11

65 香奈儿 多股人造珍珠项链（无签名）
估　价：USD 2,000~3,000
成交价：RMB 40,551
长30cm 纽约佳士得 2021-01-14

30 养殖珍珠、红宝石和钻石项链
估　价：GBP 2,000~3,000
成交价：RMB 22,861
长450mm 伦敦苏富比 2021-06-24

181 托尼·杜奎特 紫水晶和绿松石项链
估　价：USD 10,000~15,000
成交价：RMB 56,545
内周长38.1—45.72cm 纽约苏富比 2021-06-11

284 托尼·杜奎特 珊瑚和养殖珍珠项链
估　价：USD 7,000~9,000
成交价：RMB 36,350
长75.57cm 纽约苏富比 2021-06-11

2 香奈儿 GRIPOIX 玻璃项链和胸针
估　价：USD 3,000~5,000
成交价：RMB 89,213
项链39cm（可调节），胸针6.4cm × 6.4cm
纽约佳士得 2021-01-14

102 香奈儿 人造珍珠和链条多股项链
估　价：USD 1,500~2,000
成交价：RMB 36,496
最短股线38.2cm，最长链200cm
纽约佳士得 2021-01-14

105 钻石和黄水晶项链和耳环一对
估　价：EUR 5,000~7,000
成交价：RMB 258,146
内周长305mm 米兰苏富比 2021-03-04

31 钻石项链
估　价：EUS 15,000~25,000
成交价：RMB 537,288
长34.5cm 米兰佳士得 2021-02-03

105 香奈儿 魅力珠宝项链、手链、耳环套装
估　价：USD 3,000~5,000
成交价：RMB 77,047
耳环5.0cm × 5.5cm，袖口手链长15.2cm，项链长104.0cm 纽约佳士得 2021-01-14

14 香奈儿 人造珍珠项链和手链
估　价：USD 3,000~5,000
成交价：RMB 60,827
项链长43.5cm（可调节），宽14.5cm；手链长20.3cm（可调节），耳环3.2cm × 3.2cm 纽约佳士得 2021-01-14

74 香奈儿 GRIPOIX 玻璃长链项链（无签名）
估　价：USD 2,000~3,000
成交价：RMB 44,606
长197.4cm 纽约佳士得 2021-01-14

41 香奈儿 GRIPOIX 玻璃和人造珍珠首饰套装
估　价：USD 4,000~6,000
成交价：RMB 105,433
项链长40—44cm（可调节），宽18.2cm；
耳环长7.5cm 纽约佳士得 2021-01-14

48 香奈儿 人造珍珠和黑珠项链（无签名）
估　价：USD 2,000~3,000
成交价：RMB 28,386
项链长(可调节)53.0—57.0cm；
最长的单股107.0cm 纽约佳士得 2021-01-14

122 养殖珍珠和钻石项链、耳环珠宝
估　价：USD 7,000~10,000
成交价：RMB 113,831
项链 39.2cm；耳环 4.0cm × 1.5cm
纽约佳士得 2021-04-21

62 养殖珍珠和钻石项链
估　价：EUS 6,000~8,000
成交价：RMB 92,804
最短股线长42.5cm 米兰佳士得 2021-02-03

70 香奈儿 人造绿松石及水钻项链和吊坠胸针
估　价：USD 2,000~3,000
成交价：RMB 40,551
项链长118cm，吊坠胸针直径7.0cm
纽约佳士得 2021-01-14

23 养殖珍珠和钻石项链和手链套装
估　价：EUS 6,000~9,000
成交价：RMB 68,382
项链长47.0cm，手链长19.5cm
米兰佳士得 2021-02-03

1103 萧邦 宝石镶嵌和钻石项链和耳环
估　价：CHF 8,000~12,000
成交价：RMB 61,309
项链长470mm 日内瓦苏富比 2021-07-07

15 养殖珍珠和钻石项链，POMELLATO
估　价：EUS 3,000~5,000
成交价：RMB 37,122
最短股线38.0cm 米兰佳士得 2021-02-03

98 养殖珍珠项链
估　价：GBP 4,500~5,500
成交价：RMB 51,437
伦敦苏富比 2021-06-24

185 养殖珍珠钻石项链及耳夹一对
估　价：USD 8,000~12,000
成交价：RMB 64,623
项链长36.83cm 纽约苏富比 2021-06-11

274 养殖珍珠钻石项链
估　价：USD 4,000~6,000
成交价：RMB 32,311
长47.94cm 纽约苏富比 2021-06-11

111 伊丽莎白·洛克的钻石、金项链和耳环
估　价：USD 2,000~3,000
成交价：RMB 56,842
项链长49.5cm；吊坠 4.3cm × 2.1cm；
耳环 2.2cm × 1.5cm 纽约佳士得 2021-01-27

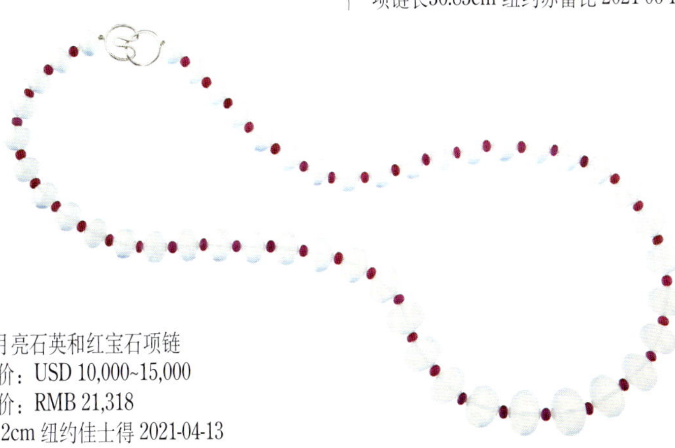

160 月亮石英和红宝石项链
估　价：USD 10,000~15,000
成交价：RMB 21,318
长74.2cm 纽约佳士得 2021-04-13

43 伊丽莎白·盖奇养殖珍珠和金项链
估　价：USD 6,000~8,000
成交价：RMB 77,142
长39.5cm 纽约佳士得 2021-01-27

289 伊利亚斯·拉劳尼斯 金色长链和耳夹一对
估　价：USD 9,000~12,000
成交价：RMB 226,180
链长80.33cm 纽约苏富比 2021-06-11

83 祖母绿和钻石项链
估　价：USD 15,000~20,000
成交价：RMB 409,963
纽约佳士得 2021-04-13

6 祖母绿和钻石吊坠项链 1890年
估　价：EUR 3,000~5,000
成交价：RMB 109,215
米兰苏富比 2021-03-04

1107 玉髓、红宝石和钻石项链
估　价：CHF 4,500~7,500
成交价：RMB 31,063
日内瓦苏富比 2021-07-07

109 祖母绿和钻石项链，FRED
估　价：CHF 180,000~220,000
成交价：RMB 2,148,360
长40.0cm 日内瓦佳士得 2021-05-12

296 钻石、缟玛瑙和珊瑚项链
估　价：USD 10,000~15,000
成交价：RMB 112,158
长76.0cm 纽约佳士得 2021-06-04

167 祖母绿配钻石项链、耳环首饰套装
估　价：CHF 1,410,000~2,350,000
成交价：RMB 19,269,365
日内瓦苏富比 2021-05-11

37 祖母绿和钻石项链，REZA
估　价：CHF 120,000~250,000
成交价：RMB 1,969,330
长38.0cm 日内瓦佳士得 2021-05-12

212 祖母绿珠和钻石项链
估　价：USD 8,000~12,000
成交价：RMB 104,146
长40.0cm 纽约佳士得 2021-06-04

53 祖母绿和钻石项链，REZA
估　价：CHF 40,000~60,000
成交价：RMB 429,672
项链长43.0cm 日内瓦佳士得 2021-05-12

88 祖母绿和钻石项链、手链和耳环套装，ADLER
估　价：CHF 100,000~150,000
成交价：RMB 1,539,658
项链长39.0cm、手链长20.0cm、耳环长6.2cm 日内瓦佳士得 2021-05-12

31 钻石，养殖珍珠和缟玛瑙项链，宝诗龙
20世纪70年代
估　价：CHF 20,000~30,000
成交价：RMB 375,963
长37.5cm 日内瓦佳士得 2021-05-12

125 钻石，珐琅和金项链
估　价：USD 1,000~1,500
成交价：RMB 28,421
长40.0cm 纽约佳士得 2021-01-27

1087 钻石项链、手链和耳环套装
估　价：CHF 6,000~8,000
成交价：RMB 53,134
项链长370mm，手链长180mm
日内瓦苏富比 2021-07-07

300 祖母绿和钻石项链
估　价：USD 25,000~35,000
成交价：RMB 325,230
长38.1cm 纽约佳士得 2021-04-21

1094 祖母绿和钻石项链
估　价：CHF 24,000~35,000
成交价：RMB 163,490
长440mm 日内瓦苏富比 2021-07-07

249 钻石，祖母绿和金公羊头项链
估　价：USD 8,000~12,000
成交价：RMB 105,700
长64.5cm 纽约佳士得 2021-04-21

130 钻石吊坠项链，“迷你吉普赛”
估　价：GBP 11,000~15,000
成交价：RMB 108,588
长435mm 伦敦苏富比 2021-06-24

148 钻石和铂金项链
估　价：USD 15,000~20,000
成交价：RMB 162,405
长36.5cm 纽约佳士得 2021-01-27

233 钻石和彩钻项链
估　价：USD 40,000~60,000
成交价：RMB 339,270
内周长40.64cm 纽约苏富比 2021-06-11

77 钻石和多宝石项链
估　价：USD 70,000~100,000
成交价：RMB 532,951
长42.4cm 纽约佳士得 2021-04-13

88 钻石和多宝石项链
估　价：USD 1,500~2,000
成交价：RMB 32,481
项链长45.0cm 纽约佳士得 2021-01-27

48 钻石和红宝石项链，CUSI
估　价：CHF 250,000~350,000
成交价：RMB 1,611,270
长55.5cm 日内瓦佳士得 2021-05-12

63 钻石和黄金吊坠项链
估　价：USD 10,000~15,000
成交价：RMB 89,323
项链长36.0cm；吊坠3.3cm × 2.4cm
纽约佳士得 2021-01-27

25 钻石和黄金吊坠项链/胸针
估　价：USD 10,000~15,000
成交价：RMB 89,323
项链长63cm，吊坠长10.5cm
纽约佳士得 2021-01-27

186 钻石和金项链
估　价：USD 8,000~12,000
成交价：RMB 144,203
项链35.8cm 纽约佳士得 2021-06-04

154 钻石项链
估　价：GBP 15,000~20,000
成交价：RMB 171,455
长514mm 伦敦苏富比 2021-06-24

94 钻石项链
估　价：USD 200,000~300,000
成交价：RMB 1,475,865
36.3cm × 3.1cm 纽约佳士得 2021-04-13

49 钻石项链
估　价：USD 50,000~70,000
成交价：RMB 655,940
长37cm 纽约佳士得 2021-04-13

613 钻石项链
估　价：CHF 45,000~60,000
成交价：RMB 587,117
内周长360mm 日内瓦苏富比 2021-05-13

189 钻石项链
估　价：USD 60,000~80,000
成交价：RMB 557,549
长38.0cm 纽约佳士得 2021-04-13

21 钻石项链
估　价：USD 30,000~50,000
成交价：RMB 280,621
长41.8cm 纽约佳士得 2021-06-08

110 钻石花环项链
估　价：USD 12,000~18,000
成交价：RMB 139,387
长38.4cm 纽约佳士得 2021-04-13

238 钻石项链
估　价：USD 12,000~18,000
成交价：RMB 89,323
长35.5cm 纽约佳士得 2021-01-27

29 钻石项链，M. GÉRARD
估　价：CHF 30,000~40,000
成交价：RMB 313,303
长36.0cm 日内瓦佳士得 2021-05-12

40 钻石项链，法国
估　价：USD 80,000~120,000
成交价：RMB 1,613,052
长52.71cm 纽约苏富比 2021-06-09

26 钻石项链 梵克雅宝 20世纪70年代
估　价：CHF 50,000~70,000
成交价：RMB 1,790,300
长37.0cm 日内瓦佳士得 2021-05-12

26 钻石项链，可变形为手链
估　价：EUR 70,000~120,000
成交价：RMB 1,249,625
项链35.0cm，变成手链时16.4cm
巴黎佳士得 2021-07-07

1229 钻石项链，约 1950 年
估　价：CHF 10,000~15,000
成交价：RMB 89,920
长350mm 日内瓦苏富比 2021-07-07

25 钻石项链 梵克雅宝 20世纪70年代
估　价：CHF 20,000~30,000
成交价：RMB 313,303
长39.0cm 日内瓦佳士得 2021-05-12

198 钻石项链、耳环首饰套装
估　价：USD 40,000~60,000
成交价：RMB 1,147,895
项链长39.3cm，耳环长4.1cm 纽约佳士得 2021-04-13

25 钻石项链/头饰 1910年
估　价：EUR 12,000~18,000
成交价：RMB 397,147
长21cm 米兰苏富比 2021-03-04

70 钻石项链和一对耳环，Marina B.
估　价：EUR 3,000~5,000
成交价：RMB 168,787
内周长29.0cm 米兰苏富比 2021-03-04

20 钻石项链/手链组合，法国
估　价：USD 80,000~120,000
成交价：RMB 725,873
纽约苏富比 2021-06-09

1328 清中期 红宝石朝珠
估　价：HKD 100,000~150,000
成交价：RMB 129,168
长67cm 中国嘉德 2021-10-14

1327 清中期 蓝宝石朝珠
估　价：HKD 80,000~120,000
成交价：RMB 119,232
长72cm 中国嘉德 2021-10-14

## 袖　扣

152 格拉夫 红宝石和钻石饰钉
估　价：USD 22,000~30,000
成交价：RMB 152,214
长1.2cm 纽约佳士得 2021-06-04

135 梵克雅宝 蓝宝石袖扣一对 20世纪60年代
估　价：GBP 2,000~3,000
成交价：RMB 45,721
16mm×16mm×2 伦敦苏富比 2021-06-24

1069 梵克雅宝 两对袖扣
估　价：CHF 2,000~3,000
成交价：RMB 24,524
日内瓦苏富比 2021-07-07

81 红宝石和钻石一对礼服袖扣和四颗纽扣套装 20世纪30年代
估　价：GBP 3,000~5,000
成交价：RMB 194,316
伦敦苏富比 2021-06-24

1241 金袖扣一对，卡地亚两对金镶宝石袖扣
估　价：CHF 2,000~4,000
成交价：RMB 31,063
日内瓦苏富比 2021-07-07

56 卡地亚 蓝宝石袖扣一对 20世纪30年代
估　价：GBP 2,000~3,000
成交价：RMB 48,035
伦敦苏富比 2021-06-24

43 卡地亚 蓝宝石袖扣一对 20世纪50年代
估　价：GBP 3,000~4,000
成交价：RMB 45,721
伦敦苏富比 2021-06-24

175 卡地亚 金色“Juste Un Clou”袖扣一对
估　价：USD 6,000~8,000
成交价：RMB 48,937
长2.54cm × 2 纽约苏富比 2021-08-31

70 卡地亚 祖母绿袖扣一对 20世纪30年代
估　价：GBP 4,000~6,000
成交价：RMB 182,885
伦敦苏富比 2021-06-24

150 卡地亚 钻石和蓝宝石连衣裙袖扣套装
估　价：USD 10,000~15,000
成交价：RMB 104,146
袖扣 1.5cm 纽约佳士得 2021-06-04

138 蓝宝石和钻石一对礼服袖扣和四个饰钉套装
估　价：GBP 4,000~5,000
成交价：RMB 34,291
伦敦苏富比 2021-06-24

3 两对“神秘套装”袖扣，梵克雅宝
估　价：EUS 3,000~5,000
成交价：RMB 73,267
蓝宝石袖扣1.3cm，红宝石袖扣1.0cm
米兰佳士得 2021-02-03

180 青金石，钻石和珐琅袖扣
估　价：USD 3,000~5,000
成交价：RMB 16,262
袖扣头 2.0cm × 1.7cm 纽约佳士得 2021-04-21

45 蓝宝石和钻石一对礼服袖扣和四个饰钉套装
估　价：GBP 3,500~4,500
成交价：RMB 45,721
伦敦苏富比 2021-06-24

## 手袋、晚装包

172 金色和钻石晚装包
估　价：USD 8,000~12,000
成交价：RMB 137,324
10.16cm×17.78cm 纽约苏富比 2021-06-11

95 CHARLES HOLL 20世纪早期祖母绿和钻石晚宴包
估　价：USD 7,000~10,000
成交价：RMB 98,391
14.5cm×14.2cm 纽约佳士得 2021-04-13

147 金色晚装包
估　价：USD 10,000~15,000
成交价：RMB 195,750
纽约苏富比 2021-08-31

177 金、钻石晚宴包
估　价：USD 8,000~12,000
成交价：RMB 97,569
18.4cm×8.6cm×4.1cm 纽约佳士得 2021-04-21

42 绿松石和钻石晚装手袋
估　价：EUS 5,000~7,000
成交价：RMB 136,764
15.5cm×12cm 米兰佳士得 2021-02-03

## 裸　石

3344 1.41克拉缅甸抹谷鸽血红红宝石，未经优化处理
估　价：RMB 120,000~180,000
成交价：RMB 138,000
裸石6.35mm×5.86mm×4.65mm
西泠印社 2021-01-16

1090 10.21克拉D色Type IIA钻石，净度内部无瑕
估　价：RMB 3,400,000~5,600,000
成交价：RMB 4,117,000
北京保利 2021-09-26

1089 11.17克拉浓彩黄色VVS1净度裸钻
估　价：RMB 960,000~1,600,000
成交价：RMB 1,207,500
北京保利 2021-09-26

3321 2.13克拉淡粉色IF净度粉钻裸石
估　价：RMB 1,400,000~1,800,000
成交价：RMB 1,610,000
裸石7.94mm×6.94mm×4.38mm
西泠印社 2021-01-16

5195 5.01克拉E色VS1净度白钻裸石
估　价：RMB 1,600,000~1,900,000
成交价：RMB 1,840,000
西泠印社 2021-07-25

1198 5.26克拉GGTL无烧矢车菊蓝宝石
估　价：RMB 150,000~250,000
成交价：RMB 172,500
上海嘉禾 2021-07-22

681 4.09克拉莫桑比克无烧鸽血红红宝石裸石
估　价：RMB 280,000~400,000
成交价：RMB 313,600
上海联合 2021-06-27

2103 20.80克拉D色TYPE IIA全美钻石，净度无瑕
估　价：HKD 15,000,000~20,000,000
成交价：RMB 14,778,000
保利香港 2021-11-27

1762 22.88克拉圆形D色完美无瑕钻石
估　价：HKD 20,000,000~26,000,000
成交价：RMB 19,018,080
香港苏富比 2021-04-20

5092 4.02克拉天然D色VVS2净度IIa型钻石（裸石）
估　价：RMB 550,000~750,000
成交价：RMB 690,000
中国嘉德 2021-05-21

1764 39.88克拉方形D色完美无瑕钻石
估　价：HKD 30,000,000~40,000,000
成交价：RMB 23,608,215
香港苏富比 2021-04-20

4109 6.02克拉D色钻石，净度内部无瑕
估　价：RMB 2,000,000~3,500,000
成交价：RMB 2,300,000
北京保利 2021-06-07

4108 6.11克拉F色钻石
估　价：RMB 750,000~1,000,000
成交价：RMB 862,500
北京保利 2021-06-07

6189 7.78克拉哥伦比亚无油祖母绿裸石
估　价：RMB 2,980,000~3,200,000
成交价：RMB 3,427,000
永乐拍卖 2021-12-02

748 翡翠满绿蛋面裸石（铜托）
估　价：RMB 665,000~800,000
成交价：RMB 744,800
上海联合 2021-06-27

3308 6.12克拉椭圆形切割F色IF净度钻石裸石
估　价：RMB 1,500,000~1,800,000
成交价：RMB 1,725,000
西泠印社 2021-01-16

1676 9.48克拉圆形D色完美无瑕钻石
估　价：HKD 6,000,000~8,000,000
成交价：RMB 6,267,705
香港苏富比 2021-04-20

116 红宝石裸石
估　价：RMB 350,000~450,000
成交价：RMB 517,500
上海匡时 2021-07-08

668 7.38克拉巴西祖母绿水滴形裸石
估　价：RMB 800,000~1,000,000
成交价：RMB 952,000
上海联合 2021-06-27

1912 非常珍罕及重要30.88克拉圆形D色完美无瑕钻石
估　价：HKD 26,000,000~32,000,000
成交价：RMB 24,791,148
香港苏富比 2021-10-12

2027 十全十美 10.41克拉D色TYPE IIA全美钻石，净度无瑕
估　价：HKD 7,200,000~10,000,000
成交价：RMB 7,093,440
保利香港 2021-11-27

114 无油7.25克拉祖母绿裸石
估　价：RMB 400,000~500,000
成交价：RMB 517,500
上海匡时 2021-07-08

1910 珍罕8.88克拉圆形D色完美无瑕钻石
估　价：HKD 5,500,000~7,500,000
成交价：RMB 4,853,736
香港苏富比 2021-10-12

1911 珍罕及重要20.88克拉圆形D色完美无瑕钻石
估　价：HKD 16,000,000~20,000,000
成交价：RMB 14,972,724
香港苏富比 2021-10-12

34 10.54克拉的长方形切割祖母绿
估　价：USD 5,000~7,000
成交价：RMB 44,719
纽约佳士得 2021-04-21

8002 10.88克拉长方形、D色、完美无瑕钻石
估　价：HKD 6,100,000~8,000,000
成交价：RMB 5,915,523
香港苏富比 2021-10-19

48 22.66克拉未镶嵌的祖母绿
估　价：EUS 12,000~18,000
成交价：RMB 468,906
米兰佳士得 2021-02-03

68 204.36克拉，浓彩黄，自然色，VVS2净度未镶嵌彩色钻石
估　价：USD 3,500,000~5,500,000
成交价：RMB 31,750,290
纽约佳士得 2021-06-08

78 288.38克拉和272.51克拉未镶嵌的祖母绿
估　价：USD 150,000~250,000
成交价：RMB 3,848,520
纽约佳士得 2021-06-08

1 50.03克拉，G色，VVS2净度的圆形钻石
估　价：USD 2,500,000~5,000,000
成交价：RMB 17,331,620
纽约苏富比 2021-06-17

146 一颗巨大的100.94克拉，D色，内部无瑕净度，IIa型未镶嵌钻石
估　价：CHF 12,000,000~18,000,000
成交价：RMB 91,953,389
日内瓦佳士得 2021-05-12

69 未镶嵌12.22克拉，D色，SI2净度钻石
估　价：CHF 100,000~150,000
成交价：RMB 2,864,480
日内瓦佳士得 2021-05-12

43 未镶嵌25.82克拉蓝宝石
估　价：CHF 25,000~35,000
成交价：RMB 537,090
日内瓦佳士得 2021-05-12

## 其他佩饰件

50 19世纪晚期祖母绿和钻石头饰
估　价：CHF 50,000~80,000
成交价：RMB 537,090
内周长20.2cm 日内瓦佳士得 2021-05-12

79 古董紫水晶和钻石头饰 约1890年
估　价：USD 15,000~20,000
成交价：RMB 262,376
27.6cm×7.4cm 纽约佳士得 2021-04-13

685 卡地亚 珊瑚，缟玛瑙配钻石及珐琅扣环
估　价：CHF 14,000~24,000
成交价：RMB 289,042
日内瓦苏富比 2021-05-13

1691 天然海水珍珠配钻石冠冕/项链，19世纪末
估　价：HKD 1,900,000~2,500,000
成交价：RMB 2,018,142
香港苏富比 2021-04-20

6485 清中期 翡翠带扣（一套）
估 价：RMB 800,000~1,200,000
成交价：RMB 920,000
长10cm 北京保利 2021-06-08

145 19世纪蓝宝石和钻石皇冠
估 价：CHF 170,000~350,000
成交价：RMB 12,675,324
长45.3cm 日内瓦佳士得 2021-05-12

1689 钻石冠冕，20世纪初
估 价：HKD 600,000~750,000
成交价：RMB 690,417
香港苏富比 2021-04-20

180 天然珍珠配钻石王冠/项链，19世纪下半叶
估 价：CHF 940,000~1,400,000
成交价：RMB 10,575,878
长380mm 日内瓦苏富比 2021-05-11

144 19世纪早期重要的蓝宝石和钻石头饰
估 价：CHF 140,000~250,000
成交价：RMB 3,759,630
长49.0cm 日内瓦佳士得 2021-05-12

11 GUCCI 金腰带
估 价：USD 20,000~30,000
成交价：RMB 262,376
87.0cm × 2.5cm 纽约佳士得 2021-04-13

# 陈设件

1296 清 黄花梨螭龙纹架三色翡翠“吉庆有余”磬
估　价：RMB 120,000~150,000
成交价：RMB 161,000
高60cm 广东崇正 2021-01-07

2286 清乾隆 翡翠仕女
估　价：RMB 280,000
成交价：RMB 437,000
高14cm（不含底座） 辽宁省拍 2021-07-04

3688 清中期 翡翠观音
估　价：RMB 50,000~80,000
成交价：RMB 138,000
高15cm 十竹斋拍卖（北京） 2021-05-29

2767 清中期 翡翠浮雕兽面凤纹挂磬
估　价：RMB 80,000~120,000
成交价：RMB 207,000
翡翠磬长13.5cm；宽11.5cm
西泠印社 2021-07-24

1245 清中期 翡翠持净瓶荷莲观音
估　价：RMB 2,000,000~3,000,000
成交价：RMB 2,300,000
高26.5cm 华艺国际 2021-12-11

6387 清中期 翡翠碧玉雕仙鹤摆件 （一对）
估　价：RMB 1,500,000~2,500,000
成交价：RMB 2,070,000
高47.5cm×2 北京保利 2021-12-06

1828 清中期 翡翠观音
估　价：RMB 28,000,000~32,000,000
成交价：RMB 31,050,000
高68.5cm 华艺国际 2021-06-05

398 翡翠灵芝摆件
估　价：RMB 1,880,000~2,500,000
成交价：RMB 2,105,600
12.6cm×7cm×4.1cm；重367.3g 上海联合 2021-11-21

396 翡翠饮水思源摆件
估　价：RMB 1,880,000~2,500,000
成交价：RMB 2,105,600
上海联合 2021-11-21

1765 锦绣河山 满绿翡翠玉雕摆件
估　价：RMB 1,200,000~2,000,000
成交价：RMB 5,750,000
保利厦门 2021-11-04

3689 清中期 翡翠龙纹如意
估　价：RMB 80,000~100,000
成交价：RMB 138,000
长41.5cm 十竹斋拍卖（北京）2021-05-29

617 清 翠玉太狮少狮摆件
估　价：HKD 30,000~50,000
成交价：RMB 119,369
长4.3cm；宽4cm；高3cm 中国嘉德 2021-04-21

4368 清 翡翠船
估　价：RMB 70,000~80,000
成交价：RMB 109,250
122mm × 80mm × 20mm 西泠印社 2021-07-25

4372 清 翡翠雕竹报平安花插
估　价：RMB 400,000~600,000
成交价：RMB 632,500
186mm × 155mm × 62mm 西泠印社 2021-07-25

6069 天然翡翠"观音"摆件
估　价：RMB 4,800,000~5,800,000
成交价：RMB 5,520,000
华艺国际 2021-12-10

4043 缅甸天然冰种翡翠观音摆件
成交价：RMB 115,000
北京保利 2021-06-07

1866 天然翡翠刘海戏金蟾摆件
估　价：HKD 120,000~180,000
成交价：RMB 124,200
翡翠69.0mm × 53.9mm × 42.2mm
佳士得 2021-05-23

2307 清 翡翠如意
估　价：RMB 120,000
成交价：RMB 218,500
长41.5cm 中贸圣佳 2021-09-26

6063 陈世英 鸿福满堂弥勒佛、金玉满堂弥勒佛（一对）
估　价：RMB 2,000,000~3,000,000
成交价：RMB 2,300,000
华艺国际 2021-06-04

1428 林成洪 菩提花开翡翠山子
估　价：RMB 950,000~1,500,000
成交价：RMB 1,035,000
整体33.4cm × 9.5cm × 13.4cm；翡翠16.6cm × 7.9cm × 3.4cm
上海嘉禾 2021-07-22

3771 清 翡翠浮雕高士出游图插屏
估　价：RMB 80,000~120,000
成交价：RMB 115,000
高30.5cm；长13.3cm；宽9cm
西泠印社 2021-01-16

51 珐琅、钻石和象牙桌面时钟 20世纪初
估　价：GBP 3,000~5,000
成交价：RMB 40,006
直径79mm 伦敦苏富比 2021-06-24

2806 当代 王建制紫罗兰百财摆件
估　价：RMB 150,000~220,000
成交价：RMB 690,000
长35cm 中鸿信 2021-07-14

292 JAR 岩石水晶雕塑
估　价：USD 5,000~7,000
成交价：RMB 208,293
24.13cm × 17.14cm × 8.89cm
纽约佳士得 2021-06-04

96 红宝石和天然珍珠狮身人面像
估　价：USD 2,000~3,000
成交价：RMB 24,361
长6.5cm，宽3.2cm，高 4.3cm
纽约佳士得 2021-01-27

1429 林成洪 溪山行旅图翡翠山子
估　价：RMB 120,000~160,000
成交价：RMB 115,000
6.5cm×3.2cm×2.3cm 上海嘉禾 2021-07-22

3508 蔚长海雕“福禄寿”摆件
估　价：RMB 1,800,000~2,200,000
成交价：RMB 2,070,000
主石 88.2mm×53.5mm×30.8mm
永乐拍卖 2021-05-22

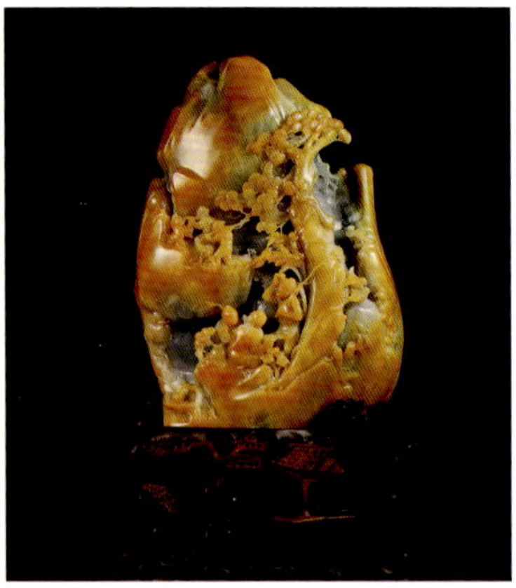

4523 渔翁得利 翡翠山子
估　价：RMB 50,000~80,000
成交价：RMB 109,250
232mm×158mm×109mm；重7060g
西泠印社 2021-07-25

3083 晚清 翠玉雕刘海戏金蟾摆件
估　价：HKD 700,000~900,000
成交价：RMB 718,375
高22.2cm 佳士得 2021-12-03

2527 清乾隆 翡翠雕山水人物插屏
估　价：RMB 50,000~80,000
成交价：RMB 138,000
25.5cm×25.5cm；通高41cm
中鸿信 2021-07-14

116 多宝石桌面时钟
估　价：CHF 30,000~40,000
成交价：RMB 1,879,815
11.0cm×10.4cm×5.5cm
日内瓦佳士得 2021-05-12

119 青金石和钻石座钟，卡地亚
估　价：CHF 100,000~150,000
成交价：RMB 984,665
28.0cm×10.0cm×7.6cm
日内瓦佳士得 2021-05-12

1691 清 陆宝忠铭翡翠浮雕仙人贺寿清供图诗文插屏
估　价：RMB 120,000~200,000
成交价：RMB 184,000
屏心长25cm，宽18cm 西泠印社 2021-04-10

# 生活器皿

2283 清 翡翠双面浮雕山水图挂屏
估　价：RMB 80,000~120,000
成交价：RMB 126,500
长67.8cm；宽39.6cm
西泠印社 2021-07-24

548 清乾隆 翡翠碗（一对）
估　价：RMB 1,200,000~1,600,000
成交价：RMB 1,380,000
直径14cm×2 北京保利 2021-09-26

2181 清乾隆 翡翠雕盘龙钮活环耳鼎式熏炉
估　价：RMB 380,000~600,000
成交价：RMB 862,500
炉高12.3cm；炉通径15.5cm
西泠印社 2021-07-24

865 清 翡翠镂雕葫芦瓶
估　价：RMB 400,000~500,000
成交价：RMB 552,000
中贸圣佳 2021-07-07

2791 清 翡翠浮雕仙居图插屏（一对）
估　价：RMB 180,000~250,000
成交价：RMB 253,000
高30.2cm，高30.3cm 西泠印社 2021-07-24

2799 清 翡翠赏盘（一对）
估　价：RMB 80,000~120,000
成交价：RMB 103,500
直径14.6cm，直径14.7cm 西泠印社 2021-07-24

3768 清 翡翠雕双凤耳龙凤纹赏瓶
估　价：RMB 60,000~80,000
成交价：RMB 115,000
高28.5cm 西泠印社 2021-01-16

581 清 翡翠雕龙凤纹盖瓶
估　价：RMB 800,000~1,200,000
成交价：RMB 920,000
高34.5cm 北京保利 2021-01-09

3143 清 翡翠喜鹊登梅双环瓶
估　价：RMB 200,000~300,000
成交价：RMB 287,500
高14cm 十竹斋拍卖（北京） 2021-05-29

2029 当代 江春源 翡翠秋声秋色盘
估　价：RMB 450,000~550,000
成交价：RMB 517,500
长37cm 北京翰海 2021-06-05

933 清 翡翠寿桃形香盒
估　价：RMB 200,000~300,000
成交价：RMB 230,000
长7.2cm 中贸圣佳 2021-03-26

3775 清 翡翠雕饕餮纹双龙耳簋式盖炉
估　价：RMB 120,000~180,000
成交价：RMB 143,750
高14.5cm；通径25cm；口径16.5cm
西泠印社 2021-01-16

2028 当代 翡翠盖碗
估　价：RMB 300,000~400,000
成交价：RMB 345,000
直径20cm 北京翰海 2021-06-05

1903 清 翡翠龙纹盖瓶
估　价：RMB 120,000~150,000
成交价：RMB 149,500
高25cm 中贸圣佳 2021-05-21

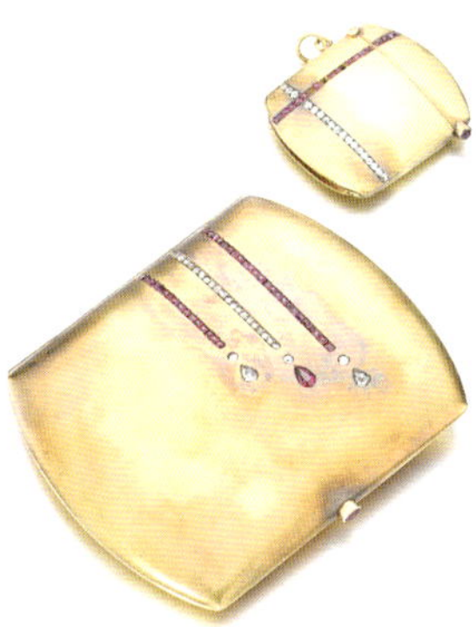

1055 红宝石和钻石香烟和火柴盒
估　价：CHF 3,000~5,000
成交价：RMB 40,873
90mm × 75mm × 15mm
日内瓦苏富比 2021-07-07

38 大卫·韦伯 多宝石和钻石龟盒
估　价：USD 50,000~70,000
成交价：RMB 409,963
纽约佳士得 2021-04-13

97 蒂芙尼红宝石和钻石粉盒
估　价：USD 2,000~3,000
成交价：RMB 25,985
7.4cm × 6.1cm × 1.3cm
纽约佳士得 2021-01-27

172 钻石、种子珍珠和蓝宝石化妆盒
估　价：USD 3,000~5,000
成交价：RMB 39,028
9.7cm × 5.0cm 纽约佳士得 2021-04-21

38 多宝石化妆盒，卡地亚
估　价：EUS 6,000~8,000
成交价：RMB 83,035
5.3cm × 7.9cm × 1.1cm
米兰佳士得 2021-02-03

34 珐琅，玛瑙和钻石粉盒，lacloche frères
估　价：CHF 30,000~50,000
成交价：RMB 404,608
10.5cm × 4.5cm × 2.4cm
日内瓦佳士得 2021-05-12

3212 卡地亚 重559克18K黄金化妆盒（约1925年）
估　价：RMB 400,000~450,000
成交价：RMB 460,000
18.3cm × 7.5cm × 3.15cm
西泠印社 2021-01-16

## 文房用品

291 JAR 海蓝宝石镇纸
估　价：USD 10,000~15,000
成交价：RMB 400,563
5.8cm×4.3cm×2.4cm
纽约佳士得 2021-06-04

1689 翡翠浮雕山水人物笔筒
估　价：RMB 15,000~25,000
成交价：RMB 36,800
高11cm；直径7.6cm 西泠印社 2021-04-10

49 天然双色翡翠“事事如意”印章一对
估　价：HKD 38,000~58,000
成交价：RMB 37,438
天成国际 2021-11-26

## 腕　表

1752 格拉夫 “Baby Galaxy”钻石腕表
估　价：HKD 950,000~1,300,000
成交价：RMB 1,009,071
香港苏富比 2021-04-20

1746 格拉夫 “Snowfall”红宝石配钻石及珍珠母腕表
估　价：HKD 550,000~750,000
成交价：RMB 339,898
香港苏富比 2021-04-20

181 宝格丽 “TUBOGAS”金表
估　价：USD 6,000~8,000
成交价：RMB 76,754
表壳直径19mm 纽约佳士得 2021-04-21

32 ART DECO 多宝石吊坠手表，RAYMOND YARD 和百达翡丽
估　价：CHF 50,000~70,000
成交价：RMB 895,150
日内瓦佳士得 2021-05-12

1071 梵克雅宝 黄金和红宝石腕表，“Cadenas”，约 1940 年
估　价：CHF 6,000~10,000
成交价：RMB 89,920
长180mm 日内瓦苏富比 2021-07-07

1755 格拉夫 “Master Graff Tourbillon”限量版钻石配祖母绿自动上链腕表
估　价：HKD 1,900,000~2,400,000
成交价：RMB 2,549,232
香港苏富比 2021-04-20

155 伯爵翡翠与钻石“奴隶”腕表
估　价：USD 20,000~30,000
成交价：RMB 208,293
内周长15.9cm 纽约佳士得 2021-06-04

76 宝诗龙女士钻石腕表
估　价：EUR 2,000~3,000
成交价：RMB 94,322
米兰苏富比 2021-03-04

156 格拉夫 红宝石和钻石腕表
估　价：USD 40,000~60,000
成交价：RMB 240,338
长16.5cm 纽约佳士得 2021-06-04

57 宝格丽 钻石和缟玛瑙“SERPENTI”腕表
估　价：USD 40,000~60,000
成交价：RMB 327,970
内周长12.7cm 纽约佳士得 2021-04-13

106 卡地亚 装饰艺术红宝石，钻石和珐琅翻领腕表
估　价：USD 20,000~30,000
成交价：RMB 196,782
6.5cm × 3.1cm 纽约佳士得 2021-04-13

106 萧邦“经典”钻石和白金手表
估　价：USD 8,000~12,000
成交价：RMB 138,044
表壳50.00mm × 30.00mm
纽约佳士得 2021-01-27

# 原　石

332 翡翠木那种原石
估　价：RMB 300,000~500,000
成交价：RMB 336,000
12cm × 6cm × 5.6cm；重560g
上海联合 2021-06-27

330 翡翠莫西沙原石
估　价：RMB 750,000~950,000
成交价：RMB 840,000
12.3cm × 8.7cm × 5.5cm；重710g
上海联合 2021-06-27

# 其他物品

1255 18K金 黑钻红宝石牛币
估　价：RMB 120,000~200,000
成交价：RMB 126,500
上海嘉禾 2021-07-22

3479 DE BEERS钻石沙漏
估　价：RMB 40,000~60,000
成交价：RMB 49,450
永乐拍卖 2021-05-22

# 2021翡翠珠宝拍卖成交汇总

(成交价RMB：2万元以上)

| 拍品名称 | 物品尺寸 | 成交价RMB | 拍卖公司 | 拍卖日期 |
|---|---|---|---|---|
| **佩饰件** | | | | |
| 吊坠 | | | | |
| “豆蔻年华”老坑高冰紫翡吊坠 | 吊坠55.5mm × 18.5mm × 14.8mm | 115,000 | 西泠印社 | 2021-07-25 |
| “荷趣”金镶冰种满绿翡翠吊坠 | 吊坠46mm × 22mm | 138,000 | 西泠印社 | 2021-07-25 |
| “护佑”精美的天然白冰翡翠雕刻挂件，许群豪作品 | 翡翠52.5mm × 35mm × 7.0mm | 253,000 | 中国嘉德 | 2021-11-30 |
| “节节高升”150.85克拉天然未经处理双色碧玺吊坠 | | 43,700 | 中国嘉德 | 2021-11-30 |
| “蓼汀花溆”金镶白冰蛋面翡翠吊坠 | 翡翠20.8mm × 16mm | 138,000 | 西泠印社 | 2021-07-25 |
| “三大士”金镶冰种翡翠吊坠 | | 51,750 | 西泠印社 | 2021-07-25 |
| “四季福气”金镶木那坑冰种翡翠吊坠 | | 34,500 | 西泠印社 | 2021-01-16 |
| “一千零一夜”金镶欧泊吊坠 | | 23,000 | 西泠印社 | 2021-01-16 |
| 4.13克拉蓝宝石配2.02克拉红宝石及钻石吊坠 | | 2,127,390 | 日内瓦苏富比 | 2021-05-11 |
| 4.25克拉方形E色钻石吊坠 | | 424,872 | 香港苏富比 | 2021-04-20 |
| 7.38克拉钻石吊坠 | 1.9cm × 1.3cm | 1,538,000 | 巴黎佳士得 | 2021-07-07 |
| 10.43克拉黄色蓝宝石吊坠 | | 62,867 | 伦敦苏富比 | 2021-06-24 |
| 11.12克拉梨形D/VVS1钻石吊坠 | 长2.9cm | 3,312,000 | 佳士得 | 2021-05-23 |
| 13.67克拉黄色蓝宝石和钻石吊坠 | 长460mm | 57,222 | 日内瓦苏富比 | 2021-07-07 |
| 18.18克拉天然摩根石配钻石吊坠 | | 25,300 | 华艺国际 | 2021-06-04 |
| 18.6克拉碧玺钻石吊坠 | 重7.76g | 80,500 | 上海嘉禾 | 2021-07-22 |
| 20.34克拉祖母绿和钻石吊坠 | 3.2cm × 2.2cm | 327,970 | 纽约佳士得 | 2021-04-13 |
| 27.01克拉，D色，VS2净度钻石吊坠 | | 7,485,970 | 纽约苏富比 | 2021-06-09 |
| 29.84克拉，D色，VS2净度钻石吊坠 | | 11,358,575 | 纽约苏富比 | 2021-06-09 |
| 3.51克拉红宝石和钻石吊坠 | 吊坠 1.3cm × 1.4cm | 105,738 | 巴黎佳士得 | 2021-07-07 |
| 31.0克拉祖母绿和钻石吊坠 19世纪90年代 | | 434,353 | 伦敦苏富比 | 2021-06-24 |
| 40.8克拉绿碧玺枕形吊坠 | | 322,000 | 上海匡时 | 2021-07-08 |
| 46.55克拉天然红色碧玺配总重约2.85克拉钻石吊坠 | | 63,250 | 中国嘉德 | 2021-05-21 |
| 91.40克拉紫锂辉石配钻石吊坠 | | 79,488 | 天成国际 | 2021-06-01 |
| 165.44克拉天然未经加热双色碧玺配钻石双欢吊坠 | | 92,000 | 中国嘉德 | 2021-05-21 |
| 18K白金翡翠帝王绿葫芦挂件 | 裸石43.7mm × 15.9mm × 5.0mm | 179,200 | 上海联合 | 2021-06-27 |
| 18K白金翡翠高冰满绿弥勒佛挂件 | 44.6mm × 35.8mm × 14.0mm | 358,400 | 上海联合 | 2021-06-27 |
| 18K白金缅甸天然冰绿翡翠“佛公”配钻石吊坠，不带链子 | | 21,565 | 北京保利 | 2021-08-09 |
| 18K白金缅甸天然满绿翡翠牌配总重1.53克拉钻石吊坠 | | 70,370 | 北京保利 | 2021-08-09 |
| 18K翡翠冰种帝王绿双蛋面吊坠 | | 98,560 | 上海联合 | 2021-11-21 |
| 18K翡翠冰种如意挂件 | | 62,720 | 上海联合 | 2021-06-27 |
| 18K翡翠玻璃种正装观音吊坠 | | 31,360 | 上海联合 | 2021-11-21 |
| 18K翡翠黄翡佛公花式挂件 | | 68,320 | 上海联合 | 2021-11-21 |
| 18K翡翠吉祥如意花式挂件 | | 35,840 | 上海联合 | 2021-11-21 |
| 18K翡翠满绿福瓜花式挂件 | | 61,600 | 上海联合 | 2021-11-21 |
| 18K翡翠满绿观音花式挂件 | | 560,000 | 上海联合 | 2021-11-21 |
| 18K翡翠满绿素瓜花式挂坠 | | 84,000 | 上海联合 | 2021-11-21 |
| 18K翡翠满绿心形如意挂件 | | 80,640 | 上海联合 | 2021-06-27 |
| 18K翡翠满绿紫翡蛋面花式挂件 | | 123,200 | 上海联合 | 2021-11-21 |
| 18K翡翠水滴形花式挂件 | | 43,680 | 上海联合 | 2021-11-21 |
| 18K翡翠正阳绿满绿叶子挂件 | | 73,920 | 上海联合 | 2021-06-27 |
| 18K金、和田玉、翡翠、月光宝石“重生”挂件 | 77mm × 45.8mm × 8.8mm | 48,300 | 上海嘉禾 | 2021-07-22 |
| 18K金翡翠白冰佛公挂件 | 41.0mm × 31.0mm × 6.0mm | 112,000 | 上海联合 | 2021-06-27 |
| 18K金翡翠如意吊坠 | 翡翠62mm × 38mm × 11mm；重45g | 161,000 | 南京经典 | 2021-07-18 |
| 18K金满绿阿弥陀佛翡翠吊坠 | 37mm × 29mm × 9.5mm；重11g | 69,000 | 南京经典 | 2021-07-18 |
| 18K金碎钻红宝紫翡翠挂件 | 30mm × 35mm × 13.7mm；重25g | 287,500 | 南京经典 | 2021-07-18 |
| 18K金碎钻老坑冰种翡翠吊坠 | 30mm × 45mm × 12.5mm；重22g | 92,000 | 南京经典 | 2021-07-18 |
| 18K金碎钻镶嵌树叶形翡翠吊坠 | 71mm × 34mm × 10mm；重34g | 103,500 | 南京经典 | 2021-07-18 |
| 18K金镶钻白冰种翡翠豆荚坠 | 长3.3cm；宽1.6cm | 69,000 | 浙江佳宝 | 2021-01-10 |
| 18K金镶钻白冰种翡翠叶形坠 | 长6.1cm；宽3.4cm | 115,000 | 浙江佳宝 | 2021-01-10 |
| 18K金镶钻老坑阿弥陀佛翡翠吊坠 | 44mm × 34mm × 14mm；重21g | 287,500 | 南京经典 | 2021-07-18 |
| 18K玫瑰金翡翠碎钻挂件 | 100mm × 180mm × 6.1mm；重34.6g | 59,800 | 南京经典 | 2021-07-18 |
| 18K玫瑰金碎钻镶嵌冰种翡翠挂件 | 30mm × 35mm × 10mm；重14g | 34,500 | 南京经典 | 2021-07-18 |
| 18K玫瑰金碎钻镶嵌黄翡吊坠 | 25mm × 40mm × 6.6mm；重10.8g | 36,800 | 南京经典 | 2021-07-18 |
| 18K缅甸鸽血红红宝石吊坠 | | 20,160 | 上海联合 | 2021-11-21 |
| 19世纪初蓝宝石和钻石吊坠 | 长3.6cm | 402,818 | 日内瓦佳士得 | 2021-05-12 |
| 19世纪初蓝宝石和钻石吊坠 | 长3.2cm | 268,545 | 日内瓦佳士得 | 2021-05-12 |
| DONGYEEMAN 水晶宝石祖母绿蜻蜓 | | 109,250 | 永乐拍卖 | 2021-12-02 |
| HARRY WINSTON 97.30克拉斯里兰卡无烧星光蓝宝石吊坠 | | 1,828,500 | 永乐拍卖 | 2021-05-22 |
| JEAN MAHIE金色吊坠 | 项链长80.0cm，吊坠 3.3cm × 2.3cm | 34,149 | 纽约佳士得 | 2021-04-21 |
| 爱德华时期 鸢尾花叶饰钻石吊坠 | 链长44cm；重6.1g | 34,500 | 西泠印社 | 2021-07-23 |
| 冰种满绿翡翠祥龙佩 | 翡翠直径56mm | 230,000 | 西泠印社 | 2021-01-16 |
| 彩色翡翠配彩色刚玉及钻石瓶花瓢虫香囊盒吊坠，王进玲 | | 37,757 | 天成国际 | 2021-06-01 |
| 彩色蓝宝石和钻石吊坠 | | 40,873 | 日内瓦苏富比 | 2021-07-07 |
| 蛋面18K金帝王绿老坑翡翠吊坠 | 75mm × 20mm × 7.9mm；重10g | 115,000 | 南京经典 | 2021-07-18 |
| 蛋面18K金碎钻红宝翡翠吊坠 | 20mm × 35mm × 5.5mm；重8.9g | 23,000 | 南京经典 | 2021-07-18 |
| 蛋面18K金紫罗兰吊坠 | 38mm × 24mm × 8.6mm；重14g | 20,700 | 南京经典 | 2021-07-18 |
| 帝王绿翡翠佛公 | 高2.8cm | 368,000 | 永乐拍卖 | 2021-12-02 |
| 蒂芙尼 红宝石和黄金吊坠 | 吊坠直径3.5cm，项链长76cm | 44,661 | 纽约佳士得 | 2021-01-27 |
| 梵克雅宝 木制吊坠 | 8.8cm × 7.7cm | 163,413 | 巴黎佳士得 | 2021-07-07 |
| 方形翡翠吊坠 | 25mm × 25mm；重14.7095g | 23,000 | 上海嘉禾 | 2021-07-22 |
| 非凡的47.00克拉祖母绿和钻石吊坠 | | 9,452,784 | 日内瓦佳士得 | 2021-05-12 |
| 翡翠“池塘莲荷”挂件 | 高5.5cm；宽4cm；厚1cm | 32,200 | 中国嘉德 | 2021-05-18 |
| 翡翠“灵光”吊坠 | 80.9mm × 72.6mm × 12.8mm；重62.04g | 120,750 | 上海嘉禾 | 2021-07-22 |
| 翡翠“弥勒”吊坠 | | 2,070,000 | 永乐拍卖 | 2021-05-22 |
| 翡翠白冰指环 | | 22,400 | 上海联合 | 2021-11-21 |
| 翡翠螭龙平安扣 | 重68.07g(带绳) | 8,080,000 | 上海青莲阁 | 2021-03-08 |
| 翡翠大蛋面吊坠 | | 1,725,000 | 永乐拍卖 | 2021-05-22 |
| 翡翠蛋面挂件 | 裸石36mm × 30mm × 12mm；重51.9g（含镶嵌钻石） | 1,610,000 | 上海嘉禾 | 2021-07-22 |
| 翡翠蛋面挂坠 | 26.52mm × 24.03mm；重45.32g | 1,840,000 | 上海嘉禾 | 2021-07-22 |
| 翡翠挂件(2) | 54mm × 41mm；重44.9687g | 667,000 | 上海嘉禾 | 2021-07-22 |
| 翡翠观音吊坠 | | 862,500 | 永乐拍卖 | 2021-05-22 |
| 翡翠观音吊坠 | 57.80mm × 36.54mm；重81.35g | 920,000 | 上海嘉禾 | 2021-07-22 |
| 翡翠横财挂件 | 6cm × 2.6cm × 1.1cm；重21.1g | 20,160 | 上海联合 | 2021-11-21 |
| 翡翠环 | 直径2.9cm | 69,000 | 广东崇正 | 2021-01-07 |
| 翡翠及钻石吊坠（一对） | 吊坠长4.6cm × 2 | 310,500 | 佳士得 | 2021-05-23 |
| 翡翠满绿葫芦花式挂件 | | 108,640 | 上海联合 | 2021-06-27 |
| 翡翠满绿如意挂件 | | 90,720 | 上海联合 | 2021-06-27 |
| 翡翠如意挂件 | 直径55mm；重41g | 92,000 | 南京经典 | 2021-07-18 |

## 2021翡翠珠宝拍卖成交汇总(续表)

(成交价RMB：2万元以上)

| 拍品名称 | 物品尺寸 | 成交价RMB | 拍卖公司 | 拍卖日期 |
|---|---|---|---|---|
| 翡翠守真吊坠 | 55mm×45mm×11mm | 125,440 | 十竹斋拍卖(北京) | 2021-04-25 |
| 翡翠微雕释迦牟尼 | 高2.9cm | 212,750 | 永乐拍卖 | 2021-12-02 |
| 凤凰镂空吊坠 | | 23,000 | 西泠印社 | 2021-07-25 |
| 福瓜18K金碎钻翡翠挂件 | 25mm×40mm×36mm；重17g | 71,300 | 南京经典 | 2021-07-18 |
| 福瓜高冰帝王绿吊坠 | 15mm×50mm×6.8mm；重13g | 92,000 | 南京经典 | 2021-07-18 |
| 高冰观音吊坠 | | 34,500 | 永乐拍卖 | 2021-12-02 |
| 高冰巧阳绿 翡翠观音 | 57mm×35mm×6mm | 51,075 | 北京保利 | 2021-01-19 |
| 古柏林 黑蛋白石和钻石吊坠 | 长2.86cm | 60,584 | 纽约苏富比 | 2021-06-11 |
| 古董橄榄石和钻石吊坠 约1880年 | 12.1cm×6.8cm | 224,497 | 纽约佳士得 | 2021-06-08 |
| 观音冰种吊坠 | | 189,750 | 上海嘉禾 | 2021-07-22 |
| 海瑞温斯顿 祖母绿配钻石吊坠 | | 1,083,907 | 日内瓦苏富比 | 2021-05-13 |
| 罕见满绿翡翠大蛋面吊坠 | | 13,800,000 | 永乐拍卖 | 2021-12-02 |
| 花开富贵海蓝宝石吊坠 | 主石65.81克拉 | 253,000 | 上海匡时 | 2021-07-08 |
| 加龙　天然木那阳绿布袋佛挂坠 | 翡翠67.8mm×42.4mm×13mm | 1,725,000 | 华艺国际 | 2021-03-31 |
| 金蝉18K玫瑰金碎钻镶嵌高冰翡翠吊坠 | 30mm×68mm×14mm；重29g | 172,500 | 南京经典 | 2021-07-18 |
| 金镶白冰蛋面吊坠 | 吊坠56mm×33.5mm | 149,500 | 西泠印社 | 2021-01-16 |
| 金镶白冰平安扣吊坠 | | 27,600 | 西泠印社 | 2021-01-16 |
| 金镶白冰阳绿蛋面吊坠 | | 51,750 | 西泠印社 | 2021-01-16 |
| 金镶冰种阳绿翡翠福叶吊坠 | | 28,750 | 西泠印社 | 2021-07-25 |
| 金镶玻璃种白冰蛋面吊坠 | | 46,000 | 西泠印社 | 2021-01-16 |
| 金镶玻璃种白冰翡翠挂坠 | 翡翠59.6mm×18.5mm | 101,200 | 西泠印社 | 2021-01-16 |
| 金镶玻璃种帝王绿翡翠观音挂坠 | 翡翠57mm×36.5mm，吊坠76.5mm×40mm | 3,450,000 | 西泠印社 | 2021-01-16 |
| 金镶彩宝宝石盒吊坠 | | 43,700 | 西泠印社 | 2021-01-16 |
| 金镶高冰辣绿翡翠大蛋面吊坠 | 翡翠26.5mm×24.5mm | 1,150,000 | 西泠印社 | 2021-01-16 |
| 金镶高冰满绿蛋面翡翠吊坠 | 蛋面24mm×20mm | 2,070,000 | 西泠印社 | 2021-07-25 |
| 金镶高冰飘绿随形翡翠吊坠 | | 29,900 | 西泠印社 | 2021-01-16 |
| 金镶高冰阳绿翡翠金鱼吊坠 | | 82,800 | 西泠印社 | 2021-01-16 |
| 金镶木那高冰观音吊坠 | | 66,700 | 西泠印社 | 2021-01-16 |
| 金镶木那高冰飘绿观音挂坠 | 翡翠84mm×33mm×6mm | 299,000 | 西泠印社 | 2021-01-16 |
| 精湛的53.53克拉，D色，VVS1净度，IIa型钻石吊坠 | | 19,979,748 | 日内瓦佳士得 | 2021-05-12 |
| 卡地亚 黄金、珍珠母贝和青金石吊坠，法国 | 长8.89cm | 81,562 | 纽约苏富比 | 2021-08-31 |
| 卡地亚 双色金吊坠 | 直径 6.3cm | 56,079 | 纽约佳士得 | 2021-06-04 |
| 孔雀石、钻石和祖母绿吊坠 | 长5.72cm | 48,467 | 纽约苏富比 | 2021-06-11 |
| 蓝宝石配钻石吊坠 | | 162,949 | 日内瓦苏富比 | 2021-05-11 |
| 老蒋雕刻 高冰果绿翡翠弥勒佛挂坠 | 翡翠46mm×30.5mm×14.8mm | 230,000 | 西泠印社 | 2021-01-16 |
| 龙梓嘉设计 18K黄金缅甸天然满绿翡翠"蝴蝶"吊坠 | | 36,320 | 北京保利 | 2021-08-09 |
| 卢比莱红碧玺261.73克拉弥勒吊坠 | | 977,500 | 上海匡时 | 2021-07-08 |
| 卢比莱57.87克拉红碧玺吊坠 | | 230,000 | 上海匡时 | 2021-07-08 |
| 玛瑙和珐琅吊坠 大约1905年 | | 54,866 | 伦敦苏富比 | 2021-06-24 |
| 满绿翡翠 福豆 | 39mm×17mm×6mm | 39,725 | 北京保利 | 2021-01-19 |
| 满绿翡翠随形吊坠 | | 322,000 | 永乐拍卖 | 2021-12-02 |
| 美好年代时期 铂金镶蓝宝石吊坠 | | 28,750 | 西泠印社 | 2021-07-25 |
| 弥勒佛高冰翡翠吊坠 | 25mm×45mm×7.6mm；重16g | 36,800 | 南京经典 | 2021-07-18 |
| 缅甸天然冰种翡翠"度母"配钻石吊坠 | | 74,750 | 北京保利 | 2021-12-05 |
| 缅甸天然冰种翡翠"叶子"配钻石吊坠(一组两件) | | 51,750 | 北京保利 | 2021-12-05 |
| 缅甸天然冰种翡翠"叶子"配钻石和翡翠挂坠 一组两件 | | 39,408 | 保利香港 | 2021-11-27 |
| 缅甸天然冰种翡翠佛公配钻石吊坠 | 吊坠长5.3cm | 115,000 | 北京保利 | 2021-06-07 |

| 拍品名称 | 物品尺寸 | 成交价RMB | 拍卖公司 | 拍卖日期 |
|---|---|---|---|---|
| 缅甸天然冰种翡翠观音配钻石吊坠 | | 48,300 | 北京保利 | 2021-06-07 |
| 缅甸天然玻璃种翡翠葫芦吊坠 | | 63,250 | 北京保利 | 2021-06-07 |
| 缅甸天然帝王绿色翡翠佛手挂坠 | 翡翠约54.76mm×33.50mm×15.45mm，重约188.00克拉 | 18,178,740 | 香港苏富比 | 2021-10-12 |
| 缅甸天然翡翠"莲语禅心"吊坠 | | 51,075 | 北京保利 | 2021-08-09 |
| 缅甸天然翡翠"灵猴"吊坠 | | 230,000 | 北京保利 | 2021-12-05 |
| 缅甸天然翡翠佛公配钻石吊坠(一组) | | 46,000 | 北京保利 | 2021-06-07 |
| 缅甸天然满绿翡翠"佛公"配钻石吊坠 | | 48,300 | 北京保利 | 2021-12-05 |
| 缅甸天然满绿翡翠"福豆"配钻石吊坠 | | 32,200 | 北京保利 | 2021-12-05 |
| 缅甸天然满绿翡翠"观音"配钻石吊坠 | | 69,000 | 北京保利 | 2021-12-05 |
| 缅甸天然满绿翡翠雕龙吊坠 | 翡翠长45.56mm，厚约8.97mm | 460,000 | 北京保利 | 2021-06-07 |
| 缅甸天然满绿翡翠福豆配钻石吊坠 | | 391,000 | 北京保利 | 2021-06-07 |
| 缅甸天然满绿翡翠福瓜挂坠 | 翡翠55.64mm×27.58mm×10.66mm | 1,576,320 | 保利香港 | 2021-11-27 |
| 缅甸天然满绿翡翠观音配钻石吊坠 | 吊坠长5.5cm | 345,000 | 北京保利 | 2021-06-07 |
| 缅甸天然墨翠"观音"吊坠 | | 20,700 | 北京保利 | 2021-12-05 |
| 缅甸天然墨翠观音吊坠 | | 25,300 | 北京保利 | 2021-06-07 |
| 缅甸天然紫罗兰翡翠蛋面配钻石吊坠 | | 51,750 | 北京保利 | 2021-06-07 |
| 民国 翡翠凤鸟纹挂件 | 直径6cm | 43,700 | 广东崇正 | 2021-01-07 |
| 摩根石椭圆吊坠 | | 115,000 | 上海匡时 | 2021-07-08 |
| 帕拉伊巴碧玺配钻石吊坠 | | 69,000 | 西泠印社 | 2021-01-16 |
| 琵琶吊坠 | 琵琶吊坠重21.18g；金链重3.42g | 207,000 | 上海嘉禾 | 2021-07-22 |
| 平安无事18K金镶钻翡翠吊坠 | 46mm×30mm×7.6mm；重17g | 92,000 | 南京经典 | 2021-07-18 |
| 奇迹天梯 | 7.26mm×21.9mm×11.2mm | 63,250 | 十竹斋拍卖(北京) | 2021-04-25 |
| 沁蓝 | 35.9mm×26.2mm×18.3mm | 40,860 | 十竹斋拍卖(北京) | 2021-04-25 |
| 清 冰种翡翠三多坠 | 长5.7cm；宽4cm | 51,750 | 浙江佳宝 | 2021-01-10 |
| 清 翡翠雕福禄万代佩 | 长7.3cm；宽3.3cm | 21,850 | 西泠印社 | 2021-04-10 |
| 清 翡翠雕灵芝佩 | 高5cm×宽2.6cm×厚度1cm | 48,300 | 北京诚轩 | 2021-11-28 |
| 清 翡翠雕龙凤纹和合佩(一对) | 1.高1.3cm；直径5.4cm；2.高1.3cm；直径5.4cm | 34,500 | 西泠印社 | 2021-01-16 |
| 清 翡翠雕龙舟佩 | 长9.3cm；宽4.6cm | 57,500 | 西泠印社 | 2021-01-16 |
| 清 翡翠雕一鹭连科佩 | 长6.5cm；宽3.6cm；厚0.4cm | 32,200 | 西泠印社 | 2021-04-10 |
| 清 翡翠佛手挂饰 | 长5.9cm | 34,500 | 中国嘉德 | 2021-05-19 |
| 清 翡翠福瓜松鼠葡萄佩 | 长6.6cm；宽4.5cm | 97,750 | 西泠印社 | 2021-07-24 |
| 清 翡翠挂坠及珍珠配饰 | 翡翠挂坠4.2cm×1.5cm×0.8cm | 1,725,000 | 北京保利 | 2021-12-06 |
| 清 翡翠猴 | 高5cm | 32,200 | 华艺国际 | 2021-12-11 |
| 清 翡翠及白玉谷纹璧多宝串(一组三件) | 总长7.3cm；翡翠直径2.1cm；玉璧直径2.8cm | 32,200 | 西泠印社 | 2021-01-16 |
| 清 翡翠一鸣惊人挂件 | 5.6cm×2.0cm | 32,200 | 浙江御承 | 2021-08-29 |
| 清 翡翠玉佩 | 长5.9cm | 483,000 | 中贸圣佳 | 2021-07-07 |
| 清 粉碧玺葫芦螭龙坠 | 长4.6cm(主石) | 23,000 | 中国嘉德 | 2021-05-19 |
| 清 满绿翡翠竹节形佩 | 长4.2cm；宽3.8cm | 46,000 | 浙江佳宝 | 2021-01-10 |
| 清代 翡翠荷花佩 | 高5cm | 115,000 | 古天一 | 2021-06-07 |
| 清代 海蓝宝双欢 | 高4.3cm | 55,200 | 古天一 | 2021-06-07 |
| 清乾隆 翡翠雕松鼠葡萄纹佩 | 长6cm | 78,200 | 永乐拍卖 | 2021-05-22 |
| 清乾隆 翡翠微雕财神 | 高2.5cm | 759,000 | 永乐拍卖 | 2021-05-22 |
| 清中期 红翡福禄寿挂件 | 高6cm | 34,500 | 广东崇正 | 2021-07-19 |

(成交价RMB：2万元以上)

| 拍品名称 | 物品尺寸 | 成交价RMB | 拍卖公司 | 拍卖日期 |
|---|---|---|---|---|
| 日本 约1960年 18K黄金随形镶嵌黑珍珠吊坠 | 6.6cm×2.5cm；重24g | 23,000 | 西泠印社 | 2021-01-17 |
| 三元豆18K金冰种帝王绿翡翠吊坠 | 翡翠 55mm×20mm×11.6mm；重11g | 155,250 | 南京经典 | 2021-07-18 |
| 十字玻璃种18K金碎钻翡翠吊坠 | 15mm×50mm×9.9mm；重8.4g | 28,750 | 南京经典 | 2021-07-18 |
| 素面51.13克拉祖母绿吊坠 | | 230,000 | 上海匡时 | 2021-07-08 |
| 素面祖母绿吊坠 | | 218,500 | 上海匡时 | 2021-07-08 |
| 天然冰种翡翠螭龙浮雕吊坠 | 主石 58.5mm×24.7mm | 23,000 | 保利厦门 | 2021-11-04 |
| 天然冰种翡翠福至心灵挂坠 | | 21,850 | 华艺国际 | 2021-03-31 |
| 天然冰种翡翠弥勒佛配钻石吊坠 | | 20,700 | 华艺国际 | 2021-03-31 |
| 天然翡翠豆荚三部曲之豆蔻年华 | 59mm×20mm×6.8mm | 333,500 | 十竹斋拍卖(北京) | 2021-04-25 |
| 天然翡翠观音伴钻石吊坠 | | 34,500 | 上海匡时 | 2021-07-08 |
| 天然翡翠弥勒佛配钻石吊坠 | | 669,936 | 天成国际 | 2021-11-26 |
| 天然翡翠弥勒佛配钻石吊坠 | | 32,200 | 华艺国际 | 2021-03-31 |
| 天然翡翠配红宝石“平安扣”吊坠(不含链) | | 28,750 | 中国嘉德 | 2021-11-30 |
| 天然翡翠配火蛋白石及钻石佛公吊坠 | 翡翠31.10mm×21.25mm×3.73mm | 115,000 | 中国嘉德 | 2021-05-21 |
| 天然翡翠配钻石吊坠 | | 98,520 | 天成国际 | 2021-11-26 |
| 天然翡翠配钻石福贝吊坠 | | 99,360 | 天成国际 | 2021-06-01 |
| 天然翡翠平安无事吊坠 | 吊坠53.6mm×25.6mm×8.2mm | 230,000 | 华艺国际 | 2021-03-31 |
| 天然翡翠双鱼佩 | | 34,500 | 华艺国际 | 2021-06-04 |
| 天然满绿翡翠佛公钻石吊坠 | 翡翠35mm×35mm×10mm | 437,000 | 上海匡时 | 2021-07-08 |
| 天然满绿翡翠葫芦配钻石吊坠 | | 101,200 | 保利厦门 | 2021-11-04 |
| 天然满绿翡翠配钻石吊坠 | 吊坠 39.5mm×24.5mm | 172,500 | 中国嘉德 | 2021-05-21 |
| 天然缅甸高冰翡翠佛手挂件 | 84.3mm×40.7mm×10.9mm | 193,200 | 十竹斋拍卖(北京) | 2021-04-25 |
| 天然缅甸老坑冰种帝王绿佛手挂坠 | 38.2mm×24mm×6.5mm | 5,658,000 | 十竹斋拍卖(北京) | 2021-04-25 |
| 天然缅甸木那高冰满绿翡翠挂件 | 61mm×37mm×16mm | 1,380,000 | 十竹斋拍卖(北京) | 2021-04-25 |
| 天然双色翡翠“水光山色”配钻石吊坠 | | 37,438 | 天成国际 | 2021-11 26 |
| 天然紫罗兰翡翠鸽子蛋吊坠 | 总长50mm×30mm×20mm | 69,000 | 华艺国际 | 2021-03-31 |
| 望子成龙18K玫瑰金碎钻翡翠吊坠 | 20mm×60mm×14mm；重36g | 115,000 | 南京经典 | 2021-07-18 |
| 未来（一对） | 16.3mm×10mm×62.9mm×2 | 44,265 | 十竹斋拍卖(北京) | 2021-04-25 |
| 新艺术时期(ART NOUVEAU)卡梅奥(CAMEO)黄水晶高浮雕珍珠花叶饰女神像吊坠 | 6cm×6cm；重36.4g | 23,000 | 西泠印社 | 2021-07-23 |
| 幸运花形18K金碎钻镶嵌翡翠吊坠 | 25mm×35mm×6.8mm；重9.5g | 40,250 | 南京经典 | 2021-07-18 |
| 云水禅心 | 65mm×36mm×11mm | 81,760 | 十竹斋拍卖(北京) | 2021-04-25 |
| 祖母绿吊坠 18世纪末 | 长55mm | 22,861 | 伦敦苏富比 | 2021-06-24 |
| 祖母绿和钻石吊坠 | 3.7cm×2.6cm | 23,070 | 巴黎佳士得 | 2021-07-07 |
| 钻石吊坠 | | 365,771 | 伦敦苏富比 | 2021-06-24 |
| 坐莲观音18K金碎钻高冰翡翠吊坠 | 33mm×60mm×14mm；重38g | 178,250 | 南京经典 | 2021-07-18 |
| 坐莲观音翡翠吊坠 | 30mm×55mm×0.8mm；重36g | 322,000 | 南京经典 | 2021-07-18 |
| **吊牌** | | | | |
| 清乾隆 翡翠九如牌 | 长4.7cm | 276,000 | 中贸圣佳 | 2021-07-07 |
| 清中期 翡翠童子纳福坠牌 | 高6cm | 40,250 | 广东崇正 | 2021-07-19 |
| 清 碧玺夔龙纹牌 | 长3.6cm；宽2.6cm | 51,750 | 浙江佳宝 | 2021-01-10 |
| 清 碧玉牌 | 5cm×3.5cm | 23,000 | 十竹斋 | 2021-06-27 |
| 清 翡翠雕如意云头形斋戒牌 | 长7cm；宽4.1cm | 23,000 | 西泠印社 | 2021-07-24 |
| 清 翡翠雕寿山福海牌 | 6cm×4cm×0.7cm | 71,300 | 北京诚轩 | 2021-05-18 |
| 清 翡翠浮雕未羊生肖牌 | 长5.8cm；宽4.1cm | 32,200 | 西泠印社 | 2021-01-16 |
| 清 翡翠诗文牌 | 6.5cm×4.2cm×0.4cm | 43,700 | 广东崇正 | 2021-01-07 |
| 清 翡翠太平如意人物牌 | 长5.2cm；宽3.9cm | 25,300 | 西泠印社 | 2021-07-24 |
| 清 翡翠无字牌 | 长6cm；宽2.6cm | 103,500 | 十竹斋 | 2021-06-27 |
| 清代 翡翠挂月栖云侯门牌 | 长5.6cm；宽3.9cm；厚0.7cm | 46,000 | 永乐拍卖 | 2021-12-01 |
| “欧旋碧海邀紫气”品质卓越的缅甸天然紫罗兰翡翠山水雕纹饰牌 | 翡翠牌 69.53mm×52.94mm×17.78mm | 9,200,000 | 北京保利 | 2021-06-07 |
| 18K金镶钻满绿翡翠平安牌 | 直径3.7cm | 460,000 | 浙江佳宝 | 2021-01-10 |
| 冰种翡翠祥龙吉祥牌（一对） | | 78,200 | 西泠印社 | 2021-01-16 |
| 冰种紫色翡翠佛牌 | 翡翠73mm×45mm×8mm | 690,000 | 西泠印社 | 2021-07-25 |
| 陈梅松雕刻 冰种春带彩翡翠释迦牟尼牌（一对） | 翡翠 52mm×46.5mm×6mm、52.2mm×46.5mm×5.8mm | 115,000 | 西泠印社 | 2021-01-16 |
| 翡翠“东坡志林”吊牌 | 72mm×40mm×26mm | 414,000 | 十竹斋拍卖(北京) | 2021-04-25 |
| 翡翠“上善若水”吊牌 | 51mm×51mm×13.8mm | 140,300 | 十竹斋拍卖(北京) | 2021-04-25 |
| 顾铭“慈航普度”翡翠牌 | 53mm×31mm×7mm；重29.8g | 28,750 | 西泠印社 | 2021-01-16 |
| 加龙雕刻 高冰飘绿翡翠山水牌 | 翡翠66.5mm×40mm×6mm | 529,000 | 西泠印社 | 2021-01-16 |
| 卢葵设计师款天然满绿翡翠聚宝牌 | 36.6mm×25.5mm×9.8mm | 471,500 | 十竹斋拍卖(北京) | 2021-04-25 |
| 卢葵设计师款心经吊牌 | 66mm×29mm×10.7mm | 75,818 | 十竹斋拍卖(北京) | 2021-04-25 |
| 民国 翡翠诗文挂牌 | 长6.5cm | 34,500 | 北京荣宝 | 2021-06-19 |
| 平安无事牌18K金碎钻冰种墨翠吊坠 | 25mm×45mm×7.8mm；重12g | 46,000 | 南京经典 | 2021-07-18 |
| 天然翡翠梵音观音牌 | 翡翠70.3mm×43.1mm×10mm | 253,000 | 华艺国际 | 2021-03-31 |
| **带钩** | | | | |
| 清 翡翠带钩（一对） | 长5cm×2 | 92,000 | 广东崇正 | 2021-01-07 |
| 清 红翡浮雕龙纹带钩 | 长9.7cm | 20,700 | 西泠印社 | 2021-04-10 |
| **扳指** | | | | |
| 清乾隆 翡翠扳指 | 直径3.1cm；高2.5cm | 552,000 | 中贸圣佳 | 2021-05-21 |
| 清 翡翠扳指（一组两件） | 1.高2.6cm；外径3.3cm；内径1.9cm；2.高2.7cm；外径3.4cm；内径1.9cm | 51,750 | 西泠印社 | 2021-01-16 |
| 清代 翡翠扳指 | 高2.5cm；直径3cm | 57,500 | 古天一 | 2021-06-07 |
| 民国 翡翠扳指两件 | 直径3cm；直径3cm | 27,240 | 北京保利 | 2021-01-18 |
| **戒指** | | | | |
| “Parentesi”腕表和“Spiga”戒指（宝格丽）和两个钻戒 | | 64,536 | 米兰苏富比 | 2021-03-04 |
| “Twist”8.02克拉艳彩黄色钻石配钻石戒指 | | 3,338,496 | 香港苏富比 | 2021-10-12 |
| “东方玫瑰”精美的9.90克拉天然缅甸未经加热艳红色尖晶石配钻石戒指 | | 103,500 | 中国嘉德 | 2021-11-30 |
| “福气高升”金镶翡翠配钻石戒指 | | 28,750 | 西泠印社 | 2021-01-16 |
| “红玫瑰”8.11克拉未经加热缅甸红宝石戒指 | 戒圈11 | 5,750,000 | 西泠印社 | 2021-07-25 |
| “连中三元”金镶冰种翡翠配钻石沙弗莱石戒指 | | 27,600 | 西泠印社 | 2021-01-16 |
| “喜上梅梢”天然白冰翡翠配月光石及钻石与黑色珐琅彩戒指 | | 34,500 | 中国嘉德 | 2021-11-30 |
| 0.27克拉彩粉紫色钻石配钻石戒指 | | 74,750 | 北京保利 | 2021-12-05 |

**2021翡翠珠宝拍卖成交汇总(续表)**

**(成交价RMB：2万元以上)**

| 拍品名称 | 物品尺寸 | 成交价RMB | 拍卖公司 | 拍卖日期 |
|---|---|---|---|---|
| 0.29克拉彩紫粉色钻石配钻石戒指/挂坠 | | 32,371 | 保利香港 | 2021-04-22 |
| 0.51克拉方形切割淡粉钻石戒指 | | 43,700 | 西泠印社 | 2021-01-16 |
| 0.54克拉彩紫粉钻戒指 | 戒圈13 | 103,500 | 西泠印社 | 2021-01-16 |
| 0.60克拉梨形天然艳彩黄橙色SI1净度极优打磨钻石配钻石戒指 | | 37,438 | 天成国际 | 2021-11-26 |
| 0.72克拉淡粉色钻石配钻石戒指 | | 42,487 | 保利香港 | 2021-04-22 |
| 0.73克拉深彩棕黄橙色钻石配钻石戒指 | | 32,200 | 北京保利 | 2021-12-05 |
| 0.7克拉心形切割淡浅粉色钻石戒指吊坠两用 | | 86,250 | 西泠印社 | 2021-01-16 |
| 1.00克拉浓彩黄绿自然色SI2净度彩色钻石和钻戒 | | 97,569 | 纽约佳士得 | 2021-04-21 |
| 1.00克拉长方形I色VS2净度极优打磨钻石配0.52克拉古垫形天然淡彩黄色VS2净度钻石及钻石戒指 | | 39,744 | 天成国际 | 2021-06-01 |
| 1.00克拉自然色SI1净度淡粉色钻石戒指 | | 52,782 | 纽约佳士得 | 2021-01-27 |
| 1.01克拉浓彩粉色钻石及浓彩黄色钻石配钻石戒指 | | 1,970,400 | 保利香港 | 2021-11-27 |
| 1.01克拉水滴形粉色钻石戒指 | | 483,000 | 华艺国际 | 2021-12-10 |
| 1.01克拉椭圆形艳彩紫粉红色钻石戒指 | | 2,052,500 | 佳士得 | 2021-11-28 |
| 1.01克拉艳彩粉钻石戒指吊坠两用 | 戒圈12 | 483,000 | 西泠印社 | 2021-07-25 |
| 1.01克拉艳彩黄色钻石配钻石戒指 | | 78,816 | 保利香港 | 2021-11-27 |
| 1.02克拉淡彩蓝色钻石配钻石戒指 | | 374,376 | 保利香港 | 2021-11-27 |
| 1.02克拉淡彩紫粉钻石戒指吊坠两用 | 戒圈12 | 483,000 | 西泠印社 | 2021-07-25 |
| 1.02克拉淡粉红色钻石配1.01克拉淡绿蓝色钻石及钻石戒指 | | 365,148 | 香港苏富比 | 2021-10-12 |
| 1.02克拉梨形浓彩粉红色SI1(极优打磨)钻石戒指 | | 1,449,000 | 佳士得 | 2021-05-23 |
| 1.02克拉浓彩黄橙色钻石配钻石戒指 | | 118,224 | 保利香港 | 2021-11-27 |
| 1.02克拉浓彩紫粉色钻石配钻石戒指 | | 759,000 | 北京保利 | 2021-12-05 |
| 1.03克拉正方形淡蓝色VS1钻石及1.00克拉正方形微粉红色VS2钻石戒指 | | 175,950 | 佳士得 | 2021-05-23 |
| 1.06克拉"鸽血红"红宝石配钻石蓝宝石及水晶戒指吊坠两用铿锵玫瑰系列 | | 69,000 | 永乐拍卖 | 2021-12-02 |
| 1.06克拉和1.12克拉浓彩绿黄色钻石戒指 | | 270,977 | 日内瓦苏富比 | 2021-05-13 |
| 1.07克拉I色SI2净度红宝石钻戒 | | 491,955 | 纽约佳士得 | 2021-04-13 |
| 1.07克拉VS2净度花式深黄橙色钻石戒指 | | 105,563 | 纽约佳士得 | 2021-01-27 |
| 1.07克拉红宝石戒指 | | 97,443 | 纽约佳士得 | 2021-01-27 |
| 1.07克拉梨形天然淡彩黄绿色SI1净度钻石配钻石戒指 | | 128,076 | 天成国际 | 2021-11-26 |
| 1.08克拉枕垫形浅黄绿色钻石配钻石戒指 | | 36,800 | 华艺国际 | 2021-06-04 |
| 1.09克拉艳彩紫粉色钻石配钻石戒指 | | 2,832,480 | 保利香港 | 2021-04-22 |
| 1.10克拉彩色钻石和钻石戒指 | | 283,971 | 纽约佳士得 | 2021-08-18 |
| 1.11克拉钻戒 | | 57,222 | 日内瓦苏富比 | 2021-07-07 |
| 1.22克拉椭圆形天然艳彩黄色VS2净度钻石配钻石戒指 | | 119,232 | 天成国际 | 2021-06-01 |
| 1.26克拉天然缅甸未经加热鸽血红红宝石配钻石戒指 | | 40,250 | 中国嘉德 | 2021-05-21 |
| 1.28克拉梨形N色VS2净度极优打磨钻石配钻石戒指 | | 57,629 | 天成国际 | 2021-06-01 |
| 1.29克拉红宝石和钻石戒指 | | 57,152 | 伦敦苏富比 | 2021-06-24 |
| 1.31克拉莫桑比克"鸽血红"红宝石配钻石戒指，未经加热 | | 34,500 | 北京保利 | 2021-12-05 |
| 1.33克拉 天然缅甸皇家蓝蓝宝石配钻石及蓝宝石戒指 未经加热 | | 27,600 | 保利厦门 | 2021-11-04 |

| 拍品名称 | 物品尺寸 | 成交价RMB | 拍卖公司 | 拍卖日期 |
|---|---|---|---|---|
| 1.40克拉红宝石和钻石戒指 | | 97,875 | 纽约苏富比 | 2021-08-31 |
| 1.41克拉艳彩绿蓝色钻石配钻石戒指 | | 3,220,000 | 永乐拍卖 | 2021-12-02 |
| 1.44克拉 天然枕垫形彩黄钻配钻石戒指 | | 69,000 | 华艺国际 | 2021-06-04 |
| 1.46克拉天然莫桑比克未经加热鸽血红红宝石配钻石戒指/吊坠两用 | | 23,000 | 中国嘉德 | 2021-05-21 |
| 1.52克拉 枕垫形彩黄钻配钻石戒指 | | 66,700 | 华艺国际 | 2021-12-10 |
| 1.53克拉淡彩绿色钻石配钻石戒指 | | 30,348 | 保利香港 | 2021-04-22 |
| 1.53克拉钻戒 | | 68,582 | 伦敦苏富比 | 2021-06-24 |
| 1.57克拉，H色，VS2净度钻石戒指 | | 69,022 | 纽约佳士得 | 2021-01-27 |
| 1.5克拉D色VS1净度白钻戒指 | 戒圈13 | 195,500 | 西泠印社 | 2021-07-25 |
| 1.61克拉粉红色蓝宝石和钻石戒指 | | 21,254 | 日内瓦苏富比 | 2021-07-07 |
| 1.61克拉艳彩蓝色钻石戒指 | | 10,141,204 | 日内瓦苏富比 | 2021-05-11 |
| 1.63克拉天然哥伦比亚木佐祖母绿配钻石戒指 | | 43,700 | 华艺国际 | 2021-06-04 |
| 1.65克拉缅甸抹谷鸽血红红宝石配钻石戒指，未经加热 | | 55,200 | 北京保利 | 2021-06-07 |
| 1.70克拉蓝宝石戒指 | | 224,497 | 纽约佳士得 | 2021-06-08 |
| 1.71克拉J色钻石配钻石戒指 | | 28,750 | 北京保利 | 2021-12-05 |
| 1.71克拉红宝石戒指 | | 32,523 | 纽约佳士得 | 2021-04-21 |
| 1.75克拉巴西帕拉伊巴碧玺配钻石戒指 | | 141,624 | 保利香港 | 2021-04-22 |
| 1.75克拉长方形深彩棕黄橘色SI2钻石戒指 | | 103,500 | 佳士得 | 2021-05-23 |
| 1.76克拉梨形淡粉红色钻石戒指，Cartier设计 | | 389,975 | 佳士得 | 2021-11-28 |
| 1.91克拉天然帕拉伊巴配钻石戒指 | | 34,500 | 华艺国际 | 2021-03-31 |
| 1克拉G色"I DO"真爱加冕系列钻戒 | | 25,300 | 西泠印社 | 2021-07-25 |
| 2.01克拉彩紫粉色钻石配钻石戒指 | | 465,336 | 保利香港 | 2021-04-22 |
| 2.01克拉淡彩灰绿黄钻戒指 | | 69,000 | 西泠印社 | 2021-07-25 |
| 2.01克拉红宝石钻戒 | | 36,588 | 纽约佳士得 | 2021-04-21 |
| 2.01克拉莫桑比克粉色刚玉配钻石及白色刚玉戒指，未经加热 | | 24,278 | 保利香港 | 2021-04-22 |
| 2.01克拉莫桑比克鸽血红红宝石戒指，未经优化处理 | 戒圈13 | 103,500 | 西泠印社 | 2021-01-16 |
| 2.03克拉阶梯式切割天然哥伦比亚祖母绿配钻石戒指 | | 57,629 | 天成国际 | 2021-06-01 |
| 2.04克拉古垫形天然莫桑比克未经加热处理海棠红红宝石配红宝石及钻石戒指 | | 44,712 | 天成国际 | 2021-06-01 |
| 2.04克拉天然鸽血红红宝石配钻石戒指，未经加热 | | 161,000 | 华艺国际 | 2021-06-04 |
| 2.05克拉淡粉色钻石和钻戒 | | 217,176 | 伦敦苏富比 | 2021-06-24 |
| 2.05克拉莫桑比克无烧红宝石配钻石戒指 | | 100,050 | 永乐拍卖 | 2021-12-02 |
| 2.05克拉钻石戒指 | | 106,590 | 纽约佳士得 | 2021-04-13 |
| 2.06克拉古垫形天然缅甸未经加热处理红色尖晶石配钻石戒指 | | 24,840 | 天成国际 | 2021-06-01 |
| 2.06克拉红宝石戒指 | | 39,028 | 纽约佳士得 | 2021-04-21 |
| 2.06克拉亚历山大变石戒指，未经优化处理 | 戒圈10.5 | 103,500 | 西泠印社 | 2021-01-16 |
| 2.07克拉红宝石戒指吊坠两用，未经优化处理 | | 69,000 | 西泠印社 | 2021-01-16 |
| 2.07克拉椭圆形天然"缅甸抹谷"未经加热处理"鸽血红"红宝石配红宝石及钻石戒指 | | 68,964 | 天成国际 | 2021-11-26 |
| 2.08克拉艳彩紫粉色钻石配钻石戒指 | | 8,866,800 | 保利香港 | 2021-11-27 |
| 2.0克拉天然克什米尔矢车菊蓝宝石配钻石戒指 | | 345,000 | 华艺国际 | 2021-06-04 |
| 2.11克拉和3.13克拉钻石和蓝宝石戒指 | | 196,188 | 日内瓦苏富比 | 2021-07-07 |

(成交价RMB：2万元以上)

| 拍品名称 | 物品尺寸 | 成交价RMB | 拍卖公司 | 拍卖日期 |
|---|---|---|---|---|
| 2.13克拉，艳彩蓝，自然色，VS1净度彩色钻石和钻石戒指 | | 17,513,598 | 纽约佳士得 | 2021-04-13 |
| 2.13克拉红宝石和钻石戒指 | | 258,088 | 纽约苏富比 | 2021-06-09 |
| 2.14克拉彩绿色钻石配钻石戒指 | | 1,083,720 | 保利香港 | 2021-11-27 |
| 2.14克拉祖母绿钻戒 | | 40,654 | 纽约佳士得 | 2021-04-21 |
| 2.17克拉，艳彩紫粉色，自然色，SI1净度彩色钻石和钻石戒指 | | 23,023,494 | 纽约佳士得 | 2021-04-13 |
| 2.19克拉及2.04克拉彩色钻石和蓝宝石戒指 | | 262,376 | 纽约佳士得 | 2021-04-13 |
| 2.21克拉椭圆形天然斯里兰卡未经加热处理粉红色刚玉配钻石戒指 | | 32,512 | 天成国际 | 2021-11-26 |
| 2.22克拉艳彩黄色钻石戒指 | | 198,716 | 日内瓦苏富比 | 2021-05-13 |
| 2.23克拉枕垫形粉色钻石戒指(多用款式) | | 483,000 | 华艺国际 | 2021-12-10 |
| 2.24克拉椭圆形天然“巴西”帕拉伊巴碧玺配钻石戒指 | | 472,896 | 天成国际 | 2021-11-26 |
| 2.29克拉阶梯式切割天然深彩棕黄色VS2净度钻石配钻石戒指 | | 74,520 | 天成国际 | 2021-06-01 |
| 2.30克拉哥伦比亚微油祖母绿戒指 | 戒圈13 | 115,000 | 西泠印社 | 2021-07-25 |
| 2.30克拉哥伦比亚祖母绿和钻石戒指 | | 213,181 | 纽约佳士得 | 2021-04-13 |
| 2.34克拉，艳彩橙色，自然色，VS1净度彩色钻石和钻石戒指 | | 14,365,086 | 纽约佳士得 | 2021-04-13 |
| 2.37克拉金绿猫眼戒指 | | 48,300 | 西泠印社 | 2021-01-16 |
| 2.38克拉、2.12克拉及2.07克拉枕形哥伦比亚天然祖母绿戒指 | | 672,750 | 佳士得 | 2021-05-23 |
| 2.42克拉钻戒 | | 73,571 | 日内瓦苏富比 | 2021-07-07 |
| 2.43克拉，D色，内部无瑕，IIa型彩色钻石和钻石戒指 | | 18,665,322 | 纽约佳士得 | 2021-06-08 |
| 2.45克拉蓝宝石戒指 | | 451,628 | 日内瓦苏富比 | 2021-05-13 |
| 2.45克拉天然哥伦比亚木佐祖母绿配钻石戒指 | | 172,500 | 华艺国际 | 2021-06-04 |
| 2.49克拉红宝石和钻石戒指，巴黎宝诗龙 | | 286,448 | 日内瓦佳士得 | 2021-05-12 |
| 2.49克拉钻戒 | | 49,047 | 日内瓦苏富比 | 2021-07-07 |
| 2.50克拉红宝石和钻石戒指 | | 32,005 | 伦敦苏富比 | 2021-06-24 |
| 2.50克拉祖母绿和3.35克拉钻石戒指 | | 1,048,484 | 纽约苏富比 | 2021-06-09 |
| 2.51克拉马达加斯加粉蓝宝花形戒指，未经优化处理 | | 97,750 | 西泠印社 | 2021-01-16 |
| 2.51克拉椭圆形E/VS1 Type IIa(极优打磨)钻石及珍珠戒指 | | 238,050 | 佳士得 | 2021-05-23 |
| 2.52克拉枕形淡粉钻石戒指 | 戒圈13 | 1,265,000 | 西泠印社 | 2021-01-16 |
| 2.52克拉祖母绿钻石戒指 | | 121,168 | 纽约苏富比 | 2021-06-11 |
| 2.54克拉椭圆形天然印度猫眼亚历山大变色石配钻石戒指 | | 37,757 | 天成国际 | 2021-06-01 |
| 2.54克拉圆形G/VS1钻石戒指 | | 174,463 | 佳士得 | 2021-11-28 |
| 2.58克拉，浓彩紫粉色，自然色，SI1净度彩色钻石戒指 | | 4,329,585 | 纽约佳士得 | 2021-06-08 |
| 2.61克拉梨形D/VVS1钻石戒指 | | 362,250 | 佳士得 | 2021-05-23 |
| 2.65克拉缅甸无烧红宝石配钻石戒指 | | 690,000 | 永乐拍卖 | 2021-12-02 |
| 2.67克拉天然巴西未经处理亚历山大变色石配钻石戒指 | | 292,118 | 香港苏富比 | 2021-10-12 |
| 2.68克拉蓝宝石和钻石戒指 | | 232,739 | 日内瓦佳士得 | 2021-05-12 |
| 2.77克拉椭圆形电气石及钻石戒指 | | 1,242,000 | 佳士得 | 2021-05-23 |
| 2.78克拉钻戒 | | 130,792 | 日内瓦苏富比 | 2021-07-07 |
| 2.82克拉蓝宝石和钻石戒指 | | 114,790 | 纽约佳士得 | 2021-04-13 |
| 2.85克拉椭圆形缅甸天然鸽血红红宝石及1.53克拉椭圆形D/IF钻石戒指 | | 776,250 | 佳士得 | 2021-05-23 |
| 2.86克拉红宝石配钻石戒指 | | 316,140 | 日内瓦苏富比 | 2021-05-13 |
| 2.91克拉梨形D/IF(极优打磨及比例)钻石戒指 | | 359,188 | 佳士得 | 2021-11-28 |
| 2.95克拉，D色，VVS2净度钻石戒指 | | 280,621 | 纽约佳士得 | 2021-06-08 |
| 2.95克拉蓝宝石和钻石戒指 | | 614,944 | 纽约佳士得 | 2021-04-13 |
| 2.98克拉祖母绿钻石戒指 | 重7.52g | 253,000 | 上海嘉禾 | 2021-07-22 |

| 拍品名称 | 物品尺寸 | 成交价RMB | 拍卖公司 | 拍卖日期 |
|---|---|---|---|---|
| 3.01克拉古垫形天然缅甸无经加热处理“鸽血红”红宝石配钻石戒指 | | 275,856 | 天成国际 | 2021-11-26 |
| 3.01克拉净度为VVS2方形切割淡彩黄钻戒指 | 戒圈13 | 143,750 | 西泠印社 | 2021-01-16 |
| 3.01克拉心形D色完美无瑕钻石戒指 | | 509,846 | 香港苏富比 | 2021-04-20 |
| 3.02克拉，F色，VVS1净度钻石戒指 | | 344,369 | 纽约佳士得 | 2021-04-13 |
| 3.02克拉，艳彩紫粉色，SI2净度彩色钻石戒指 | | 8,855,190 | 纽约佳士得 | 2021-04-13 |
| 3.02克拉艳彩黄色钻石配钻石戒指 | | 1,012,000 | 北京保利 | 2021-09-26 |
| 3.02克拉艳彩黄色钻石配钻石戒指 | | 334,968 | 保利香港 | 2021-11-27 |
| 3.02克拉钻石戒指 | | 198,716 | 日内瓦苏富比 | 2021-05-13 |
| 3.03克拉，彩粉棕色，自然色，VS2净度彩色钻石戒指 | | 696,936 | 纽约佳士得 | 2021-04-13 |
| 3.03克拉粉色钻石戒指 | | 3,680,000 | 永乐拍卖 | 2021-05-22 |
| 3.03克拉蓝宝石及钻石戒指、2.51克拉红宝石及钻石戒指，Suwa设计 | | 269,100 | 佳士得 | 2021-05-23 |
| 3.03克拉椭圆形缅甸天然鸽血红红宝石戒指 | | 196,650 | 佳士得 | 2021-05-23 |
| 3.04克拉椭圆形天然无经处理海螺珠配钻石戒指 | | 68,964 | 天成国际 | 2021-11-26 |
| 3.04克拉枕垫形淡彩棕绿色钻石戒指/吊坠 | | 184,000 | 华艺国际 | 2021-12-10 |
| 3.05克拉莫桑比克无烧红宝石戒指 | | 218,500 | 永乐拍卖 | 2021-05-22 |
| 3.06克拉蓝宝石戒指 | | 227,661 | 纽约佳士得 | 2021-04-21 |
| 3.07克拉蓝宝石和钻石戒指 | | 34,333 | 日内瓦苏富比 | 2021-07-07 |
| 3.08克拉无烧皇家蓝戒指 | | 51,750 | 上海嘉禾 | 2021-07-22 |
| 3.08克拉长方形F/VS1钻石戒指，Harry Winston设计 | | 328,400 | 佳士得 | 2021-11-28 |
| 3.11克拉枕形缅甸天然鸽血红红宝石戒指 | | 821,000 | 佳士得 | 2021-11-28 |
| 3.12克拉莫桑比克粉色刚玉配钻石戒指，未经加热 | | 32,371 | 保利香港 | 2021-04-22 |
| 3.14克拉浓彩黄钻、彩色钻石和钻石戒指 | | 153,479 | 纽约苏富比 | 2021-06-11 |
| 3.15克拉圆形天然无经加热处理变色尖晶石配白色托帕石及钻石戒指；及1.50克拉阶梯式切割天然哥伦比亚祖母绿配白色托帕石及钻石戒指 | | 47,693 | 天成国际 | 2021-06-01 |
| 3.15克拉钻石戒指 | | 242,784 | 保利香港 | 2021-04-22 |
| 3.16克拉彩色蓝宝石和钻石戒指 | | 120,169 | 纽约佳士得 | 2021-06-04 |
| 3.18克拉梨形彩灰蓝色VS2钻石戒指 | | 2,691,000 | 佳士得 | 2021-05-23 |
| 3.18克拉正方形艳彩黄色VVS1(极优打磨及比例)钻石戒指 | | 667,063 | 佳士得 | 2021-11-28 |
| 3.19克拉天然祖母绿配钻石戒指 | | 69,000 | 华艺国际 | 2021-06-04 |
| 3.20克拉鸽血红红宝石配钻石戒指，未经加热 | | 253,000 | 永乐拍卖 | 2021-12-02 |
| 3.21克拉尖晶石配钻石戒指 | | 198,716 | 日内瓦苏富比 | 2021-05-13 |
| 3.22克拉尼日利亚帕拉伊巴碧玺配钻石戒指 | | 48,300 | 北京保利 | 2021-12-05 |
| 3.23克拉六角形天然“哥伦比亚”无经加热祖母绿配钻石戒指 | | 59,112 | 天成国际 | 2021-11-26 |
| 3.23克拉长方形粉红色蓝宝石戒指，Barney Cheng设计 | | 123,150 | 佳士得 | 2021-11-28 |
| 3.28克拉红宝石和钻石戒指 | | 1,229,888 | 纽约佳士得 | 2021-04-13 |
| 3.29克拉阶梯式切割天然无经加热处理粉红色尖晶石配粉红色尖晶石及钻石戒指 | | 37,438 | 天成国际 | 2021-11-26 |
| 3.29克拉天然赞比亚艳彩绿未经注油祖母绿配钻石戒指/吊坠两用 | | 55,200 | 中国嘉德 | 2021-05-21 |
| 3.29克拉祖母绿和钻石戒指 | | 1,048,484 | 纽约苏富比 | 2021-06-09 |
| 3.32克拉长方形艳彩蓝色IF钻石戒指 | | 37,642,850 | 佳士得 | 2021-11-28 |
| 3.32克拉钻石戒指 | | 179,437 | 纽约苏富比 | 2021-08-31 |

**2021翡翠珠宝拍卖成交汇总(续表)**

(成交价RMB：2万元以上)

| 拍品名称 | 物品尺寸 | 成交价RMB | 拍卖公司 | 拍卖日期 |
|---|---|---|---|---|
| 3.33克拉古垫形天然缅甸无经加热处理红色尖晶石配白色托帕石及钻石戒指 | | 31,526 | 天成国际 | 2021-11-26 |
| 3.33克拉椭圆形天然缅甸无经加热处理变色蓝宝石配钻石戒指 | | 88,668 | 天成国际 | 2021-11-26 |
| 3.34克拉圆形天然哥伦比亚木佐未经处理祖母绿配钻石戒指 | | 362,664 | 天成国际 | 2021-06-01 |
| 3.35克拉古垫形天然无经加热处理粉红色尖晶石配钻石戒指 | | 25,834 | 天成国际 | 2021-06-01 |
| 3.35克拉两石彩色钻石戒指 | | 52,798 | 纽约佳士得 | 2021-08-18 |
| 3.35克拉天然紫色蓝宝石配钻石戒指，未经加热 | | 23,000 | 华艺国际 | 2021-06-04 |
| 3.35克拉钻石戒指 | | 138,087 | 纽约佳士得 | 2021-08-18 |
| 3.39克拉淡粉红色钻石戒指 | | 814,745 | 日内瓦苏富比 | 2021-05-11 |
| 3.40克拉钻石戒指 | | 113,719 | 纽约佳士得 | 2021-08-18 |
| 3.50克拉彩色钻石和钻戒 | | 48,785 | 纽约佳士得 | 2021-04-21 |
| 3.50克拉钻石和红宝石戒指 | | 122,618 | 日内瓦苏富比 | 2021-07-07 |
| 3.51克拉天然巴西亚历山大变色石配钻石戒指 | | 318,654 | 香港苏富比 | 2021-04-20 |
| 3.52克拉缅甸抹谷皇家蓝蓝宝石戒指，未经优化处理 | 戒圈12 | 184,000 | 西泠印社 | 2021-01-16 |
| 3.53克拉枕形缅甸天然红宝石戒指，Bulgari（宝格丽）设计 | | 393,300 | 佳士得 | 2021-05-23 |
| 3.55克拉VVS2净度花式深棕黄色钻戒 | | 77,142 | 纽约佳士得 | 2021-01-27 |
| 3.56克拉，D色，内部无瑕净度，IIa型祖母绿切割钻戒 | | 527,816 | 纽约佳士得 | 2021-01-27 |
| 3.60克拉红宝石和钻石戒指 | | 193,869 | 纽约苏富比 | 2021-06-11 |
| 3.60克拉天然哥伦比亚祖母绿配钻石戒指 | 指环15.5 | 241,500 | 中国嘉德 | 2021-05-21 |
| 3.61克拉天然缅甸鸽血红红宝石配钻石戒指 | | 1,380,834 | 香港苏富比 | 2021-04-20 |
| 3.61克拉圆形J色VS1净度钻石配钻石戒指 | | 187,188 | 天成国际 | 2021-11-26 |
| 3.62克拉钻石戒指，20世纪50年代 | | 153,554 | 日内瓦苏富比 | 2021-05-13 |
| 3.66克拉祖母绿和钻石戒指 | | 262,376 | 纽约佳士得 | 2021-04-13 |
| 3.67克拉淡粉钻石戒指 | 戒圈14 | 1,380,000 | 西泠印社 | 2021-07-25 |
| 3.6克拉艳彩橙黄色钻石配钻石戒指 | | 890,208 | 保利香港 | 2021-04-22 |
| 3.70克拉彩色钻石和钻石戒指 | | 60,902 | 纽约佳士得 | 2021-01-27 |
| 3.72克拉天然淡彩粉红色钻石配钻石戒指 | | 1,380,000 | 保利厦门 | 2021-11-04 |
| 3.74克拉天然莫桑比克未经加热红宝石配钻石戒指 | | 834,624 | 香港苏富比 | 2021-10-12 |
| 3.74克拉椭圆形天然艳彩黄色VS2净度极优打磨钻石配钻石戒指 | | 993,600 | 天成国际 | 2021-06-01 |
| 3.75克拉，自然色，净度VVS1浓彩粉红色钻石和钻石戒指 | | 12,907,617 | 纽约苏富比 | 2021-06-09 |
| 3.77克拉绿钻配钻石戒指 | | 241,500 | 永乐拍卖 | 2021-12-02 |
| 3.77克拉深彩棕橙黄色钻石戒指 | | 216,781 | 日内瓦苏富比 | 2021-05-13 |
| 3.83克拉斯里兰卡粉色刚玉配钻石戒指，未经加热 | | 33,497 | 保利香港 | 2021-11-27 |
| 3.85克拉梨形坦桑尼亚天然尖晶石戒指 | | 124,200 | 佳士得 | 2021-05-23 |
| 3.90克拉红宝石和钻石戒指 | | 28,458 | 纽约佳士得 | 2021-04-21 |
| 3.90克拉钻石戒指 | | 70,046 | 纽约苏富比 | 2021-02-04 |
| 3.92克拉圆形缅甸天然鸽血红红宝石戒指 | | 4,310,250 | 佳士得 | 2021-11-28 |
| 3.96克拉G色VS2净度钻石戒指 | | 308,969 | 纽约佳士得 | 2021-04-21 |
| 3克拉缅甸抹谷“鸽血红”红宝石配钻石戒指，未经加热 | | 207,000 | 北京保利 | 2021-12-05 |
| 4.01克拉，E色，VS1净度钻石戒指 | | 327,970 | 纽约佳士得 | 2021-04-13 |
| 4.02克拉梨形艳彩黄色VS1钻石戒指 | | 1,966,500 | 佳士得 | 2021-05-23 |
| 4.04克拉，D色，VS1净度钻石戒指 | | 327,970 | 纽约佳士得 | 2021-04-13 |

| 拍品名称 | 物品尺寸 | 成交价RMB | 拍卖公司 | 拍卖日期 |
|---|---|---|---|---|
| 4.06克拉巴西帕拉伊巴配钻石戒指 | | 2,018,142 | 香港苏富比 | 2021-04-20 |
| 4.08克拉净度为SI1枕形彩蓝绿钻石戒指 | 戒圈13 | 6,325,000 | 西泠印社 | 2021-01-16 |
| 4.08克拉缅甸尖晶石配钻石戒指，未经加热 | | 29,556 | 保利香港 | 2021-11-27 |
| 4.10克拉，K色，VS2净度钻石戒指 | | 194,946 | 纽约佳士得 | 2021-08-18 |
| 4.10克拉天然F色VVS2净度钻石配钻石戒指，梵克雅宝 | 指环14 | 552,000 | 中国嘉德 | 2021-05-21 |
| 4.11克拉天然缅甸鸽血红红宝石配钻石戒指，未经加热 | | 3,220,000 | 华艺国际 | 2021-06-04 |
| 4.14克拉缅甸无烧红宝石配钻石戒指 | | 494,500 | 永乐拍卖 | 2021-12-02 |
| 4.16克拉巴西微注油祖母绿戒指 | 戒圈15 | 253,000 | 西泠印社 | 2021-01-16 |
| 4.17克拉浓彩黄色钻石配钻石戒指 | | 275,856 | 保利香港 | 2021-11-27 |
| 4.18克拉圆形钻戒 | | 527,816 | 纽约佳士得 | 2021-01-27 |
| 4.19克拉心形艳彩粉红色VVS1钻石戒指，配0.61及0.61克拉梨形D/IF钻石 | | 41,938,200 | 佳士得 | 2021-05-23 |
| 4.1克拉莫桑比克未经加热处理红宝石戒指 | | 448,500 | 永乐拍卖 | 2021-12-02 |
| 4.20克拉祖母绿和钻石戒指和吊坠 | | 61,309 | 日内瓦苏富比 | 2021-07-07 |
| 4.22克拉莫桑比克未经加热鸽血红红宝石戒指 | 戒圈13 | 253,000 | 西泠印社 | 2021-07-25 |
| 4.24克拉椭圆形天然缅甸抹谷无经加热处理粉红色刚玉配钻石戒指 | | 94,392 | 天成国际 | 2021-06-01 |
| 4.26克拉尖晶石配钻石戒指，未经加热 | | 48,557 | 保利香港 | 2021-04-22 |
| 4.26克拉梨形天然无经加热处理粉红色尖晶石配钻石戒指；及坦桑石配粉红色刚玉及钻石戒指 | | 31,526 | 天成国际 | 2021-11-26 |
| 4.27克拉蓝宝石和钻石戒指 | | 196,188 | 日内瓦苏富比 | 2021-07-07 |
| 4.2克拉红宝石配钻石戒指，未经加热 | | 256,152 | 保利香港 | 2021-11-27 |
| 4.36克拉椭圆形天然莫桑比克帕拉伊巴碧玺配钻石戒指 | | 158,976 | 天成国际 | 2021-06-01 |
| 4.39克拉椭圆形马达加斯加天然紫粉红色蓝宝石戒指 | | 269,100 | 佳士得 | 2021-05-23 |
| 4.3克拉赞比亚祖母绿配粉色刚玉戒指 | | 37,438 | 保利香港 | 2021-11-27 |
| 4.45克拉蓝宝石配钻石戒指 | | 722,605 | 日内瓦苏富比 | 2021-05-13 |
| 4.46克拉天然缅甸红宝石配钻石戒指 | | 424,872 | 香港苏富比 | 2021-04-20 |
| 4.46克拉祖母绿和钻石戒指 | | 89,920 | 日内瓦苏富比 | 2021-07-07 |
| 4.47克拉巴西帕拉伊巴碧玺配钻石戒指 | | 2,503,872 | 香港苏富比 | 2021-10-12 |
| 4.48克拉钻石戒指，伦敦卡地亚 | | 984,665 | 日内瓦佳士得 | 2021-05-12 |
| 4.50克拉圆形N/VVS1钻石戒指 | | 155,250 | 佳士得 | 2021-05-23 |
| 4.52克拉枕形浓彩黄色VS2钻石戒指 | | 461,813 | 佳士得 | 2021-11-28 |
| 4.53克拉斯里兰卡皇家蓝蓝宝石戒指 | | 333,500 | 永乐拍卖 | 2021-05-22 |
| 4.53克拉钻戒 | | 138,967 | 日内瓦苏富比 | 2021-07-07 |
| 4.54克拉蓝宝石戒指 | | 89,438 | 纽约佳士得 | 2021-04-21 |
| 4.55克拉斯里兰卡帕帕拉恰蓝宝石配钻石戒指，未经加热 | | 89,700 | 北京保利 | 2021-06-07 |
| 4.59克拉椭圆形天然“缅甸抹谷”无经加热处理“鸽血红”红宝石配钻石戒指 | | 472,896 | 天成国际 | 2021-11-26 |
| 4.60克拉，O到P颜色，VVS2净度钻石戒指 | | 122,989 | 纽约佳士得 | 2021-04-13 |
| 4.60克拉长方形哥伦比亚天然祖母绿及钻石戒指 | | 2,277,000 | 佳士得 | 2021-05-23 |
| 4.61克拉祖母绿钻石戒指 | | 121,168 | 纽约苏富比 | 2021-06-11 |
| 4.68克拉圆形艳彩黄色VVS2钻石戒指 | | 2,155,125 | 佳士得 | 2021-11-28 |
| 4.68克拉钻石戒指 | | 177,713 | 纽约苏富比 | 2021-06-11 |
| 4.70克拉钻石和蓝宝石戒指 | | 344,369 | 纽约佳士得 | 2021-04-13 |

(成交价RMB：2万元以上)

| 拍品名称 | 物品尺寸 | 成交价RMB | 拍卖公司 | 拍卖日期 |
|---|---|---|---|---|
| 4.71克拉，U到V颜色，I1净度钻石戒指 | | 131,188 | 纽约佳士得 | 2021-04-13 |
| 4.72克拉钻戒 | | 449,598 | 日内瓦苏富比 | 2021-07-07 |
| 4.77克拉克什米尔蓝宝石配钻石戒指 | | 2,760,000 | 永乐拍卖 | 2021-05-22 |
| 4.79克拉蓝宝石和钻石戒指 | | 48,722 | 纽约佳士得 | 2021-01-27 |
| 4.80克拉枕形缅甸天然尖晶石戒指 | | 174,463 | 佳士得 | 2021-11-28 |
| 4.80克拉祖母绿和钻石戒指 | | 1,065,903 | 纽约佳士得 | 2021-04-13 |
| 4.84克拉祖母绿配钻石戒指 | | 633,691 | 日内瓦苏富比 | 2021-05-11 |
| 4.86克拉和5.68克拉钻石戒指 | | 406,465 | 日内瓦苏富比 | 2021-05-13 |
| 4.88克拉天然F色IF内部无瑕净度钻石配钻石戒指 | 指环12 | 690,000 | 中国嘉德 | 2021-05-21 |
| 4.88克拉钻石戒指 | | 286,448 | 日内瓦佳士得 | 2021-05-12 |
| 4.90克拉椭圆形天然缅甸无经加热处理蓝宝石配钻石戒指 | | 109,296 | 天成国际 | 2021-06-01 |
| 4.91克拉及4.07克拉椭圆形缅甸天然蓝宝石戒指，Cartier设计 | | 641,700 | 佳士得 | 2021-05-23 |
| 4.94克拉钻石戒指 | | 950,536 | 日内瓦苏富比 | 2021-05-11 |
| 4.96克拉天然赞比亚艳绿色(沃顿绿)祖母绿配钻石戒指 | | 57,500 | 中国嘉德 | 2021-11-30 |
| 4.99克拉蓝宝石戒指 | | 52,850 | 纽约佳士得 | 2021-04-21 |
| 40.89克拉蓝宝石戒指 | | 4,830,000 | 上海嘉禾 | 2021-07-22 |
| 42.31克拉天然斯里兰卡变色星光蓝宝石配钻石戒指，未经加热 | | 2,185,000 | 华艺国际 | 2021-12-10 |
| 43.23克拉哥伦比亚祖母绿配钻石戒指/吊坠 | | 509,846 | 香港苏富比 | 2021-04-20 |
| 5.00克拉椭圆形缅甸天然红宝石戒指，Harry Winston设计 | | 615,750 | 佳士得 | 2021-11-28 |
| 5.01克拉Y-Z色钻石配钻石戒指 | | 207,000 | 北京保利 | 2021-06-07 |
| 5.01克拉方形F色钻石配1.52及1.51克拉方形E色钻石戒指 | | 886,788 | 香港苏富比 | 2021-10-12 |
| 5.02克拉，G色，VVS2净度钻石戒指 | | 573,948 | 纽约佳士得 | 2021-04-13 |
| 5.02克拉红宝石和钻石戒指，宝格丽 | | 313,303 | 日内瓦佳士得 | 2021-05-12 |
| 5.02克拉红宝石花形戒指 | | 368,000 | 上海嘉禾 | 2021-07-22 |
| 5.02克拉圆形D色钻石戒指 | | 955,962 | 香港苏富比 | 2021-04-20 |
| 5.03克拉方形D色钻石戒指 | | 849,744 | 香港苏富比 | 2021-04-20 |
| 5.03克拉艳彩黄色钻石配钻石戒指 | | 3,852,500 | 北京保利 | 2021-06-07 |
| 5.03克拉钻石戒指，格拉夫 | | 1,342,725 | 日内瓦佳士得 | 2021-05-12 |
| 5.04克拉，F颜色，VS1净度钻戒 | | 742,972 | 伦敦苏富比 | 2021-06-24 |
| 5.04克拉蓝宝石钻戒 | | 138,223 | 纽约佳士得 | 2021-04-21 |
| 5.04克拉艳彩橙粉红色钻石戒指 | | 21,008,063 | 日内瓦苏富比 | 2021-05-11 |
| 5.04克拉钻石戒指 | | 766,200 | 纽约苏富比 | 2021-06-09 |
| 5.05克拉浓彩紫粉红色钻石配钻石戒指 | | 11,367,855 | 香港苏富比 | 2021-04-20 |
| 5.05克拉天然D色IF内部无瑕净度IIa型钻石配钻石戒指 | 指环12 | 1,552,500 | 中国嘉德 | 2021-05-21 |
| 5.05克拉天然D色IF内部无瑕净度IIa型钻石配钻石戒指 | | 1,196,000 | 中国嘉德 | 2021-11-30 |
| 5.05克拉钻石戒指 | | 154,484 | 纽约佳士得 | 2021-04-21 |
| 5.06克拉蓝宝石钻戒 | | 52,850 | 纽约佳士得 | 2021-04-21 |
| 5.06克拉天然缅甸未经加热鸽血红星光红宝石配钻石戒指/吊坠(两用) | | 80,500 | 中国嘉德 | 2021-11-30 |
| 5.06克拉枕形缅甸天然蓝宝石戒指，Harry Winston设计 | | 513,125 | 佳士得 | 2021-11-28 |
| 5.07克拉钻石戒指 | | 1,267,381 | 日内瓦苏富比 | 2021-05-11 |
| 5.07克拉钻石戒指 | | 653,759 | 纽约苏富比 | 2021-02-04 |
| 5.08克拉古垫形天然缅甸无经加热处理粉红色尖晶石配钻石戒指 | | 98,520 | 天成国际 | 2021-11-26 |
| 5.08克拉阶梯式切割天然"赞比亚"祖母绿配钻石戒指 | | 98,520 | 天成国际 | 2021-11-26 |
| 5.09克拉马达加斯加矢车菊蓝宝石戒指吊坠两用，未经优化处理 | 戒圈11.5 | 264,500 | 西泠印社 | 2021-01-16 |
| 5.10克拉哥伦比亚祖母绿配钻石戒指，未经注油 | | 443,340 | 保利香港 | 2021-11-27 |
| 5.10克拉枕形D/IF Type IIa 钻石戒指 | | 1,847,250 | 佳士得 | 2021-11-28 |
| 5.10克拉紫色蓝宝石和钻石戒指 | | 96,135 | 纽约佳士得 | 2021-06-04 |
| 5.14克拉淡彩黄色自然色VS2净度彩色钻石和钻戒 | | 208,147 | 纽约佳士得 | 2021-04-21 |
| 5.18克拉，F色，VVS2净度钻石戒指 | | 1,188,891 | 纽约佳士得 | 2021-04-13 |
| 5.18克拉和5.50克拉钻石和祖母绿戒指 | | 1,532,399 | 纽约苏富比 | 2021-06-09 |
| 5.18克拉缅甸抹谷红宝石配钻石戒指，未经加热 | | 977,500 | 北京保利 | 2021-06-07 |
| 5.18克拉钻石戒指 | | 451,628 | 日内瓦苏富比 | 2021-05-13 |
| 5.19克拉蓝色钻石戒指 | | 2,875,000 | 上海嘉禾 | 2021-07-22 |
| 5.20克拉和5.00克拉的黄褐色彩钻石和钻石戒指 | | 240,338 | 纽约佳士得 | 2021-06-04 |
| 5.20克拉阶梯式切割天然无经加热处理紫粉红色尖晶石配钻石戒指 | | 37,438 | 天成国际 | 2021-11-26 |
| 5.22克拉天然缅甸矢车菊蓝蓝宝石配钻石戒指，未经加热 | | 43,700 | 华艺国际 | 2021-03-31 |
| 5.25克拉D色VVS1净度钻石戒指 | | 828,000 | 北京保利 | 2021-09-26 |
| 5.25克拉赞比亚"木佐绿"微油祖母绿戒指 | | 40,250 | 西泠印社 | 2021-07-25 |
| 5.27克拉长方形E/VVS1钻石戒指 | | 718,375 | 佳士得 | 2021-11-28 |
| 5.28克拉天然缅甸未经加热红宝石配红宝石及钻石戒指 | | 69,000 | 中国嘉德 | 2021-05-21 |
| 5.28克拉钻石戒指 | | 343,237 | 日内瓦苏富比 | 2021-05-13 |
| 5.29克拉天然缅甸未经加热蓝宝石配钻石戒指 | | 92,000 | 中国嘉德 | 2021-05-21 |
| 5.30克拉梨形巴西天然帕拉伊巴戒指 | | 1,436,750 | 佳士得 | 2021-11-28 |
| 5.31克拉梨形浓彩橘粉红色VS2 Type IIa钻石戒指 | | 10,057,250 | 佳士得 | 2021-11-28 |
| 5.34克拉蓝色钻石戒指(水滴形) | | 2,875,000 | 上海嘉禾 | 2021-07-22 |
| 5.35克拉枕形克什米尔天然蓝宝石戒指 | | 1,949,875 | 佳士得 | 2021-11-28 |
| 5.36克拉椭圆形天然"缅甸抹谷"无经加热处理红宝石配钻石戒指 | | 256,152 | 天成国际 | 2021-11-26 |
| 5.37克拉蓝宝石配钻石戒指 | | 316,140 | 日内瓦苏富比 | 2021-05-13 |
| 5.37克拉钻石戒指（未安装） | | 218,431 | 米兰苏富比 | 2021-03-04 |
| 5.38克拉红宝石和钻石戒指 | | 121,168 | 纽约苏富比 | 2021-06-11 |
| 5.3克拉粉钻戒指 | | 7,935,000 | 上海嘉禾 | 2021-07-22 |
| 5.42克拉埃塞俄比亚微注油祖母绿戒指 | 戒圈15 | 126,500 | 西泠印社 | 2021-01-16 |
| 5.43克拉蓝宝石配钻石戒指 | | 995,799 | 日内瓦苏富比 | 2021-05-11 |
| 5.47克拉天然金绿猫眼配钻石戒指 | | 32,200 | 华艺国际 | 2021-06-04 |
| 5.52克拉蓝宝石钻戒 | | 40,654 | 纽约佳士得 | 2021-04-21 |
| 5.52克拉天然缅甸未经加热红宝石配钻石戒指 | 指环11 | 253,000 | 中国嘉德 | 2021-05-21 |
| 5.55克拉椭圆形F/VVS2钻石戒指，Cartier设计 | | 974,938 | 佳士得 | 2021-11-28 |
| 5.58克拉蓝宝石钻戒 | | 97,569 | 纽约佳士得 | 2021-04-21 |
| 5.60克拉钻石戒指 | | 242,336 | 纽约苏富比 | 2021-06-11 |
| 5.65克拉，F色，VVS2净度钻石戒指 | | 901,918 | 纽约佳士得 | 2021-04-13 |
| 5.65克拉橙色蓝宝石和彩色钻石戒指 | | 30,897 | 纽约佳士得 | 2021-04-21 |
| 5.70克拉祖母绿戒指 | | 89,438 | 纽约佳士得 | 2021-04-21 |
| 5.7克拉F色钻石戒指 | | 782,000 | 北京保利 | 2021-09-26 |
| 5.85克拉长方形克什米尔天然蓝宝石戒指 | | 4,618,125 | 佳士得 | 2021-11-28 |
| 5.87克拉蓝宝石配钻石戒指，约1915年 | | 2,896,871 | 日内瓦苏富比 | 2021-05-11 |
| 5.88克拉心形D色内部无瑕钻石戒指 | | 1,982,232 | 香港苏富比 | 2021-10-12 |
| 5.91克拉圆形N/VVS2钻石戒指 | | 205,250 | 佳士得 | 2021-11-28 |

**2021翡翠珠宝拍卖成交汇总(续表)**

(成交价RMB：2万元以上)

| 拍品名称 | 物品尺寸 | 成交价RMB | 拍卖公司 | 拍卖日期 |
|---|---|---|---|---|
| 5克拉G色钻石戒指 | | 655,500 | 北京保利 | 2021-06-07 |
| 6.00克拉祖母绿配钻石戒指 | | 433,563 | 日内瓦苏富比 | 2021-05-13 |
| 6.00克拉钻戒 | | 342,910 | 伦敦苏富比 | 2021-06-24 |
| 6.01克拉长方形D/FL(极优打磨及比例)钻石戒指 | | 2,257,750 | 佳士得 | 2021-11-28 |
| 6.03克拉淡粉红棕色钻石配钻石戒指 | | 1,251,936 | 香港苏富比 | 2021-10-12 |
| 6.03克拉天然莫桑比克鸽血红红宝石钻石戒指，未经加热 | | 1,380,000 | 华艺国际 | 2021-12-10 |
| 6.04克拉枕形缅甸天然鸽血红红宝石及钻石戒指 | | 11,633,400 | 佳士得 | 2021-05-23 |
| 6.05克拉彩粉红色钻石戒指 | | 9,706,530 | 日内瓦苏富比 | 2021-05-11 |
| 6.06克拉帕拉伊巴碧玺和钻石戒指 | | 69,501 | 米兰苏富比 | 2021-03-04 |
| 6.07克拉钻石戒指 | | 920,000 | 永乐拍卖 | 2021-12-02 |
| 6.08克拉蓝宝石和钻石戒指 | | 89,323 | 纽约佳士得 | 2021-01-27 |
| 6.09克拉缅甸抹谷鸽血红红宝石配钻石戒指/吊坠两用，未经加热 | | 1,840,000 | 北京保利 | 2021-06-07 |
| 6.11克拉红宝石和钻石戒指 | | 2,742,188 | 纽约苏富比 | 2021-06-09 |
| 6.15克拉椭圆形天然“莫桑比克”无经加热处理红宝石配红宝石及钻石戒指 | | 216,744 | 天成国际 | 2021-11-26 |
| 6.19克拉变色蓝宝石和钻戒 | | 61,309 | 日内瓦苏富比 | 2021-07-07 |
| 6.20克拉蓝宝石和钻石戒指 | | 74,297 | 伦敦苏富比 | 2021-06-24 |
| 6.20克拉祖母绿和钻石戒指 | | 137,164 | 伦敦苏富比 | 2021-06-24 |
| 6.21克拉E色钻石配钻石戒指 | | 920,000 | 北京保利 | 2021-06-07 |
| 6.22克拉钻石戒指 | | 232,739 | 日内瓦佳士得 | 2021-05-12 |
| 6.24克拉蓝宝石钻戒 | | 21,140 | 纽约佳士得 | 2021-04-21 |
| 6.29克拉，D色，内部无瑕钻石戒指 | | 1,543,323 | 纽约佳士得 | 2021-08-18 |
| 6.29克拉缅甸红宝石戒指及袖扣套装 | 袖扣2.0cm | 184,725 | 佳士得 | 2021-11-28 |
| 6.42克拉蓝宝石钻戒 | | 130,092 | 纽约佳士得 | 2021-04-21 |
| 6.45克拉祖母绿配钻石戒指 | | 1,448,436 | 日内瓦苏富比 | 2021-05-11 |
| 6.47克拉天然缅甸红宝石配钻石戒指，未经加热 | | 690,000 | 华艺国际 | 2021-03-31 |
| 6.50克拉钻石戒指 | | 978,748 | 纽约苏富比 | 2021-08-31 |
| 6.52克拉蓝宝石和钻石戒指 | | 162,615 | 纽约佳士得 | 2021-04-21 |
| 6.53克拉缅甸抹谷鸽血红红宝石配钻石戒指,未经加热 | | 1,092,500 | 北京保利 | 2021-06-07 |
| 6.55克拉祖母绿戒指 | | 751,926 | 日内瓦佳士得 | 2021-05-12 |
| 6.56克拉，浓彩橙粉色，自然色，VVS1净度稀有彩色钻石和钻石戒指 | | 5,864,104 | 纽约佳士得 | 2021-04-13 |
| 6.62克拉椭圆形天然缅甸星光红宝石戒指 | | 113,850 | 佳士得 | 2021-05-23 |
| 6.69克拉缅甸“艳红色”尖晶石配钻石戒指/吊坠两用款，未经加热 | | 57,500 | 北京保利 | 2021-12-05 |
| 6.76克拉祖母绿配钻石戒指 | | 343,237 | 日内瓦苏富比 | 2021-05-13 |
| 6.82克拉天然哥伦比亚无油祖母绿配钻石戒指 | | 2,921,184 | 香港苏富比 | 2021-10-12 |
| 6.83克拉粉红色刚玉配钻石戒指，约1930年 | | 252,912 | 日内瓦苏富比 | 2021-05-13 |
| 6.86克拉天然矢车菊蓝宝石配钻石戒指，未经加热 | | 57,500 | 华艺国际 | 2021-06-04 |
| 6.94克拉，D色，内部无瑕净度钻石戒指，宝格丽 | | 3,759,630 | 日内瓦佳士得 | 2021-05-12 |
| 7.00克拉长方形艳彩黄色VS2(极优打磨及比例)钻石戒指 | | 3,591,875 | 佳士得 | 2021-11-28 |
| 7.01克拉净度为VS2枕形浓彩黄钻石戒指 | 戒圈13 | 920,000 | 西泠印社 | 2021-01-16 |
| 7.02克拉长方形D/IF(极优打磨及比例)钻石戒指，Harry Winston设计 | | 3,415,500 | 佳士得 | 2021-05-23 |
| 7.03克拉圆形D/IF钻石戒指 | | 4,657,500 | 佳士得 | 2021-05-23 |
| 7.03克拉钻石戒指 | | 1,211,679 | 纽约苏富比 | 2021-06-11 |
| 7.04克拉枕形巴西天然亚历山大石，Harry Winston设计 | | 2,052,500 | 佳士得 | 2021-11-28 |
| 7.06克拉红宝石和彩色钻石戒指 | | 1,613,052 | 纽约苏富比 | 2021-06-09 |
| 7.09克拉古垫形天然马达加斯加无经加热处理皇家蓝蓝宝石配钻石戒指 | | 178,848 | 天成国际 | 2021-06-01 |
| 7.09克拉蓝宝石和钻石戒指 | | 97,875 | 纽约苏富比 | 2021-08-31 |
| 7.09克拉榄尖形F/VVS1钻石戒指 | | 1,334,125 | 佳士得 | 2021-11-28 |
| 7.09克拉梨形红宝石戒指 | | 56,079 | 纽约佳士得 | 2021-06-04 |
| 7.12克拉，彩黄，自然色，VS2净度彩色钻石和钻石戒指 | | 393,564 | 纽约佳士得 | 2021-04-13 |
| 7.15克拉古垫形天然缅甸抹谷未经加热处理“鸽血红”红宝石配钻石戒指 | | 1,625,580 | 天成国际 | 2021-11-26 |
| 7.16克拉钻石戒指 | | 2,258,273 | 纽约苏富比 | 2021-06-09 |
| 7.1克拉天然珍珠配钻石戒指 | | 182,088 | 保利香港 | 2021-04-22 |
| 7.1克拉祖母绿和钻石戒指 | | 40,373 | 巴黎佳士得 | 2021-07-07 |
| 7.20克拉蓝宝石戒指 | | 32,698 | 日内瓦苏富比 | 2021-07-07 |
| 7.21克拉钻石戒指 | | 678,954 | 日内瓦苏富比 | 2021-05-11 |
| 7.22克拉,F色，SI1净度钻石戒指 | | 89,719 | 纽约苏富比 | 2021-08-31 |
| 7.27克拉，E色，VVS1净度钻石戒指 | | 1,557,858 | 纽约佳士得 | 2021-04-13 |
| 7.28克拉天然哥伦比亚无油祖母绿配钻石戒指 | | 2,086,560 | 香港苏富比 | 2021-10-12 |
| 7.31克拉梨形I/VS2钻石戒指 | | 724,500 | 佳士得 | 2021-05-23 |
| 7.37克拉天然缅甸星光红宝石配钻石戒指，未经加热 | | 115,000 | 华艺国际 | 2021-06-04 |
| 7.37克拉艳彩黄色钻石配钻石戒指 | | 1,472,000 | 北京保利 | 2021-06-07 |
| 7.39克拉钻石戒指 | | 1,448,436 | 日内瓦苏富比 | 2021-05-11 |
| 7.39克拉钻石戒指 | | 316,140 | 日内瓦苏富比 | 2021-05-13 |
| 7.46克拉红宝石和钻石戒指，MARINA B | | 1,074,180 | 日内瓦佳士得 | 2021-05-12 |
| 7.53克拉钻石戒指 | | 1,534,793 | 纽约苏富比 | 2021-06-11 |
| 7.58克拉，花式蓝绿色，VS1净度彩色钻石和钻石戒指 | | 7,519,260 | 日内瓦佳士得 | 2021-05-12 |
| 7.58克拉钻石戒指 | | 3,425,747 | 纽约苏富比 | 2021-02-04 |
| 7.59克拉哥伦比亚祖母绿配钻石戒指，未经注油 | | 2,645,000 | 北京保利 | 2021-09-26 |
| 7.5克拉皇家蓝宝石戒指 | | 115,000 | 上海嘉禾 | 2021-07-22 |
| 7.61克拉长方形天然“赞比亚”无经处理祖母绿配钻石戒指 | | 275,856 | 天成国际 | 2021-11-26 |
| 7.67克拉椭圆形天然无经处理海螺珠配钻石戒指 | | 275,856 | 天成国际 | 2021-11-26 |
| 7.72克拉蓝宝石钻戒 | | 227,661 | 纽约佳士得 | 2021-04-21 |
| 7.72克拉钻石戒指 | | 1,005,858 | 日内瓦苏富比 | 2021-05-11 |
| 7.75克拉古垫形天然未经加热处理粉红色尖晶石配钻石戒指 | | 129,168 | 天成国际 | 2021-06-01 |
| 7.76克拉天然缅甸抹谷未经加热星光红宝石配钻石戒指 | 指环12 | 299,000 | 中国嘉德 | 2021-05-21 |
| 7.84克拉蓝宝石钻戒 | | 138,223 | 纽约佳士得 | 2021-04-21 |
| 7.85克拉钻石戒指 | | 379,368 | 日内瓦苏富比 | 2021-05-13 |
| 7.95克拉椭圆形缅甸红宝石戒指及袖扣套装 | 袖扣2.1cm | 246,300 | 佳士得 | 2021-11-28 |
| 7.96克拉钻石戒指 | | 722,605 | 日内瓦苏富比 | 2021-05-13 |
| 7.98克拉，花式黄褐色，自然色，VS2彩色钻石和钻石戒指 | | 256,568 | 纽约佳士得 | 2021-06-08 |
| 8.01克拉枕形彩黄色VS1(极优打磨)钻石戒指 | | 359,188 | 佳士得 | 2021-11-28 |
| 8.02克拉彩棕黄色钻石戒指 | | 496,791 | 日内瓦苏富比 | 2021-05-13 |
| 8.03克拉祖母绿和7.43克拉钻石“TOI & MOI”戒指 | | 1,969,330 | 日内瓦佳士得 | 2021-05-12 |
| 8.13克拉榄尖形M/SI2钻石戒指 | | 389,975 | 佳士得 | 2021-11-28 |
| 8.13克拉莫桑比克“鸽血红”红宝石配钻石戒指，未经加热 | | 690,000 | 北京保利 | 2021-12-05 |

（成交价RMB：2万元以上）

| 拍品名称 | 物品尺寸 | 成交价RMB | 拍卖公司 | 拍卖日期 |
|---|---|---|---|---|
| 8.18克拉椭圆形泰国红宝石戒指 | | 621,000 | 佳士得 | 2021-05-23 |
| 8.23克拉古垫形天然缅甸未经加热处理粉红色尖晶石配钻石戒指/吊坠 | | 258,336 | 天成国际 | 2021-06-01 |
| 8.25克拉长方形浓彩黄色VS1钻石戒指 | | 923,625 | 佳士得 | 2021-11-28 |
| 8.33克拉长方形天然哥伦比亚祖母绿戒指 | | 4,105,000 | 佳士得 | 2021-11-28 |
| 8.34克拉天然D色VS2净度钻石配钻石戒指 | | 1,380,000 | 中国嘉德 | 2021-11-30 |
| 8.40克拉枕形克什米尔天然蓝宝石及钻石戒指 | | 3,312,000 | 佳士得 | 2021-05-23 |
| 8.43克拉长方形浓彩黄色VS2钻石戒指 | | 821,000 | 佳士得 | 2021-11-28 |
| 8.45克拉椭圆形天然缅甸无经加热处理“矢车菊蓝”蓝宝石配钻石戒指 | | 325,116 | 天成国际 | 2021-11-26 |
| 8.45克拉星光蓝宝石配钻石戒指，未经加热 | | 51,750 | 北京保利 | 2021-06-07 |
| 8.51克拉祖母绿和钻石戒指 | | 1,042,308 | 纽约佳士得 | 2021-06-08 |
| 8.52克拉东非鸽血红红宝石配钻石戒指，未经加热 | | 687,888 | 保利香港 | 2021-04-22 |
| 8.52克拉蓝宝石戒指 | | 36,785 | 日内瓦苏富比 | 2021-07-07 |
| 8.54克拉钮形天然无经处理蚌珠配钻石繁花戒指 | | 49,680 | 天成国际 | 2021-06-01 |
| 8.58克拉古垫形天然无经加热处理粉红色尖晶石配粉红色刚玉及钻石戒指 | | 128,076 | 天成国际 | 2021-11-26 |
| 8.60克拉阶梯式切割天然哥伦比亚未经处理祖母绿配钻石戒指，Harry Winston | | 2,758,560 | 天成国际 | 2021-11-26 |
| 8.75克拉红宝石钻戒 | | 89,438 | 纽约佳士得 | 2021-04-21 |
| 8.80克拉枕形哥伦比亚祖母绿戒指，Bulgari设计 | | 2,070,000 | 佳士得 | 2021-05-23 |
| 8.83克拉天然哥伦比亚无油祖母绿配钻石戒指 | | 3,952,044 | 香港苏富比 | 2021-10-12 |
| 8.85克拉祖母绿和钻石戒指 | | 696,936 | 纽约佳士得 | 2021-04-13 |
| 8.88克拉方形D色完美无瑕钻石戒指 | | 4,227,645 | 香港苏富比 | 2021-04-20 |
| 8.88克拉缅甸抹谷无烧红宝石配钻石戒指 | | 12,650,000 | 永乐拍卖 | 2021-05-22 |
| 8.88克拉艳彩黄色钻石配钻石戒指 | | 7,287,735 | 香港苏富比 | 2021-04-20 |
| 8.92克拉蓝宝石钻戒 | | 487,845 | 纽约佳士得 | 2021-04-21 |
| 8.94克拉天然斯里兰卡未经加热橙粉红色刚玉配钻石戒指 | | 1,773,576 | 香港苏富比 | 2021-10-12 |
| 8.98克拉，K色，VS1净度钻石戒指 | | 671,363 | 日内瓦佳士得 | 2021-05-12 |
| 8.99克拉方形蓝宝石钻戒 | | 195,138 | 纽约佳士得 | 2021-04-21 |
| 9.05克拉钻石戒指 | | 375,963 | 日内瓦佳士得 | 2021-05-12 |
| 9.08克拉梨形天然缅甸抹谷无经加热处理红宝石配钻石戒指 | | 278,208 | 天成国际 | 2021-06-01 |
| 9.11克拉克什米尔无烧蓝宝石配钻石戒指 | | 8,510,000 | 永乐拍卖 | 2021-05-22 |
| 9.12克拉缅甸天然皇家蓝蓝宝石戒指，Bulgari设计 | | 431,025 | 佳士得 | 2021-11-28 |
| 9.13克拉天然缅甸未经加热艳彩红色尖晶石配钻石戒指 | | 94,300 | 中国嘉德 | 2021-05-21 |
| 9.14克拉，K色，VS1净度钻石戒指 | | 771,661 | 纽约佳士得 | 2021-08-18 |
| 9.14克拉古垫形天然“哥伦比亚”祖母绿配钻石戒指 | | 76,846 | 天成国际 | 2021-11-26 |
| 9.18克拉椭圆形天然斯里兰卡无经加热处理“矢车菊蓝”蓝宝石配钻石戒指 | | 157,632 | 天成国际 | 2021-11-26 |
| 9.21克拉钻戒 | | 178,646 | 纽约佳士得 | 2021-01-27 |
| 9.31克拉，J色，VS2净度钻石戒指 | | 962,130 | 纽约佳士得 | 2021-06-08 |
| 9.39克拉长方形缅甸天然蓝宝石戒指 | | 2,052,500 | 佳士得 | 2021-11-28 |
| 9.40克拉缅甸红宝石配钻石戒指，未经加热 | | 1,495,000 | 北京保利 | 2021-06-07 |
| 9.40克拉钻石和缟玛瑙戒指 | | 2,372,148 | 日内瓦佳士得 | 2021-05-12 |
| 9.43克拉蓝宝石和钻石戒指 | | 480,675 | 纽约佳士得 | 2021-06-04 |
| 9.58克拉深彩棕橙色自然色VS1净度彩色钻石和钻石戒指 | | 696,936 | 纽约佳士得 | 2021-04-13 |
| 9.60克拉钻石戒指 | | 488,444 | 米兰佳士得 | 2021-02-03 |
| 9.61克拉蓝宝石戒指 | | 40,873 | 日内瓦苏富比 | 2021-07-07 |
| 9.63克拉天然缅甸未经加热蓝宝石配钻石戒指，蒂芙尼 | 指环12 | 862,500 | 中国嘉德 | 2021-05-21 |
| 9.82克拉天然缅甸未经加热尖晶石配钻石玫瑰花园戒指 | 指环13 | 138,000 | 中国嘉德 | 2021-05-21 |
| 9.83克拉，艳彩橙黄色，自然色，VS1净度彩色钻石和钻石戒指 | | 5,263,542 | 纽约佳士得 | 2021-08-18 |
| 9.84克拉海蓝宝石配蓝宝石及钻石戒指 溶洞系列 | | 51,750 | 永乐拍卖 | 2021-12-02 |
| 9.85克拉蓝宝石和钻石戒指 | | 152,214 | 纽约佳士得 | 2021-06-04 |
| 9.86克拉天然蓝宝石配钻石戒指 | | 86,250 | 中国嘉德 | 2021-05-21 |
| 10.00克拉钻石戒指 | | 5,623,102 | 纽约苏富比 | 2021-02-04 |
| 10.02克拉长方形D/FL Type IIa（极优打磨）钻石戒指 | | 5,175,000 | 佳士得 | 2021-05-23 |
| 10.02克拉枕形U-V/VS2（极优打磨）钻石戒指 | | 205,250 | 佳士得 | 2021-11-28 |
| 10.03克拉淡彩黄棕色钻石戒指 | | 451,628 | 日内瓦苏富比 | 2021-05-13 |
| 10.03克拉钻石戒指 | | 1,307,517 | 纽约苏富比 | 2021-02-04 |
| 10.04克拉缅甸无烧红宝石配钻石戒指 | | 4,830,000 | 永乐拍卖 | 2021-12-02 |
| 10.04克拉斯里兰卡矢车菊蓝宝石戒指，未经优化处理 | 戒圈14 | 230,000 | 西泠印社 | 2021-01-16 |
| 10.04克拉天然缅甸未经加热蓝宝石配钻石戒指 | | 2,086,560 | 香港苏富比 | 2021-10-12 |
| 10.04克拉钻石戒指 | | 677,442 | 日内瓦苏富比 | 2021-05-13 |
| 10.08克拉，H色，VS1净度钻石戒指 | | 2,111,915 | 纽约佳士得 | 2021-08-18 |
| 10.09克拉圆形D/SI2（极优切割、打磨及比例）钻石戒指 | | 2,070,000 | 佳士得 | 2021-05-23 |
| 10.0克拉H色VS2净度白钻戒指 | 戒圈14 | 1,380,000 | 西泠印社 | 2021-07-25 |
| 10.10克拉阿斯切钻石戒指 | | 3,680,000 | 永乐拍卖 | 2021-05-22 |
| 10.11克拉绿色钻石戒指 | | 1,334,000 | 永乐拍卖 | 2021-05-22 |
| 10.14克拉椭圆形帕拉伊巴碧玺配钻石戒指 | | 177,336 | 天成国际 | 2021-11-26 |
| 10.16克拉，Y到Z颜色范围，I1净度钻石戒指 | 美国戒指尺寸5½ 毛重：11.3克 | 256,568 | 纽约佳士得 | 2021-06-08 |
| 10.17克拉心形彩黄色VS2钻石戒指 | | 672,750 | 佳士得 | 2021-05-23 |
| 10.18克拉，浓彩黄绿色，自然色，SI1净度彩色钻石和钻石戒指 | | 2,405,325 | 纽约佳士得 | 2021-06-08 |
| 10.18克拉蓝宝石和钻石戒指 | | 358,060 | 日内瓦佳士得 | 2021-05-12 |
| 10.18克拉缅甸星光蓝宝石配钻石戒指/吊坠两用款，未经加热 | | 63,250 | 北京保利 | 2021-12-05 |
| 10.2毫米人工养殖珍珠和钻石戒指 | | 13.985 | 纽约佳士得 | 2021-04-21 |
| 10.22克拉彩色钻石和钻石戒指 | | 895,150 | 日内瓦佳士得 | 2021-05-12 |
| 10.39克拉缅甸星光蓝宝石配钻石戒指/吊坠两用，未经加热 | | 57,500 | 北京保利 | 2021-06-07 |
| 10.39克拉天然缅甸尖晶石配钻石戒指 | | 955,962 | 香港苏富比 | 2021-04-20 |
| 10.41克拉椭圆形D色内部无瑕钻石戒指 | | 5,451,681 | 香港苏富比 | 2021-04-20 |
| 10.42克拉，彩黄，自然色，VVS2净度彩色钻石和钻石戒指 | | 737,933 | 纽约佳士得 | 2021-04-13 |
| 10.48克拉，D色，内部无瑕净度，IIa型钻石戒指 格拉夫 | | 6,058,375 | 日内瓦佳士得 | 2021-05-12 |
| 10.52克拉钻石和蓝宝石戒指 | | 1,774,357 | 纽约苏富比 | 2021-06-09 |
| 10.61克拉红宝石和钻石戒指 | | 77,658 | 日内瓦苏富比 | 2021-07-07 |

**2021翡翠珠宝拍卖成交汇总(续表)**

**(成交价RMB：2万元以上)**

| 拍品名称 | 物品尺寸 | 成交价RMB | 拍卖公司 | 拍卖日期 |
|---|---|---|---|---|
| 10.62克拉缅甸抹谷红宝石配钻石戒指，未经加热 | | 690,000 | 北京保利 | 2021-12-05 |
| 10.63克拉D/IF Type IIa戈尔康达钻石戒指 | | 14,983,250 | 佳士得 | 2021-11-28 |
| 10.71克拉钻石戒指 | | 106,031 | 纽约苏富比 | 2021-08-31 |
| 10.75克拉梨形D色钻石戒指 | | 4,352,796 | 香港苏富比 | 2021-10-12 |
| 10.82克拉缅甸蓝宝石钻戒 | | 243,923 | 纽约佳士得 | 2021-04-21 |
| 10.83克拉钻石戒指 | | 491,955 | 纽约佳士得 | 2021-04-13 |
| 10.84克拉长方形哥伦比亚天然祖母绿戒指 | | 4,207,625 | 佳士得 | 2021-11-28 |
| 10.98克拉钻石戒指 | | 2,534,762 | 日内瓦苏富比 | 2021-05-11 |
| 10克拉，VVS2钻戒 | | 2,875,000 | 上海嘉禾 | 2021-07-22 |
| 11.03克拉莫桑比克无烧鸽血红红宝石配钻石戒指 | | 4,370,000 | 永乐拍卖 | 2021-05-22 |
| 11.08克拉哥伦比亚艳绿色祖母绿配钻石戒指，未经注油 | | 1,667,500 | 北京保利 | 2021-06-07 |
| 11.22克拉天然变色蓝宝石配钻石戒指，未经加热 | | 230,000 | 华艺国际 | 2021-03-31 |
| 11.27克拉古垫形天然锰铝榴石配钻石戒指 | | 37,438 | 天成国际 | 2021-11-26 |
| 11.29克拉古垫形玫瑰榴石配黄色钻石及钻石戒指 | | 39,408 | 天成国际 | 2021-11-26 |
| 11.33克拉蓝宝石配钻石戒指 | | 7,272,353 | 日内瓦苏富比 | 2021-05-11 |
| 11.36克拉，Q到R颜色，VS1净度钻石戒指 | | 601,331 | 纽约佳士得 | 2021-06-08 |
| 11.39克拉D色TypeIIA钻石戒指，净度内部无瑕 | | 4,715,000 | 北京保利 | 2021-06-07 |
| 11.48克拉钻石戒指 | | 4,053,563 | 纽约苏富比 | 2021-02-04 |
| 11.55克拉钻石戒指 | | 646,229 | 纽约苏富比 | 2021-06-11 |
| 11.59克拉淡彩黄色钻石戒指 | | 814,745 | 日内瓦苏富比 | 2021-05-11 |
| 11.65克拉花式棕黄色钻石戒指 | | 363,504 | 纽约苏富比 | 2021-06-11 |
| 11.73克拉蓝宝石配钻石戒指 | | 1,901,072 | 日内瓦苏富比 | 2021-05-11 |
| 12.2克拉坦桑石配钻石戒指 | | 46,000 | 北京保利 | 2021-09-26 |
| 12.38克拉钻石戒指 | | 2,014,088 | 日内瓦佳士得 | 2021-05-12 |
| 12.39克拉赞比亚祖母绿和钻石戒指 | | 532,951 | 纽约佳士得 | 2021-04-13 |
| 12.46克拉蓝宝石配钻石戒指 | | 406,465 | 日内瓦苏富比 | 2021-05-13 |
| 12.50克拉长方形哥伦比亚天然祖母绿及钻石戒指 | | 8,652,600 | 佳士得 | 2021-05-23 |
| 12.55克拉圆形D/IF（极优切割、打磨及比例）钻石戒指 | | 8,950,680 | 佳士得 | 2021-05-23 |
| 12.62克拉彩橙粉色钻石配钻石戒指 | | 12,650,000 | 北京保利 | 2021-09-26 |
| 12.85克拉石榴石和钻石戒指 | | 36,588 | 纽约佳士得 | 2021-04-21 |
| 12.96克拉蓝宝石和钻石戒指 | | 178,646 | 纽约佳士得 | 2021-01-27 |
| 13.01克拉哥伦比亚极微油祖母绿戒指 | 戒圈13.5 | 1,380,000 | 西泠印社 | 2021-07-25 |
| 13.02克拉红宝石和钻石戒指 | | 16,005,701 | 纽约苏富比 | 2021-06-09 |
| 13.03克拉长方形天然蓝宝石及钻石戒指 | | 2,070,000 | 佳士得 | 2021-05-23 |
| 13.15克拉蓝宝石和钻石戒指 | | 942,914 | 纽约佳士得 | 2021-04-13 |
| 13.18克拉钻石戒指 | | 1,147,895 | 纽约佳士得 | 2021-04-13 |
| 13.52克拉天然哥伦比亚祖母绿配钻石戒指 | | 6,063,699 | 香港苏富比 | 2021-04-20 |
| 14.02克拉蓝宝石及5.63克拉彩色蓝宝石和钻石戒指 | | 573,948 | 纽约佳士得 | 2021-04-13 |
| 14.05克拉海蓝宝石配钻石戒指 | | 80,500 | 北京保利 | 2021-06-07 |
| 14.20克拉梨形电气石及钻石戒指 | | 5,175,000 | 佳士得 | 2021-05-23 |
| 14.41克拉蓝宝石戒指及袖扣套装 | 袖扣2.3cm | 225,775 | 佳士得 | 2021-11-28 |
| 14.48克拉椭圆形天然缅甸未经加热处理“皇家蓝”蓝宝石配钻石戒指 | | 1,280,760 | 天成国际 | 2021-11-26 |
| 14.50克拉D色内部无瑕IIa型钻石戒指 | | 9,248,754 | 纽约佳士得 | 2021-04-13 |
| 14.53克拉钻石戒指 | | 893,503 | 纽约佳士得 | 2021-08-18 |
| 14.53克拉钻石戒指 | | 1,810,544 | 日内瓦苏富比 | 2021-05-11 |
| 14.63克拉钻石戒指 | | 1,492,073 | 纽约苏富比 | 2021-06-09 |

| 拍品名称 | 物品尺寸 | 成交价RMB | 拍卖公司 | 拍卖日期 |
|---|---|---|---|---|
| 14.72克拉蓝宝石和钻石戒指 | | 210,281 | 纽约苏富比 | 2021-06-11 |
| 14.84克拉蓝宝石配钻石戒指 | | 406,465 | 日内瓦苏富比 | 2021-05-13 |
| 14.96克拉斯里兰卡蓝宝石戒指及袖扣套装 | 袖扣2.0cm | 328,400 | 佳士得 | 2021-11-28 |
| 15.01克拉蓝宝石钻戒 | | 105,700 | 纽约佳士得 | 2021-04-21 |
| 15.02克拉枕形艳彩黄色VVS2(极优打磨)钻石戒指 | | 3,591,875 | 佳士得 | 2021-11-28 |
| 15.11克拉，彩棕黄色，自然色，VVS1净度彩色钻石戒指 | | 1,042,308 | 纽约佳士得 | 2021-06-08 |
| 15.29克拉梨形淡彩棕黄色VS2(极优比例)钻石戒指 | | 769,688 | 佳士得 | 2021-11-28 |
| 15.32克拉枕形缅甸天然皇家蓝蓝宝石及钻石戒指 | | 2,691,000 | 佳士得 | 2021-05-23 |
| 15.38克拉无烧蓝宝石配钻石戒指 | | 402,500 | 永乐拍卖 | 2021-12-02 |
| 15.44克拉圆形L/VS2钻石戒指 | | 1,026,250 | 佳士得 | 2021-11-28 |
| 15.52克拉梨形深彩棕黄色VVS2钻石戒指 | | 828,000 | 佳士得 | 2021-05-23 |
| 15.54克拉蓝宝石和钻石戒指 | | 208,462 | 纽约佳士得 | 2021-06-08 |
| 15.56克拉钻石戒指 | | 1,290,442 | 纽约苏富比 | 2021-06-09 |
| 15.59克拉阶梯式切割天然圣玛丽亚海蓝宝石配钻石戒指 | | 268,272 | 天成国际 | 2021-06-01 |
| 15.80、2.85及2.60长方形哥伦比亚祖母绿戒指及袖扣套装 | 袖扣2.0cm | 513,125 | 佳士得 | 2021-11-28 |
| 15.81克拉枕形艳彩紫粉红色IF Type IIa钻石戒指 | | 187,355,700 | 佳士得 | 2021-05-23 |
| 15.90克拉蓝宝石和钻石戒指 | | 480,074 | 伦敦苏富比 | 2021-06-24 |
| 15颗0.96至0.90克拉长方形D-F/VVS1-VS2钻石戒指 | | 331,200 | 佳士得 | 2021-05-23 |
| 16.04克拉蓝宝石钻戒 | | 105,700 | 纽约佳士得 | 2021-04-21 |
| 16.12克拉蓝宝石钻戒 | | 121,961 | 纽约佳士得 | 2021-04-21 |
| 16.33克拉蓝宝石和钻石戒指 | | 8,120,801 | 日内瓦佳士得 | 2021-05-12 |
| 16.35克拉黄色蓝宝石和钻石戒指 | | 106,269 | 日内瓦苏富比 | 2021-07-07 |
| 16.38克拉古垫形橄榄石配钻石戒指 | | 47,693 | 天成国际 | 2021-06-01 |
| 16.42克拉哥伦比亚祖母绿戒指，Bulgari设计 | | 496,800 | 佳士得 | 2021-05-23 |
| 16.48克拉J色VS2净度钻石戒指 | | 2,459,775 | 纽约佳士得 | 2021-04-13 |
| 16.48克拉祖母绿和钻石戒指 | | 371,217 | 米兰佳士得 | 2021-02-03 |
| 16.72克拉帕拉伊巴碧玺配钻石戒指 | | 402,500 | 华艺国际 | 2021-12-10 |
| 16.81克拉蓝宝石和钻石戒指 20世纪初 | | 217,176 | 伦敦苏富比 | 2021-06-24 |
| 16.95克拉哥伦比亚无油祖母绿配钻石戒指 | | 2,932,500 | 永乐拍卖 | 2021-05-22 |
| 17.01克拉古垫形天然艳彩黄色VS1净度钻石配钻石戒指 | | 5,270,820 | 天成国际 | 2021-11-26 |
| 17.53克拉蓝宝石和钻石戒指 | | 492,333 | 日内瓦佳士得 | 2021-05-12 |
| 17.65克拉蓝宝石和钻石戒指 | | 363,504 | 纽约苏富比 | 2021-06-11 |
| 17.71克拉蓝宝石配钻石戒指 | | 216,781 | 日内瓦苏富比 | 2021-05-13 |
| 17.72克拉蓝宝石戒指 | | 161,127 | 日内瓦佳士得 | 2021-05-12 |
| 17.81克拉绿蓝色梨形碧玺和钻石戒指 | | 60,981 | 纽约佳士得 | 2021-04-21 |
| 17.92克拉祖母绿和钻石戒指 | | 268,545 | 日内瓦佳士得 | 2021-05-12 |
| 17克拉天然火欧泊配钻石鲤鱼戒指 | | 161,000 | 华艺国际 | 2021-06-04 |
| 18.17克拉哥伦比亚祖母绿配钻石戒指 | | 834,624 | 香港苏富比 | 2021-10-12 |
| 18.38克拉艳彩黄色钻石戒指 | | 18,400,017 | 日内瓦苏富比 | 2021-05-11 |
| 18.54克拉，H色，VVS2净度钻石戒指，宝格丽 | | 5,972,441 | 日内瓦佳士得 | 2021-05-12 |
| 18.80克拉，D色，VVS1净度，IIa型钻石戒指 | | 5,972,441 | 日内瓦佳士得 | 2021-05-12 |
| 18K白金1.43克拉莫桑比克帕拉伊巴碧玺配钻石及彩色宝石戒指，未经加热 | | 54,480 | 北京保利 | 2021-08-08 |
| 18K白金10.02克拉缅甸抹谷鸽血红红宝石配总重4.33克拉钻石戒指/吊坠 两用款，未经加热 | | 300,775 | 北京保利 | 2021-08-08 |

(成交价RMB：2万元以上)

| 拍品名称 | 物品尺寸 | 成交价RMB | 拍卖公司 | 拍卖日期 |
|---|---|---|---|---|
| 18K白金10.54克拉“圣玛利亚蓝”海蓝宝石配钻石及彩色宝石戒指 | | 30,645 | 北京保利 | 2021-08-08 |
| 18K白金11.85克拉赞比亚“艳绿色”祖母绿配总重2.62克拉钻石戒指/吊坠两用款，极微注油 | | 111,230 | 北京保利 | 2021-08-08 |
| 18K白金12.65克拉坦桑石配钻石戒指 | | 36,320 | 北京保利 | 2021-08-08 |
| 18K白金12.97克拉绿色碧玺配钻石戒指 | | 28,375 | 北京保利 | 2021-08-08 |
| 18K白金2.0克拉莫桑比克无烧鸽血红红宝石2克拉花式戒指 | 裸石8.31mm×6.98mm×3.62mm | 107,520 | 上海联合 | 2021-06-27 |
| 18K白金2.5克拉哥伦比亚木佐祖母绿花式戒指 | | 526,400 | 上海联合 | 2021-06-27 |
| 18K白金2.80克拉赞比亚“艳绿色”祖母绿配总重1.41克拉钻石戒指，未经注油 | | 21,565 | 北京保利 | 2021-08-08 |
| 18K白金3.2克拉帕拉伊巴碧玺钻石花式戒指 | | 125,440 | 上海联合 | 2021-06-27 |
| 18K白金3.60克拉“艳粉色”蓝宝石配钻石戒指，未经加热 | | 70,370 | 北京保利 | 2021-08-08 |
| 18K白金3.93克拉斯里兰卡无烧皇家蓝蓝宝石花式戒指 | | 185,920 | 上海联合 | 2021-06-27 |
| 18K白金3克拉莫桑比克无烧鸽血红红宝石花式戒指 | | 156,800 | 上海联合 | 2021-06-27 |
| 18K白金4.08克拉缅甸鸽血红红宝石配总重3.01克拉钻石戒指，未经加热 | | 158,900 | 北京保利 | 2021-01-16 |
| 18K白金4.7克拉莫桑比克无烧鸽血红红宝石钻石花式戒指 | | 672,000 | 上海联合 | 2021-06-27 |
| 18K白金6.03克拉莫桑比克无烧鸽血红红宝石花式戒指(两用款) | | 840,000 | 上海联合 | 2021-06-27 |
| 18K白金6.71克拉缅甸“矢车菊”蓝宝石配总重2.17克拉钻石戒指/吊坠，未经加热 | | 111,230 | 北京保利 | 2021-01-16 |
| 18K白金7.50克拉赞比亚“沃顿绿”祖母绿配总重2.15克拉钻石戒指/吊坠 未经注油 | | 124,850 | 北京保利 | 2021-01-16 |
| 18K白金7.52克拉摩根石配钻石戒指 | | 28,375 | 北京保利 | 2021-08-08 |
| 18K白金缅甸天然冰种翡翠蛋面配彩色宝石及钻石戒指 | | 22,700 | 北京保利 | 2021-08-09 |
| 18K白金缅甸天然满绿翡翠“佛公”配钻石戒指/挂坠，两用款 | | 21,565 | 北京保利 | 2021-08-09 |
| 18K白金缅甸天然满绿翡翠蛋面配钻石戒指 | | 106,690 | 北京保利 | 2021-08-09 |
| 18K翡翠白冰花式戒指 | | 31,360 | 上海联合 | 2021-06-27 |
| 18K翡翠冰糯种满阳绿花式戒指 | | 98,560 | 上海联合 | 2021-11-21 |
| 18K翡翠冰种满阳绿花式戒指 | | 436,800 | 上海联合 | 2021-11-21 |
| 18K翡翠冰种甜阳绿蛋面花式戒指 | | 49,280 | 上海联合 | 2021-11-21 |
| 18K翡翠冰种阳绿花式戒指 | | 73,920 | 上海联合 | 2021-11-21 |
| 18K翡翠帝王绿满色葫芦花式戒指 | | 25,760 | 上海联合 | 2021-06-27 |
| 18K翡翠高冰种甜绿蛋面花式戒指 | | 25,760 | 上海联合 | 2021-06-27 |
| 18K翡翠老坑帝王绿花式戒指 | | 140,000 | 上海联合 | 2021-06-27 |
| 18K翡翠满绿蛋面花式戒指 | | 92,960 | 上海联合 | 2021-11-21 |
| 18K翡翠满绿蛋面花式戒指 | | 87,360 | 上海联合 | 2021-06-27 |
| 18K翡翠满绿蛋面花式戒指 | | 73,920 | 上海联合 | 2021-11-21 |
| 18K翡翠满绿蛋面花式戒指 | | 61,600 | 上海联合 | 2021-11-21 |
| 18K翡翠满绿蛋面花式戒指 | | 52,640 | 上海联合 | 2021-06-27 |
| 18K翡翠满绿蛋面花式戒指 | | 40,320 | 上海联合 | 2021-06-27 |
| 18K翡翠满绿蛋面花式戒指 | | 36,960 | 上海联合 | 2021-11-21 |
| 18K翡翠男士马鞍钻石戒指 | | 448,000 | 上海联合 | 2021-06-27 |
| 18K粉钻水滴钻石花式戒指 | | 117,600 | 上海联合 | 2021-11-21 |
| 18K红碧玺花式戒指 | | 42,560 | 上海联合 | 2021-06-27 |
| 18K皇家蓝蓝宝石花式戒指 | | 35,840 | 上海联合 | 2021-11-21 |
| 18K黄金编织形配钻石戒指 | | 20,700 | 华艺国际 | 2021-06-04 |

| 拍品名称 | 物品尺寸 | 成交价RMB | 拍卖公司 | 拍卖日期 |
|---|---|---|---|---|
| 18K黄钻钻石花式戒指 | | 69,440 | 上海联合 | 2021-06-27 |
| 18K金翡翠马鞍满绿花式戒指 | | 151,200 | 上海联合 | 2021-06-27 |
| 18K金葡萄石戒指 | | 29,900 | 永乐拍卖 | 2021-05-22 |
| 18K金镶钻红色翡翠心形坠/戒指(一套两件) | 长4.3cm；宽3.5cm；长1.4cm；宽1.5cm | 48,300 | 浙江佳宝 | 2021-01-10 |
| 18K金镶钻紫罗兰翡翠圆坠/戒指(一套两件) | 长5.2cm；宽3cm；长2.1cm；宽1.8cm | 218,500 | 浙江佳宝 | 2021-01-10 |
| 18K金钻石戒指 | | 31,050 | 永乐拍卖 | 2021-05-22 |
| 18K蓝钻钻石花式戒指 | | 1,433,600 | 上海联合 | 2021-06-27 |
| 18K缅甸鸽血红红宝石花式戒指 | | 43,680 | 上海联合 | 2021-06-27 |
| 18K莫桑比克无烧鸽血红红宝石花式戒指 | | 308,000 | 上海联合 | 2021-11-21 |
| 18K莫桑比克无烧鸽血红红宝石花式戒指 | | 142,240 | 上海联合 | 2021-11-21 |
| 18K莫桑比克无烧鸽血红红宝石花式戒指 | | 80,640 | 上海联合 | 2021-06-27 |
| 18K莫桑比克无烧鸽血红红宝石戒指 | | 36,960 | 上海联合 | 2021-11-21 |
| 18K莫桑比克无烧鸽血红红宝石戒指 | | 30,240 | 上海联合 | 2021-11-21 |
| 18K莫桑比克无烧鸽血红红宝石戒指 | | 28,000 | 上海联合 | 2021-11-21 |
| 18K斯里兰卡无烧皇家蓝蓝宝石花式戒指 | | 47,040 | 上海联合 | 2021-06-27 |
| 18K斯里兰卡无烧矢车菊蓝宝石花式戒指 | | 44,800 | 上海联合 | 2021-06-27 |
| 18K无烧粉蓝宝石花式戒指 | | 30,240 | 上海联合 | 2021-06-27 |
| 18K赞比亚祖母绿花式戒指 | | 35,840 | 上海联合 | 2021-11-21 |
| 18K赞比亚祖母绿男戒 | | 29,120 | 上海联合 | 2021-06-27 |
| 19.18克拉祖母绿和钻石戒指，REZA | | 1,611,270 | 日内瓦佳士得 | 2021-05-12 |
| 19.21克拉黄色蓝宝石和钻石戒指 | | 137,164 | 伦敦苏富比 | 2021-06-24 |
| 19.25克拉，H色，SI2净度钻石戒指 | | 2,565,680 | 纽约佳士得 | 2021-06-08 |
| 19.75克拉祖母绿和钻石戒指 | | 311,572 | 纽约佳士得 | 2021-04-13 |
| 20.00克拉天然斯里兰卡皇家蓝蓝宝石配钻石戒指 | | 1,699,488 | 香港苏富比 | 2021-04-20 |
| 20.02克拉椭圆形彩棕橘粉红色VVS2(极优打磨及比例)钻石戒指 | | 9,447,480 | 佳士得 | 2021-05-23 |
| 20.17克拉祖母绿戒指 | | 207,000 | 永乐拍卖 | 2021-12-02 |
| 20.19克拉蓝宝石钻戒 | | 73,177 | 纽约佳士得 | 2021-04-21 |
| 20.27克拉变色蓝宝石和钻石戒指 | | 696,936 | 纽约佳士得 | 2021-04-13 |
| 20.40克拉马达加斯加皇家蓝蓝宝石配钻石戒指，未经加热 | | 1,725,000 | 北京保利 | 2021-06-07 |
| 20.45克拉天然哥伦比亚祖母绿配钻石戒指 | | 230,000 | 华艺国际 | 2021-06-04 |
| 20.54克拉蓝宝石戒指 | | 943,000 | 上海嘉禾 | 2021-07-22 |
| 20.59克拉蓝宝石和钻石戒指 | | 360,506 | 纽约佳士得 | 2021-06-04 |
| 20.88克拉心形F/IF Type IIa(极优打磨及比例)钻石戒指 | | 9,646,200 | 佳士得 | 2021-05-23 |
| 20.96克拉天然哥伦比亚祖母绿配钻石戒指 | 指环11 | 264,500 | 中国嘉德 | 2021-05-21 |
| 20克拉粉钻戒指 | | 8,050,000 | 永乐拍卖 | 2021-12-02 |
| 21.26克拉天然缅甸蓝宝石配钻石戒指，未经加热 | | 2,875,000 | 华艺国际 | 2021-12-10 |
| 21.41克拉钻石戒指 | | 888,565 | 纽约苏富比 | 2021-06-11 |
| 21.54克拉椭圆形缅甸天然红宝石戒指 | | 3,899,750 | 佳士得 | 2021-11-28 |
| 21.65克拉浓彩黄钻和钻石戒指 | | 3,226,104 | 纽约苏富比 | 2021-06-09 |
| 22.7克拉紫色锂辉石配钻石戒指 | | 36,800 | 北京保利 | 2021-06-07 |
| 22.87克拉蓝宝石和钻石戒指 | | 2,864,480 | 日内瓦佳士得 | 2021-05-12 |
| 23.58克拉自然色SI1净度彩黄钻戒 | | 2,111,265 | 纽约佳士得 | 2021-01-27 |
| 23.86克拉祖母绿和钻石戒指 | | 1,257,338 | 伦敦苏富比 | 2021-06-24 |
| 24.03克拉蓝宝石和钻石戒指 | | 1,042,308 | 纽约佳士得 | 2021-06-08 |
| 24.25克拉猫眼石戒指 | | 297,613 | 佳士得 | 2021-11-28 |
| 24.38克拉祖母绿配钻石戒指 | | 6,663,809 | 日内瓦苏富比 | 2021-05-11 |

## 2021翡翠珠宝拍卖成交汇总(续表)

(成交价RMB：2万元以上)

| 拍品名称 | 物品尺寸 | 成交价RMB | 拍卖公司 | 拍卖日期 |
|---|---|---|---|---|
| 24.71克拉钻石戒指 | | 3,064,799 | 纽约苏富比 | 2021-06-09 |
| 24.77克拉碧玺和钻石戒指 | | 52,782 | 纽约佳士得 | 2021-01-27 |
| 24.77克拉钻石戒指 | | 3,895,009 | 纽约苏富比 | 2021-06-09 |
| 25.55克拉，艳彩黄，自然色，VS1净度彩色钻石戒指 | | 10,823,010 | 纽约佳士得 | 2021-04-13 |
| 26.92克拉蓝宝石戒指及袖扣套装 | 袖扣2.1cm | 102,625 | 佳士得 | 2021-11-28 |
| 27.04克拉椭圆形斯里兰卡天然蓝宝石戒指 | | 1,026,250 | 佳士得 | 2021-11-28 |
| 27.113克拉"猫眼"磷灰石配钻石男士戒指 | | 23,000 | 华艺国际 | 2021-12-10 |
| 27.97克拉蓝宝石和钻石戒指 | | 760,878 | 日内瓦佳士得 | 2021-05-12 |
| 27克拉天然坦桑石配红宝石钻石戒指 | | 97,750 | 华艺国际 | 2021-06-04 |
| 30.24克拉天然哥伦比亚祖母绿配钻石戒指 未注油 | | 16,560,000 | 永乐拍卖 | 2021-05-22 |
| 30.40克拉蓝宝石和钻石戒指 | | 1,557,858 | 纽约佳士得 | 2021-04-13 |
| 31.17克拉正方形艳彩黄色VS2(极优打磨及比例)钻石戒指 | | 13,819,320 | 佳士得 | 2021-05-23 |
| 31.75克拉蓝宝石和钻石戒指 | | 1,029,423 | 日内瓦佳士得 | 2021-05-12 |
| 32.48克拉浓彩黄色配4.24克拉和3.82克拉彩黄色钻石戒指 | | 4,925,112 | 日内瓦苏富比 | 2021-05-11 |
| 32.87克拉尖晶石和钻石戒指 | | 2,148,360 | 日内瓦佳士得 | 2021-05-12 |
| 35.00克拉蓝宝石和钻石戒指 | | 297,189 | 伦敦苏富比 | 2021-06-24 |
| 39.285克拉缅甸皇家蓝蓝宝石配钻石戒指 | | 13,800,000 | 永乐拍卖 | 2021-05-22 |
| 39.74克拉天然欧泊石配彩色宝石及钻石戒指 | | 92,000 | 中国嘉德 | 2021-11-30 |
| 51.15克拉坦桑石和钻石戒指 | | 105,700 | 纽约佳士得 | 2021-04-21 |
| 51.44克拉古垫形天然缅甸未经加热处理橄榄石配钻石戒指 | | 417,312 | 天成国际 | 2021-06-01 |
| 52.63克拉蓝宝石和钻石戒指，REZA | | 1,835,058 | 日内瓦佳士得 | 2021-05-12 |
| 56.41克拉皇家蓝蓝宝石戒指 | | 9,430,000 | 永乐拍卖 | 2021-12-02 |
| 1960年代卡地亚钻石戒指 | | 32,200 | 永乐拍卖 | 2021-12-02 |
| 1970年 18K黄金镶嵌海蓝宝戒指 | 重24g | 28,750 | 西泠印社 | 2021-01-17 |
| 19世纪早期蓝宝石和钻石戒指 | | 554,993 | 日内瓦佳士得 | 2021-05-12 |
| 950铂金1.10克拉莫桑比克鸽血红红宝石配钻石戒指，未经加热 | | 20,430 | 北京保利 | 2021-08-08 |
| 950铂金5.49克拉缅甸"矢车菊"蓝宝石配总重1.49克拉钻石戒指，未经加热 | | 192,950 | 北京保利 | 2021-08-08 |
| ADLER设计 紫锂辉石，钻石配刚玉戒指 | | 40,464 | 保利香港 | 2021-04-22 |
| ANDREW CLUNN 14.62克拉自然色VS2净度彩色钻石和钻石戒指 | | 1,475,865 | 纽约佳士得 | 2021-04-13 |
| BUHL-MANN 19.47克拉I色SI2净度钻石戒指 | | 2,213,798 | 纽约佳士得 | 2021-04-13 |
| Cartier（卡地亚）设计 豹钻石戒指 | | 115,000 | 华艺国际 | 2021-03-31 |
| DAMIANI设计 钻石戒指及十字架挂坠套装 | | 46,000 | 北京保利 | 2021-09-26 |
| DINH VAN 钻石戒指 约1970年 | | 152,337 | 纽约佳士得 | 2021-06-08 |
| F.J.COOPER 优质红宝石和金戒指 | | 10,823,010 | 纽约佳士得 | 2021-04-13 |
| FEIFAN HU设计 4.00克拉帕帕拉恰蓝宝石配钻石"霓裳"戒指，未经加热 | | 33,497 | 保利香港 | 2021-11-27 |
| Glenn Spiro "The Sienna Star" 73.11克拉艳彩黄钻和钻石戒指 | | 21,814,608 | 纽约苏富比 | 2021-06-09 |
| JAR18.62克拉天然斯里兰卡蓝宝石戒指 | | 1,805,706 | 香港苏富比 | 2021-04-20 |
| JAR 2.04克拉彩色钻石和钻石戒指 | | 4,489,940 | 纽约佳士得 | 2021-06-08 |
| JAR 碧玺和钻石戒指 | | 801,775 | 纽约佳士得 | 2021-06-08 |
| JAR 彩色蓝宝石、粉红色尖晶石和钻石"Bonnet"戒指 | | 1,603,550 | 纽约佳士得 | 2021-06-08 |
| JAR 彩色蓝宝石、红宝石和钻石"玛蒂尔德"戒指 | | 1,403,106 | 纽约佳士得 | 2021-06-08 |
| JAR 彩色钻石和钻石戒指 | | 881,953 | 纽约佳士得 | 2021-06-08 |
| JAR 蓝宝石和金戒指 | | 192,426 | 纽约佳士得 | 2021-06-08 |
| JAR祖母绿、彩色蓝宝石和钻石戒指 | | 2,405,325 | 纽约佳士得 | 2021-06-08 |
| JAR 钻石和铂金戒指 | | 400,888 | 纽约佳士得 | 2021-06-08 |
| JAR 钻石戒指 | | 1,523,373 | 纽约佳士得 | 2021-06-08 |
| JAR 钻石雪花戒指 | | 655,940 | 纽约佳士得 | 2021-04-13 |
| K金配钻石戒指，Schlumberger，Tiffany & Co. | | 27,821 | 天成国际 | 2021-06-01 |
| MICHELE DELLA VALLE 10.94克拉蓝宝石和青铜戒指 | | 60,981 | 纽约佳士得 | 2021-04-21 |
| MIKIMOTO设计 3.03克拉巴西帕拉伊巴碧玺配钻石戒指 | | 965,496 | 保利香港 | 2021-11-27 |
| Padparadscha 24.45克拉蓝宝石和钻石戒指 | | 807,786 | 纽约苏富比 | 2021-06-11 |
| PAN设计 3.75克拉星光红宝石配养殖珍珠、钻石及红宝石"小丑的领花"戒指，未经加热 | | 37,438 | 保利香港 | 2021-11-27 |
| PARAÍBA（帕拉伊巴）57.83克拉碧玺彩色蓝宝石和红宝石戒指，MICCHELE DELLA VALLE | | 671,363 | 日内瓦佳士得 | 2021-05-12 |
| SEAMAN SCHEPPS 23.40克拉蓝宝石和钻石戒指 | | 450,959 | 纽约佳士得 | 2021-04-13 |
| SUZANNE BELPERRON 祖母绿和钻石戒指 | | 229,579 | 纽约佳士得 | 2021-04-13 |
| Tiffany（蒂芙尼）设计 10.03克拉D色VVS1净度钻石戒指 | | 9,200,000 | 华艺国际 | 2021-03-31 |
| Tiffany设计 2.0克拉哥伦比亚祖母绿配钻石戒指 | | 460,000 | 华艺国际 | 2021-06-04 |
| TTF工坊4.31克拉祖母绿钻石花卉戒指 | | 517,500 | 永乐拍卖 | 2021-12-02 |
| 爱心造型红宝石配钻石戒指 | 总重4.72g | 20,700 | 西泠印社 | 2021-07-23 |
| 奥斯卡·海曼兄弟 10.81克拉蓝宝石和钻石戒指 | | 282,284 | 纽约苏富比 | 2021-06-09 |
| 奥斯卡·海曼兄弟 5.30克拉红宝石和钻石戒指 | | 209,697 | 纽约苏富比 | 2021-06-09 |
| 奥斯卡·海曼兄弟 6.73克拉祖母绿和钻石戒指 | | 258,088 | 纽约苏富比 | 2021-06-09 |
| 澳白珍珠戒指 | | 32,200 | 永乐拍卖 | 2021-12-02 |
| 宝格丽 1.55克拉钻戒 | | 39,238 | 日内瓦苏富比 | 2021-07-07 |
| 宝格丽 10.10克拉榄尖形D色完美无瑕钻石戒指 | | 5,955,804 | 香港苏富比 | 2021-10-12 |
| 宝格丽 11.33克拉哥伦比亚祖母绿配钻石戒指 | | 1,460,592 | 香港苏富比 | 2021-10-12 |
| 宝格丽 16.31克拉天然缅甸皇家蓝蓝宝石配钻石戒指 | | 3,398,976 | 香港苏富比 | 2021-04-20 |
| 宝格丽 2.11克拉红宝石和钻石戒指 | | 176,248 | 纽约佳士得 | 2021-06-04 |
| 宝格丽21.61克拉红宝石和钻石戒指 | | 147,141 | 日内瓦苏富比 | 2021-07-07 |
| 宝格丽 25.29克拉精湛的蓝宝石和钻石戒指 | | 18,329,264 | 纽约苏富比 | 2021-06-09 |
| 宝格丽 28.84克拉蓝宝石配钻石戒指 | | 2,987,398 | 日内瓦苏富比 | 2021-05-11 |
| 宝格丽 3.28克拉红宝石和2.38克拉钻石戒指 | | 887,179 | 纽约苏富比 | 2021-06-09 |
| 宝格丽 4.98克拉，H色，VVS2净度钻石戒指 | | 655,940 | 纽约佳士得 | 2021-04-13 |
| 宝格丽 45.62克拉缅甸蓝宝石配钻石戒指，未经加热 | | 1,322,500 | 北京保利 | 2021-06-07 |
| 宝格丽 6.65克拉红宝石配钻石戒指 | | 541,954 | 日内瓦苏富比 | 2021-05-13 |
| 宝格丽 7.28克拉钻石戒指 | | 576,750 | 巴黎佳士得 | 2021-07-07 |
| 宝格丽 8.94克拉方形H色钻石戒指 | | 1,460,592 | 香港苏富比 | 2021-10-12 |
| 宝格丽 橄榄石和蓝宝石戒指 | 重6.00-6.50克拉 | 52,782 | 纽约佳士得 | 2021-01-27 |
| 宝格丽 古代硬币戒指，"Monete" 20世纪80年代 | | 22,861 | 伦敦苏富比 | 2021-06-24 |
| 宝格丽 红宝石和钻石戒指 | | 260,184 | 纽约佳士得 | 2021-04-21 |
| 宝格丽 黄金、青金石和钻石戒指 | | 24,469 | 纽约苏富比 | 2021-08-31 |
| 宝格丽 黄金和红玉髓戒指 | | 30,994 | 纽约苏富比 | 2021-08-31 |

(成交价RMB：2万元以上)

| 拍品名称 | 物品尺寸 | 成交价RMB | 拍卖公司 | 拍卖日期 |
| --- | --- | --- | --- | --- |
| 宝格丽 蓝宝石、红宝石、祖母绿和钻石戒指 | | 65,250 | 纽约苏富比 | 2021-08-31 |
| 宝格丽 蓝宝石配钻石戒指 | | 1,629,490 | 日内瓦苏富比 | 2021-05-11 |
| 宝格丽设计 13.36克拉克什米尔皇家蓝蓝宝石配钻石戒指，未经加热 | | 12,807,600 | 保利香港 | 2021-11-27 |
| 宝格丽紫水晶和钻石戒指 | | 28,838 | 巴黎佳士得 | 2021-07-07 |
| 宝诗龙 虎眼和珊瑚色戒指 | | 23,070 | 巴黎佳士得 | 2021-07-07 |
| 宝诗龙 金戒指 | | 28,838 | 巴黎佳士得 | 2021-07-07 |
| 宝诗龙 镶嵌17.47克拉钻石戒指 | | 5,229,200 | 巴黎佳士得 | 2021-07-07 |
| 宝诗龙钻石戒指 | | 336,438 | 巴黎佳士得 | 2021-07-07 |
| 碧玺和碧玺戒指 | | 721,598 | 纽约佳士得 | 2021-06-08 |
| 变色蓝宝石和钻石戒指 | | 96,125 | 巴黎佳士得 | 2021-07-07 |
| 冰种翡翠配钻石及刚玉吊坠及戒指套装 | | 45,522 | 保利香港 | 2021-04-22 |
| 波赖 粉红色蓝宝石、孔雀石和钻石戒指 20世纪70年代 | | 29,719 | 伦敦苏富比 | 2021-06-24 |
| 伯爵心形K金配钻石戒指 HEART 系列 | | 46,000 | 华艺国际 | 2021-03-31 |
| 伯勒·马克思 黄金和玉髓戒指 | 玉髓 30.7mm×21.7mm | 38,774 | 纽约苏富比 | 2021-06-11 |
| 铂金钻戒 | | 52,782 | 纽约佳士得 | 2021-01-27 |
| 布契拉提 约39克拉祖母绿配钻石鸡尾酒戒指 | | 1,667,500 | 永乐拍卖 | 2021-12-02 |
| 布契拉提红宝石和双色金戒指 | | 32,481 | 纽约佳士得 | 2021-01-27 |
| 彩蓝钻石和钻石戒指 | | 244,687 | 纽约苏富比 | 2021-08-31 |
| 彩色宝石配钻石戒指(三枚) | | 69,552 | 天成国际 | 2021-06-01 |
| 彩色蓝宝石和彩色钻石戒指 | | 34,191 | 米兰佳士得 | 2021-02-03 |
| 彩色蓝宝石和红宝石戒指 | | 122,618 | 日内瓦苏富比 | 2021-07-07 |
| 彩色蓝宝石戒指 | | 63,498 | 米兰佳士得 | 2021-02-03 |
| 彩色蓝宝石配钻石戒指 | | 20,700 | 华艺国际 | 2021-03-31 |
| 彩色钻石和钻石戒指 | | 1,065,903 | 纽约佳士得 | 2021-04-13 |
| 彩色钻石和钻石戒指 | | 259,928 | 纽约佳士得 | 2021-08-18 |
| 彩色钻石和钻石戒指 | | 60,921 | 纽约佳士得 | 2021-08-18 |
| 彩色钻石和钻石戒指 | | 56,545 | 纽约苏富比 | 2021-06-11 |
| 彩色钻石和钻石戒指 | | 43,435 | 伦敦苏富比 | 2021-06-24 |
| 彩色钻石和钻石戒指，宝格丽 | | 250,642 | 日内瓦佳士得 | 2021-05-12 |
| 彩色钻石戒指 | | 60,902 | 纽约佳士得 | 2021-01-27 |
| 彩色钻石戒指，格拉夫 | | 152,176 | 日内瓦佳士得 | 2021-05-12 |
| 彩色钻石配钻石戒指 | | 955,962 | 香港苏富比 | 2021-04-20 |
| 彩色钻石配钻石戒指 | | 276,167 | 香港苏富比 | 2021-04-20 |
| 彩色钻石配钻石戒指一对 | | 782,460 | 香港苏富比 | 2021-10-12 |
| 陈世英 35.42克拉坦桑石配玉髓及钻石戒指 | | 531,090 | 香港苏富比 | 2021-04-20 |
| 橙色蓝宝石和钻石戒指 | | 44,960 | 日内瓦苏富比 | 2021-07-07 |
| 大卫·韦伯 18.31克拉蓝宝石和钻石戒指 | | 1,048,484 | 纽约苏富比 | 2021-06-09 |
| 大卫·韦伯 蓝宝石和钻石戒指 | | 21,113 | 纽约佳士得 | 2021-01-27 |
| 大卫·韦伯 养殖珍珠和钻石戒指 | | 64,962 | 纽约佳士得 | 2021-01-27 |
| 大卫·韦伯 紫水晶和钻石戒指 | | 36,051 | 纽约佳士得 | 2021-06-04 |
| 大卫韦伯祖母绿戒指 | | 218,500 | 永乐拍卖 | 2021-12-02 |
| 蛋白石和钻石戒指 | | 69,111 | 纽约佳士得 | 2021-04-21 |
| 蛋面18K金满绿冰种翡翠戒指 | 18.5mm×16mm×9.5mm；重7g | 166,750 | 南京经典 | 2021-07-18 |
| 蛋面18K金碎钻镶嵌冰种翡翠戒指 | 16mm×15mm×10.6mm；重6g | 28,750 | 南京经典 | 2021-07-18 |
| 蛋面18K金碎钻镶嵌高冰翡翠戒指 | 蛋面22mm×22mm×14mm；重16g | 172,500 | 南京经典 | 2021-07-18 |
| 蛋面18K金碎钻镶嵌高冰翡翠戒指 | 20mm×20mm×6.5mm；重6.1g | 69,000 | 南京经典 | 2021-07-18 |
| 蛋面18K金碎钻镶嵌高冰种紫翡翠戒指 | 18mm×18mm×20mm；重23g | 92,000 | 南京经典 | 2021-07-18 |
| 德格里索戈诺 橙色蓝宝石和钻石"Sensuale"戒指 | | 60,584 | 纽约苏富比 | 2021-06-11 |
| 德格里索戈诺 两枚钻石戒指 | | 48,467 | 纽约苏富比 | 2021-06-11 |

| 拍品名称 | 物品尺寸 | 成交价RMB | 拍卖公司 | 拍卖日期 |
| --- | --- | --- | --- | --- |
| 德格里索戈诺 绿松石、祖母绿和钻石戒指，法国 | | 121,168 | 纽约苏富比 | 2021-06-11 |
| 蒂芙尼(Tiffany)PT950铂金镶3.5克拉钻石戒指 | 戒圈9 | 747,500 | 西泠印社 | 2021-01-16 |
| 蒂芙尼 10.13克拉天然莫桑比克红宝石戒指 | | 6,573,714 | 香港苏富比 | 2021-04-20 |
| 蒂芙尼 13.47克拉圆形D色内部无瑕钻石戒指 | | 10,347,825 | 香港苏富比 | 2021-04-20 |
| 蒂芙尼 9.64克拉金绿猫眼石戒指 | | 223,058 | 香港苏富比 | 2021-04-20 |
| 蒂芙尼 蛋白石和钻石戒指 | | 36,051 | 纽约佳士得 | 2021-06-04 |
| 蒂芙尼 古董钻石戒指 约1900年 | | 122,989 | 纽约佳士得 | 2021-04-13 |
| 蒂芙尼 黄金和青金石戒指 | | 28,547 | 纽约苏富比 | 2021-08-31 |
| 蒂芙尼 金戒指 | | 30,897 | 纽约佳士得 | 2021-04-21 |
| 蒂芙尼 蓝宝石永恒戒指和海瑞温斯顿钻石永恒戒指 | | 56,915 | 纽约佳士得 | 2021-04-21 |
| 蒂芙尼 钻戒 1900 | | 158,859 | 米兰苏富比 | 2021-03-04 |
| 蒂芙尼 钻石"编织"永恒戒指 | | 34,149 | 纽约佳士得 | 2021-04-21 |
| 蒂芙尼 钻石和蓝宝石戒指 | | 1,065,903 | 纽约佳士得 | 2021-04-13 |
| 蒂芙尼 钻石戒指 | | 39,028 | 纽约佳士得 | 2021-04-21 |
| 蒂芙尼 PALOMA PICASSO 黄水晶戒指 | | 17,888 | 纽约佳士得 | 2021-04-21 |
| 多宝石戒指 | | 26,915 | 巴黎佳士得 | 2021-07-07 |
| 多颗宝石和钻石"FILLIPA"戒指 | | 60,084 | 纽约佳士得 | 2021-06-04 |
| 多色蓝宝石和钻石戒指 | | 89,438 | 纽约佳士得 | 2021-04-21 |
| 多色钻石戒指 | | 21,113 | 纽约佳士得 | 2021-01-27 |
| 法国1950年 绿松石及钻石拱形戒指 | | 43,700 | 永乐拍卖 | 2021-05-22 |
| 梵克雅宝"Lotus Between The Finger"钻石指间戒 | | 146,059 | 香港苏富比 | 2021-10-12 |
| 梵克雅宝 10.63克拉帕拉伊巴碧玺配紫色刚玉及钻石戒指 | | 2,806,344 | 日内瓦苏富比 | 2021-05-11 |
| 梵克雅宝 8.39克拉粉红色蓝宝石和钻石戒指 | | 362,937 | 纽约苏富比 | 2021-06-09 |
| 梵克雅宝 9.45克拉D色钻石戒指，净度内部无瑕 | | 4,289,500 | 北京保利 | 2021-06-07 |
| 梵克雅宝 八枚金镶宝石戒指，法国 | | 56,545 | 纽约苏富比 | 2021-06-11 |
| 梵克雅宝 红宝石戒指 | | 211,475 | 巴黎佳士得 | 2021-07-07 |
| 梵克雅宝 黄金和钻石戒指 | | 106,031 | 纽约苏富比 | 2021-08-31 |
| 梵克雅宝 黄色蓝宝石和钻石戒指 | | 130,092 | 纽约佳士得 | 2021-04-21 |
| 梵克雅宝 蓝宝石和钻石戒指 | | 913,188 | 巴黎佳士得 | 2021-07-07 |
| 梵克雅宝 蓝宝石戒指 | | 144,188 | 巴黎佳士得 | 2021-07-07 |
| 梵克雅宝 绿松石和钻石"复古阿罕布拉"戒指，法国 | | 30,994 | 纽约苏富比 | 2021-08-31 |
| 梵克雅宝 绿松石和钻石戒指 | | 113,831 | 纽约佳士得 | 2021-04-21 |
| 梵克雅宝 绿松石和钻石戒指 | | 97,875 | 纽约苏富比 | 2021-08-31 |
| 梵克雅宝绿松石和钻石戒指，法国 | | 113,090 | 纽约苏富比 | 2021-06-11 |
| 梵克雅宝 养殖珍珠和钻石戒指，法国 | | 57,094 | 纽约苏富比 | 2021-08-31 |
| 梵克雅宝 养殖珍珠和钻石戒指，法国 | | 32,625 | 纽约苏富比 | 2021-08-31 |
| 梵克雅宝 钻石和宝石镶嵌戒指 | | 161,830 | 纽约苏富比 | 2021-08-31 |
| 梵克雅宝设计 Flying Butterfly 蝴蝶指间戒 | | 172,500 | 华艺国际 | 2021-12-10 |
| 梵克雅宝设计 5.29克拉缅甸红宝石配钻石戒指，未经加热 | | 5,175,000 | 北京保利 | 2021-09-26 |
| 梵克雅宝祖母绿戒指 | | 241,500 | 永乐拍卖 | 2021-12-02 |
| 梵克雅宝 紫水晶和黄水晶戒指 | | 17,984 | 日内瓦苏富比 | 2021-07-07 |
| 非常精美的10.67克拉天然哥伦比亚祖母绿配钻石戒指 | 指环15 | 287,500 | 中国嘉德 | 2021-05-21 |
| 非常珍罕瑰丽5.29克拉浓彩绿色钻石配钻石戒指 | | 19,681,560 | 香港苏富比 | 2021-10-12 |
| 非凡的23.59克拉，D色，内部无瑕钻石戒指 | | 18,716,524 | 纽约苏富比 | 2021-06-09 |
| 翡翠和钻石戒指 | | 45,721 | 伦敦苏富比 | 2021-06-24 |
| 翡翠和钻石戒指 | | 40,601 | 纽约佳士得 | 2021-01-27 |

## 2021翡翠珠宝拍卖成交汇总(续表)

(成交价RMB：2万元以上)

| 拍品名称 | 物品尺寸 | 成交价RMB | 拍卖公司 | 拍卖日期 |
|---|---|---|---|---|
| 翡翠和钻石戒指 | | 28,611 | 日内瓦苏富比 | 2021-07-07 |
| 翡翠及钻石戒指 | | 331,200 | 佳士得 | 2021-05-23 |
| 翡翠及钻石戒指 | 蛋面17.1mm×14.5mm×7.5mm | 1,242,000 | 佳士得 | 2021-05-23 |
| 翡翠及钻石戒指 | | 569,250 | 佳士得 | 2021-05-23 |
| 翡翠及钻石戒指 | | 103,500 | 佳士得 | 2021-05-23 |
| 翡翠及钻石戒指 | | 67,275 | 佳士得 | 2021-05-23 |
| 翡翠戒指 | 蛋面14.2mm×12.9mm×7.7mm | 621,000 | 佳士得 | 2021-05-23 |
| 翡翠戒指 | 20mm×12mm | 460,000 | 上海嘉禾 | 2021-07-22 |
| 翡翠戒指/吊坠(一套) | | 207,000 | 永乐拍卖 | 2021-05-22 |
| 翡翠配钻石戒指 | | 195,500 | 永乐拍卖 | 2021-12-02 |
| 翡翠算盘指及钻石戒指 | 翡翠内径16.2mm | 113,850 | 佳士得 | 2021-05-23 |
| 翡翠玉、紫水晶及钻石戒指 | | 36,051 | 纽约佳士得 | 2021-06-04 |
| 翡翠玉配钻石戒指及吊坠 | 2.6cm×2.2cm | 24,034 | 纽约佳士得 | 2021-06-04 |
| 粉红色蓝宝石和钻石戒指 | | 161,557 | 纽约苏富比 | 2021-06-11 |
| 粉红色蓝宝石和钻石戒指 | | 20,575 | 伦敦苏富比 | 2021-06-24 |
| 粉红色蓝宝石和钻石戒指 | | 31,063 | 日内瓦苏富比 | 2021-07-07 |
| 粉红色蓝宝石和钻石戒指 | | 27,433 | 伦敦苏富比 | 2021-06-24 |
| 粉色蓝宝石戒指 | | 59,572 | 米兰苏富比 | 2021-03-04 |
| 粉紫蓝宝石戒指 | | 23,000 | 上海匡时 | 2021-07-08 |
| 复古蓝宝石和钻石戒指 | | 43,256 | 巴黎佳士得 | 2021-07-07 |
| 傅雨蒙设计“燃”2.05克拉红宝石配钻石及水晶戒指 | | 82,800 | 北京保利 | 2021-12-05 |
| 橄榄石，黑漆及玛瑙“Panthère”戒指，Cartier设计 | | 92,363 | 佳士得 | 2021-11-28 |
| 橄榄石和钻石戒指 | | 40,000 | 伦敦苏富比 | 2021-06-24 |
| 格拉夫“雪花”红宝石和钻石戒指 | | 211,127 | 纽约佳士得 | 2021-01-27 |
| 格拉夫1.00克拉，G色，VS2净度钻石和彩色钻石漩涡戒指 | | 152,337 | 纽约佳士得 | 2021-06-08 |
| 格拉夫1.03克拉红宝石和钻石“雪花”戒指 | | 96,213 | 纽约佳士得 | 2021-06-08 |
| 格拉夫1.15克拉，E色，VS2净度钻石“亭”戒指 | | 256,568 | 纽约佳士得 | 2021-06-08 |
| 格拉夫10.00克拉天然缅甸皇家蓝蓝宝石配钻石戒指 | | 1,805,706 | 香港苏富比 | 2021-04-20 |
| 格拉夫13.23克拉红碧玺配钻石戒指 | | 127,462 | 香港苏富比 | 2021-04-20 |
| 格拉夫3.11克拉深彩蓝色钻石戒指 | | 14,922,622 | 日内瓦苏富比 | 2021-05-11 |
| 格拉夫4.26克拉方形H色钻石戒指 | | 318,654 | 香港苏富比 | 2021-04-20 |
| 格拉夫4.50克拉艳彩橙黄色钻石戒指 | | 1,991,599 | 日内瓦苏富比 | 2021-05-11 |
| 格拉夫5.08克拉方形D色内部无瑕钻石戒指 | | 2,230,578 | 香港苏富比 | 2021-04-20 |
| 格拉夫 彩色钻石和钻石戒指 | | 326,249 | 纽约苏富比 | 2021-08-31 |
| 格拉夫 红宝石和钻石炸弹戒指 | | 176,391 | 纽约佳士得 | 2021-06-08 |
| 格拉夫 蓝宝石和钻石戒指，“钻石上的钻石” | | 85,728 | 伦敦苏富比 | 2021-06-24 |
| 格拉夫 养殖珍珠和钻石戒指 | | 28,273 | 纽约苏富比 | 2021-06-11 |
| 格拉夫 钻石和彩色钻石戒指 | | 76,107 | 纽约佳士得 | 2021-06-04 |
| 格拉夫钻石和红宝石“雪花”戒指 | | 146,354 | 纽约佳士得 | 2021-04-21 |
| 格拉夫 钻石戒指 | | 48,467 | 纽约苏富比 | 2021-06-11 |
| 格拉夫 钻石戒指，“钻石上的钻石” | | 85,728 | 伦敦苏富比 | 2021-06-24 |
| 格拉夫 钻石漩涡戒指 | | 88,195 | 纽约佳士得 | 2021-06-08 |
| 格拉夫 钻石花戒指 | | 154,332 | 纽约佳士得 | 2021-08-18 |
| 格里马 蛋白石和钻石戒指 | 蛋白石为20.5mm×15.7mm | 45,721 | 伦敦苏富比 | 2021-06-24 |
| 格里索戈诺·吉亚戒指 | | 26,018 | 纽约佳士得 | 2021-04-21 |
| 瑰丽与稀有的25.30克拉天然D色VVS1净度钻石配钻石戒指 | 指环13 | 11,730,000 | 中国嘉德 | 2021-05-21 |
| 海瑞温斯顿11.93克拉，G色，VS2净度钻石戒指 | | 2,726,035 | 纽约佳士得 | 2021-06-08 |
| 海瑞温斯顿14.01克拉红宝石和钻石戒指 | | 901,918 | 纽约佳士得 | 2021-04-13 |
| 海瑞温斯顿珊瑚和钻石戒指和一对未签名水滴吊坠 | 吊坠 3.0cm×1.3cm×2 | 122,989 | 纽约佳士得 | 2021-04-13 |
| 海蓝宝石和钻石戒指 | | 34,105 | 纽约佳士得 | 2021-01-27 |
| 海蓝宝石和钻石戒指 | | 62,481 | 巴黎佳士得 | 2021-07-07 |
| 海蓝宝石和钻石戒指 | | 24,234 | 纽约苏富比 | 2021-06-11 |
| 海蓝宝石和钻石戒指 | | 21,113 | 纽约佳士得 | 2021-01-27 |
| 海蓝宝石和钻石戒指 20世纪40年代 | | 80,012 | 伦敦苏富比 | 2021-06-24 |
| 海螺珍珠和钻石戒指 | | 26,158 | 日内瓦苏富比 | 2021-07-07 |
| 海瑞温斯顿 10.16克拉天然克什米尔未经加热蓝宝石配钻石戒指 | | 7,558,812 | 香港苏富比 | 2021-10-12 |
| 海瑞温斯顿 10.87克拉方形D色完美无瑕钻石戒指 | | 7,759,188 | 香港苏富比 | 2021-10-12 |
| 海瑞温斯顿 12.14克拉方形D色内部无瑕钻石戒指 | | 7,797,750 | 香港苏富比 | 2021-04-20 |
| 海瑞温斯顿 3.45克拉圆形D色钻石戒指 | | 678,132 | 香港苏富比 | 2021-10-12 |
| 海瑞温斯顿 3.71克拉天然缅甸未经加热红宝石配钻石戒指 | | 938,952 | 香港苏富比 | 2021-10-12 |
| 海瑞温斯顿 43.24克拉，D颜色，VVS1净度，IIa型钻石戒指 | | 14,922,622 | 日内瓦苏富比 | 2021-05-11 |
| 海瑞温斯顿 4克拉缅甸抹谷鸽血红红宝石配钻石戒指，未经加热 | | 690,000 | 北京保利 | 2021-06-07 |
| 海瑞温斯顿 6.95克拉天然马达加斯加未经加热蓝宝石配钻石戒指 | | 469,476 | 香港苏富比 | 2021-10-12 |
| 海瑞温斯顿 7.02克拉方形F色钻石戒指 | | 1,512,756 | 香港苏富比 | 2021-10-12 |
| 海瑞温斯顿 7.20克拉祖母绿配钻石戒指 | | 995,799 | 日内瓦苏富比 | 2021-05-11 |
| 海瑞温斯顿设计 8.88克拉E色钻石戒指，净度内部无瑕 | | 2,731,320 | 保利香港 | 2021-04-22 |
| 黑蛋白石及钻石戒指，Suwa设计 | | 144,900 | 佳士得 | 2021-05-23 |
| 黑蛋白石戒指 | | 102,625 | 佳士得 | 2021-11-28 |
| 亨利·杜奈 黄金，祖母绿和钻石戒指 | | 604,895 | 纽约苏富比 | 2021-06-09 |
| 红宝石、祖母绿和钻石戒指 | | 56,545 | 纽约苏富比 | 2021-06-11 |
| 红宝石和钻石戒指 | | 168,787 | 米兰苏富比 | 2021-03-04 |
| 红宝石和钻石戒指 | | 153,800 | 巴黎佳士得 | 2021-07-07 |
| 红宝石和钻石戒指 | | 29,719 | 伦敦苏富比 | 2021-06-24 |
| 红宝石和钻石戒指 | | 262,376 | 纽约佳士得 | 2021-04-13 |
| 红宝石和钻石戒指 | | 168,787 | 米兰苏富比 | 2021-03-04 |
| 红宝石和钻石戒指 | | 38,450 | 巴黎佳士得 | 2021-07-07 |
| 红宝石和钻石戒指 | | 26,158 | 日内瓦苏富比 | 2021-07-07 |
| 红宝石和钻石戒指，宝格丽 | | 63,498 | 米兰佳士得 | 2021-02-03 |
| 红宝石戒指 | | 805,000 | 上海匡时 | 2021-07-08 |
| 红宝石戒指 | 15mm×18mm | 23,000 | 上海嘉禾 | 2021-07-22 |
| 红宝石戒指 | | 40,781 | 纽约苏富比 | 2021-08-31 |
| 红宝石配钻石花叶饰铂金戒指 | 主石尺寸 6.9mm×4.5mm | 23,000 | 西泠印社 | 2021-07-23 |
| 红宝石配钻石戒指 | | 587,117 | 日内瓦苏富比 | 2021-05-13 |
| 红宝石配钻石戒指 | | 316,140 | 日内瓦苏富比 | 2021-05-13 |
| 红宝石配钻石戒指 | | 67,744 | 日内瓦苏富比 | 2021-05-13 |
| 红宝石钻戒 | | 89,438 | 纽约佳士得 | 2021-04-21 |
| 红宝石钻戒 | | 34,149 | 纽约佳士得 | 2021-04-21 |
| 红宝石钻石戒指，宝格丽 | | 312,604 | 米兰佳士得 | 2021-02-03 |
| 红碧玺戒指 | | 40,250 | 上海匡时 | 2021-07-08 |
| 虎眼石英和金戒指 | | 25,636 | 纽约佳士得 | 2021-06-04 |
| 花形蓝宝石戒指 | | 644,000 | 上海匡时 | 2021-07-08 |
| 华丽的15.23克拉，浓彩粉红色，VS1净度，IIa型彩色钻石和钻石戒指 | | 61,614,965 | 日内瓦佳士得 | 2021-05-12 |
| 华丽的38.04克拉，D色，无瑕净度钻石戒指 | | 19,874,982 | 纽约佳士得 | 2021-04-13 |
| 黄金、2.50克拉祖母绿和钻石戒指 | | 727,007 | 纽约苏富比 | 2021-06-11 |
| 黄金和4.80克拉钻石戒指 | | 525,061 | 纽约苏富比 | 2021-06-11 |

(成交价RMB：2万元以上)

| 拍品名称 | 物品尺寸 | 成交价RMB | 拍卖公司 | 拍卖日期 |
|---|---|---|---|---|
| 黄金和钻石“PANTHÈRE”戒指，卡地亚 | | 68,382 | 米兰佳士得 | 2021-02-03 |
| 黄金和钻石“三位一体”戒指，卡地亚 | | 29,307 | 米兰佳士得 | 2021-02-03 |
| 黄金和钻石戒指 | | 137,324 | 纽约苏富比 | 2021-06-11 |
| 黄金和钻石戒指 | | 81,562 | 纽约苏富比 | 2021-08-31 |
| 黄色蓝宝石和钻石戒指 | | 21,254 | 日内瓦苏富比 | 2021-07-07 |
| 黄色钻石配钻石戒指/挂坠 | | 24,278 | 保利香港 | 2021-04-22 |
| 积家 红宝石和钻石戒指/手表 | | 57,222 | 日内瓦苏富比 | 2021-07-07 |
| 极其珍罕6.03克拉天然缅甸鸽血红未经加热红宝石配钻石戒指 | | 16,675,920 | 香港苏富比 | 2021-10-12 |
| 极其珍罕重要28.37克拉天然克什米尔未经加热蓝宝石配钻石戒指，海瑞温斯顿 戒托 | | 17,176,860 | 香港苏富比 | 2021-10-12 |
| 极为精美的10.74克拉天然D色IF内部无瑕净度IIa型钻石戒指 | 指环13 | 6,037,500 | 中国嘉德 | 2021-05-21 |
| 极为精美的6.22克拉天然D色IF内部无瑕净度IIa型钻石配钻石戒指，蒂芙尼 | 指环14 | 3,335,000 | 中国嘉德 | 2021-05-21 |
| 极为精美的7.79克拉天然缅甸抹谷未经加热鸽血红红宝石配钻石戒指，蒂芙尼 | | 3,220,000 | 中国嘉德 | 2021-11-30 |
| 极为精美的9.38克拉天然D色IF内部无瑕净度钻石配钻石戒指，卡地亚 | 指环20.5 | 3,565,000 | 中国嘉德 | 2021-05-21 |
| 极为重要的33.10克拉天然缅甸未经加热皇家蓝蓝宝石配钻石戒指，海瑞温斯顿 | | 5,462,500 | 中国嘉德 | 2021-11-30 |
| 集群钻石戒指 | | 34,105 | 纽约佳士得 | 2021-01-27 |
| 金色南洋珍珠配钻石戒指 | | 20,700 | 中国嘉德 | 2021-05-21 |
| 金镶1.01克拉马眼钻石戒指 | | 63,250 | 西泠印社 | 2021-01-16 |
| 金镶2克拉帕帕拉恰戒指，未经优化处理 | | 46,000 | 西泠印社 | 2021-01-16 |
| 金镶冰种满绿翡翠蛋面男戒指 | 蛋面20mm×13mm，戒圈21.5 | 402,500 | 西泠印社 | 2021-07-25 |
| 金镶玻璃种帝王绿素面翡翠戒指 | 翡翠14mm×9mm | 138,000 | 西泠印社 | 2021-01-16 |
| 金镶玻璃种正阳绿翡翠蛋面戒指 | | 69,000 | 西泠印社 | 2021-01-16 |
| 金镶翡翠配沙弗莱石白冰吊坠戒指套组 | | 57,500 | 西泠印社 | 2021-07-25 |
| 金镶翡翠双环戒指 | | 25,300 | 西泠印社 | 2021-01-16 |
| 金镶高冰辣绿翡翠蛋面戒指 | 翡翠165mm×135mm，戒圈11.5 | 920,000 | 西泠印社 | 2021-01-16 |
| 金镶高冰辣绿翡翠葫芦戒指 | | 82,800 | 西泠印社 | 2021-01-16 |
| 金镶高冰满绿大蛋面翡翠戒指 | 蛋面23mm×19mm，戒圈16 | 3,450,000 | 西泠印社 | 2021-07-25 |
| 金镶高冰满绿蛋面翡翠戒指 | 蛋面15mm×18mm，戒圈14.5 | 575,000 | 西泠印社 | 2021-07-25 |
| 金镶高冰阳绿翡翠蛋面戒指 | | 57,500 | 西泠印社 | 2021-01-16 |
| 金镶高冰正阳绿翡翠蛋面戒指 | | 74,750 | 西泠印社 | 2021-01-16 |
| 金镶蓝宝石钻石海浪戒指 | | 20,700 | 西泠印社 | 2021-01-16 |
| 精美的19.85克拉天然缅甸未经加热矢车菊蓝蓝宝石配总重约4.26克拉钻石戒指/吊坠两用 | 指环13 | 345,000 | 中国嘉德 | 2021-05-21 |
| 精美的9.09克拉天然缅甸未经加热红宝石配钻石戒指 | 指环9.5 | 1,495,000 | 中国嘉德 | 2021-05-21 |
| 精美的9.52克拉天然D色IF内部无瑕净度IIa型钻石戒指 | 指环13.5 | 3,795,000 | 中国嘉德 | 2021-05-21 |
| 精美的9.62克拉天然缅甸未经加热蓝宝石配钻石戒指，宝格丽 | 指环13.5 | 920,000 | 中国嘉德 | 2021-05-21 |
| 精美的天然翡翠配总重约7.00克拉钻石戒指 | 指环12 | 724,500 | 中国嘉德 | 2021-05-21 |
| 精美与稀有的10.01克拉天然缅甸未经加热艳红色尖晶石配总重8.55克拉钻石戒指(获古柏林顶级宝石证书，得分91.3) | | 460,000 | 中国嘉德 | 2021-11-30 |
| 精美与稀有的7.01克拉天然淡彩橘粉红色VVS1净度钻石配钻石戒指 | 指环12 | 4,945,000 | 中国嘉德 | 2021-05-21 |
| 精湛的8.06克拉，花式紫粉色，VVS2净度彩色钻石和钻石戒指，巴黎宝诗龙 | | 22,557,780 | 日内瓦佳士得 | 2021-05-12 |
| 精致的3.55克拉天然缅甸抹谷未经加热鸽血红红宝石配钻石戒指 | | 333,500 | 中国嘉德 | 2021-11-30 |
| 卡地亚“Panthère”钻石配缟玛瑙及祖母绿戒指 | | 886,788 | 香港苏富比 | 2021-10-12 |
| 卡地亚“你和我”祖母绿和钻石戒指 | | 105,738 | 巴黎佳士得 | 2021-07-07 |
| 卡地亚 1.32克拉蓝宝石和钻石戒指 | | 192,270 | 纽约佳士得 | 2021-06-04 |
| 卡地亚 12.16克拉天然哥伦比亚祖母绿配钻石戒指 | | 5,043,669 | 香港苏富比 | 2021-04-20 |
| 卡地亚 5.10克拉及4.71克拉天然克什米尔蓝宝石配钻石戒指 | | 7,491,741 | 香港苏富比 | 2021-04-20 |
| 卡地亚 6.86克拉天然阿富汗红宝石配钻石戒指 | | 3,186,540 | 香港苏富比 | 2021-04-20 |
| 卡地亚 7.04克拉 钻石“Luna”戒指 | | 2,715,817 | 日内瓦苏富比 | 2021-05-11 |
| 卡地亚 7.23克拉D色钻石戒指，净度内部无瑕 | | 2,300,000 | 北京保利 | 2021-06-07 |
| 卡地亚 8.51克拉圆形E色钻石戒指 | | 3,338,496 | 香港苏富比 | 2021-10-12 |
| 卡地亚 9.10克拉天然缅甸红宝石配钻石戒指 | | 15,957,990 | 香港苏富比 | 2021-04-20 |
| 卡地亚 珐琅、碧玺和祖母绿戒指，法国 | | 34,256 | 纽约苏富比 | 2021-08-31 |
| 卡地亚 缟玛瑙，祖母绿和钻石“Panthère”戒指，法国 | | 194,590 | 纽约苏富比 | 2021-06-09 |
| 卡地亚 红宝石配钻石戒指 | | 1,448,436 | 日内瓦苏富比 | 2021-05-11 |
| 卡地亚 黄金、珐琅和橄榄石“Panthère”戒指，法国 | | 122,343 | 纽约苏富比 | 2021-08-31 |
| 卡地亚 黄金、祖母绿和钻石“大象”戒指，法国 | | 56,545 | 纽约苏富比 | 2021-06-11 |
| 卡地亚 黄金和石榴石戒指 | | 88,124 | 纽约佳士得 | 2021-06-04 |
| 卡地亚 黄金和珍珠母戒指 | | 22,618 | 纽约苏富比 | 2021-06-11 |
| 卡地亚 黄金和祖母绿戒指 | | 44,859 | 纽约苏富比 | 2021-08-31 |
| 卡地亚 黄金和钻石戒指 | | 22,889 | 日内瓦苏富比 | 2021-07-07 |
| 卡地亚 蓝宝石和钻石戒指 | | 24,524 | 日内瓦苏富比 | 2021-07-07 |
| 卡地亚 珊瑚配白水晶及钻石首饰套装，戒指一枚，约1970年 | 长620mm | 451,628 | 日内瓦苏富比 | 2021-05-13 |
| 卡地亚 水果锦囊宝石配钻石戒指 | | 1,487,052 | 香港苏富比 | 2021-04-20 |
| 卡地亚 祖母绿和钻石戒指 | | 1,475,865 | 纽约佳士得 | 2021-04-13 |
| 卡地亚 祖母绿和钻石戒指 | 祖母绿13.4mm×12.7mm×4.9mm | 766,200 | 纽约苏富比 | 2021-06-09 |
| 卡地亚 钻石戒指，“咪咪” | | 36,577 | 伦敦苏富比 | 2021-06-24 |
| 卡地亚 钻石配祖母绿及黑玛瑙美洲豹戒指 | | 40,250 | 北京保利 | 2021-06-07 |
| 卡地亚设计“猎豹系列”钻石、沙弗莱及缟玛瑙戒指 | | 34,500 | 北京保利 | 2021-12-05 |
| 卡地亚设计 10.00克拉D色TYPE IIA全美钻石戒指，净度无瑕 | | 6,108,240 | 保利香港 | 2021-11-27 |
| 卡地亚设计 13.28克拉斯里兰卡皇家蓝蓝宝石配钻石戒指，未经加热 | | 920,000 | 北京保利 | 2021-09-26 |
| 卡地亚 镶嵌 6.14克拉哥伦比亚祖母绿配钻石戒指，未经注油 | | 3,237,120 | 保利香港 | 2021-04-22 |
| 卡文法式4.06克拉祖母绿和钻石戒指 | | 521,154 | 纽约佳士得 | 2021-06-08 |
| 克罗心 22K金镶钻石戒指 | | 172,500 | 华艺国际 | 2021-06-04 |
| 蓝宝石、红宝石和钻石戒指 | | 26,158 | 日内瓦苏富比 | 2021-07-07 |
| 蓝宝石“Mystery-Set”戒指，梵克雅宝 | | 133,413 | 佳士得 | 2021-11-28 |
| 蓝宝石和珐琅戒指 | | 626,605 | 日内瓦佳士得 | 2021-05-12 |
| 蓝宝石和玛瑙戒指 波赖 20世纪80年代 | | 45,721 | 伦敦苏富比 | 2021-06-24 |
| 蓝宝石和钻石“TOI ET MOI”戒指 | | 63,498 | 米兰佳士得 | 2021-02-03 |

**2021翡翠珠宝拍卖成交汇总(续表)**

(成交价RMB：2万元以上)

| 拍品名称 | 物品尺寸 | 成交价RMB | 拍卖公司 | 拍卖日期 |
|---|---|---|---|---|
| 蓝宝石和钻石“TROMBINO”戒指，宝格丽 | | 166,071 | 米兰佳士得 | 2021-02-03 |
| 蓝宝石和钻石戒指 | | 557,549 | 纽约佳士得 | 2021-04-13 |
| 蓝宝石和钻石戒指 | | 194,886 | 纽约佳士得 | 2021-01-27 |
| 蓝宝石和钻石戒指 | | 121,804 | 纽约佳士得 | 2021-01-27 |
| 蓝宝石和钻石戒指 | | 120,169 | 纽约佳士得 | 2021-06-04 |
| 蓝宝石和钻石戒指 | | 79,429 | 米兰苏富比 | 2021-03-04 |
| 蓝宝石和钻石戒指 | | 794,294 | 米兰苏富比 | 2021-03-04 |
| 蓝宝石和钻石戒指 | | 278,003 | 米兰苏富比 | 2021-03-04 |
| 蓝宝石和钻石戒指 | | 179,437 | 纽约苏富比 | 2021-08-31 |
| 蓝宝石和钻石戒指 | | 173,025 | 巴黎佳士得 | 2021-07-07 |
| 蓝宝石和钻石戒指 | | 129,924 | 纽约佳士得 | 2021-01-27 |
| 蓝宝石和钻石戒指 | | 85,728 | 伦敦苏富比 | 2021-06-24 |
| 蓝宝石和钻石戒指 | | 72,701 | 纽约苏富比 | 2021-06-11 |
| 蓝宝石和钻石戒指 | | 48,722 | 纽约佳士得 | 2021-01-27 |
| 蓝宝石和钻石戒指 | | 44,661 | 纽约佳士得 | 2021-01-27 |
| 蓝宝石和钻石戒指 | | 41,029 | 米兰佳士得 | 2021-02-03 |
| 蓝宝石和钻石戒指 | | 40,601 | 纽约佳士得 | 2021-01-27 |
| 蓝宝石和钻石戒指 | | 31,063 | 日内瓦苏富比 | 2021-07-07 |
| 蓝宝石和钻石戒指 | | 21,254 | 日内瓦苏富比 | 2021-07-07 |
| 蓝宝石和钻石戒指 20世纪40年代 | | 45,721 | 伦敦苏富比 | 2021-06-24 |
| 蓝宝石和钻石戒指 20世纪70年代 | | 22,861 | 伦敦苏富比 | 2021-06-24 |
| 蓝宝石和钻石礼服戒指 | | 34,291 | 伦敦苏富比 | 2021-06-24 |
| 蓝宝石和钻石礼服戒指 | | 25,147 | 伦敦苏富比 | 2021-06-24 |
| 蓝宝石及钻石戒指 | | 600,300 | 佳士得 | 2021-05-23 |
| 蓝宝石及钻石戒指Cartier设计 | | 207,000 | 佳士得 | 2021-05-23 |
| 蓝宝石戒指 | | 218,500 | 上海匡时 | 2021-07-08 |
| 蓝宝石戒指 | | 989,000 | 上海匡时 | 2021-07-08 |
| 蓝宝石戒指 | | 805,000 | 上海匡时 | 2021-07-08 |
| 蓝宝石戒指 | | 28,611 | 日内瓦苏富比 | 2021-07-07 |
| 蓝宝石戒指 | | 122,618 | 日内瓦苏富比 | 2021-07-07 |
| 蓝宝石戒指 | | 57,222 | 日内瓦苏富比 | 2021-07-07 |
| 蓝宝石配钻石戒指 | | 632,279 | 日内瓦苏富比 | 2021-05-13 |
| 蓝宝石配钻石戒指 | | 252,912 | 日内瓦苏富比 | 2021-05-13 |
| 蓝宝石钻戒 | | 48,785 | 纽约佳士得 | 2021-04-21 |
| 蓝宝石钻戒 | | 44,661 | 纽约佳士得 | 2021-01-27 |
| 蓝宝石钻石戒指 | | 52,900 | 上海匡时 | 2021-07-08 |
| 蓝色托帕石配彩色刚玉及钻石戒指 | | 25,834 | 天成国际 | 2021-06-01 |
| 雷内·博文 宝石镶嵌戒指 20世纪50年代 | | 114,303 | 伦敦苏富比 | 2021-06-24 |
| 雷内·博文 红宝石和钻石戒指 20世纪70年代 | | 114,303 | 伦敦苏富比 | 2021-06-24 |
| 雷内·博文 黄水晶和檀香木戒指 20世纪70年代 | | 51,437 | 伦敦苏富比 | 2021-06-24 |
| 雷内·博文 钻石戒指，“Bague Boule”，约 1934 年 | | 147,141 | 日内瓦苏富比 | 2021-07-07 |
| 雷萨 钻戒 | | 261,584 | 日内瓦苏富比 | 2021-07-07 |
| 梨形素面祖母绿戒指 | | 276,000 | 上海匡时 | 2021-07-08 |
| 李宜修设计 浓彩粉色钻石配钻石“羽翼”戒指 | | 61,082 | 保利香港 | 2021-11-27 |
| 锂紫玉戒指 | | 36,350 | 纽约苏富比 | 2021-06-11 |
| 两个“吉萨”戒指 | | 29,786 | 米兰苏富比 | 2021-03-04 |
| 两颗坦桑石和钻石戒指 | | 56,915 | 纽约佳士得 | 2021-04-21 |
| 两枚McTeigue & Co.多宝石和钻石戒指 | | 24,361 | 纽约佳士得 | 2021-01-27 |
| 两个彩色钻石和钻石戒指 | | 38,977 | 纽约佳士得 | 2021-01-27 |
| 卢葵设计师款天然缅甸木那甜绿蛋面翡翠镶蓝宝石南红戒指 | 翡翠 16.7mm × 15.3mm | 419,750 | 十竹斋拍卖(北京) | 2021-04-25 |
| 绿色碧玺配黄色刚玉及翡翠戒指 | | 21,674 | 天成国际 | 2021-11-26 |
| 绿色蓝宝石和钻石戒指 | | 57,152 | 伦敦苏富比 | 2021-06-24 |
| 每颗约2.10克拉钻戒 | | 148,594 | 伦敦苏富比 | 2021-06-24 |
| 缅甸天然“帝王绿”翡翠蛋面配钻石戒指 | | 640,380 | 保利香港 | 2021-11-27 |
| 缅甸天然冰种翡翠配钻石戒指 | | 46,000 | 北京保利 | 2021-06-07 |

| 拍品名称 | 物品尺寸 | 成交价RMB | 拍卖公司 | 拍卖日期 |
|---|---|---|---|---|
| 缅甸天然翡翠蛋面配钻石、珍珠及红宝石戒指 | 翡翠蛋面13.83mm × 11.88mm × 4.63mm | 184,000 | 北京保利 | 2021-09-26 |
| 缅甸天然翡翠蛋面配钻石戒指 | | 97,750 | 北京保利 | 2021-09-26 |
| 缅甸天然翡翠蛋面配钻石戒指 | | 62,719 | 保利香港 | 2021-04-22 |
| 缅甸天然翡翠蛋面配钻石戒指 | | 23,645 | 保利香港 | 2021-11-27 |
| 缅甸天然翡翠福豆配钻石戒指 | | 34,394 | 保利香港 | 2021-04-22 |
| 缅甸天然翡翠配钻石戒指(一组) | | 35,406 | 保利香港 | 2021-04-22 |
| 缅甸天然满绿翡翠配钻石“马鞍”戒指 | | 109,250 | 北京保利 | 2021-12-05 |
| 缅甸天然紫罗兰翡翠蛋面配粉色刚玉及钻石戒指 | | 30,348 | 保利香港 | 2021-04-22 |
| 缅甸天然紫罗兰翡翠蛋面配钻石及粉色蓝宝石戒指 | | 25,300 | 北京保利 | 2021-12-05 |
| 缅甸无烧蓝宝石戒指 | | 36,800 | 上海匡时 | 2021-07-08 |
| 摩根石鸡尾酒戒指 | | 40,250 | 永乐拍卖 | 2021-12-02 |
| 木佐矿区 4.64克拉“木佐”哥伦比亚祖母绿配钻石戒指 | | 965,496 | 保利香港 | 2021-11-27 |
| 南洋金珠戒指 | | 23,000 | 永乐拍卖 | 2021-12-02 |
| 尼古拉斯·瓦尼 13.60克拉橄榄石和钻石戒指 | | 52,506 | 纽约苏富比 | 2021-06-11 |
| 皮拉内西 12.16克拉蓝宝石和钻石戒指 | | 403,893 | 纽约苏富比 | 2021-06-11 |
| 品质卓越的23.28克拉哥伦比亚祖母绿配钻石戒指，未经注油 | 戒指13号 | 14,950,000 | 北京保利 | 2021-06-07 |
| 青金石和钻石戒指，巴黎卡地亚 | | 322,254 | 日内瓦佳士得 | 2021-05-12 |
| 三环/戒指 | | 36,785 | 日内瓦苏富比 | 2021-07-07 |
| 尚美 6.30克拉钻石戒指 | | 672,875 | 巴黎佳士得 | 2021-07-07 |
| 尚美 黄金和黄水晶戒指，法国 | | 44,859 | 纽约苏富比 | 2021-08-31 |
| 尚美(Chaumet)5.33克拉缅甸抹谷鸽血红红宝石配钻石戒指，未经加热 | | 747,500 | 北京保利 | 2021-06-07 |
| 尚美“Le Grand Frisson”宝石 配钻石 戒指 | | 62,778 | 香港苏富比 | 2021-10-12 |
| 尚美设计 钻石戒指 | | 21,674 | 保利香港 | 2021-11-27 |
| 深彩黄棕色钻石戒指 | | 361,302 | 日内瓦苏富比 | 2021-05-13 |
| 双色黄金和6.21克拉钻石戒指 | | 210,024 | 纽约苏富比 | 2021-06-11 |
| 水滴形粉钻配黄钻及钻石花形戒指 | | 51,750 | 华艺国际 | 2021-06-04 |
| 水晶和珊瑚戒指 20世纪70年代 | | 48,007 | 伦敦苏富比 | 2021-06-24 |
| 私人收藏 卡地亚高定珠宝 Lobi蓝宝石配钻石戒指 | | 575,000 | 永乐拍卖 | 2021-12-02 |
| 斯里兰卡蓝宝石戒指 | | 69,000 | 上海匡时 | 2021-07-08 |
| 苏富比钻石“Rosa Twist”2.04克拉梨形D色内部无瑕钻石配沙弗莱石戒指 | | 318,654 | 香港苏富比 | 2021-04-20 |
| 苏富比钻石Joseph Ramsay设计 萨克森5.20克拉圆形D色内部无瑕钻石配蓝宝石及石榴石戒指 | | 2,336,796 | 香港苏富比 | 2021-04-20 |
| 塔巴 2.80克拉钻戒 | | 171,455 | 伦敦苏富比 | 2021-06-24 |
| 钛金属配彩色刚玉及彩色钻石蝴蝶戒指，Nisan | | 60,610 | 天成国际 | 2021-06-01 |
| 坦桑石和钻石戒指 | | 48,722 | 纽约佳士得 | 2021-01-27 |
| 天然D-E色VVS净度钻石戒指 | 指环12 | 1,725,000 | 中国嘉德 | 2021-05-21 |
| 天然冰种翡翠配钻石戒指 | | 158,976 | 天成国际 | 2021-06-01 |
| 天然帝王绿翡翠戒指 | | 5,043,669 | 香港苏富比 | 2021-04-20 |
| 天然帝王绿翡翠配钻石戒指 | | 2,712,528 | 香港苏富比 | 2021-10-12 |
| 天然帝王绿翡翠配钻石戒指/吊坠 | | 5,247,675 | 香港苏富比 | 2021-04-20 |
| 天然翡翠蛋面戒指 | | 51,313 | 佳士得 | 2021-11-28 |
| 天然翡翠蛋面戒指 | 蛋面20.9mm × 14.5mm × 8.3mm | 318,138 | 佳士得 | 2021-11-28 |
| 天然翡翠蛋面戒指 | 蛋面16.0mm × 11.1mm × 4.9mm | 153,938 | 佳士得 | 2021-11-28 |
| 天然翡翠蛋面戒指 | 蛋面15.4mm × 11.8mm × 4.8mm | 92,363 | 佳士得 | 2021-11-28 |
| 天然翡翠蛋面戒指 | | 97,494 | 佳士得 | 2021-11-28 |
| 天然翡翠蛋面戒指 | | 287,350 | 佳士得 | 2021-11-28 |

(成交价RMB：2万元以上)

| 拍品名称 | 物品尺寸 | 成交价RMB | 拍卖公司 | 拍卖日期 |
|---|---|---|---|---|
| 天然翡翠蛋面戒指 | | 328,400 | 佳士得 | 2021-11-28 |
| 天然翡翠蛋面配钻石戒指 | 指环14.5 | 230,000 | 中国嘉德 | 2021-05-21 |
| 天然翡翠戒指 | 翡翠22.5mm×8.3mm×3.8mm | 164,200 | 佳士得 | 2021-11-28 |
| 天然翡翠戒指 | | 164,200 | 佳士得 | 2021-11-28 |
| 天然翡翠马鞍戒指 | | 637,308 | 香港苏富比 | 2021-04-20 |
| 天然翡翠马鞍戒指 | 马鞍21.6mm×7.2mm×4.6mm | 112,888 | 佳士得 | 2021-11-28 |
| 天然翡翠马鞍戒指 | 马鞍28.5mm×11.8mm×7.4mm | 143,675 | 佳士得 | 2021-11-28 |
| 天然翡翠马鞍戒指 | 马鞍尺寸26.9mm×8.1mm×5.8mm | 359,188 | 佳士得 | 2021-11-28 |
| 天然翡翠弥勒佛配红宝石及钻石吊坠及天然翡翠"马鞍"配钻石戒指 | | 49,260 | 天成国际 | 2021-11-26 |
| 天然翡翠配翡翠戒指 | | 46,000 | 中国嘉德 | 2021-11-30 |
| 天然翡翠配粉红色尖晶石及钻石戒指及5.38克拉古垫形天然无经加热处理粉红色尖晶石配钻石戒指 | | 37,757 | 天成国际 | 2021-06-01 |
| 天然翡翠配红宝石及钻石戒指 | | 29,808 | 天成国际 | 2021-06-01 |
| 天然翡翠配水晶及钻石戒指 | | 89,424 | 天成国际 | 2021-06-01 |
| 天然翡翠配钻石"牛气冲天"戒指 | | 509,846 | 香港苏富比 | 2021-04-20 |
| 天然翡翠配钻石戒指 | | 782,460 | 香港苏富比 | 2021-10-12 |
| 天然翡翠配钻石戒指 | | 201,814 | 香港苏富比 | 2021-04-20 |
| 天然翡翠配钻石戒指 | 指环14.5 | 184,000 | 中国嘉德 | 2021-05-21 |
| 天然翡翠配钻石戒指 | | 322,000 | 中国嘉德 | 2021-11-30 |
| 天然翡翠配钻石戒指 | | 48,686 | 天成国际 | 2021-06-01 |
| 天然翡翠配钻石戒指 | | 45,706 | 天成国际 | 2021-06-01 |
| 天然翡翠配钻石戒指及红宝石配钻石戒指 | | 79,664 | 香港苏富比 | 2021-04-20 |
| 天然红宝石配钻石戒指 | | 32,200 | 华艺国际 | 2021-03-31 |
| 天然红碧玺配钻石戒指 两件 | | 32,200 | 华艺国际 | 2021-06-04 |
| 天然蓝宝石配钻石男士戒指(蓝宝石重约5克拉) | | 34,500 | 华艺国际 | 2021-12-10 |
| 天然满翠绿蛋面钻石戒指 | | 287,500 | 上海匡时 | 2021-07-08 |
| 天然满绿翡翠蛋面配钻石戒指 | | 28,750 | 保利厦门 | 2021-11-04 |
| 天然满绿翡翠配钻石戒指 | 翡翠蛋面16mm×14mm×4.5mm | 471,500 | 中国嘉德 | 2021-05-21 |
| 天然满绿厚装蛋面钻石戒指 | | 402,500 | 上海匡时 | 2021-07-08 |
| 天然缅甸满绿蛋面翡翠太阳花戒指 | 10.3mm×8.9mm | 36,320 | 十竹斋拍卖(北京) | 2021-04-25 |
| 天然缅甸满绿翡翠花形戒指 | 10.5mm×9.8mm | 126,500 | 十竹斋拍卖(北京) | 2021-04-25 |
| 天然缅甸星光蓝宝石戒指 | | 225,775 | 佳士得 | 2021-11-28 |
| 天然珍珠、钻石和珐琅戒指 20世纪初 | | 74,297 | 伦敦苏富比 | 2021-06-24 |
| 天然珍珠和钻石戒指 | | 48,937 | 纽约苏富比 | 2021-08-31 |
| 天然珍珠和钻石首饰和戒指 | | 81,745 | 日内瓦苏富比 | 2021-07-07 |
| 天然重约2克拉钻石配钻石戒指 | | 115,000 | 中国嘉德 | 2021-11-30 |
| 天然祖母绿配彩色蓝宝石及钻石戒指 | | 21,850 | 华艺国际 | 2021-03-31 |
| 天使戒指 | | 28,750 | 西泠印社 | 2021-07-25 |
| 托帕石和钻石戒指 | 托帕石14.20mm×14.40mm×8.70mm | 34,149 | 纽约佳士得 | 2021-04-21 |
| 微光之二(小猫眼)戒指 | | 48,300 | 十竹斋拍卖(北京) | 2021-04-25 |
| 维尔杜拉 紫水晶和橄榄石"糖果"戒指 | | 44,428 | 纽约苏富比 | 2021-06-11 |
| 无与伦比3.01克拉艳彩蓝色钻石配浓彩粉红色钻石戒指 | | 28,999,044 | 香港苏富比 | 2021-10-12 |
| 稀有的16.38克拉天然艳彩黄色IF内部无瑕净度钻石配钻石戒指 | 指环13 | 4,370,000 | 中国嘉德 | 2021-05-21 |
| 稀有的9.77克拉天然D色IF内部无瑕净度钻石配钻石戒指 | 指环9.5–7.5(可调节) | 4,025,000 | 中国嘉德 | 2021-05-21 |
| 稀有的天然帝王绿翡翠蛋面配钻石吊坠/戒指两用 | 吊坠50.5mm×22mm | 1,380,000 | 中国嘉德 | 2021-05-21 |
| 香奈儿"RubanCouture"钻石戒指 | | 180,824 | 香港苏富比 | 2021-04-20 |
| 萧邦设计 10.26克拉哥伦比亚祖母绿配钻石戒指 | | 920,000 | 北京保利 | 2021-12-05 |
| 心形蓝宝石戒指 | | 28,750 | 上海匡时 | 2021-07-08 |
| 新锐设计师-龙梓嘉 18K白金4.83克拉斯里兰卡星光蓝宝石幽兰花叶戒指 | | 29,510 | 北京保利 | 2021-01-16 |
| 新锐设计师-龙梓嘉 18K黄金缅甸天然蓝水冰种满绿翡翠祥云龙饰钻石艺术款戒指 | | 52,210 | 北京保利 | 2021-01-16 |
| 星光蓝宝石和钻石戒指 | | 86,513 | 巴黎佳士得 | 2021-07-07 |
| 亚历克斯·塞普斯 8.32克拉海蓝宝石、蓝宝石和钻石戒指 | | 40,389 | 纽约苏富比 | 2021-06-11 |
| 亚历克斯·塞普斯 锰铝榴石和钻石戒指 | | 40,389 | 纽约苏富比 | 2021-06-11 |
| 养殖珍珠、祖母绿和沙弗莱石榴石戒指，法国 | | 179,437 | 纽约苏富比 | 2021-08-31 |
| 养殖珍珠和钻石戒指 | | 27,433 | 伦敦苏富比 | 2021-06-24 |
| 养殖珍珠和钻石戒指 | | 22,889 | 日内瓦苏富比 | 2021-07-07 |
| 养殖珍珠及钻石戒指 | | 28,980 | 佳士得 | 2021-05-23 |
| 一枚罕见的4.10克拉，彩灰蓝色，自然色，SI2净度彩色钻石戒指 | | 5,426,413 | 纽约佳士得 | 2021-06-08 |
| 硬石和钻石浮雕戒指 | | 24,361 | 纽约佳士得 | 2021-01-27 |
| 约1970年 Tiffany Akoya珍珠经典造型戒指 | | 20,700 | 保利厦门 | 2021-11-04 |
| 赞比亚祖母绿戒指(两用) | | 287,500 | 上海匡时 | 2021-07-08 |
| 珍贵的4.46克拉天然克什米尔未经加热蓝宝石配钻石戒指 | | 1,955,000 | 中国嘉德 | 2021-11-30 |
| 珍贵的6.22克拉天然哥伦比亚未经处理祖母绿配钻石戒指 | | 1,978,000 | 中国嘉德 | 2021-11-30 |
| 枕形尖晶石钻石戒指 | | 126,500 | 上海匡时 | 2021-07-08 |
| 枕形切割蓝宝石钻石戒指 | | 41,400 | 上海匡时 | 2021-07-08 |
| 重要的5.08克拉天然缅甸抹谷未经加热鸽血红红宝石配钻石戒指　卡地亚 | 指环12 | 3,910,000 | 中国嘉德 | 2021-05-21 |
| 装饰艺术钻石戒指 | | 211,475 | 巴黎佳士得 | 2021-07-07 |
| 紫罗兰蛋面戒指 | | 89,700 | 永乐拍卖 | 2021-05-22 |
| 紫水晶和钻石戒指 | | 22,766 | 纽约佳士得 | 2021-04-21 |
| 紫水晶配橙色刚玉Hawaii戒指，Van Cleef & Arpels | | 37,757 | 天成国际 | 2021-06-01 |
| 紫水晶配粉红色刚玉蜘蛛网戒指，Buccellati | | 37,757 | 天成国际 | 2021-06-01 |
| 棕色养殖珍珠和钻石戒指 | | 9,809 | 日内瓦苏富比 | 2021-07-07 |
| 总重约2.25克拉天然钻石戒指(主石为拼接工艺制作) | | 46,000 | 中国嘉德 | 2021-11-30 |
| 祖母绿，红宝石，蓝宝石和钻石"TUTTIFRUTTI"戒指，巴黎卡地亚 | | 492,333 | 日内瓦佳士得 | 2021-05-12 |
| 祖母绿、红宝石和钻石戒指 | | 182,638 | 巴黎佳士得 | 2021-07-07 |
| 祖母绿、钻石和木戒指 | | 25,849 | 纽约苏富比 | 2021-06-11 |
| 祖母绿5.50—5.75克拉钻戒 | 祖母绿17.60mm×15.10mm×10.65mm | 406,538 | 纽约佳士得 | 2021-04-21 |
| 祖母绿和钻石戒指 | | 226,180 | 纽约苏富比 | 2021-06-11 |
| 祖母绿和钻石戒指 | | 213,181 | 纽约佳士得 | 2021-04-13 |
| 祖母绿和钻石戒指 | | 211,475 | 巴黎佳士得 | 2021-07-07 |
| 祖母绿和钻石戒指 | 祖母绿11.44mm×10.71mm×8.05mm | 138,044 | 纽约佳士得 | 2021-01-27 |
| 祖母绿和钻石戒指 | | 136,191 | 纽约佳士得 | 2021-06-04 |
| 祖母绿和钻石戒指 | | 134,575 | 巴黎佳士得 | 2021-07-07 |
| 祖母绿和钻石戒指 | | 122,989 | 纽约佳士得 | 2021-04-13 |
| 祖母绿和钻石戒指 | | 115,350 | 巴黎佳士得 | 2021-07-07 |
| 祖母绿和钻石戒指 | 祖母绿16.00mm×12.50mm×7.80mm | 97,443 | 纽约佳士得 | 2021-01-27 |

## 2021翡翠珠宝拍卖成交汇总（续表）

（成交价RMB：2万元以上）

| 拍品名称 | 物品尺寸 | 成交价RMB | 拍卖公司 | 拍卖日期 |
|---|---|---|---|---|
| 祖母绿和钻石戒指 | | 76,740 | 纽约苏富比 | 2021-06-11 |
| 祖母绿和钻石戒指 | | 74,297 | 伦敦苏富比 | 2021-06-24 |
| 祖母绿和钻石戒指 | | 60,902 | 纽约佳士得 | 2021-01-27 |
| 祖母绿和钻石戒指 | | 32,698 | 日内瓦苏富比 | 2021-07-07 |
| 祖母绿和钻石戒指 | | 32,045 | 纽约佳士得 | 2021-06-04 |
| 祖母绿和钻石戒指 1910年 | | 158,859 | 米兰苏富比 | 2021-03-04 |
| 祖母绿和钻石戒指，萧邦 | | 492,333 | 日内瓦佳士得 | 2021-05-12 |
| 祖母绿花卉造型戒指 | | 25,300 | 永乐拍卖 | 2021-12-02 |
| 祖母绿及钻石戒指 | | 67,275 | 佳士得 | 2021-05-23 |
| 祖母绿配钻石戒指 | | 42,487 | 保利香港 | 2021-04-22 |
| 祖母绿配钻石戒指 | | 451,628 | 日内瓦苏富比 | 2021-05-13 |
| 祖母绿钻戒 | | 130,092 | 纽约佳士得 | 2021-04-21 |
| 祖母绿钻戒 | | 65,046 | 纽约佳士得 | 2021-04-21 |
| 钻戒 | | 65,396 | 日内瓦苏富比 | 2021-07-07 |
| 钻戒 | | 37,729 | 米兰苏富比 | 2021-03-04 |
| 钻戒 | | 36,577 | 伦敦苏富比 | 2021-06-24 |
| 钻戒 | | 32,005 | 伦敦苏富比 | 2021-06-24 |
| 钻戒 | | 28,611 | 日内瓦苏富比 | 2021-07-07 |
| 钻石N©UD戒指，Van Cleef & Arpels设计 | | 124,200 | 佳士得 | 2021-05-23 |
| 钻石铂金戒指 | | 60,902 | 纽约佳士得 | 2021-01-27 |
| 钻石铂金戒指 | | 28,421 | 纽约佳士得 | 2021-01-27 |
| 钻石和铂金戒指 | | 129,924 | 纽约佳士得 | 2021-01-27 |
| 钻石和珐琅戒指 | | 311,572 | 纽约佳士得 | 2021-04-13 |
| 钻石和金戒指 | | 56,842 | 纽约佳士得 | 2021-01-27 |
| 钻石和玛瑙戒指 | | 52,782 | 纽约佳士得 | 2021-01-27 |
| 钻石红宝石戒指 | | 40,654 | 纽约佳士得 | 2021-04-21 |
| 钻石红宝石戒指 | | 22,766 | 纽约佳士得 | 2021-04-21 |
| 钻石戒指 | | 879,750 | 佳士得 | 2021-05-23 |
| 钻石戒指 | | 621,000 | 佳士得 | 2021-05-23 |
| 钻石戒指 | | 310,500 | 佳士得 | 2021-05-23 |
| 钻石戒指 | | 278,003 | 米兰苏富比 | 2021-03-04 |
| 钻石戒指 | | 270,977 | 日内瓦苏富比 | 2021-05-13 |
| 钻石戒指 | | 234,453 | 米兰佳士得 | 2021-02-03 |
| 钻石戒指 | | 146,165 | 纽约佳士得 | 2021-01-27 |
| 钻石戒指 | | 87,920 | 米兰佳士得 | 2021-02-03 |
| 钻石戒指 | | 67,288 | 巴黎佳士得 | 2021-07-07 |
| 钻石戒指 | | 32,698 | 日内瓦苏富比 | 2021-07-07 |
| 钻石戒指 | | 30,994 | 纽约苏富比 | 2021-08-31 |
| 钻石戒指 | | 26,018 | 纽约佳士得 | 2021-04-21 |
| 钻石戒指 | | 21,140 | 纽约佳士得 | 2021-04-21 |
| 钻石戒指，宝格丽 | | 87,920 | 米兰佳士得 | 2021-02-03 |
| 钻石戒指，20世纪初 | | 25,291 | 日内瓦苏富比 | 2021-05-13 |
| 钻石戒指，路易威登 | | 24,524 | 日内瓦苏富比 | 2021-07-07 |
| 钻石戒指Cartier设计 | | 46,575 | 佳士得 | 2021-05-23 |
| 钻石戒指Graff设计 | | 82,800 | 佳士得 | 2021-05-23 |
| 钻石戒指和两个镶钻外环 | | 320,050 | 伦敦苏富比 | 2021-06-24 |
| 钻石配蓝宝石戒指，约1915年 | | 28,904 | 日内瓦苏富比 | 2021-05-13 |
| 钻石永恒戒指 | | 447,191 | 纽约佳士得 | 2021-04-21 |
| 钻石永恒戒指 | | 79,429 | 米兰苏富比 | 2021-03-04 |
| 钻石永恒戒指 | | 65,046 | 纽约佳士得 | 2021-04-21 |
| 钻石永恒戒指 | | 40,601 | 纽约佳士得 | 2021-01-27 |
| 钻石炸弹戒指 | | 28,421 | 纽约佳士得 | 2021-01-27 |
| 耳饰 | | | | |
| “蓝色妖姬”钛金属及18K黄金镶嵌总重约4.5克拉天然紫色蓝宝石配钻石及粉色蓝宝石耳环 | | 66,700 | 中国嘉德 | 2021-11-30 |
| “水果锦囊”18K白金镶彩宝耳坠 | | 86,250 | 西泠印社 | 2021-01-16 |
| “太湖石之心”总重约 7.157克拉金绿宝石配钻石耳环/吊坠(两用) | | 32,200 | 中国嘉德 | 2021-11-30 |
| “月牙凝露”总重约2.52克拉天然祖母绿蛋面配钻石耳环 | | 28,750 | 中国嘉德 | 2021-11-30 |
| 0.63克拉和0.73克拉心形彩色钻石和钻石耳环 | | 341,051 | 纽约佳士得 | 2021-01-27 |
| 1.14及1.06克拉梨形E及D色内部无瑕及VVS2净度钻石配钻石吊耳环（一对） | | 79,488 | 天成国际 | 2021-06-01 |
| 1.21克拉及1.28克拉哥伦比亚祖母绿耳坠，未经优化处理 | 耳坠 29.7mm × 13mm × 2 | 230,000 | 西泠印社 | 2021-01-16 |
| 1.26 & 1.29克拉缅甸无烧“鸽血红”红宝石配钻石耳环 | | 414,000 | 永乐拍卖 | 2021-12-02 |
| 1.32克拉和1.30克拉花式黄色彩色钻石耳钉 | | 69,111 | 纽约佳士得 | 2021-04-21 |
| 2.00克拉，E色，VS1净度钻石和彩色钻石耳环 | 2.0cm × 1.0cm × 2 | 237,778 | 纽约佳士得 | 2021-04-13 |
| 2.03及2.01克拉缅甸抹谷“鸽血红”红宝石配钻石耳环，未经加热 | | 276,000 | 北京保利 | 2021-12-05 |
| 2.03及2.02克拉枕形浓彩黄色/VVS1-VS1(极优打磨)钻石耳环 | 耳环长1.0cm × 2 | 266,825 | 佳士得 | 2021-11-28 |
| 2.09及2.03克拉莫桑比克“鸽血红”红宝石配钻石耳环，未经加热 | | 63,250 | 北京保利 | 2021-12-05 |
| 2.09克拉及2.02克拉深彩棕黄橙色钻石配钻石耳环一对 | | 292,118 | 香港苏富比 | 2021-10-12 |
| 2.10及2.04克拉梨形天然彩黄绿色VS1净度钻石配钻石吊耳环（一对） | | 775,008 | 天成国际 | 2021-06-01 |
| 2.18 & 2.34克拉赞比亚微油祖母绿耳坠 | | 80,500 | 西泠印社 | 2021-07-25 |
| 2.53克拉及2.10克拉枕形缅甸天然鸽血红红宝石耳环 | 耳环长1.6cm × 2 | 879,750 | 佳士得 | 2021-05-23 |
| 2.59克拉和2.49克拉钻石耳环 | 1.9cm × 0.7cm × 2 | 368,966 | 纽约佳士得 | 2021-04-13 |
| 2.63克拉，H色，VS2净度钻石耳环 | | 286,974 | 纽约佳士得 | 2021-04-13 |
| 2.90克拉和2.91克拉钻石耳坠一对 | | 171,619 | 日内瓦苏富比 | 2021-05-13 |
| 2.94克拉和3.09克拉祖母绿配钻石耳环一对 | | 343,237 | 日内瓦苏富比 | 2021-05-13 |
| 2.97及2.53克拉天然哥伦比亚木佐无油祖母绿配钻石耳坠一对 | | 1,877,904 | 香港苏富比 | 2021-10-12 |
| 3.01及3.00克拉长方形D/IF(极优打磨及比例)钻石耳环 | 耳环长2.9cm × 2 | 1,026,250 | 佳士得 | 2021-11-28 |
| 3.01克拉及3.00克拉圆形D及E色钻石耳环一对 | | 849,744 | 香港苏富比 | 2021-04-20 |
| 3.03及3.01克拉梨形E/VS1钻石耳环，Harry Winston设计 | 耳环长3.3cm × 2 | 872,313 | 佳士得 | 2021-11-28 |
| 3.03克拉和3.02克拉浓彩黄钻和钻石耳环一对 | | 570,936 | 纽约苏富比 | 2021-08-31 |
| 3.03克拉及3.01克拉梨形D/FL Type IIb and Type IIa(极优打磨及比例)钻石耳环 | | 2,070,000 | 佳士得 | 2021-05-23 |
| 3.05及3.02克拉缅甸“鸽血红”红宝石配钻石耳环，未经加热 | | 906,384 | 保利香港 | 2021-11-27 |
| 3.06及2.61克拉梨形艳彩蓝色VS2钻石耳环 | 耳环长3.5cm × 2 | 47,494,850 | 佳士得 | 2021-11-28 |
| 3.08和3.02克拉钻石耳环一对 | | 1,307,517 | 纽约苏富比 | 2021-02-04 |
| 3.09及2.92克拉枕形克什米尔天然蓝宝石耳环 | 耳环长1.9cm × 2 | 1,005,725 | 佳士得 | 2021-11-28 |
| 3.10及3.01克拉钻石耳环 | | 669,936 | 保利香港 | 2021-11-27 |
| 3.16克拉及3.02克拉方形D色完美无瑕钻石耳坠一对 | | 1,251,936 | 香港苏富比 | 2021-10-12 |
| 3.20克拉和3.05克拉钻石耳钉一对 | | 570,936 | 纽约苏富比 | 2021-08-31 |
| 3.23克拉及3.14克拉长方形D/FL(极优打磨及比例)钻石耳环 | 耳环长2.8cm × 2 | 1,293,750 | 佳士得 | 2021-05-23 |
| 3.25克拉及2.92克拉椭圆形缅甸红宝石耳环 | 长1.9cm × 2 | 434,700 | 佳士得 | 2021-05-23 |
| 3.32及3.08克拉圆形D/IF(极优切割、打磨及比例)钻石耳环 | | 1,949,875 | 佳士得 | 2021-11-28 |
| 3.34克拉和3.32克拉钻石耳夹一对 | | 403,263 | 纽约苏富比 | 2021-06-09 |
| 3.35克拉和2.40克拉红宝石和钻石耳环 | | 491,955 | 纽约佳士得 | 2021-04-13 |

(成交价RMB：2万元以上)

| 拍品名称 | 物品尺寸 | 成交价RMB | 拍卖公司 | 拍卖日期 |
|---|---|---|---|---|
| 3.36克拉及3.30克拉圆形浓彩黄色/IF-VS1钻石耳环 | 耳环长4.7cm×2 | 1,035,000 | 佳士得 | 2021-05-23 |
| 3.38克拉及3.04克拉椭圆形缅甸天然红宝石耳环 | 耳环长3.7cm×2 | 1,345,500 | 佳士得 | 2021-05-23 |
| 3.40及3.40克拉梨形D色完美无瑕及内部无瑕钻石耳坠一对 | | 1,460,592 | 香港苏富比 | 2021-10-12 |
| 3.48克拉缅甸未经加热处理皇家蓝宝石耳饰 | | 138,000 | 永乐拍卖 | 2021-12-02 |
| 3.83克拉和3.57克拉钻石耳环 | | 213,181 | 纽约佳士得 | 2021-04-13 |
| 3.86及3.13克拉椭圆形天然无经处理海螺珠配钻石吊耳环一对 | | 118,224 | 天成国际 | 2021-11-26 |
| 3.89及3.42克拉K-L/SI2钻石耳环 | 耳环长2.7cm×2 | 307,875 | 佳士得 | 2021-11-28 |
| 4.00克拉和4.01克拉钻石耳钉一对 | | 1,141,872 | 纽约苏富比 | 2021-08-31 |
| 4.03克拉和4.01克拉钻石耳钉 | | 1,218,413 | 纽约佳士得 | 2021-08-18 |
| 4.04克拉及3.39克拉哥伦比亚祖母绿配钻石耳坠一对，19世纪中期 | | 2,295,216 | 香港苏富比 | 2021-10-12 |
| 4.08克拉及4.02克拉彩色钻石和钻石耳环 | | 393,564 | 纽约佳士得 | 2021-04-13 |
| 4.16克拉天然F色VVS2净度钻石和4.01克拉天然F色VS1净度钻石耳环 | | 1,725,000 | 中国嘉德 | 2021-05-21 |
| 4.17及4.16克拉圆形M-K/VVS2-SI1钻石耳环 | 耳环长1.6cm×2 | 389,975 | 佳士得 | 2021-11-28 |
| 4.17克拉及4.16克拉圆形D/IF Type IIa(极优切割、打磨及比例)钻石耳环 | 耳环长1.2cm×2 | 2,794,500 | 佳士得 | 2021-05-23 |
| 4.37克拉和4.31克拉蓝宝石耳环 | | 89,438 | 纽约佳士得 | 2021-04-21 |
| 4.42及3.79克拉天然哥伦比亚艳彩绿祖母绿配总重约5.40克拉钻石耳环 | 耳环长45mm×2 | 161,000 | 中国嘉德 | 2021-05-21 |
| 4.42及4.09克拉椭圆形天然无经加热处理蓝宝石配钻石耳环(一对) | | 119,232 | 天成国际 | 2021-06-01 |
| 4.75及4.11克拉梨形D-E/SI2 钻石耳环 | 耳环长3.82cm×2 | 718,375 | 佳士得 | 2021-11-28 |
| 5.01及4.41克拉榄尖形D/VS1-VVS2 Type IIa钻石耳环 | 耳环长3.6cm×2 | 1,949,875 | 佳士得 | 2021-11-28 |
| 5.01及5.01克拉圆形D色内部无瑕钻石耳环一对 | | 4,152,420 | 香港苏富比 | 2021-10-12 |
| 5.02克拉和5.00克拉钻石耳环一对 | | 1,774,357 | 纽约苏富比 | 2021-06-09 |
| 5.03及5.02克拉缅甸鸽血红红宝石配钻石耳环，未经加热 | | 11,822,400 | 保利香港 | 2021-11-27 |
| 5.04克拉和4.13克拉蓝宝石钻石耳环 | | 178,877 | 纽约佳士得 | 2021-04-21 |
| 5.05及5.01克拉缅甸红宝石配钻石耳环，未经加热 | | 443,340 | 保利香港 | 2021-11-27 |
| 5.05克拉和5.01克拉钻石耳环 | | 1,624,550 | 纽约佳士得 | 2021-08-18 |
| 5.05克拉及4.20克拉缅甸红宝石配钻石耳环，未经加热 | 耳环长3.95cm×2 | 1,955,000 | 北京保利 | 2021-09-26 |
| 5.05克拉及5.06克拉缅甸无烧鸽血红红宝石配钻石耳环 | | 5,175,000 | 永乐拍卖 | 2021-12-02 |
| 5.06及5.02克拉菱形S-T及W-X/VS2-SI1(极优打磨)钻石耳环 | 耳环长2.8cm×2 | 745,200 | 佳士得 | 2021-05-23 |
| 5.07及5.02克拉梨形D色内部无瑕钻石耳坠一对 | | 3,234,168 | 香港苏富比 | 2021-10-12 |
| 5.07克拉和5.01克拉钻石耳环一对 | | 980,638 | 纽约苏富比 | 2021-02-04 |
| 5.10及5.02克拉D/IF Type IIa戈尔康达钻石耳环 | 耳环长1.1cm×2 | 9,564,650 | 佳士得 | 2021-11-28 |
| 5.14克拉及5.10克拉椭圆形D/IF Type IIa(极优打磨及比例)钻石耳环 | 耳环长2.9cm×2 | 3,933,000 | 佳士得 | 2021-05-23 |
| 5.19及5.03克拉椭圆形缅甸天然鸽血红红宝石耳环 | 耳环长3.0cm×2 | 20,401,850 | 佳士得 | 2021-11-28 |
| 5.24及5.05克拉天然缅甸鸽血红红宝石配钻石耳坠一对 | | 5,757,690 | 香港苏富比 | 2021-04-20 |
| 5.43克拉及5.06克拉长方形哥伦比亚天然祖母绿耳环 | 耳环长3.7cm×2 | 3,284,000 | 佳士得 | 2021-11-28 |

| 拍品名称 | 物品尺寸 | 成交价RMB | 拍卖公司 | 拍卖日期 |
|---|---|---|---|---|
| 5.45及5.24克拉哥伦比亚祖母绿配钻石耳环，未经注油 | | 3,392,500 | 北京保利 | 2021-12-05 |
| 5.71克拉及4.86克拉天然斯里兰卡蓝宝石配总重约2.85克拉钻石耳环 | 耳环长35mm×2 | 101,200 | 中国嘉德 | 2021-05-21 |
| 5.80及3.82克拉蓝宝石配钻石耳环，未经加热 | | 91,044 | 保利香港 | 2021-04-22 |
| 5.80及5.05克拉金黄色绿柱石配钻石耳环，未经加热 | | 69,000 | 华艺国际 | 2021-12-10 |
| 5.86克拉和5.31克拉钻石耳环 | 2.9cm×1.4cm×2 | 1,065,903 | 纽约佳士得 | 2021-04-13 |
| 6.07克拉G色内部无瑕IIa型及6.07克拉F色内部无瑕钻石耳环 | 2.0cm×1.2cm×2 | 2,377,783 | 纽约佳士得 | 2021-04-13 |
| 6.10及6.02克拉正方形浓彩黄色/IF-VS2钻石耳环 | 耳环长1.3cm×2 | 1,436,750 | 佳士得 | 2021-11-28 |
| 6.26克拉和6.77克拉彩黄色钻石耳环一对 | | 995,799 | 日内瓦苏富比 | 2021-05-11 |
| 6.29克拉和5.13克拉花式黄钻和钻石吊坠-耳夹一对 | | 766,200 | 纽约苏富比 | 2021-06-09 |
| 6.37及5.66克拉椭圆及古垫形天然"缅甸抹谷"无经加热处理红宝石配钻石吊耳环一对 | | 571,416 | 天成国际 | 2021-11-26 |
| 7.02克拉和7.01克拉彩色钻石和钻石耳环 梵克雅宝 | | 1,342,725 | 日内瓦佳士得 | 2021-05-12 |
| 7.03克拉和7.01克拉钻石耳钉一对 | | 1,552,677 | 纽约苏富比 | 2021-02-04 |
| 7.04及6.96克拉圆形D/IF Type IIa(极优切割、打磨及比例)钻石耳环 | 耳环长2.8cm×2 | 6,963,480 | 佳士得 | 2021-05-23 |
| 7.10及7.05克拉榄尖形F-E/VS1钻石耳环 | 耳环长2.2cm×2 | 2,794,500 | 佳士得 | 2021-05-23 |
| 7.13克拉和6.29克拉钻石耳环一对 | | 565,450 | 纽约苏富比 | 2021-06-11 |
| 7.13克拉及6.03克拉彩粉红棕色钻石配钻石耳坠一对 | | 2,761,668 | 香港苏富比 | 2021-04-20 |
| 7.32克拉及6.46克拉枕形哥伦比亚天然祖母绿及有色钻石耳环 | 耳环长3.5cm×2 | 13,123,800 | 佳士得 | 2021-05-23 |
| 7.71克拉和7.69克拉帕拉伊巴碧玺和钻石耳环 | | 626,605 | 日内瓦佳士得 | 2021-05-12 |
| 8.40克拉及7.95克拉哥伦比亚祖母绿配钻石耳坠一对 | | 2,124,360 | 香港苏富比 | 2021-04-20 |
| 8.93及8.76克拉枕形克什米尔天然皇家蓝蓝宝石耳环 | 耳环长3.6cm×2 | 20,401,850 | 佳士得 | 2021-11-28 |
| 9.20及9.10克拉天然缅甸未经加热蓝宝石配钻石耳环一对(钻石共重15.61克拉) | | 1,982,232 | 香港苏富比 | 2021-10-12 |
| 9.57克拉和8.02克拉钻石耳环，马索尼 | | 4,475,750 | 日内瓦佳士得 | 2021-05-12 |
| 10.16克拉和10.15克拉钻石耳环 | 3.3cm×1.4cm×2 | 5,864,104 | 纽约佳士得 | 2021-04-13 |
| 10.21及10.10克拉枕形淡彩棕黄色/VS2-SI1钻石耳环 | 耳环长2.8cm×2 | 492,600 | 佳士得 | 2021-11-28 |
| 12.79克拉和9.63克拉蓝宝石和钻石耳环，REZA | | 1,790,300 | 日内瓦佳士得 | 2021-05-12 |
| 20.09克拉和20.01克拉钻石耳环 | | 5,886,506 | 日内瓦佳士得 | 2021-05-12 |
| 24.76克拉天然摩根石配蓝宝石钻石耳坠 | | 46,000 | 华艺国际 | 2021-06-04 |
| 25.57克拉天然坦桑石配钻石耳坠 | | 92,000 | 华艺国际 | 2021-06-04 |
| 28.87克拉坦桑石戒指，耳环一对 | | 425,500 | 永乐拍卖 | 2021-05-22 |
| 15.03克拉及15.01克拉长方形彩棕黄色/VS1-VS2钻石耳环 | 耳环长3.2cm×2 | 1,966,500 | 佳士得 | 2021-05-23 |
| 16.05克拉和14.21克拉钻石吊坠/耳夹一对 | | 2,177,620 | 纽约苏富比 | 2021-06-09 |
| 16.08克拉 天然摩根石配钻石耳环 | | 20,700 | 保利厦门 | 2021-11-04 |
| 16.63克拉及15.03克拉哥伦比亚祖母绿配钻石耳坠一对 | | 5,154,300 | 香港苏富比 | 2021-10-12 |
| 18K白金1.11及1.53克拉粉色蓝宝石配钻石耳环，未经加热 | | 20,430 | 北京保利 | 2021-08-08 |
| 18K白金海蓝宝石配钻石耳环 | | 28,375 | 北京保利 | 2021-08-08 |

## 2021翡翠珠宝拍卖成交汇总（续表）

（成交价RMB：2万元以上）

| 拍品名称 | 物品尺寸 | 成交价RMB | 拍卖公司 | 拍卖日期 |
|---|---|---|---|---|
| 18K白金缅甸天然翡翠配钻石及粉色蓝宝石套装，不含链子 | | 34,050 | 北京保利 | 2021-01-16 |
| 18K白金缅甸天然满绿翡翠牌配钻石吊坠及耳环套装 | | 37,455 | 北京保利 | 2021-08-09 |
| 18K白金缅甸天然满绿翡翠配钻石及红宝石耳环 | | 34,050 | 北京保利 | 2021-08-09 |
| 18K白金摩根石及海蓝宝石配钻石及彩色宝石耳环 | | 27,240 | 北京保利 | 2021-08-08 |
| 18K白金镶嵌总重约7.59克拉天然钻石“雪花”耳环 | | 46,000 | 中国嘉德 | 2021-11-30 |
| 18K白金祖母绿配钻石耳环 | | 21,565 | 北京保利 | 2021-08-08 |
| 18K翡翠白冰平安扣花式耳环 | | 39,200 | 上海联合 | 2021-06-27 |
| 18K红尖晶蝴蝶花式不对称耳环 | | 24,640 | 上海联合 | 2021-06-27 |
| 18K金镶嵌翡翠耳坠 | 10mm×35mm×10mm×2；重9.2g | 46,000 | 南京经典 | 2021-07-18 |
| 1950年 吊胆形祖母绿钻石耳坠 | | 322,000 | 永乐拍卖 | 2021-05-22 |
| 1950年 花卉耳钉 | | 32,200 | 永乐拍卖 | 2021-05-22 |
| 1950年 青金石耳钉 | | 87,400 | 永乐拍卖 | 2021-05-22 |
| 19世纪早期蓝宝石和钻石耳环 | 长4.4cm×2 | 1,253,210 | 日内瓦佳士得 | 2021-05-12 |
| Aletto Brothers 白水晶配红宝石及钻石耳环一对 | | 148,705 | 香港苏富比 | 2021-04-20 |
| ANGELA CUMMINGS砂金石和金耳环 | 2.8cm×2.6cm×2 | 24,392 | 纽约佳士得 | 2021-04-21 |
| CARNET设计 缅甸天然翡翠环配钻石及祖母绿耳环 | 耳环长6.8cm×2 | 494,500 | 北京保利 | 2021-09-26 |
| DIVA'S DREAM' 耳环，宝格丽 | 长3.0cm×2 | 68,382 | 米兰佳士得 | 2021-02-03 |
| FORMS 2.77克拉及2.59克拉艳彩黄色钻石配2.86克拉及2.41克拉梨形D色内部无瑕钻石耳坠一对 | | 1,805,706 | 香港苏富比 | 2021-04-20 |
| FORMS 天然翡翠配钻石及月光石耳坠一对 | | 477,981 | 香港苏富比 | 2021-04-20 |
| GRAFF BOMBÉ 蓝宝石和钻石耳环 | 4.0cm×1.5cm×2 | 178,877 | 纽约佳士得 | 2021-04-21 |
| HEMMERLE 珊瑚和铁耳环 | 3.3cm×2.1cm×2 | 105,700 | 纽约佳士得 | 2021-04-21 |
| JAR “TICKLE ME FEATHER” 耳环 | | 44,719 | 纽约佳士得 | 2021-04-21 |
| JAR “牵牛花” 耳环 | 直径5.8cm×2 | 146,354 | 纽约佳士得 | 2021-04-21 |
| JAR “天竺葵” 铝制耳环 | 5.0cm×5.0cm×2 | 60,902 | 纽约佳士得 | 2021-01-27 |
| JAR 白色树脂 “栀子花” 耳环 | 5.5cm×5.8cm×2 | 721,013 | 纽约佳士得 | 2021-06-04 |
| JAR 彩色钻石和钻石耳环 | 长12.3cm×2 | 1,042,308 | 纽约佳士得 | 2021-06-08 |
| JAR 多颗宝石、彩色钻石和钻石 “海盗” 耳环 | 6.6cm×1.7cm×2 | 1,523,373 | 纽约佳士得 | 2021-06-08 |
| JAR 多色蓝宝石和天然珍珠耳环 | | 450,959 | 纽约佳士得 | 2021-04-13 |
| JAR 铝 “天竺葵” 耳夹一对，巴黎 | 长5.08cm×2 | 121,168 | 纽约苏富比 | 2021-06-11 |
| JAR 铝制 “Tickle Me Feather” 耳夹一对，法国 | 长6.35cm×2 | 36,703 | 纽约苏富比 | 2021-08-31 |
| JAR 铝制 “花瓣” 耳夹一对，巴黎 | 长4.45cm×2 | 129,246 | 纽约苏富比 | 2021-06-11 |
| JAR 铝制 “花瓣” 耳夹一对，巴黎 | 长4.13cm×2 | 61,172 | 纽约苏富比 | 2021-08-31 |
| JAR 铝制 “花瓣” 耳夹一对，巴黎 | | 36,703 | 纽约苏富比 | 2021-08-31 |
| JAR 铝制 “三色堇” 耳环 | 3.0cm×2.5cm×2 | 44,719 | 纽约佳士得 | 2021-04-21 |
| JAR 铝制 “三色堇” 耳环 | 3.0cm×2.5cm×2 | 30,897 | 纽约佳士得 | 2021-04-21 |
| JAR 铝制 “天竺葵” 耳环 | 3.6cm×3.1cm×2 | 77,242 | 纽约佳士得 | 2021-04-21 |
| JAR 铝制 “天竺葵” 耳环 | 4.9cm×5.8cm×2 | 52,850 | 纽约佳士得 | 2021-04-21 |
| JAR 铝制 “天竺葵” 耳夹一对 | 长3.49cm×2 | 52,506 | 纽约苏富比 | 2021-06-11 |
| JAR 铝制 “天竺葵” 耳夹一对 | | 28,547 | 纽约苏富比 | 2021-08-31 |
| JAR 铝制 “紫罗兰色” 耳环 | 3.0cm×3.0cm×2 | 89,323 | 纽约佳士得 | 2021-01-27 |
| JAR 欧泊配蓝宝石、祖母绿及钻石耳夹一对 | | 1,147,608 | 香港苏富比 | 2021-10-12 |
| JAR 钛和玻璃 “Carnaval a Venise” 耳夹一对，巴黎 | 长7.0cm×2 | 32,625 | 纽约苏富比 | 2021-08-31 |
| JAR 天然珍珠和钻石耳环 | 7.5cm×5.3cm×2 | 5,580,354 | 纽约佳士得 | 2021-06-08 |
| JAR “天竺葵” 铝耳环 | 3.4cm×3.0cm×2 | 52,782 | 纽约佳士得 | 2021-01-27 |
| JAR 月光石和钻石耳环 | 3.2cm×3.2cm×2 | 573,948 | 纽约佳士得 | 2021-04-13 |
| K金配蓝宝石耳环一对，Van Cleef & Arpels | | 76,846 | 天成国际 | 2021-11-26 |
| MACHARK葡萄石耳坠 | | 20,700 | 永乐拍卖 | 2021-05-22 |
| MIKIMOTO 养殖珍珠和钻石耳环 | 1.8cm×2.2cm×2 | 69,111 | 纽约佳士得 | 2021-04-21 |

| 拍品名称 | 物品尺寸 | 成交价RMB | 拍卖公司 | 拍卖日期 |
|---|---|---|---|---|
| Moussaieff 12.38克拉及11.92克拉梨形D色钻石配钻石耳坠一对 | | 9,327,795 | 香港苏富比 | 2021-04-20 |
| Seaman SCHEPPS紫水晶和金耳环 | 3cm×2.1cm×2 | 34,149 | 纽约佳士得 | 2021-04-21 |
| VERDURA 橄榄石和钻石 “环绕式” 耳环 | 2.5cm×3.0cm×2 | 80,113 | 纽约佳士得 | 2021-06-04 |
| 白金钻石吊坠耳夹一对 | 长6.35cm×2 | 179,437 | 纽约苏富比 | 2021-08-31 |
| 宝格丽 宝石配钻石耳坠一对 | | 162,586 | 日内瓦苏富比 | 2021-05-13 |
| 宝格丽 彩色刚玉配钻石耳环一对 | | 135,488 | 日内瓦苏富比 | 2021-05-13 |
| 宝格丽 赤铁矿红宝石和钻石耳环 | 最宽处2.3cm×1.3cm×2 | 21,113 | 纽约佳士得 | 2021-01-27 |
| 宝格丽 多宝石耳环 | 直径2.4cm×2 | 52,782 | 纽约佳士得 | 2021-01-27 |
| 宝格丽 多宝石和钻石耳环 | 长2.3cm×2 | 30,857 | 纽约佳士得 | 2021-01-27 |
| 宝格丽 古代银币耳环 “莫奈” | | 52,869 | 巴黎佳士得 | 2021-07-07 |
| 宝格丽 红宝石、钻石和水晶耳夹一对，法国 | 长2.86cm×2 | 282,725 | 纽约苏富比 | 2021-06-11 |
| 宝格丽 红宝石配钻石耳环一对 | | 90,326 | 日内瓦苏富比 | 2021-05-13 |
| 宝格丽 黄金和钻石耳夹一对 | 长3.49cm×2 | 32,625 | 纽约苏富比 | 2021-08-31 |
| 宝格丽 黄水晶和钻石 “Parentesi” 耳夹一对 | 长3.18cm×2 | 53,016 | 纽约苏富比 | 2021-08-31 |
| 宝格丽 金色和电气石耳夹一对 | 长2.22cm×2 | 32,625 | 纽约苏富比 | 2021-08-31 |
| 宝格丽 金色和钻石耳夹一对 | 长2.22cm×2 | 30,994 | 纽约苏富比 | 2021-08-31 |
| 宝格丽 蓝宝石、橄榄石和钻石耳环一对 | 长3.18cm×2 | 145,401 | 纽约苏富比 | 2021-06-11 |
| 宝格丽 浓彩紫粉色钻石和钻石耳夹一对 | | 309,937 | 纽约苏富比 | 2021-08-31 |
| 宝格丽 青金石、玛瑙和钻石耳夹一对，法国 | | 88,856 | 纽约苏富比 | 2021-06-11 |
| 宝格丽 软玉和菱锰矿耳夹一对 | | 64,623 | 纽约苏富比 | 2021-06-11 |
| 宝格丽 天然珍珠、养殖珍珠配钻石耳环一对 | | 903,256 | 日内瓦苏富比 | 2021-05-13 |
| 宝格丽 天然珍珠配钻石耳坠一对，约1957年 | | 270,977 | 日内瓦苏富比 | 2021-05-13 |
| 宝格丽 一对钻石吊坠耳环 | | 212,062 | 纽约苏富比 | 2021-08-31 |
| 宝格丽 紫水晶、黄水晶和钻石耳夹一对 | | 77,484 | 纽约苏富比 | 2021-08-31 |
| 宝格丽 紫水晶、黄玉和钻石 “Parentesi” 耳夹一对 | 长4.13cm×2 | 80,779 | 纽约苏富比 | 2021-06-11 |
| 宝格丽 祖母绿，红宝石和金耳环 | 直径2.0cm×2 | 65,046 | 纽约佳士得 | 2021-04-21 |
| 宝格丽 祖母绿配红宝石及钻石耳坠一对 | | 270,977 | 日内瓦苏富比 | 2021-05-13 |
| 宝格丽 钻石吊坠/耳环一对 | 长4.13cm×2 | 444,282 | 纽约苏富比 | 2021-06-11 |
| 宝格丽 钻石和多宝石耳环 | 长3.9cm×2 | 154,285 | 纽约佳士得 | 2021-01-27 |
| 宝格丽 钻石和黄金半环耳环 | 长2.5cm×2 | 28,421 | 纽约佳士得 | 2021-01-27 |
| 宝诗龙 3.11克拉及2.99克拉克什米尔蓝宝石配钻石耳环，未经加热 | 耳环长1.8cm×2 | 2,185,000 | 北京保利 | 2021-06-07 |
| 宝石耳环 | 耳环长2.4cm×2 | 246,300 | 佳士得 | 2021-11-28 |
| 宝石耳环，Michele della Valle设计 | 耳环长4.0cm×2 | 134,550 | 佳士得 | 2021-05-23 |
| 宝石镶嵌钻石 “Pneu” 吊坠耳夹一对 | 长5.08cm×2 | 89,719 | 纽约苏富比 | 2021-08-31 |
| 宝石镶嵌钻石吊坠耳环一对 | | 28,611 | 日内瓦苏富比 | 2021-07-07 |
| 宝石镶嵌钻石耳夹一对，“Pneu” | | 61,309 | 日内瓦苏富比 | 2021-07-07 |
| 碧玺、蓝宝石和钻石 “小行星” 耳环，LILY GABRIELLA | 长4.0cm×2 | 340,157 | 日内瓦佳士得 | 2021-05-12 |
| 碧玺、缟玛瑙和钻石耳夹一对 | | 44,960 | 日内瓦苏富比 | 2021-07-07 |
| 碧玺配钻石耳环 | | 76,846 | 保利香港 | 2021-11-27 |
| 伯勒·马克思 黄金和玉髓耳夹一对和吊坠 | 耳夹长3.18cm×2 | 48,467 | 纽约苏富比 | 2021-06-11 |
| 布切拉蒂 金色吊坠/耳夹一对 | | 48,467 | 纽约苏富比 | 2021-06-11 |
| 彩色宝石配钻石耳环一对 | | 31,526 | 天成国际 | 2021-11-26 |
| 彩色尖晶石配钻石耳环一对及戒指套装，PHOESER | | 44,334 | 天成国际 | 2021-11-26 |
| 彩色蓝宝石，蓝宝石和钻石耳环 | 长3.1cm×2 | 213,181 | 纽约佳士得 | 2021-04-13 |
| 彩色钻石和钻石耳环，GRAFF | | 447,575 | 日内瓦佳士得 | 2021-05-12 |

(成交价RMB：2万元以上)

| 拍品名称 | 物品尺寸 | 成交价RMB | 拍卖公司 | 拍卖日期 |
|---|---|---|---|---|
| 彩色钻石和钻石耳环，卡内特 | 长7.5cm×2 | 268,545 | 日内瓦佳士得 | 2021-05-12 |
| 彩色钻石和钻石耳环，卡内特 | 长5.3cm×2 | 161,127 | 日内瓦佳士得 | 2021-05-12 |
| 彩色钻石和钻石耳环一对 | | 51,437 | 伦敦苏富比 | 2021-06-24 |
| 彩色钻石和钻石耳环一对 | | 34,291 | 伦敦苏富比 | 2021-06-24 |
| 彩色钻石和钻石耳环一对 | | 36,577 | 伦敦苏富比 | 2021-06-24 |
| 陈世英 天然翡翠配沙弗莱石及钻石耳坠一对 | | 424,872 | 香港苏富比 | 2021-04-20 |
| 大卫·莫里斯 养殖珍珠和钻石耳夹一对 | 长22mm×2 | 29,719 | 伦敦苏富比 | 2021-06-24 |
| 大卫·韦伯宝石镶嵌钻石耳夹一对 | | 73,571 | 日内瓦苏富比 | 2021-07-07 |
| 大卫·韦伯 多宝石和黄金耳环 | 3.5cm×2.8cm×2 | 24,361 | 纽约佳士得 | 2021-01-27 |
| 大卫·韦伯 珐琅和钻石耳夹一对 | 长2.86cm×2 | 68,662 | 纽约苏富比 | 2021-06-11 |
| 大卫·韦伯 红宝石和钻石耳环 | 2.7cm×2.2cm×2 | 81,203 | 纽约佳士得 | 2021-01-27 |
| 大卫·韦伯 黄金、珐琅和钻石耳夹一对 | 长3.18cm×2 | 64,623 | 纽约苏富比 | 2021-06-11 |
| 大卫·韦伯 黄金和钻石耳环 | 2.7cm×2.2cm×2 | 44,661 | 纽约佳士得 | 2021-01-27 |
| 大卫·韦伯 黄金和钻石耳环 | 3.0cm×2.5cm×2 | 38,977 | 纽约佳士得 | 2021-01-27 |
| 大卫·韦伯 金耳环 | 3.0cm×2.5cm×2 | 25,985 | 纽约佳士得 | 2021-01-27 |
| 大卫·韦伯 金耳夹一对 | | 40,781 | 纽约苏富比 | 2021-08-31 |
| 大卫·韦伯 金色和珐琅耳夹一对 | 长2.86cm×2 | 33,927 | 纽约苏富比 | 2021-06-11 |
| 大卫·韦伯 金色和珊瑚色吊坠/耳夹一对 | 长8.26cm×2 | 122,343 | 纽约苏富比 | 2021-08-31 |
| 大卫·韦伯 两对金色和珐琅耳夹 | 青蛙耳夹长2.86cm×2 | 40,389 | 纽约苏富比 | 2021-06-11 |
| 大卫·韦伯 珊瑚，祖母绿和钻石耳环 | 3.6cm×2.5cm×2 | 98,391 | 纽约佳士得 | 2021-04-13 |
| 大卫·韦伯 钻石耳环 | 4.7cm×2.0cm×2 | 286,974 | 纽约佳士得 | 2021-04-13 |
| 大卫·韦伯 钻石耳环 | 长3.8cm×2 | 131,188 | 纽约佳士得 | 2021-04-13 |
| 大卫·韦伯 钻石耳夹一对 | | 122,343 | 纽约苏富比 | 2021-08-31 |
| 大卫·韦伯 钻石和多宝石耳环 | 3.3cm，3.2cm×2 | 60,902 | 纽约佳士得 | 2021-01-27 |
| 大卫·韦伯 水晶和钻石耳夹一对 | 长2.54cm×2 | 76,740 | 纽约苏富比 | 2021-06-11 |
| 大溪地珍珠戒指、耳环及吊坠套装 | | 23,000 | 北京保利 | 2021-06-07 |
| 大溪地珍珠配红宝石及钻石耳环吊坠两用“Ocean”系列 | | 43,700 | 永乐拍卖 | 2021-12-02 |
| 黛琳设计“源”祖母绿配蓝宝石及钻石耳环 | | 80,500 | 北京保利 | 2021-06-07 |
| 黛琳珠宝设计“小荷”1.01克拉淡彩黄绿色钻石配钻石及彩色宝石戒指、耳环及吊坠三用款 | | 138,000 | 北京保利 | 2021-12-05 |
| 德格里索戈诺 彩色钻石吊坠/耳夹一对 | | 161,557 | 纽约苏富比 | 2021-06-11 |
| 德格里索戈诺 彩色钻石和彩色蓝宝石耳夹一对 | 长6.99cm×2 | 121,168 | 纽约苏富比 | 2021-06-11 |
| 德格里索戈诺 彩色钻石和沙弗莱石榴石耳夹一对 | 长7.62cm×2 | 210,024 | 纽约苏富比 | 2021-06-11 |
| 德格里索戈诺 橙色蓝宝石、养殖珍珠和钻石吊坠/耳夹 | | 121,168 | 纽约苏富比 | 2021-06-11 |
| 德格里索戈诺 红宝石和钻石“Gocce”吊坠耳夹一对 | 长7.62cm×2 | 306,959 | 纽约苏富比 | 2021-06-11 |
| 德格里索戈诺 黄金和钻石“Boule”吊坠耳夹一对 | 长5.72cm×2 | 121,168 | 纽约苏富比 | 2021-06-11 |
| 德格里索戈诺 蓝宝石、橙色蓝宝石和钻石耳夹一对 | 长2.54cm×2 | 60,584 | 纽约苏富比 | 2021-06-11 |
| 德格里索戈诺 蓝宝石和钻石“Gocce”吊坠耳夹一对 | 长7.62cm×2 | 177,713 | 纽约苏富比 | 2021-06-11 |
| 德格里索戈诺 绿松石和钻石耳夹一对 | | 339,270 | 纽约苏富比 | 2021-06-11 |
| 德格里索戈诺 锰铝榴石和钻石“Boule”吊坠/耳夹一对 | 长6.35cm×2 | 210,024 | 纽约苏富比 | 2021-06-11 |
| 德格里索戈诺 沙弗莱石和钻石“Boule”耳夹一对 | 长6.35cm×2 | 339,270 | 纽约苏富比 | 2021-06-11 |
| 德格里索戈诺 紫水晶、星辰石和彩色钻石吊坠/耳夹 | 长5.72cm×2 | 129,246 | 纽约苏富比 | 2021-06-11 |
| 德格里索戈诺 紫水晶和钻石耳环一对 | 长4.45cm×2 | 193,869 | 纽约苏富比 | 2021-06-11 |
| 德格里索戈诺 钻石“Drops”吊坠耳夹一对 | 长7.62cm×2 | 363,504 | 纽约苏富比 | 2021-06-11 |
| 滴露研珠 珍珠及钻石耳环 | 1.8cm×1cm×2；重10.6g | 28,750 | 西泠印社 | 2021-07-23 |
| 迪奥 钻石耳环一对 | | 196,188 | 日内瓦苏富比 | 2021-07-07 |
| 迪奥设计 ARCHI DIOR系列钻石耳环 | 耳环 28.5mm×26mm×2 | 207,000 | 华艺国际 | 2021-06-04 |
| 蒂芙尼 珐琅钻石耳环 | | 73,177 | 纽约佳士得 | 2021-04-21 |
| 蒂芙尼 古董紫水晶和钻石耳环 | 长5.0cm×2 | 32,045 | 纽约佳士得 | 2021-06-04 |
| 蒂芙尼 黑玉金耳环 | | 24,392 | 纽约佳士得 | 2021-04-21 |
| 蒂芙尼 黄金和红宝石耳环一对 | | 21,254 | 日内瓦苏富比 | 2021-07-07 |
| 蒂芙尼 金色珐琅“Paillonné”耳夹一对，法国 | 长2.86cm×2 | 28,273 | 纽约苏富比 | 2021-06-11 |
| 蒂芙尼 两对金耳夹 | 长5.08cm×2 | 34,276 | 纽约苏富比 | 2021-08-31 |
| 蒂芙尼 养殖珍珠和钻石耳环 | 直径3.0cm×2 | 97,569 | 纽约佳士得 | 2021-04-21 |
| 蒂芙尼 珍珠和钻石耳夹一对 | | 32,311 | 纽约苏富比 | 2021-06-11 |
| 蒂芙尼 钻石“烟花”耳环 | 2.8cm×2.6cm×2 | 44,719 | 纽约佳士得 | 2021-04-21 |
| 蒂芙尼 钻石耳钉一对 | | 182,885 | 伦敦苏富比 | 2021-06-24 |
| 蒂芙尼 钻石耳环 | 2.8cm×3.0cm×2 | 86,186 | 纽约佳士得 | 2021-04-21 |
| 蒂芙尼 钻石和黄金“翅膀”耳环 | 3.0cm×3.1cm×2 | 73,177 | 纽约佳士得 | 2021-04-21 |
| 多宝石“雏菊”耳环 | | 86,513 | 巴黎佳士得 | 2021-07-07 |
| 多色蓝宝石和钻石耳环 | 长4.7cm×2 | 136,191 | 纽约佳士得 | 2021-06-04 |
| 法国1980年 青金石耳钉 | | 24,150 | 永乐拍卖 | 2021-05-22 |
| 梵克雅宝 11.20克拉和11.13克拉钻石耳环 | | 1,538,000 | 巴黎佳士得 | 2021-07-07 |
| 梵克雅宝 多宝石“MAGIC ALHAMBRA”耳环 | 6.7cm×2.0cm×2 | 60,981 | 纽约佳士得 | 2021-04-21 |
| 梵克雅宝 红宝石和钻石耳环 | 2.9cm×2.6cm×2 | 1,065,903 | 纽约佳士得 | 2021-04-13 |
| 梵克雅宝 红宝石配钻石耳夹一对 | | 1,564,920 | 香港苏富比 | 2021-10-12 |
| 梵克雅宝 黄金和宝石耳夹一对 | 长1.91cm×2 | 25,849 | 纽约苏富比 | 2021-06-11 |
| 梵克雅宝 黄金和钻石的“阿尔罕布拉”耳夹一对 | 长3.81cm×2 | 44,428 | 纽约苏富比 | 2021-06-11 |
| 梵克雅宝黄金和钻石吊坠/耳夹一对 | | 210,024 | 纽约苏富比 | 2021-06-11 |
| 梵克雅宝 黄水晶和蓝宝石“夏威夷”耳夹一对，法国 | | 39,150 | 纽约苏富比 | 2021-08-31 |
| 梵克雅宝 金耳环 | 5.5cm×2.3cm×2 | 32,523 | 纽约佳士得 | 2021-04-21 |
| 梵克雅宝 金色和珊瑚色耳夹一对 | 长2.54cm×2 | 26,100 | 纽约苏富比 | 2021-08-31 |
| 梵克雅宝 蓝宝石和钻石花朵耳环 | 3.2cm×3.0cm×2 | 262,376 | 纽约佳士得 | 2021-04-13 |
| 梵克雅宝 珊瑚、绿玉髓和钻石耳环 | 7.2cm×3.0cm×2 | 737,933 | 纽约佳士得 | 2021-04-13 |
| 梵克雅宝 珊瑚、绿玉髓和钻石耳环 | | 98,391 | 纽约佳士得 | 2021-04-13 |
| 梵克雅宝 珊瑚和钻石耳夹一对 | | 61,172 | 纽约苏富比 | 2021-08-31 |
| 梵克雅宝 神秘镶嵌红宝石和钻石耳夹一对，法国 | | 1,209,789 | 纽约苏富比 | 2021-06-09 |
| 梵克雅宝 神秘镶嵌蓝宝石和钻石耳夹一对 | | 806,526 | 纽约苏富比 | 2021-06-09 |
| 梵克雅宝 天然珍珠和钻石耳夹一对 | | 322,610 | 纽约苏富比 | 2021-06-09 |
| 梵克雅宝 养殖珍珠和金耳环 | 2.6cm×1.7cm×2 | 20,829 | 纽约佳士得 | 2021-06-04 |
| 梵克雅宝 养殖珍珠和钻石吊坠耳夹一对，法国 | | 61,172 | 纽约苏富比 | 2021-08-31 |
| 梵克雅宝 一对珊瑚和钻石“Rose de Noël”耳夹，法国 | | 1,935,662 | 纽约苏富比 | 2021-06-09 |
| 梵克雅宝 一对珊瑚和钻石耳夹 | 珊瑚 20.7mm×14.5mm×2 | 193,566 | 纽约苏富比 | 2021-06-09 |
| 梵克雅宝 紫水晶和粉红色蓝宝石“夏威夷”耳夹一对，法国 | 直径2.54cm×2 | 44,859 | 纽约苏富比 | 2021-08-31 |
| 梵克雅宝 祖母绿和钻石耳环 | 3.0cm×2.9cm×2 | 1,065,903 | 纽约佳士得 | 2021-04-13 |
| 梵克雅宝 祖母绿和钻石耳环 | 5.5cm×2.9cm×2 | 508,354 | 纽约佳士得 | 2021-04-13 |
| 梵克雅宝 钻石“COSMOS”耳环 | 2.0cm×2.0cm×2 | 178,877 | 纽约佳士得 | 2021-04-21 |
| 梵克雅宝钻石“PERLÉE”希望耳环 | 1.9cm×0.8cm×2 | 65,046 | 纽约佳士得 | 2021-04-21 |
| 梵克雅宝 钻石“雪花”耳环 | 4.8cm×3.0cm×2 | 532,623 | 纽约佳士得 | 2021-04-13 |
| 梵克雅宝 钻石簇状耳环 | | 573,948 | 纽约佳士得 | 2021-04-13 |
| 梵克雅宝 钻石耳环 | 长2.6cm×2 | 307,600 | 巴黎佳士得 | 2021-07-07 |
| 梵克雅宝 钻石耳环 | 长3.2cm×2 | 180,384 | 纽约佳士得 | 2021-04-13 |
| 梵克雅宝 钻石耳夹一对配天然翡翠珠 | | 1,043,280 | 香港苏富比 | 2021-10-12 |

## 2021翡翠珠宝拍卖成交汇总(续表)

(成交价RMB：2万元以上)

| 拍品名称 | 物品尺寸 | 成交价RMB | 拍卖公司 | 拍卖日期 |
|---|---|---|---|---|
| 翡翠、缟玛瑙和种子珍珠吊坠耳环一对，法国 | 长6.04cm×2 | 39,150 | 纽约苏富比 | 2021-08-31 |
| 翡翠及钻石耳环 | 耳环长2.2cm×2 | 4,554,000 | 佳士得 | 2021-05-23 |
| 翡翠及钻石耳环 | 耳环长2.1cm×2 | 3,312,000 | 佳士得 | 2021-05-23 |
| 翡翠及钻石耳环 | | 93,150 | 佳士得 | 2021-05-23 |
| 翡翠配红宝石渐变耳环 | | 287,500 | 永乐拍卖 | 2021-12-02 |
| 翡翠配黄色钻石及钻石吊耳环一对及天然翡翠配水晶及钻石戒指 | | 39,744 | 天成国际 | 2021-06-01 |
| 粉红色蓝宝石和钻石耳环一对 | 长44mm×2 | 34,291 | 伦敦苏富比 | 2021-06-24 |
| 粉红色托帕石和钻石耳环 | | 144,188 | 巴黎佳士得 | 2021-07-07 |
| 粉色、蓝色蓝宝石和钻石耳夹一对 | 长23mm×2 | 48,007 | 伦敦苏富比 | 2021-06-24 |
| 傅雨蒙设计“燃”1.55及1.44克拉红宝石配钻石及水晶耳环 | | 69,000 | 北京保利 | 2021-12-05 |
| 缟玛瑙和钻石吊坠/耳夹一对 | | 69,328 | 纽约苏富比 | 2021-08-31 |
| 戈什瓦拉 两对镶宝石和钻石耳环 | 长3.18cm×2 | 21,002 | 纽约苏富比 | 2021-06-11 |
| 哥伦比亚祖母绿耳环 | 耳环长6.8cm×2 | 359,188 | 佳士得 | 2021-11-28 |
| 哥伦比亚祖母绿耳环，Bulgari设计 | 耳环长4.3cm×2 | 821,000 | 佳士得 | 2021-11-28 |
| 格拉夫“INFINITY”蓝宝石和钻石耳环 | 长6.5cm×2 | 97,443 | 纽约佳士得 | 2021-01-27 |
| 格拉夫“Rosette”祖母绿配钻石耳坠一对 | | 254,923 | 香港苏富比 | 2021-04-20 |
| 格拉夫“Snowfall”钻石耳坠一对 | | 509,846 | 香港苏富比 | 2021-04-20 |
| 格拉夫“图标”祖母绿和钻石耳环 | 长6.0cm×2 | 259,848 | 纽约佳士得 | 2021-01-27 |
| 格拉夫 粉红色蓝宝石和钻石耳环 | 长1.5cm×2 | 56,124 | 纽约佳士得 | 2021-06-08 |
| 格拉夫 红宝石和钻石“GYPSY”耳环 | 6.3cm×3.6cm×2 | 240,533 | 纽约佳士得 | 2021-06-08 |
| 格拉夫 红宝石和钻石吊灯耳环 | 7.3cm×2.6cm×2 | 336,746 | 纽约佳士得 | 2021-06-08 |
| 格拉夫 红宝石和钻石耳环 | 7.0cm×6.1cm×2 | 801,775 | 纽约佳士得 | 2021-06-08 |
| 格拉夫 红宝石和钻石耳环 | 长5.6cm×2 | 324,810 | 纽约佳士得 | 2021-01-27 |
| 格拉夫 红宝石和钻石耳环 | 长4.3cm×2 | 176,391 | 纽约佳士得 | 2021-06-08 |
| 格拉夫 红宝石和钻石耳环 | 5.0cm×2.2cm×2 | 208,462 | 纽约佳士得 | 2021-06-08 |
| 格拉夫 红宝石和钻石耳环一对，“迷你蝴蝶” | | 148,594 | 伦敦苏富比 | 2021-06-24 |
| 格拉夫 红宝石和钻石炸弹形耳环 | 长2.2cm×2 | 144,320 | 纽约佳士得 | 2021-06-08 |
| 格拉夫 红宝石配钻石耳坠一对 | | 234,847 | 日内瓦苏富比 | 2021-05-13 |
| 格拉夫 蓝宝石耳环 | 长2.8cm×2 | 304,675 | 纽约佳士得 | 2021-06-08 |
| 格拉夫 蓝宝石配钻石耳坠一对 | | 180,571 | 香港苏富比 | 2021-04-20 |
| 格拉夫 蓝宝石与钻石吊灯耳环 | 8.5cm×2.8cm×2 | 801,775 | 纽约佳士得 | 2021-06-08 |
| 格拉夫 养殖珍珠和钻石耳环 | 5.0cm×1.6cm×2 | 344,369 | 纽约佳士得 | 2021-04-13 |
| 格拉夫 祖母绿和钻石 BOMBÉ 吊坠耳环 | 4.3cm×3.0cm×2 | 601,331 | 纽约佳士得 | 2021-06-08 |
| 格拉夫 祖母绿和钻石耳环 | | 224,497 | 纽约佳士得 | 2021-06-08 |
| 格拉夫 祖母绿和钻石耳环 | 5.6cm×3.8cm×2 | 400,888 | 纽约佳士得 | 2021-06-08 |
| 格拉夫 祖母绿和钻石耳环 | 长6.3cm×2 | 208,462 | 纽约佳士得 | 2021-06-08 |
| 格拉夫 祖母绿和钻石耳环，“牛眼”一对 | 长35mm×2 | 137,164 | 伦敦苏富比 | 2021-06-24 |
| 格拉夫 祖母绿配钻石耳坠一对 | | 135,488 | 日内瓦苏富比 | 2021-05-13 |
| 格拉夫 钻石“Snowfall”耳坠一对 | | 343,237 | 日内瓦苏富比 | 2021-05-13 |
| 格拉夫 钻石“扇形”耳环 | | 721,598 | 纽约佳士得 | 2021-06-08 |
| 格拉夫 钻石半环耳环 | 2.0cm×0.5cm×2 | 39,028 | 纽约佳士得 | 2021-04-21 |
| 格拉夫 钻石吊灯耳环 | 6.1cm×3.3cm×2 | 256,568 | 纽约佳士得 | 2021-06-08 |
| 格拉夫 钻石耳环 | 6.9cm×2.5cm×2 | 400,888 | 纽约佳士得 | 2021-06-08 |
| 格拉夫 钻石耳坠一对 | | 216,781 | 日内瓦苏富比 | 2021-05-13 |
| 格拉夫 钻石和红宝石“雪花”耳环 | 4.9cm×2.8cm×2 | 178,877 | 纽约佳士得 | 2021-04-21 |
| 格拉夫 钻石和蓝宝石耳环，“蝴蝶” | 长25mm×2 | 125,734 | 伦敦苏富比 | 2021-06-24 |
| 格拉夫 钻石和蓝宝石耳环，“钻石上的钻石” | | 85,728 | 伦敦苏富比 | 2021-06-24 |
| 共重约4.1克拉缅甸红宝石配钻石耳环，未经加热 | 耳环长3.5cm×2 | 414,000 | 北京保利 | 2021-09-26 |
| 古董珍珠和钻石耳环，约1860年 | 4.0cm×1.5cm×2 | 40,056 | 纽约佳士得 | 2021-06-04 |
| 海瑞温斯顿养殖珍珠和钻石耳环 | 3.2cm×1.2cm×2 | 44,719 | 纽约佳士得 | 2021-04-21 |
| 海瑞温斯顿钻石耳环 | 2.2cm×2.0cm×2 | 1,557,858 | 纽约佳士得 | 2021-04-13 |
| 海瑞温斯顿钻石耳环 | 3.4cm×3.2cm×2 | 286,974 | 纽约佳士得 | 2021-04-13 |
| 海螺珠配钻石吊耳环(一对) | | 218,592 | 天成国际 | 2021-06-01 |
| 海瑞温斯顿 21.20克拉和20.20克拉祖母绿配钻石耳坠一对，20世纪70年代 | | 8,837,181 | 日内瓦苏富比 | 2021-05-11 |
| 海瑞温斯顿 养殖珍珠配红宝石及钻石耳夹一对 | | 125,194 | 香港苏富比 | 2021-10-12 |
| 海瑞温斯顿 钻石耳环一对配7.05及6.65克拉天然哥伦比亚无油祖母绿 | | 3,952,044 | 香港苏富比 | 2021-10-12 |
| 海瑞温斯顿设计 24.01克拉及22.92克拉缅甸皇家蓝蓝宝石配钻石耳环，未经加热 | 耳环长3cm×2 | 7,587,000 | 保利香港 | 2021-04-22 |
| 赫默尔 星月长石和石榴石吊坠/耳夹一对 | 长3.81cm×2 | 137,324 | 纽约苏富比 | 2021-06-11 |
| 黑玉、石英和钻石“PNEU”耳环 | 5.0cm×1.8cm×2 | 88,124 | 纽约佳士得 | 2021-06-04 |
| 黑玉珊瑚吊坠/耳夹一对 | 长7.62cm×2 | 30,994 | 纽约苏富比 | 2021-08-31 |
| 亨利·杜内的钻石和金耳环 | 3.2cm×2.6cm×2 | 24,392 | 纽约佳士得 | 2021-04-21 |
| 红宝石碧玺和钻石耳环 | 2.1cm×1.7cm×2 | 34,149 | 纽约佳士得 | 2021-04-21 |
| 红宝石耳环 | 耳环长4.2cm×2 | 112,888 | 佳士得 | 2021-11-28 |
| 红宝石耳环 | 耳环长2.0cm×2 | 97,494 | 佳士得 | 2021-11-28 |
| 红宝石耳环，米歇尔·德拉瓦勒 | 长2.5cm×2 | 27,353 | 米兰佳士得 | 2021-02-03 |
| 红宝石和钻石“神秘套装”耳环和戒指套装，梵克雅宝 | 耳环长3.2cm×2 | 1,432,240 | 日内瓦佳士得 | 2021-05-12 |
| 红宝石和钻石耳环 | 6.5cm×2.5cm×2 | 30,897 | 纽约佳士得 | 2021-04-21 |
| 红宝石和钻石耳环 | | 25,636 | 纽约佳士得 | 2021-06-04 |
| 红宝石和钻石耳环，CUSI | 长3.0cm×2 | 375,963 | 日内瓦佳士得 | 2021-05-12 |
| 红宝石和钻石耳环，宝格丽 | 长6.6cm×2 | 286,448 | 日内瓦佳士得 | 2021-05-12 |
| 红宝石和钻石耳环一对 | | 160,025 | 伦敦苏富比 | 2021-06-24 |
| 红宝石和钻石耳环一对 | | 53,134 | 日内瓦苏富比 | 2021-07-07 |
| 红宝石和钻石耳环一对 | 长34mm×2 | 43,435 | 伦敦苏富比 | 2021-06-24 |
| 红宝石和钻石耳环一对 | | 31,772 | 米兰苏富比 | 2021-03-04 |
| 红宝石和钻石耳环一对 | | 28,611 | 日内瓦苏富比 | 2021-07-07 |
| 红宝石和钻石耳夹一对 | 长2.22cm×2 | 57,094 | 纽约苏富比 | 2021-08-31 |
| 红宝石和钻石耳夹一对 | 长2.54cm×2 | 40,781 | 纽约苏富比 | 2021-08-31 |
| 红宝石和钻石戒指和一对耳夹 | | 32,698 | 日内瓦苏富比 | 2021-07-07 |
| 红宝石及钻石耳环 | 耳环长2.8cm×2 | 1,345,500 | 佳士得 | 2021-05-23 |
| 红宝石及钻石耳环，Graff(格拉夫)设计 | 耳环长5.2cm×2 | 248,400 | 佳士得 | 2021-05-23 |
| 红宝石及钻石耳环，Graff(格拉夫)设计 | 耳环长2.1cm×2 | 134,550 | 佳士得 | 2021-05-23 |
| 红宝石配钻石耳坠一对 | | 180,651 | 日内瓦苏富比 | 2021-05-13 |
| 红宝石与钻石花朵耳环 | | 56,079 | 纽约佳士得 | 2021-06-04 |
| 红色碧玺配钻石耳环 | | 76,846 | 保利香港 | 2021-11-27 |
| 红色碧玺素面耳钉和戒指套装 | | 57,500 | 上海匡时 | 2021-07-08 |
| 胡茵菲设计 钻石、蓝宝石及碧玺夏竹耳环 | | 222,552 | 保利香港 | 2021-04-22 |
| 葫芦18K金镶钻高冰翡翠耳坠 | 10mm×20mm×0.8mm×2；重7g(对) | 28,750 | 南京经典 | 2021-07-18 |
| 黄金和钻石“Gocce”吊坠耳夹一对 | 长7.0cm×2 | 163,125 | 纽约苏富比 | 2021-08-31 |
| 黄金和钻石“Gocce”吊坠耳夹一对 | 长7.07cm×2 | 36,703 | 纽约苏富比 | 2021-08-31 |
| 黄金和钻石吊坠/耳夹一对 | 长5.4cm×2 | 57,094 | 纽约苏富比 | 2021-08-31 |
| 黄金和钻石耳夹一对 | 长2.54cm×2 | 32,625 | 纽约苏富比 | 2021-08-31 |
| 黄金钻石耳夹一对 | | 17,984 | 日内瓦苏富比 | 2021-07-07 |
| 黄色钻石配钻石耳夹一对，Andrew Grima，1993年 | | 77,501 | 天成国际 | 2021-06-01 |
| 黄水晶、缟玛瑙和钻石耳夹一对 | | 26,158 | 日内瓦苏富比 | 2021-07-07 |
| 黄水晶耳环一对 | | 24,524 | 日内瓦苏富比 | 2021-07-07 |

(成交价RMB：2万元以上)

| 拍品名称 | 物品尺寸 | 成交价RMB | 拍卖公司 | 拍卖日期 |
|---|---|---|---|---|
| 金色、水晶耳夹一对和戒指 | | 22,889 | 日内瓦苏富比 | 2021-07-07 |
| 金色和宝石镶嵌"Fifties Hoop"耳夹一对 | 长2.54cm×2 | 44,859 | 纽约苏富比 | 2021-08-31 |
| 金色和彩色钻石"Allegra"戒指和耳夹一对 | | 228,374 | 纽约苏富比 | 2021-08-31 |
| 金色和钻石"Zigana"耳夹一对 | 长3.81cm×2 | 260,999 | 纽约苏富比 | 2021-08-31 |
| 金镶帝王绿翡翠平安扣耳坠 | | 82,800 | 西泠印社 | 2021-01-16 |
| 金镶粉蓝宝耳坠 | | 97,750 | 西泠印社 | 2021-01-16 |
| 金镶高冰满绿翡翠平安扣耳坠 | 翡翠直径25mm，厚度7mm，耳坠长42.5mm×2 | 1,840,000 | 西泠印社 | 2021-07-25 |
| 金镶高冰阳绿翡翠蛋面耳钉 | | 46,000 | 西泠印社 | 2021-01-16 |
| 金镶高冰阳绿翡翠三元豆耳坠 | | 28,750 | 西泠印社 | 2021-01-16 |
| 金镶辣绿蛋面耳坠 | | 28,750 | 西泠印社 | 2021-01-16 |
| 金镶蓝宝紫水晶耳坠 | | 28,750 | 西泠印社 | 2021-01-16 |
| 金镶祖母绿耳钉 | | 55,200 | 西泠印社 | 2021-01-16 |
| 精美的总重2.19克拉天然缅甸未经加热鸽血红红宝石配总重约5.39克拉钻石耳环 | | 92,000 | 中国嘉德 | 2021-11-30 |
| 精致的总重10.72克拉天然缅甸抹谷未经加热鸽血红红宝石配钻石耳环 | | 920,000 | 中国嘉德 | 2021-11-30 |
| 卡地亚"Evasions Joaillieres"钻石配养殖珍珠耳坠一对 | | 730,296 | 香港苏富比 | 2021-10-12 |
| 卡地亚 0.81及0.79克拉深彩粉红色钻石耳环一对 | | 2,974,104 | 香港苏富比 | 2021-04-20 |
| 卡地亚 2.35克拉及2.31克拉圆形D色内部无瑕钻石配红宝石耳环一对 | | 743,526 | 香港苏富比 | 2021-04-20 |
| 卡地亚 5.02及5.01克拉梨形D色完美无瑕及内部无瑕钻石耳坠一对 | | 4,227,645 | 香港苏富比 | 2021-04-20 |
| 卡地亚 Aldo Cipullo 一对金色和缟玛瑙吊坠/耳夹 | 长3.81cm×2 | 32,311 | 纽约苏富比 | 2021-06-11 |
| 卡地亚 彩色钻石和缟玛瑙耳夹一对，法国 | | 685,547 | 纽约苏富比 | 2021-06-09 |
| 卡地亚 多宝石和钻石耳环 | 2.3cm×1.0cm×2 | 32,481 | 纽约佳士得 | 2021-01-27 |
| 卡地亚 珐琅、珊瑚和钻石耳夹大约1938年 | | 62,481 | 巴黎佳士得 | 2021-07-07 |
| 卡地亚 粉水晶配缟玛瑙及钻石耳环一对 | | 361,302 | 日内瓦苏富比 | 2021-05-13 |
| 卡地亚 红宝石碧玺和钻石耳环 | 长3.5cm×2 | 162,615 | 纽约佳士得 | 2021-04-21 |
| 卡地亚 黄金和钻石耳夹一对 | 长2.86cm×2 | 88,856 | 纽约苏富比 | 2021-06-11 |
| 卡地亚 金耳环一对 | 直径3.81cm×2 | 53,016 | 纽约苏富比 | 2021-08-31 |
| 卡地亚 蓝宝石配钻石耳环一对 | | 162,586 | 日内瓦苏富比 | 2021-05-13 |
| 卡地亚 缅甸红宝石配钻石耳坠一对(红宝石共重11.87克拉) | | 521,640 | 香港苏富比 | 2021-10-12 |
| 卡地亚 三色金钻戒及耳夹一对1995年 | | 44,428 | 纽约苏富比 | 2021-06-11 |
| 卡地亚 四只蜜蜂耳环 | 长1.4cm×4 | 34,191 | 米兰佳士得 | 2021-02-03 |
| 卡地亚 一对黄金和钻石耳环，"爱" | | 32,698 | 日内瓦苏富比 | 2021-07-07 |
| 卡地亚 一对钻石耳环和戒指 | | 99,287 | 米兰苏富比 | 2021-03-04 |
| 卡地亚 珍珠和钻石耳环 | | 269,150 | 巴黎佳士得 | 2021-07-07 |
| 卡地亚 钻石，蓝宝石和祖母绿吊坠耳夹一对 | | 338,741 | 纽约苏富比 | 2021-06-09 |
| 卡地亚 钻石耳环 | 直径4.2cm×2 | 365,275 | 巴黎佳士得 | 2021-07-07 |
| 卡地亚 钻石耳环 | 1.7cm×1.8cm×2 | 72,101 | 纽约佳士得 | 2021-06-04 |
| 卡地亚 钻石耳环一对 | | 126,456 | 日内瓦苏富比 | 2021-05-13 |
| 卡地亚 钻石耳夹一对 | | 106,031 | 纽约苏富比 | 2021-08-31 |
| 卡地亚 钻石和金耳环 | 2.5cm×2.0cm×2 | 36,051 | 纽约佳士得 | 2021-06-04 |
| 卡地亚 钻石和水晶"MYST DE CARTIER"耳环，戒指珠宝套装 | 耳环1.4cm×0.9cm×2 | 26,018 | 纽约佳士得 | 2021-04-21 |
| 卡地亚 钻石环耳环 | 直径 3.3cm×2 | 56,915 | 纽约佳士得 | 2021-04-21 |
| 卡地亚 钻石戒指，养殖珍珠和钻石耳坠和手表 | | 81,745 | 日内瓦苏富比 | 2021-07-07 |
| 卡地亚养殖珍珠配钻石项链一条，养殖珍珠耳环一对 | 长415mm×2 | 144,521 | 日内瓦苏富比 | 2021-05-13 |
| 蓝宝石，粉红色蓝宝石和钻石耳环 | | 2,049,813 | 纽约佳士得 | 2021-04-13 |
| 蓝宝石、尖晶石及钻石耳环，Bulgari设计 | 长1.9cm×2 | 113,850 | 佳士得 | 2021-05-23 |
| 蓝宝石、钻石及有色钻石耳环 | 长3.3cm×2 | 144,900 | 佳士得 | 2021-05-23 |
| 蓝宝石和玉髓耳环一对 | | 34,750 | 米兰苏富比 | 2021-03-04 |
| 蓝宝石和钻石吊坠、耳环和戒指套装 梵克雅宝 | 吊坠长5.1cm，耳环长3.0cm×2 | 340,157 | 日内瓦佳士得 | 2021-05-12 |
| 蓝宝石和钻石耳环 | | 57,675 | 巴黎佳士得 | 2021-07-07 |
| 蓝宝石和钻石耳环 | 长3.6cm×2 | 112,158 | 纽约佳士得 | 2021-06-04 |
| 蓝宝石和钻石耳环 | | 250,642 | 日内瓦佳士得 | 2021-05-12 |
| 蓝宝石和钻石耳环 | 长4.3cm×2 | 96,135 | 纽约佳士得 | 2021-06-04 |
| 蓝宝石和钻石耳环 | 3.0cm×2.2cm×2 | 57,675 | 巴黎佳士得 | 2021-07-07 |
| 蓝宝石和钻石耳环，宝格丽 | 长4.9cm×2 | 268,545 | 日内瓦佳士得 | 2021-05-12 |
| 蓝宝石和钻石耳环一对 | | 32,698 | 日内瓦苏富比 | 2021-07-07 |
| 蓝宝石和钻石耳环一对，梵克雅宝，三个钻石和宝石镶嵌戒指和一个粉饼 | | 99,287 | 米兰苏富比 | 2021-03-04 |
| 蓝宝石和钻石耳夹一对 | 长15mm×2 | 54,866 | 伦敦苏富比 | 2021-06-24 |
| 蓝宝石及钻石耳环，Graff设计 | 耳环长4.0cm×2 | 269,100 | 佳士得 | 2021-05-23 |
| 蓝宝石及钻石耳环，Graff设计 | 耳环长5.2cm×2 | 186,300 | 佳士得 | 2021-05-23 |
| 蓝宝石及钻石耳环 Bulgari设计 | | 43,470 | 佳士得 | 2021-05-23 |
| 蓝宝石配钻石吊耳环一对 | | 49,260 | 天成国际 | 2021-11-26 |
| 蓝宝石钻石耳环 | | 113,684 | 纽约佳士得 | 2021-01-27 |
| 蓝色托帕石和钻石耳环 | | 24,034 | 纽约佳士得 | 2021-06-04 |
| 雷内·博文 红宝石和钻石耳夹一对 20世纪70年代 | | 80,012 | 伦敦苏富比 | 2021-06-24 |
| 两颗0.70克拉钻石耳环，格拉夫 | | 402,818 | 日内瓦佳士得 | 2021-05-12 |
| 两颗0.94克拉钻石耳钉 | | 30,857 | 纽约佳士得 | 2021-01-27 |
| 两颗10.88克拉钻石耳环 | | 8,808,276 | 日内瓦佳士得 | 2021-05-12 |
| 两颗20.08克拉 D色，无瑕，极品抛光和对称，IIa 型钻石耳坠一对 | | 27,962,852 | 日内瓦苏富比 | 2021-05-11 |
| 两颗5.01克拉钻石耳环 | | 1,299,640 | 纽约佳士得 | 2021-08-18 |
| 洛林施瓦茨 粉红色蓝宝石和红宝石吊坠耳夹一对 | 长9.53cm×2 | 52,506 | 纽约苏富比 | 2021-06-11 |
| 洛林施瓦茨 绿松石钻石耳环一对 | 长8.26cm×2 | 210,024 | 纽约苏富比 | 2021-06-11 |
| 洛林施瓦茨 薰衣草翡翠钻石吊坠耳环一对 | 长7.62cm×2 | 68,662 | 纽约苏富比 | 2021-06-11 |
| 洛林施瓦茨 钻石和黑钻吊坠耳环 | | 153,479 | 纽约苏富比 | 2021-06-11 |
| 绿松石、蓝宝石及钻石耳环，Bulgari设计 | 长3.5cm×2 | 144,900 | 佳士得 | 2021-05-23 |
| 绿松石和钻石耳夹一对 | | 30,994 | 纽约苏富比 | 2021-08-31 |
| 绿松石和钻石戒指和耳环 | 耳环 2.2cm×2 | 48,068 | 纽约佳士得 | 2021-06-04 |
| 绿松石钻石耳环一对 | | 163,125 | 纽约苏富比 | 2021-08-31 |
| 玛格丽塔·布尔格纳 海蓝宝石和钻石吊坠/耳夹一对 | | 129,246 | 纽约苏富比 | 2021-06-11 |
| 马兹海蓝宝石、橄榄石和钻石耳环 | 2.9cm×2.9cm×2 | 17,865 | 纽约佳士得 | 2021-01-27 |
| 猫眼石耳环 | 耳环长2.0cm×2 | 112,888 | 佳士得 | 2021-11-28 |
| 缅甸天然翡翠配钻石、粉色刚玉及沙弗莱石耳环 | | 24,630 | 保利香港 | 2021-11-27 |
| 缅甸天然翡翠配钻石及刚玉耳环 | | 26,302 | 保利香港 | 2021-04-22 |
| 缅甸天然满绿翡翠蛋面配钻石耳环 | | 322,000 | 北京保利 | 2021-12-05 |
| 缅甸天然满绿翡翠怀古戒指及耳环套装 | | 92,000 | 北京保利 | 2021-06-07 |
| 缅甸天然紫罗兰翡翠配钻石及翡翠耳环 | | 315,264 | 保利香港 | 2021-11-27 |
| 缅甸天然紫罗兰翡翠珠配钻石及红宝石戒指及耳环套装 | | 182,088 | 保利香港 | 2021-04-22 |
| 男爵夫人水晶兰花耳饰 | | 32,200 | 永乐拍卖 | 2021-12-02 |
| 南洋珍珠配钻石吊耳环 | | 82,800 | 中国嘉德 | 2021-05-21 |
| 尼古拉斯·瓦尼金色和钻石耳夹一对 | 长2.22cm×2 | 33,927 | 纽约苏富比 | 2021-06-11 |
| 浓彩黄色钻石耳环 | 耳环长2.4cm×2 | 575,000 | 北京保利 | 2021-09-26 |
| 帕尔米耶罗 钻石吊坠耳环一对 | 长6.74cm×2 | 81,720 | 纽约苏富比 | 2021-02-04 |
| 皮拉内西蓝宝石和钻石戒指和耳环 | 耳环3.2cm×3.1cm×2 | 64,962 | 纽约佳士得 | 2021-01-27 |
| 秦依依设计"银河掠影"缅甸天然冰种翡翠配钻石耳环 | | 57,500 | 北京保利 | 2021-12-05 |

**2021翡翠珠宝拍卖成交汇总(续表)**

**(成交价RMB：2万元以上)**

| 拍品名称 | 物品尺寸 | 成交价RMB | 拍卖公司 | 拍卖日期 |
|---|---|---|---|---|
| 人工养殖珍珠和钻石耳环 | 3.5cm×2.5cm×2 | 60,981 | 纽约佳士得 | 2021-04-21 |
| 人工养殖珍珠和钻石耳环 | 3.8cm×2.0cm×2 | 19,514 | 纽约佳士得 | 2021-04-21 |
| 人工养殖珍珠和钻石耳环 | | 40,654 | 纽约佳士得 | 2021-04-21 |
| 人工养殖珍珠和钻石耳环 | | 34,105 | 纽约佳士得 | 2021-01-27 |
| 人工养殖珍珠和钻石耳环 | 4.5cm×1.5cm×2 | 30,897 | 纽约佳士得 | 2021-04-21 |
| 珊瑚、钻石和珐琅耳环 约1925年 | 5.7cm×1.5cm×2 | 245,978 | 纽约佳士得 | 2021-04-13 |
| 珊瑚配钻石吊耳环，Fred Paris (一对) | | 21,859 | 天成国际 | 2021-06-01 |
| 尚特勒 钻石耳环一对 | | 68,582 | 伦敦苏富比 | 2021-06-24 |
| 私人收藏布契拉提黄金"浆果"耳环 | | 69,000 | 永乐拍卖 | 2021-12-02 |
| 私人收藏 马里奥·布契拉提1950年代 玫瑰色钻石配野生珍珠耳环 | | 299,000 | 永乐拍卖 | 2021-12-02 |
| 斯里兰卡红宝石套装(吊坠 耳钉 戒指) | 尺寸不一；重 吊坠6g、耳钉6g、戒指6g | 155,250 | 南京经典 | 2021-07-18 |
| 斯里兰卡天然蓝宝石耳环 | 耳环长2.2cm×2 | 169,331 | 佳士得 | 2021-11-28 |
| 坦桑石配粉红色碧玺及钻石耳环一对 | | 27,821 | 天成国际 | 2021-06-01 |
| 天然冰种翡翠配彩色宝石及钻石吊耳环一对 | | 57,142 | 天成国际 | 2021-11-26 |
| 天然冰种翡翠配钻石吊耳环一对 | | 47,693 | 天成国际 | 2021-06-01 |
| 天然帝王绿翡翠耳环一对 | | 5,859,693 | 香港苏富比 | 2021-04-20 |
| 天然帝王绿翡翠配钻石耳环一对 | | 2,503,872 | 香港苏富比 | 2021-10-12 |
| 天然翡翠蛋面耳环 | 耳环长2.1cm×2 | 133,413 | 佳士得 | 2021-11-28 |
| 天然翡翠蛋面耳环 | 耳环长2.1cm×2 | 153,938 | 佳士得 | 2021-11-28 |
| 天然翡翠蛋面耳环 | 耳环长3.6cm×2 | 513,125 | 佳士得 | 2021-11-28 |
| 天然翡翠蛋面耳环 | 耳环长4.2cm×2 | 71,838 | 佳士得 | 2021-11-28 |
| 天然翡翠蛋面耳环 | 耳环长1.9cm×2 | 1,282,813 | 佳士得 | 2021-11-28 |
| 天然翡翠蛋面耳环 | 耳环长1.8cm×2 | 3,899,750 | 佳士得 | 2021-11-28 |
| 天然翡翠雕福豆配钻石及红宝石耳坠一对 | | 1,965,033 | 香港苏富比 | 2021-04-20 |
| 天然翡翠雕双环配钻石耳坠一对 | | 1,593,270 | 香港苏富比 | 2021-04-20 |
| 天然翡翠豆荚吊坠及耳环套装 | 吊坠长4.6cm，耳环长3.7cm×2 | 1,847,250 | 佳士得 | 2021-11-28 |
| 天然翡翠耳环 | 耳环长4.9cm×2 | 61,575 | 佳士得 | 2021-11-28 |
| 天然翡翠耳环 | 耳环长5.4cm×2 | 256,563 | 佳士得 | 2021-11-28 |
| 天然翡翠耳环 | 耳环长3.0cm×2 | 41,050 | 佳士得 | 2021-11-28 |
| 天然翡翠怀古配钻石吊耳环 一对 | | 69,552 | 天成国际 | 2021-06-01 |
| 天然翡翠配红宝石及钻石吊耳环一对 | | 37,757 | 天成国际 | 2021-06-01 |
| 天然翡翠配钻石吊耳环两对 | | 29,556 | 天成国际 | 2021-11-26 |
| 天然翡翠配钻石耳环 | | 23,000 | 中国嘉德 | 2021-11-30 |
| 天然翡翠配钻石耳环一对 | | 521,640 | 香港苏富比 | 2021-10-12 |
| 天然翡翠配钻石耳环一对及戒指套装 | | 98,520 | 天成国际 | 2021-11-26 |
| 天然翡翠配钻石耳坠 | | 69,000 | 华艺国际 | 2021-06-04 |
| 天然翡翠配钻石耳坠一对 | | 1,043,280 | 香港苏富比 | 2021-10-12 |
| 天然翡翠配钻石耳坠一对 | | 796,635 | 香港苏富比 | 2021-04-20 |
| 天然翡翠配钻石及珍珠耳坠一对 | | 424,872 | 香港苏富比 | 2021-04-20 |
| 天然翡翠配钻石戒指及耳环套装 | | 68,964 | 天成国际 | 2021-11-26 |
| 天然翡翠配钻石小鸟耳环 一对 | | 51,667 | 天成国际 | 2021-06-01 |
| 天然翡翠玉圈耳环 | 耳环长4.1cm×2 | 174,463 | 佳士得 | 2021-11-28 |
| 天然翡翠玉双圈耳环 | 耳环长4.2cm×2 | 194,988 | 佳士得 | 2021-11-28 |
| 天然翡翠圆珠配钻石耳坠 | 耳坠长47mm×2 | 184,000 | 华艺国际 | 2021-06-04 |
| 天然哥伦比亚木佐祖母绿配钻石戒指及耳环套装 | | 796,635 | 香港苏富比 | 2021-04-20 |
| 天然海螺珠配钻石耳环 | | 216,744 | 保利香港 | 2021-11-27 |
| 天然红宝石配钻石耳环 | 耳环49mm×18mm×2 | 287,500 | 中国嘉德 | 2021-05-21 |
| 天然老坑种帝王绿翡翠配钻石花好月圆耳环 | 耳环长37mm×2 | 414,000 | 中国嘉德 | 2021-05-21 |
| 天然老坑种翡翠配钻石葫芦耳环 | 耳环长46mm×2 | 207,000 | 中国嘉德 | 2021-05-21 |
| 天然满绿冰翠水滴翡翠钻石耳环 | | 690,000 | 上海匡时 | 2021-07-08 |
| 天然满绿翡翠"福至心灵"配钻石耳环 | | 690,000 | 华艺国际 | 2021-12-10 |
| 天然满绿翡翠蛋面配钻石耳环及戒指套装 | | 149,500 | 保利厦门 | 2021-11-04 |
| 天然满绿翡翠素牌配钻石耳环 | | 414,000 | 保利厦门 | 2021-11-04 |
| 天然缅甸绿豆翡翠镶沙弗莱耳坠 | 58mm×14.6mm×5.9mm×2 | 48,300 | 十竹斋拍卖(北京) | 2021-04-25 |

| 拍品名称 | 物品尺寸 | 成交价RMB | 拍卖公司 | 拍卖日期 |
|---|---|---|---|---|
| 天然缅甸满绿蛋面翡翠镶钻枫叶耳坠 | 33.7mm×15mm×6.8mm×2 | 71,505 | 十竹斋拍卖(北京) | 2021-04-25 |
| 天然缅甸满绿镶红宝石翡翠豆子耳环 | 翡翠16.1mm×6.3mm、16.3mm×6.3mm；耳环39.7mm×9.6mm×6.4mm×2 | 47,670 | 十竹斋拍卖(北京) | 2021-04-25 |
| 天然珍珠耳环 | 耳环长5.1cm×2 | 1,488,063 | 佳士得 | 2021-11-28 |
| 天然珍珠和钻石耳环 | 6.4cm×1.2cm×2 | 196,782 | 纽约佳士得 | 2021-04-13 |
| 天然珍珠和钻石耳环 | 长2.0cm×2 | 97,569 | 纽约佳士得 | 2021-04-21 |
| 天然珍珠和钻石耳环 | 长4.8cm×2 | 141,112 | 纽约佳士得 | 2021-06-08 |
| 天然珍珠和钻石耳夹一对 | | 766,200 | 纽约苏富比 | 2021-06-09 |
| 天然珍珠配养殖珍珠及钻石耳坠一对 | | 180,651 | 日内瓦苏富比 | 2021-05-13 |
| 天然珍珠配钻石耳环 | | 991,368 | 保利香港 | 2021-04-22 |
| 天然重约3克拉及3克拉钻石配钻石耳环 | 耳环长18mm×2 | 552,000 | 中国嘉德 | 2021-05-21 |
| 托尼·杜奎特 黄水晶、紫水晶和橄榄石耳夹一对 | 长3.81cm×2 | 40,389 | 纽约苏富比 | 2021-06-11 |
| 托尼·杜奎特 锂紫玉和钻石耳夹一对 | 长2.54cm×2 | 36,350 | 纽约苏富比 | 2021-06-11 |
| 托尼·杜奎特 珊瑚色和金色耳夹一对 | | 72,701 | 纽约苏富比 | 2021-06-11 |
| 王小鱼设计春色如许2.54克拉及2.68克拉哥伦比亚木佐祖母绿配钻石及彩色宝石耳环 | | 368,000 | 北京保利 | 2021-06-07 |
| 稀有的3.39及3.08克拉天然彩黄绿色钻石配钻石吊耳环 | | 1,552,500 | 中国嘉德 | 2021-11-30 |
| 稀有的总重13.38克拉天然缅甸抹谷矿未经加热鸽血红红宝石配钻石耳环及戒指套装 | 耳环长40mm×2，指环12.5 | 598,000 | 中国嘉德 | 2021-05-21 |
| 香奈儿 GRIPOIX 玻璃龟耳环 | 2.8cm×5.2cm×2 | 32,441 | 纽约佳士得 | 2021-01-14 |
| 香奈儿 GRIPOIX 玻璃和人造珍珠茶花耳环 | 7.0cm×5.0cm×2 | 25,953 | 纽约佳士得 | 2021-01-14 |
| 香奈儿 GRIPOIX 玻璃和人造珍珠吊坠耳环 20世纪末 | 宽5.3cm；长8.5cm(包括珍珠水滴)×2 | 21,087 | 纽约佳士得 | 2021-01-14 |
| 香奈儿 玻璃太阳耳环 | 直径5.0cm×2 | 48,662 | 纽约佳士得 | 2021-01-14 |
| 香奈儿超大号玻璃和宝石镶鸟耳环 | 宽3.4cm，长7.1cm×2 | 44,606 | 纽约佳士得 | 2021-01-14 |
| 香奈儿 超大号人造珍珠和树脂耳环(未签名) | 长11.9cm×2 | 44,606 | 纽约佳士得 | 2021-01-14 |
| 香奈儿 大号水钻和 GRIPOIX 玻璃吊坠耳环 | 最大宽度7.2cm×2 最大长度13.9cm×2 | 60,827 | 纽约佳士得 | 2021-01-14 |
| 香奈儿 金色"Matelassé"戒指和一对耳环 | | 22,837 | 纽约苏富比 | 2021-08-31 |
| 香奈儿 人造珍珠耳环 | 4.8cm×4.8cm×2 | 89,213 | 纽约佳士得 | 2021-01-14 |
| 香奈儿 水钻和玻璃吊坠耳环 | 长10.2cm×2 | 36,496 | 纽约佳士得 | 2021-01-14 |
| 香奈儿 水钻和人造珍珠吊坠耳环 | 长13.6cm×2，宽5.7cm×2 | 25,953 | 纽约佳士得 | 2021-01-14 |
| 香奈儿 钻石耳坠一对 | | 138,083 | 香港苏富比 | 2021-04-20 |
| 镶嵌宝石和钻石的耳夹一对和一个蓝宝石和钻石戒指 | | 109,215 | 米兰苏富比 | 2021-03-04 |
| 萧邦 钻石耳环一对 | | 58,420 | 香港苏富比 | 2021-04-20 |
| 萧邦设计"心形"钻石耳环 | | 24,630 | 保利香港 | 2021-11-27 |
| 新锐设计师-龙梓嘉 18K白金总重4克拉素面红宝石配钻石苏州园林窗框飞燕耳钉 | | 28,375 | 北京保利 | 2021-01-16 |
| 新锐设计师-龙梓嘉 18K白金总重6.64克拉红色碧玺及沙弗莱石艺术珐琅设计款耳环 | | 24,970 | 北京保利 | 2021-01-16 |
| 馨动高定品牌 红宝石配钻石子母耳环 | | 103,500 | 永乐拍卖 | 2021-05-22 |
| 养殖珍珠和钻石耳环 | 3.4cm×1.3cm×2 | 21,140 | 纽约佳士得 | 2021-04-21 |
| 养殖珍珠和钻石耳环 | | 30,897 | 纽约佳士得 | 2021-04-21 |
| 养殖珍珠和钻石耳环一对和钻石戒指 | | 64,536 | 米兰苏富比 | 2021-03-04 |

(成交价RMB：2万元以上)

| 拍品名称 | 物品尺寸 | 成交价RMB | 拍卖公司 | 拍卖日期 |
|---|---|---|---|---|
| 养殖珍珠和钻石耳环一对和钻石戒指 | | 37,729 | 米兰苏富比 | 2021-03-04 |
| 养殖珍珠和钻石耳夹一对 | 长2.54cm×2 | 40,781 | 纽约苏富比 | 2021-08-31 |
| 养殖珍珠和钻石耳夹一对 | | 24,524 | 日内瓦苏富比 | 2021-07-07 |
| 养殖珍珠和钻石耳夹一对 1992年 | | 45,721 | 伦敦苏富比 | 2021-06-24 |
| 养殖珍珠及钻石耳环，Buccellati（布契拉提）设计 | 耳环长7.2cm×2 | 113,850 | 佳士得 | 2021-05-23 |
| 养殖珍珠配钻石耳环 | | 40,464 | 保利香港 | 2021-04-22 |
| 养殖珍珠配钻石耳坠一对 | | 135,488 | 日内瓦苏富比 | 2021-05-13 |
| 一对金色耳夹和一对贝壳和蓝宝石“涡轮壳”耳夹 | | 26,100 | 纽约苏富比 | 2021-08-31 |
| 一对青铜和金色耳夹，Boucheron，一对钻石耳夹和戒指 | | 59,572 | 米兰苏富比 | 2021-03-04 |
| 一对紫水晶和钻石吊坠耳环 | | 49,047 | 日内瓦苏富比 | 2021-07-07 |
| 伊丽莎白·盖奇石榴石、钻石和搪瓷耳环 | 2.6cm×2.2cm×2 | 24,361 | 纽约佳士得 | 2021-01-27 |
| 银色镶金钻石耳夹一对 | | 88,856 | 纽约苏富比 | 2021-06-11 |
| 有色蓝宝石及黑玛瑙耳环 Michele della Valle设计 | | 36,225 | 佳士得 | 2021-05-23 |
| 有色蓝宝石及钻石耳环 | | 93,150 | 佳士得 | 2021-05-23 |
| 有色钻石及钻石耳环 | 耳环长2.6cm×2 | 227,700 | 佳士得 | 2021-05-23 |
| 玉髓和钻石“ROSE DE NOËL”耳环 | 长3.4cm×2 | 286,974 | 纽约佳士得 | 2021-04-13 |
| 詹姆士·甘 钻石耳环一对 | | 24,524 | 日内瓦苏富比 | 2021-07-07 |
| 珍罕精美的天然帝王绿翡翠蛋面配总重约7.75克拉钻石耳环 | | 1,840,000 | 中国嘉德 | 2021-11-30 |
| 珍珠和钻石耳环 | 2.5cm×2.2cm×2 | 97,443 | 纽约佳士得 | 2021-01-27 |
| 重要与稀有的35.09克拉及30.46克拉天然哥伦比亚祖母绿配总重约6.80克拉钻石耳环，格拉夫设计 | 耳环长50mm×2 | 3,795,000 | 中国嘉德 | 2021-05-21 |
| 珠宝大师JAR耳钉 | | 115,000 | 永乐拍卖 | 2021-12-02 |
| 装饰艺术祖母绿与钻石耳环 | 长5.8cm×2 | 81,993 | 纽约佳士得 | 2021-04-13 |
| 紫罗兰冰种套装(手串 戒指 耳环) | 尺寸不一；重 手串56g、戒指7g、耳环11g | 105,800 | 南京经典 | 2021-07-18 |
| 紫水晶、海蓝宝石和钻石耳环 | 4.1cm×1.6cm×2 | 24,598 | 纽约佳士得 | 2021-04-13 |
| 紫水晶、绿松石和钻石耳夹一对，法国 | 长3.81cm×2 | 81,562 | 纽约苏富比 | 2021-08-31 |
| 紫水晶、珊瑚和钻石耳夹 | 长3.81cm×2 | 32,625 | 纽约苏富比 | 2021-08-31 |
| 紫水晶和钻石耳环 | 2.4cm×1.3cm×2 | 48,068 | 纽约佳士得 | 2021-06-04 |
| 总重18.24克拉粉色蓝宝石配钻石耳环 | | 40,250 | 北京保利 | 2021-06-07 |
| 总重3.46克拉天然哥伦比亚祖母绿配钻石耳环 | | 80,500 | 中国嘉德 | 2021-05-21 |
| 总重38.15克拉赞比亚艳绿色祖母绿配钻石耳环，未经注油、极微注油 | 耳环长3.3cm×2 | 1,380,000 | 北京保利 | 2021-06-07 |
| 总重4.31克拉 天然鸽血红红宝石配钻石花形耳环 未经加热 | | 32,200 | 保利厦门 | 2021-11-04 |
| 总重4.45克拉祖母绿配钻石耳环 | | 28,750 | 北京保利 | 2021-12-05 |
| 总重5.73克拉天然缅甸未经加热艳红色尖晶石配钻石耳环 | | 69,000 | 中国嘉德 | 2021-11-30 |
| 总重5.96克拉天然斯里兰卡矢车菊蓝蓝宝石配钻石耳环 | | 66,700 | 中国嘉德 | 2021-05-21 |
| 总重6.37克拉天然赞比亚未经注油和极微油祖母绿配钻石吊耳环(两种佩戴方式) | | 103,500 | 中国嘉德 | 2021-11-30 |
| 总重9.01克拉天然缅甸未经加热矢车菊蓝蓝宝石配总重约8.56克拉钻石吊耳环 | | 322,000 | 中国嘉德 | 2021-11-30 |
| 总重量16.87克拉椭圆形天然斯里兰卡无经加热处理蓝宝石配钻石吊耳环一对 | | 236,448 | 天成国际 | 2021-11-26 |
| 总重约1.64克拉天然皇家蓝蓝宝石配钻石绸带花束耳钉 | | 46,000 | 中国嘉德 | 2021-05-21 |

| 拍品名称 | 物品尺寸 | 成交价RMB | 拍卖公司 | 拍卖日期 |
|---|---|---|---|---|
| 总重约7.80克拉天然赞比亚祖母绿配总重约8.02克拉钻石耳环 | | 63,250 | 中国嘉德 | 2021-11-30 |
| 祖母绿、天然珍珠和钻石耳环，BHAGAT | 长10.0cm×2 | 1,253,210 | 日内瓦佳士得 | 2021-05-12 |
| 祖母绿、蓝宝石和钻石耳夹一对 | 长2.54cm×2 | 39,150 | 纽约苏富比 | 2021-08-31 |
| 祖母绿耳环一对 18世纪末 | 长43mm×2 | 20,575 | 伦敦苏富比 | 2021-06-24 |
| 祖母绿和钻石吊坠和耳夹 | | 53,134 | 日内瓦苏富比 | 2021-07-07 |
| 祖母绿和钻石耳环 | 5.4cm×1.9cm×2 | 262,376 | 纽约佳士得 | 2021-04-13 |
| 祖母绿和钻石耳环 | 5.0cm×2.3cm×2 | 368,966 | 纽约佳士得 | 2021-04-13 |
| 祖母绿和钻石耳环 | | 211,475 | 巴黎佳士得 | 2021-07-07 |
| 祖母绿和钻石耳环 | | 46,140 | 巴黎佳士得 | 2021-07-07 |
| 祖母绿和钻石耳环 20世纪60年代 | 长6.0cm×2 | 716,120 | 日内瓦佳士得 | 2021-05-12 |
| 祖母绿和钻石耳环，REZA | | 402,818 | 日内瓦佳士得 | 2021-05-12 |
| 祖母绿和钻石耳环一对 | 长41mm×2 | 205,746 | 伦敦苏富比 | 2021-06-24 |
| 祖母绿和钻石耳环一对 | | 238,288 | 米兰苏富比 | 2021-03-04 |
| 祖母绿和钻石耳环一对 | | 68,582 | 伦敦苏富比 | 2021-06-24 |
| 祖母绿和钻石戒指、耳环 | | 74,465 | 米兰苏富比 | 2021-03-04 |
| 祖母绿和钻石戒指和耳夹 | | 24,524 | 日内瓦苏富比 | 2021-07-07 |
| 祖母绿及钻石耳环 | 耳环长2.3cm×2 | 672,750 | 佳士得 | 2021-05-23 |
| 祖母绿及钻石耳环、戒指首饰套装 | | 124,200 | 佳士得 | 2021-05-23 |
| 祖母绿配钻石耳环一对，项链及别针各一 | 项链长380mm×2 | 379,368 | 日内瓦苏富比 | 2021-05-13 |
| 祖母绿配钻石耳环一对，约1955年 | | 343,237 | 日内瓦苏富比 | 2021-05-13 |
| 祖母绿配钻石耳坠一对 | | 769,481 | 日内瓦苏富比 | 2021-05-11 |
| 祖母绿配钻石耳坠一对 | | 135,488 | 日内瓦苏富比 | 2021-05-13 |
| 祖母绿钻石吊坠耳环一对 | | 261,584 | 日内瓦苏富比 | 2021-07-07 |
| 祖母绿钻石耳环 | 2.8cm×2.3cm×2 | 13,822 | 日内瓦佳士得 | 2021-04-21 |
| 祖母绿钻石耳环 | 长5.0cm×2 | 32,481 | 纽约佳士得 | 2021-01-27 |
| 祖母绿钻石耳环 | 1.9cm×1.8cm×2 | 325,230 | 纽约佳士得 | 2021-04-21 |
| 祖母绿钻石耳夹一对 | | 138,967 | 日内瓦苏富比 | 2021-07-07 |
| 钻石，缟玛瑙和祖母绿“PANTHÈRE”耳环，卡地亚 | 长5.9cm×2 | 286,448 | 日内瓦佳士得 | 2021-05-12 |
| 钻石，天青石和珊瑚耳环 | 长9.6cm×2，宽2.6cm×2 | 16,241 | 纽约佳士得 | 2021-01-27 |
| 钻石“佩斯利”耳环，BHAGAT | | 698,217 | 日内瓦佳士得 | 2021-05-12 |
| 钻石“双心”耳夹一对 | | 30,994 | 纽约苏富比 | 2021-08-31 |
| 钻石半宝石耳环，戒指 | | 49,643 | 米兰苏富比 | 2021-03-04 |
| 钻石铂金耳环 | 3.0cm×0.7cm×2 | 97,569 | 纽约佳士得 | 2021-04-21 |
| 钻石铂金耳环 | 长5.0cm×2 | 56,842 | 纽约佳士得 | 2021-01-27 |
| 钻石吊耳环一对及戒指套装，Piaget | | 37,438 | 天成国际 | 2021-11-26 |
| 钻石吊坠耳环 | 长4.5cm×2 | 65,046 | 纽约佳士得 | 2021-04-21 |
| 钻石吊坠耳环一对 | 长2.86cm×2 | 106,031 | 纽约苏富比 | 2021-08-31 |
| 钻石吊坠/耳夹一对 | | 483,916 | 纽约苏富比 | 2021-06-09 |
| 钻石吊坠耳夹一对，20世纪50年代 | | 130,792 | 日内瓦苏富比 | 2021-07-07 |
| 钻石耳钉 | | 284,209 | 纽约佳士得 | 2021-01-27 |
| 钻石耳钉(一对) | | 612,899 | 纽约苏富比 | 2021-02-04 |
| 钻石耳钉一对 | | 1,634,396 | 纽约苏富比 | 2021-02-04 |
| 钻石耳钉一对 | | 56,545 | 纽约苏富比 | 2021-06-11 |
| 钻石耳环 | | 621,000 | 佳士得 | 2021-05-23 |
| 钻石耳环 | | 45,522 | 保利香港 | 2021-04-22 |
| 钻石耳环 | | 32,200 | 北京保利 | 2021-09-26 |
| 钻石耳环 | | 20,232 | 保利香港 | 2021-04-22 |
| 钻石耳环 | 长4.1cm×2 | 32,523 | 纽约佳士得 | 2021-04-21 |
| 钻石耳环 | 长8.4cm×2 | 253,991 | 米兰佳士得 | 2021-02-03 |
| 钻石耳环 | | 124,963 | 巴黎佳士得 | 2021-07-07 |
| 钻石耳环 | | 901,918 | 纽约佳士得 | 2021-04-13 |
| 钻石耳环 | 9.0cm×4.0cm×2 | 96,213 | 纽约佳士得 | 2021-06-08 |
| 钻石耳环 | 长1.7cm×2 | 83,035 | 米兰佳士得 | 2021-02-03 |
| 钻石耳环 | 长1.8cm×2 | 68,382 | 米兰佳士得 | 2021-02-03 |
| 钻石耳环 | 5.2cm×2.0cm×2 | 52,073 | 纽约佳士得 | 2021-06-04 |
| 钻石耳环 | 长4.8cm×2 | 44,719 | 纽约佳士得 | 2021-04-21 |
| 钻石耳环（一对） | | 24,630 | 保利香港 | 2021-11-27 |
| 钻石耳环 梵克雅宝 | 长3.4cm×2 | 196,933 | 日内瓦佳士得 | 2021-05-12 |
| 钻石耳环 约1870年 | 5.1cm×2.5cm×2 | 139,387 | 纽约佳士得 | 2021-04-13 |
| 钻石耳环，Buccellati设计 | 耳环长2.2cm×2 | 194,988 | 佳士得 | 2021-11-28 |

## 2021翡翠珠宝拍卖成交汇总(续表)

(成交价RMB：2万元以上)

| 拍品名称 | 物品尺寸 | 成交价RMB | 拍卖公司 | 拍卖日期 |
|---|---|---|---|---|
| 钻石耳环，Bulgari设计 | 耳环长3.1cm×2 | 144,900 | 佳士得 | 2021-05-23 |
| 钻石耳环，Bulgari设计 | 耳环长1.6cm×2 | 266,825 | 佳士得 | 2021-11-28 |
| 钻石耳环，巴黎卡地亚 | 长3.0cm×2 | 1,432,240 | 日内瓦佳士得 | 2021-05-12 |
| 钻石耳环一对 | | 139,001 | 米兰苏富比 | 2021-03-04 |
| 钻石耳环一对 | | 97,158 | 伦敦苏富比 | 2021-06-24 |
| 钻石耳环一对 | | 27,800 | 米兰苏富比 | 2021-03-04 |
| 钻石耳环一对 | | 27,433 | 伦敦苏富比 | 2021-06-24 |
| 钻石耳夹一对 | | 403,263 | 纽约苏富比 | 2021-06-09 |
| 钻石耳夹一对 | | 27,800 | 米兰苏富比 | 2021-03-04 |
| 钻石耳夹一对 20世纪60年代 | 长24mm×2 | 36,577 | 伦敦苏富比 | 2021-06-24 |
| 钻石和白金耳环 | 长5.5cm，宽1.6cm×2 | 73,082 | 纽约佳士得 | 2021-01-27 |
| 钻石和红宝石耳环一对 | | 2,327,390 | 日内瓦佳士得 | 2021-05-12 |
| 钻石和红宝石耳夹一对 | | 44,859 | 纽约苏富比 | 2021-08-31 |
| 钻石和红宝石环形耳环 | 长2.9cm×2 | 40,654 | 纽约佳士得 | 2021-04-21 |
| 钻石和黄金“目标”耳环 | 3.0cm×3.0cm×2 | 52,073 | 纽约佳士得 | 2021-06-04 |
| 钻石和金耳环 | 长2.5cm×2 | 22,737 | 纽约佳士得 | 2021-01-27 |
| 钻石和金羽毛耳环 | 3.2cm×1.5cm×2 | 22,766 | 纽约佳士得 | 2021-04-21 |
| 钻石和水晶耳环一对 | | 25,147 | 伦敦苏富比 | 2021-06-24 |
| 钻石和养殖珍珠耳环 | 6.0cm×3.8cm×2 | 89,438 | 纽约佳士得 | 2021-04-21 |
| 钻石和养殖珍珠耳夹一对 | | 97,875 | 纽约苏富比 | 2021-08-31 |
| 钻石和祖母绿耳夹一对 | | 193,869 | 纽约苏富比 | 2021-06-11 |
| 钻石花朵耳环 | 1.7cm×2.5cm×2 | 136,191 | 纽约佳士得 | 2021-06-04 |
| 钻石及粉红色钻石耳环 | 耳环长2.9cm×2 | 205,250 | 佳士得 | 2021-11-28 |
| 钻石及红宝石耳环，Harry Winston设计 | 耳环长2.8cm×2 | 269,100 | 佳士得 | 2021-05-23 |
| 钻石戒指及耳环套装 | 耳环长1.8cm×2 | 322,000 | 北京保利 | 2021-09-26 |
| 钻石戒指及耳环套装 | | 37,438 | 保利香港 | 2021-11-27 |
| 钻石金耳环 | 长3.1cm×2，宽2.7cm×2 | 25,985 | 纽约佳士得 | 2021-01-27 |
| 钻石金耳环 | 5.9cm×2.0cm×2 | 30,897 | 纽约佳士得 | 2021-04-21 |
| 钻石金耳环 | 长4.0cm×2 | 25,985 | 纽约佳士得 | 2021-01-27 |
| 左娜设计 双古缅甸天然翡翠配钻石耳环 | | 75,900 | 北京保利 | 2021-06-07 |
| 胸针 | | | | |
| “春日蝴蝶”天然翡翠配总重约3.996克拉钻石及黄色宝石胸针 | | 32,200 | 中国嘉德 | 2021-11-30 |
| “风穿牡丹满庭芳”天然翡翠配钻石及彩色宝石胸针/吊坠(两用) | | 34,500 | 中国嘉德 | 2021-11-30 |
| “富贵鸟”天然翡翠配钻石胸针 | | 229,522 | 香港苏富比 | 2021-10-12 |
| “瑰丽人生”金色南洋珍珠配钻石胸针/吊坠(两用) | | 46,000 | 中国嘉德 | 2021-11-30 |
| “花篮”金镶彩色蓝宝石胸针 | | 48,300 | 西泠印社 | 2021-07-25 |
| “华韵”天然翡翠配钻石及彩色宝石胸针/吊坠(两用) | | 57,500 | 中国嘉德 | 2021-11-30 |
| “火烈鸟”粉色蓝宝石配祖母绿及钻石胸针 | | 23,000 | 中国嘉德 | 2021-11-30 |
| “洛丽塔”金镶钻石胸针 | | 28,750 | 西泠印社 | 2021-01-16 |
| “马蹄莲”金镶钻石胸针 | | 28,750 | 西泠印社 | 2021-01-16 |
| “玛格丽特”祖母绿和钻石胸针 | 长6.3cm | 115,350 | 巴黎佳士得 | 2021-07-07 |
| “盛放”天然未经加热变色蓝宝石戒指/胸针/吊坠(多用) | | 92,000 | 中国嘉德 | 2021-11-30 |
| “天使之翼”南洋珍珠配钻石胸针 | | 32,200 | 中国嘉德 | 2021-11-30 |
| “维纳斯”金镶钻石胸针 | | 25,300 | 西泠印社 | 2021-01-16 |
| “雪域片羽”1.01克拉天然缅甸抹谷未经加热鸽血红红宝石配总重2.58克拉钻石胸针 | | 32,200 | 中国嘉德 | 2021-11-30 |
| “玉兰”金镶和田羊脂籽玉胸针 | 胸针56.7mm×37mm | 253,000 | 西泠印社 | 2021-01-16 |
| “鸢尾花”精美的7.22克拉天然缅甸抹谷未经加热红宝石配彩色宝石及钻石胸针 | 胸针62mm×46mm | 195,500 | 中国嘉德 | 2021-11-30 |
| 1.01克拉莫桑比克“鸽血红”红宝石配钻石“羽毛”胸针，未经加热 | | 32,200 | 北京保利 | 2021-12-05 |
| 2.10克拉彩黄色钻石配钻石别针 | | 1,086,327 | 日内瓦苏富比 | 2021-05-11 |

| 拍品名称 | 物品尺寸 | 成交价RMB | 拍卖公司 | 拍卖日期 |
|---|---|---|---|---|
| 2.15克拉天然莫桑比克未经加热鸽血红红宝石配钻石胸针/领夹/戒指(三用) | | 43,700 | 中国嘉德 | 2021-11-3 |
| 2.19克拉花式绿黄色垫形钻石和钻石胸针/吊坠 1900年 | | 139,001 | 米兰苏富比 | 2021-03-0 |
| 2.21克拉缅甸抹谷“艳粉色”尖晶石配钻石戒指/胸针两用款，未经加热 | | 28,750 | 北京保利 | 2021-12-0 |
| 2.81克拉枕形紫色蓝宝石“翩翩系列・美梦如华”胸针，陈世英设计 | 胸针长7.8cm | 2,565,625 | 佳士得 | 2021-11-2 |
| 20世纪早期红宝石和钻石胸针，蒂芙尼 | 胸针长2.8cm | 39,076 | 米兰佳士得 | 2021-02-0 |
| 3.65克拉天然赞比亚艳彩绿祖母绿配彩色宝石及钻石胸针/吊坠两用 | | 48,300 | 中国嘉德 | 2021-05-2 |
| 4.30克拉钻石配绿宝石别针 | | 379,368 | 日内瓦苏富比 | 2021-05-1 |
| 4.31克拉圆形L/VS1钻石胸针 | 胸针长4.6cm | 184,725 | 佳士得 | 2021-11-2 |
| 4.65克拉钻石胸针 | | 387,132 | 纽约苏富比 | 2021-06-0 |
| 4.82克拉，4.09克拉及3.99克拉I色钻石胸针 | | 834,624 | 香港苏富比 | 2021-10-1 |
| 5.69克拉天然未经处理祖母绿胸针(可多种戴法) | | 74,750 | 中国嘉德 | 2021-11-3 |
| 6.3克拉祖母绿胸针 | | 92,000 | 永乐拍卖 | 2021-12-0 |
| 68.90克拉长方形哥伦比亚祖母绿胸针/吊坠，Harry Winston设计 | 胸针/吊坠5.8cm | 11,042,450 | 佳士得 | 2021-11-2 |
| 10.07克拉缅甸星光蓝宝石配钻石及彩色宝石胸针，未经加热 | | 80,500 | 北京保利 | 2021-12-0 |
| 55.19克拉和25.97克拉蓝宝石配钻石别针，20世纪30年代 | | 25,354,806 | 日内瓦苏富比 | 2021-05-1 |
| 17.38及16.81克拉枕形蓝宝石、钻石及祖母绿胸针，Bhagat设计 | 胸针长3.0cm | 1,035,000 | 佳士得 | 2021-05-2 |
| 17mm白珍珠配阳绿翡翠花件胸针 | | 34,500 | 西泠印社 | 2021-01-16 |
| 18K白金2.82克拉素面祖母绿配钻石及彩色宝石“花形”戒指/吊坠及胸针，三用款 | | 36,320 | 北京保利 | 2021-08-08 |
| 18K白金缅甸天然冰种翡翠蛋面配钻石及彩色宝石“凤凰”胸针 | | 30,645 | 北京保利 | 2021-08-09 |
| 18K海蓝宝设计款胸针吊坠 | | 36,960 | 上海联合 | 2021-11-21 |
| 18K黄金2.92克拉缅甸鸽血红红宝石配总重2.19克拉钻石蝴蝶胸针 | | 21,565 | 北京保利 | 2021-08-08 |
| 18K金贝壳花神胸针 | 总重45.48克 | 143,750 | 永乐拍卖 | 2021-05-22 |
| 18K金钻石镶嵌鹿形胸针 | | 23,000 | 上海匡时 | 2021-07-08 |
| 19.82克拉天然海蓝宝配红宝石及钻石胸针 | | 28,750 | 华艺国际 | 2021-06-04 |
| 1930年制 海蓝宝花叶饰钻石胸针 | 6.5cm×4.5cm；重19.7g | 40,250 | 西泠印社 | 2021-07-23 |
| 19世纪 金银迭打钻石胸针/吊坠 | | 34,500 | 保利厦门 | 2021-11-04 |
| 19世纪初蓝宝石和钻石胸针 | 长3.7cm | 537,090 | 日内瓦佳士得 | 2021-05-12 |
| 19世纪初蓝宝石和钻石胸针 | 长3.6cm | 143,224 | 日内瓦佳士得 | 2021-05-12 |
| 19世纪后期橡木枝胸针 | 长10.64cm | 97,689 | 米兰佳士得 | 2021-02-03 |
| 19世纪晚期祖母绿，钻石和珍珠胸针 | | 734,023 | 日内瓦佳士得 | 2021-05-12 |
| 19世纪晚期钻石胸针 | 6.2cm×6.6cm | 142,265 | 巴黎佳士得 | 2021-07-07 |
| 19世纪中叶钻石胸针 | 8.9cm×3.1cm | 180,384 | 纽约佳士得 | 2021-04-13 |
| 7.95克拉椭圆形坦桑石配彩色刚玉及钻石“繁花”胸针/吊坠 | | 86,698 | 天成国际 | 2021-11-26 |
| 80.45克拉祖母绿配钻石别针/吊坠组合 | | 22,746,760 | 日内瓦苏富比 | 2021-05-11 |
| BELLE EPOQUE 钻石和红宝石胸针，卡地亚 | 长5.7cm | 375,963 | 日内瓦佳士得 | 2021-05-12 |
| BOUCHERON 钻石和黄金胸针、耳环套装 | 胸针直径 3.7cm，耳环直径 2.0cm | 52,850 | 纽约佳士得 | 2021-04-21 |
| BUCCELLATI 雕刻祖母绿和金胸针 | 7.3cm×3.3cm | 24,361 | 纽约佳士得 | 2021-01-27 |
| DONGYEEMAN 珍珠宝石胸针 | | 241,500 | 永乐拍卖 | 2021-12-02 |
| DONGYEEMAN 紫翡绿翡胸针 | | 632,500 | 永乐拍卖 | 2021-12-02 |
| DONGYEEMAN 祖母绿猫眼海马胸针 | | 437,000 | 永乐拍卖 | 2021-12-02 |
| DONGYEEMAN 祖母绿钻石“蝴蝶”胸针/戒指 | | 437,000 | 永乐拍卖 | 2021-12-02 |
| GEORGES BRAQUE 珐琅金“PROCRIS”胸针 | 4.8cm×3.5cm | 39,028 | 纽约佳士得 | 2021-04-21 |

**2021翡翠珠宝拍卖成交汇总(续表)**

(成交价RMB：2万元以上)

| 拍品名称 | 物品尺寸 | 成交价RMB | 拍卖公司 | 拍卖日期 |
|---|---|---|---|---|
| HEMMERLE 橙色蓝宝石和铜"CORTINARIUSSANGUINEUS"胸针 | 6.8cm×5.0cm | 368,966 | 纽约佳士得 | 2021-04-13 |
| Jacques Timey为海瑞温斯顿设计102.91克拉斯里兰卡蓝宝石配钻石胸针/戒指，未经加热 | | 11,822,400 | 保利香港 | 2021-11-27 |
| K金配蓝宝石及钻石"花束"胸针，Cartier | | 216,744 | 天成国际 | 2021-11-26 |
| K金配蓝宝石及钻石叶子胸针，Van Cleef & Arpels | | 49,680 | 天成国际 | 2021-06-01 |
| K金配钻石"花卉"胸针，Cartier | | 128,076 | 天成国际 | 2021-11-26 |
| K金配钻石"叶子"胸针，Van Cleef & Arpels | | 35,467 | 天成国际 | 2021-11-26 |
| MARCUS & CO. 新艺术风格祖母绿，珐琅和钻石手表胸针 | 7.0cm×2.9cm | 155,786 | 纽约佳士得 | 2021-04-13 |
| MASSONI 钻石，彩色钻石和养殖珍珠耳环和胸针 | 耳环5.7cm×3.5cm，胸针5.8cm×5.0cm | 121,961 | 纽约佳士得 | 2021-04-21 |
| SABBADINI 钻石花胸针 | 长5.71cm | 48,785 | 纽约佳士得 | 2021-04-21 |
| TTF工坊"锦鸡"系列祖母绿钻石胸针 | | 60,950 | 永乐拍卖 | 2021-12-02 |
| VERDURA 石榴石和钻石胸针 | 5.7cm×5.7cm | 80,178 | 纽约佳士得 | 2021-06-08 |
| Wendy Yang设计 33克拉欧泊配钻石及彩色宝石安达曼乌贼胸针 | | 57,500 | 北京保利 | 2021-06-07 |
| 爱德华时期 铂金镂空蕾丝风格钻石胸针 | 5.2cm×5.2cm；重11.6g | 80,500 | 西泠印社 | 2021-07-23 |
| 爱德华时期 蝴蝶结造型珍珠及钻石胸针 | 4.8cm×2.8cm；重12.2g | 46,000 | 西泠印社 | 2021-07-23 |
| 爱德华时期金铂钻石胸针(附原盒) | 胸针4.65cm×1.6cm；重6.27g | 25,300 | 西泠印社 | 2021-07-25 |
| 爱德华时期 蕾丝风格圆形珍珠饰胸针 | 直径5.5cm；链长61cm；重18.6g | 34,500 | 西泠印社 | 2021-07-23 |
| 爱德华时期红宝石蝴蝶结胸针 | | 115,000 | 永乐拍卖 | 2021-12-02 |
| 宝格丽 24.33克拉哥伦比亚祖母绿，紫水晶配珊瑚及钻石胸针 | | 955,962 | 香港苏富比 | 2021-04-20 |
| 宝格丽 蓝宝石和钻石夹式胸针约1960年 | | 258,088 | 纽约苏富比 | 2021-06-09 |
| 宝格丽 钻石胸针 | | 188,645 | 米兰苏富比 | 2021-03-04 |
| 宝格丽 钻石胸针 | 5.0cm×4.4cm | 105,700 | 纽约佳士得 | 2021-04-21 |
| 宝齐莱腊肠狗胸针 | | 34,500 | 永乐拍卖 | 2021-12-02 |
| 宝石L' ARCHE DE NOE胸针一对，Van Cleef & Arpels设计 | 胸针长5.1cm，长4.9cm | 828,000 | 佳士得 | 2021-05-23 |
| 宝石花胸针 | 6.0cm×3.8cm | 48,785 | 纽约佳士得 | 2021-04-21 |
| 宝石胸针 | | 24,840 | 佳士得 | 2021-05-23 |
| 宝石胸针 | 胸针长3.0cm | 143,675 | 佳士得 | 2021-11-28 |
| 宝石胸针，Cartier设计 | 胸针长8.2cm | 289,800 | 佳士得 | 2021-05-23 |
| 宝石胸针，Michele della Valle设计 | 长9.2cm | 103,500 | 佳士得 | 2021-05-23 |
| 宝石胸针Michele della Valle设计 | | 26,910 | 佳士得 | 2021-05-23 |
| 变色蓝宝石、天然珍珠和钻石胸针 大约1900年 | | 102,873 | 伦敦苏富比 | 2021-06-24 |
| 伯爵设计"心形"钻石胸针 | | 29,556 | 保利香港 | 2021-11-27 |
| 彩色宝石配黄钻"鹦鹉"胸针 | | 36,800 | 华艺国际 | 2021-12-10 |
| 彩色宝石配钻石"鹦鹉"胸针 | | 33,497 | 保利香港 | 2021-11-27 |
| 彩色宝石配钻石及钛金属玫瑰胸针 | | 66,700 | 中国嘉德 | 2021-05-21 |
| 彩色蓝宝石及钻石"芭蕾舞少女"胸针 | | 126,500 | 北京保利 | 2021-12-05 |
| 彩色钻石、钻石和红宝石胸针 | 长39mm | 108,860 | 伦敦苏富比 | 2021-06-24 |
| 忱熙设计 饮水思源·马上有"喜"缅甸天然冰种翡翠配钻石胸针 | | 57,500 | 北京保利 | 2021-06-07 |
| 陈唯阳设计 5.68克拉帕帕拉恰蓝宝石配钻石及红宝石"窗花"戒指/胸针/挂坠 | | 70,934 | 保利香港 | 2021-11-27 |
| 大卫·韦伯 多宝石和钻石胸针、耳环首饰套装 | 胸针 5.7cm×5.2cm | 229,579 | 纽约佳士得 | 2021-04-13 |
| 大卫·韦伯 珐琅、红宝石和钻石胸针 | | 40,373 | 巴黎佳士得 | 2021-07-07 |
| 大卫·韦伯 红宝石，祖母绿和钻石吊坠胸针 | 7.2cm×7.2cm | 163,985 | 纽约佳士得 | 2021-04-13 |

| 拍品名称 | 物品尺寸 | 成交价RMB | 拍卖公司 | 拍卖日期 |
|---|---|---|---|---|
| 大卫·韦伯 黄金、祖母绿和钻石"Aquarius"夹式胸针 | 5.72cm×5.08cm | 65,250 | 纽约苏富比 | 2021-08-31 |
| 大卫·韦伯 黄金和钻石吊坠/胸针 | | 97,875 | 纽约苏富比 | 2021-08-31 |
| 大卫·韦伯 金吊坠/胸针 | | 48,467 | 纽约苏富比 | 2021-06-11 |
| 大卫·韦伯孔雀石，钻石和珐琅吊坠胸针 | 7.5cm×6.7cm | 80,178 | 纽约佳士得 | 2021-06-08 |
| 大卫·韦伯 绿松石，蓝宝石和钻石吊坠胸针 | 6cm×4.7cm | 104,231 | 纽约佳士得 | 2021-06-08 |
| 大卫·韦伯 祖母绿、蓝宝石、红宝石和钻石吊坠胸针 | | 129,246 | 纽约苏富比 | 2021-06-11 |
| 大卫·韦伯 钻石和金花胸针 | 5.0cm×4.5cm | 22,766 | 纽约佳士得 | 2021-04-21 |
| 大卫·韦伯 钻石和天青石胸针 | 6.7cm×1.6cm | 22,766 | 纽约佳士得 | 2021-04-21 |
| 大卫·韦伯 钻石花胸针 | | 68,256 | 纽约佳士得 | 2021-06-04 |
| 大卫·韦伯 黄金Pendant-Brooch吊坠/胸针"处女座" | | 33,927 | 纽约苏富比 | 2021-06-11 |
| 大卫·弗蕾达坦桑石，钻石和珐琅兰花胸针 | 12.5cm×4.7cm | 48,785 | 纽约佳士得 | 2021-04-21 |
| 玳瑁、蓝宝石、红宝石、锆石和养殖珍珠胸针"Moretto"和一对珊瑚钻石耳环 | | 34,333 | 日内瓦苏富比 | 2021-07-07 |
| 蛋白石、红宝石、珐琅和钻石胸针 | | 122,343 | 纽约苏富比 | 2021-08-31 |
| 蛋白石、祖母绿、彩色钻石和钻石胸针 | 长5.1cm | 89,719 | 纽约苏富比 | 2021-08-31 |
| 蛋白石、祖母绿和钻石胸针 | | 154,968 | 纽约苏富比 | 2021-08-31 |
| 蛋白石、钻石和红宝石胸针 | 长5.08cm | 40,389 | 纽约苏富比 | 2021-06-11 |
| 蒂芙尼·斯伦贝谢钻石"五叶"胸针 | 6.3cm×5.2cm | 48,785 | 纽约佳士得 | 2021-04-21 |
| 蒂芙尼 Schlumberger设计橄榄石配钻石及红宝石胸针 | | 125,194 | 香港苏富比 | 2021-10-12 |
| 蒂芙尼 珐琅和多宝石鹦鹉胸针 | | 136,191 | 纽约佳士得 | 2021-06-04 |
| 蒂芙尼 橄榄石和钻石别针 | 4.13cm×3.49cm | 72,701 | 纽约苏富比 | 2021-06-11 |
| 蒂芙尼 黑色蛋白石，钻石和多宝石孔雀胸针 | 12.5cm×4.4cm | 336,746 | 纽约佳士得 | 2021-06-08 |
| 蒂芙尼 黄金和钻石胸针、耳夹 | | 24,524 | 日内瓦苏富比 | 2021-07-07 |
| 蒂芙尼 金色"Graffiti Squiggle"胸针和一对"Bean"耳夹 | | 30,994 | 纽约苏富比 | 2021-08-31 |
| 蒂芙尼 蓝宝石、祖母绿和钻石"三色堇"胸针 | 长2.54cm | 40,781 | 纽约苏富比 | 2021-08-31 |
| 蒂芙尼两个多宝石"海豚"夹式胸针 | 5.8cm×4.2cm×2 | 311,572 | 纽约佳士得 | 2021-04-13 |
| 蒂芙尼 两个金胸针 | 长5.08cm | 22,837 | 纽约苏富比 | 2021-08-31 |
| 蒂芙尼·斯伦贝谢钻石十字吊坠胸针 | 直径4.7cm | 44,661 | 纽约佳士得 | 2021-01-27 |
| 蒂芙尼 祖母绿和钻石胸针 | 直径4.0cm | 52,850 | 纽约佳士得 | 2021-04-21 |
| 蒂芙尼 钻石，红宝石和珐琅胸针 | 8.0cm×5.7cm | 336,746 | 纽约佳士得 | 2021-06-08 |
| 蒂芙尼 钻石，蓝宝石和珐琅蝴蝶胸针 | 6.5cm×5.0cm | 69,111 | 纽约佳士得 | 2021-04-21 |
| 蒂芙尼钻石、珐琅和宝石镶嵌夹式胸针 | 5.72cm×3.18cm | 153,479 | 纽约苏富比 | 2021-06-11 |
| 蒂芙尼 钻石"海星"胸针 | 4.2cm×4.8cm | 97,443 | 纽约佳士得 | 2021-01-27 |
| 蒂芙尼 钻石"镶嵌花蕾"胸针 | 5.5cm×3.7cm | 89,438 | 纽约佳士得 | 2021-04-21 |
| 蒂芙尼钻石和蓝宝石"瞪羚"胸针 | | 104,146 | 纽约佳士得 | 2021-06-04 |
| 多宝石宝塔胸针一对 | 长5.8cm×2，宽3.6cm×2 | 89,323 | 纽约佳士得 | 2021-01-27 |
| 多宝石和钻石蝴蝶胸针耳环首饰 | 胸针6.6cm×6.8cm；耳环4.0cm×2.6cm | 56,915 | 纽约佳士得 | 2021-04-21 |
| 多宝石和钻石花束胸针 | 5.1cm×8.7cm | 56,915 | 纽约佳士得 | 2021-04-21 |
| 多宝石和钻石胸针 | 6.0cm×5.8cm | 76,900 | 巴黎佳士得 | 2021-07-07 |
| 多宝石蝴蝶胸针 | 5.3cm×7.7cm | 31,260 | 米兰佳士得 | 2021-02-03 |
| 二十世纪 白金嵌翡翠胸针 | 长6cm；宽3.3cm | 23,000 | 中国嘉德 | 2021-11-30 |
| 法国 约1890年维多利亚时期(Victorian era)立体花朵造型钻石胸针 | 9.8cm×2.5cm；重27.7g | 48,300 | 西泠印社 | 2021-01-17 |
| 法国 约1920年 装饰艺术(ART DECO)时期 钻石镶嵌18K白金胸针 | 5.2cm×2.8cm；重18.5g | 40,250 | 西泠印社 | 2021-01-17 |
| 法国1960年代 梵克雅宝叶子胸针 | | 55,200 | 永乐拍卖 | 2021-12-02 |
| 法国1960年代蝴蝶结双夹胸针 | | 64,400 | 永乐拍卖 | 2021-12-02 |
| 法国1960年代花朵胸针 | | 32,200 | 永乐拍卖 | 2021-12-02 |
| 法国装饰艺术钻石双夹胸针 | | 494,500 | 永乐拍卖 | 2021-12-02 |
| 珐琅配钻石别针，约1890年 | | 27,098 | 日内瓦苏富比 | 2021-05-13 |
| 珐琅钻石胸针 19世纪末 | | 22,861 | 伦敦苏富比 | 2021-06-24 |
| 珐琅和多宝石丑角胸针 | | 15,630 | 米兰佳士得 | 2021-02-03 |

**2021翡翠珠宝拍卖成交汇总(续表)**

**(成交价RMB：2万元以上)**

| 拍品名称 | 物品尺寸 | 成交价RMB | 拍卖公司 | 拍卖日期 |
|---|---|---|---|---|
| 梵克雅宝 39.11克拉哥伦比亚祖母绿配钻石胸针 | | 1,356,264 | 香港苏富比 | 2021-10-12 |
| 梵克雅宝 白色珊瑚和钻石"ROSE DE NOËL"胸针 | 5.0cm × 5.0cm | 139,387 | 纽约佳士得 | 2021-04-13 |
| 梵克雅宝 白水晶配红宝石及钻石胸针、耳环首饰套装 | | 406,465 | 日内瓦苏富比 | 2021-05-13 |
| 梵克雅宝 多宝石和钻石夹式胸针 | 3.7cm × 3.2cm | 96,213 | 纽约佳士得 | 2021-06-08 |
| 梵克雅宝 粉红色蓝宝石和钻石胸针 | | 98,094 | 日内瓦苏富比 | 2021-07-07 |
| 梵克雅宝 复古红宝石胸针 | | 76,900 | 巴黎佳士得 | 2021-07-07 |
| 梵克雅宝复古钻石和黄金"LUDO HEXAGON"别针 约1935年 | 4.0cm × 2.6cm | 97,569 | 纽约佳士得 | 2021-04-21 |
| 梵克雅宝 红宝石和钻石夹式胸针 | 5.0cm × 5.0cm | 1,229,888 | 纽约佳士得 | 2021-04-13 |
| 梵克雅宝 红宝石和钻石胸针 | | 213,181 | 纽约佳士得 | 2021-04-13 |
| 梵克雅宝 红宝石和钻石胸针、耳环 | 胸针4.5cm × 4.0cm;<br>耳环<br>2.2cm × 1.6cm × 2 | 121,804 | 纽约佳士得 | 2021-01-27 |
| 梵克雅宝 黄金，钻石和红宝石胸针 | | 725,873 | 纽约苏富比 | 2021-06-09 |
| 梵克雅宝 黄金、钻石和宝石胸针 | | 138,656 | 纽约苏富比 | 2021-08-31 |
| 梵克雅宝黄金和钻石胸针，大约1950年 | | 155,316 | 日内瓦苏富比 | 2021-07-07 |
| 梵克雅宝 黄金镶蓝宝石及钻石别针，20世纪40年代 | | 99,358 | 日内瓦苏富比 | 2021-05-13 |
| 梵克雅宝 绿松石，蓝宝石和钻石耳环配无签名胸针 | 耳环5.7cm × 1.8cm;<br>胸针4.8cm × 3.5cm | 367,326 | 纽约佳士得 | 2021-04-13 |
| 梵克雅宝 绿松石，钻石和红宝石蝴蝶胸针 | 2.5cm × 2.5cm | 44,719 | 纽约佳士得 | 2021-04-21 |
| 梵克雅宝 珊瑚"ROSE DE NOEL"胸针 | 直径3.8cm | 89,323 | 纽约佳士得 | 2021-01-27 |
| 梵克雅宝 珊瑚"ROSE DE NOEL"胸针 | | 64,962 | 纽约佳士得 | 2021-01-27 |
| 梵克雅宝 珊瑚配钻石别针/吊坠，20世纪70年代 | | 171,619 | 日内瓦苏富比 | 2021-05-13 |
| 梵克雅宝神秘镶嵌蓝宝石和钻石胸针 | | 1,613,052 | 纽约苏富比 | 2021-06-09 |
| 梵克雅宝 星光红宝石配钻石胸针 | | 2,921,184 | 香港苏富比 | 2021-10-12 |
| 梵克雅宝 胸针、耳钉套装 | | 552,000 | 永乐拍卖 | 2021-05-22 |
| 梵克雅宝 一对玉髓、蓝宝石和钻石"蓝色栀子花"夹式胸针 | 长4.1cm × 2 | 213,181 | 纽约佳士得 | 2021-04-13 |
| 梵克雅宝 祖母绿和钻石胸针 | 6.0cm × 5.5cm | 152,337 | 纽约佳士得 | 2021-06-08 |
| 梵克雅宝 钻石吊坠/胸针 | | 443,589 | 纽约苏富比 | 2021-06-09 |
| 梵克雅宝 钻石和多宝石"稻草人"胸针 | | 80,113 | 纽约佳士得 | 2021-06-04 |
| 梵克雅宝 钻石和翡翠蝴蝶胸针 | 项链长45.0cm,<br>蝴蝶 2.2cm × 1.6cm | 21,113 | 纽约佳士得 | 2021-01-27 |
| 梵克雅宝 钻石和红宝石叶胸针 | 4.9cm × 3.9cm | 256,568 | 纽约佳士得 | 2021-06-08 |
| 梵克雅宝 钻石和祖母绿天鹅夹胸针 | 5.0cm × 5.0cm | 245,978 | 纽约佳士得 | 2021-04-13 |
| 梵克雅宝 钻石蝴蝶结胸针 | 5.6cm × 4.5cm | 131,188 | 纽约佳士得 | 2021-04-13 |
| 梵克雅宝 钻石夹式胸针 | 长4.76cm | 64,623 | 纽约苏富比 | 2021-06-11 |
| 梵克雅宝 钻石配缟玛瑙及祖母绿胸针 | | 730,296 | 香港苏富比 | 2021-10-12 |
| 梵克雅宝 钻石胸针 | | 233,680 | 香港苏富比 | 2021-04-20 |
| 梵克雅宝工坊珠宝大师PERY&FILS贝壳胸针 | | 69,000 | 永乐拍卖 | 2021-12-02 |
| 梵克雅宝设计 蓝宝石配钻石"BALLERINA"胸针 | | 374,376 | 保利香港 | 2021-11-27 |
| 翡翠、彩色钻石和钻石鸭胸针 | 5.2cm × 5.7cm | 38,450 | 巴黎佳士得 | 2021-07-07 |
| 翡翠及钻石胸针 | 胸针长3.8cm | 496,800 | 佳士得 | 2021-05-23 |
| 翡翠配红宝石钻石胸针 | | 299,000 | 永乐拍卖 | 2021-12-02 |
| 翡翠配珊瑚及钻石别针 | | 54,195 | 日内瓦苏富比 | 2021-05-13 |
| 粉红色蓝宝石和钻石胸针 | 8.57cm × 6.35cm | 33,927 | 纽约苏富比 | 2021-06-11 |
| 粉蓝宝石黄钻花朵胸针 | | 100,050 | 永乐拍卖 | 2021-12-02 |
| 复古海蓝宝石、红宝石和钻石胸针 | 10.5cm × 9.6cm | 286,974 | 纽约佳士得 | 2021-04-13 |
| 复古花形胸针配红宝石和钻石，卡地亚 | 长10.1cm | 78,151 | 米兰佳士得 | 2021-02-03 |
| 复古祖母绿和钻石胸针 | 6.8cm × 5.0cm | 24,392 | 纽约佳士得 | 2021-04-21 |
| 复古钻石胸针 Mauboussin | | 57,675 | 巴黎佳士得 | 2021-07-07 |
| 缟玛瑙和祖母绿"PANTHÈRE"胸针，卡地亚 约1970年 | 长6.2cm | 3,133,025 | 日内瓦佳士得 | 2021-05-12 |

| 拍品名称 | 物品尺寸 | 成交价RMB | 拍卖公司 | 拍卖日期 |
|---|---|---|---|---|
| 格里马 碧玺、紫水晶、橄榄石和钻石胸针 1970年 | | 80,012 | 伦敦苏富比 | 2021-06-24 |
| 古董golay fils & stahl钻石和珐琅人像胸针 约1880年 | 3.0cm × 2.6cm | 36,541 | 纽约佳士得 | 2021-01-27 |
| 古董天然珍珠和钻石胸针，19世纪后期 | 6.7cm × 3.8cm | 128,180 | 纽约佳士得 | 2021-06-04 |
| 古董钻石和多宝石蝴蝶胸针，约1880年 | | 22,432 | 纽约佳士得 | 2021-06-04 |
| 古董钻石和红宝石胸针 约1900年 | | 180,384 | 纽约佳士得 | 2021-04-13 |
| 海蓝宝石，摩根石和钻石胸针 | 5.2cm × 5.0cm | 24,392 | 纽约佳士得 | 2021-04-21 |
| 海蓝宝石和钻石夹式胸针一对 | | 158,859 | 米兰苏富比 | 2021-03-04 |
| 海蓝宝石蜻蜓、珐琅和钻石胸针大约1900年 | 13.8cm × 4.5cm | 1,345,750 | 巴黎佳士得 | 2021-07-07 |
| 海瑞温斯顿 104.40克拉祖母绿配钻石别针/吊坠组合，约1970年 | | 12,749,250 | 日内瓦苏富比 | 2021-05-11 |
| 海瑞温斯顿 钻石胸针 | | 135,626 | 香港苏富比 | 2021-10-12 |
| 红宝石配钻石蝴蝶胸针/吊坠 | | 74,750 | 华艺国际 | 2021-06-04 |
| 红宝石，祖母绿和钻石胸针 | 长3.7cm | 196,782 | 纽约佳士得 | 2021-04-13 |
| 红宝石"Mystery-Set"胸针，梵克雅宝 | 胸针长3.3cm | 872,313 | 佳士得 | 2021-11-28 |
| 红宝石和钻石别针 | 3.7cm × 3.5cm | 21,140 | 纽约佳士得 | 2021-04-21 |
| 红宝石和钻石"草莓"胸针 | 4.6cm × 2.8cm | 12,992 | 纽约佳士得 | 2021-01-27 |
| 红宝石和钻石戒指和三个胸针 | | 69,501 | 米兰苏富比 | 2021-03-04 |
| 红宝石和钻石双夹胸针 | | 53,134 | 日内瓦苏富比 | 2021-07-07 |
| 红宝石和钻石胸针一对 | | 139,001 | 米兰苏富比 | 2021-03-04 |
| 红宝石和钻石胸针和耳环 | 胸针4.5cm × 5.0cm,<br>耳环5.0cm × 2 | 15,448 | 纽约佳士得 | 2021-04-21 |
| 红宝石配钻石别针 | | 234,847 | 日内瓦苏富比 | 2021-05-13 |
| 红玉髓凹雕胸针 1860年 | | 39,715 | 米兰苏富比 | 2021-03-04 |
| 幻蝶·珍珠蜻蜓彩宝胸针 | | 218,500 | 永乐拍卖 | 2021-05-22 |
| 黄金和钻石胸针 | | 564,568 | 纽约苏富比 | 2021-06-09 |
| 黄金和钻石胸针 | 长3.49cm | 34,256 | 纽约苏富比 | 2021-08-31 |
| 黄水晶、钻石及有色蓝宝石Bird on a Rock胸针，Tiffany & Co.设计 | 胸针长5.8cm | 227,700 | 佳士得 | 2021-05-23 |
| 黄水晶和钻石胸针 20世纪40年代 | | 17,146 | 伦敦苏富比 | 2021-06-24 |
| 黄水晶胸针和耳环套装，REPOSSI | 胸针长6.9cm,<br>耳环长4.7cm | 29,307 | 米兰佳士得 | 2021-02-03 |
| 金镶辣绿蛋面绽放胸针 | | 66,700 | 西泠印社 | 2021-01-16 |
| 金镶阳绿翡翠钻石蝴蝶戒指/胸针/吊坠三用 | | 80,500 | 西泠印社 | 2021-01-16 |
| 金镶野生珍珠珐琅毛毛虫胸针(约1940年) | | 23,000 | 西泠印社 | 2021-01-16 |
| 金镶祖母绿红宝石钻石胸针 | | 32,200 | 西泠印社 | 2021-01-16 |
| 卡地亚 "Panthère"青金石配祖母绿及珐琅彩胸针，约1970年 | | 276,167 | 香港苏富比 | 2021-04-20 |
| 卡地亚 "Panthère"钻石配缟玛瑙及祖母绿胸针，1970年 | | 2,921,184 | 香港苏富比 | 2021-10-12 |
| 卡地亚 1.41克拉红宝石配钻石别针，约1937年 | | 316,140 | 日内瓦苏富比 | 2021-05-13 |
| 卡地亚 宝石配钻石及缟玛瑙胸针 | | 849,744 | 香港苏富比 | 2021-04-20 |
| 卡地亚 海蓝宝石和钻石胸针 | | 60,584 | 纽约苏富比 | 2021-06-11 |
| 卡地亚 红宝石和钻石箭筒胸针 | 5.0cm × 2.0cm | 32,523 | 纽约佳士得 | 2021-04-21 |
| 卡地亚 红宝石及钻石配祖母绿及珐琅彩胸针 | | 333,850 | 香港苏富比 | 2021-10-12 |
| 卡地亚 黄金、珐琅和钻石 Jabot胸针，法国 | 长5.72cm | 81,562 | 纽约苏富比 | 2021-08-31 |
| 卡地亚 黄金、玉髓和钻石胸针，法国 | 长5.08cm | 44,859 | 纽约苏富比 | 2021-08-31 |
| 卡地亚 黄金、祖母绿和钻石"Panthère"胸针，法国 | | 138,656 | 纽约苏富比 | 2021-08-31 |
| 卡地亚 蓝宝石，祖母绿，红宝石和钻石 Tutti Frutti 胸针/吊坠 | | 1,489,301 | 米兰苏富比 | 2021-03-04 |
| 卡地亚 蓝宝石、红宝石和钻石胸针 | | 68,662 | 纽约苏富比 | 2021-06-11 |
| 卡地亚 蓝宝石和钻石胸针吊坠大约1920年 | | 124,963 | 巴黎佳士得 | 2021-07-07 |
| 卡地亚 绿松石和钻石胸针 | 长4.8cm，宽3.1cm | 48,785 | 纽约佳士得 | 2021-04-21 |

## 2021翡翠珠宝拍卖成交汇总（续表）

（成交价RMB：2万元以上）

| 拍品名称 | 物品尺寸 | 成交价RMB | 拍卖公司 | 拍卖日期 |
|---|---|---|---|---|
| 卡地亚 美女Époque钻石蝴蝶结胸针 大约1915年 | 8.9cm×6.2 cm | 450,959 | 纽约佳士得 | 2021-04-13 |
| 卡地亚 珊瑚和钻石瓢虫胸针 | 2.2cm×1.8cm | 44,661 | 纽约佳士得 | 2021-01-27 |
| 卡地亚 珊瑚配钻石“COCCINELLE”别针 | | 135,488 | 日内瓦苏富比 | 2021-05-13 |
| 卡地亚 镶嵌 钻石胸针约1950年 | | 241,958 | 纽约苏富比 | 2021-06-09 |
| 卡地亚 装饰艺术钻石夹式胸针约1930年 | 3.7cm×3.3cm | 96,213 | 纽约佳士得 | 2021-06-08 |
| 卡地亚 祖母绿，珍珠和钻石夹 | | 483,916 | 纽约苏富比 | 2021-06-09 |
| 卡地亚 祖母绿，珍珠和钻石夹 | | 467,785 | 纽约苏富比 | 2021-06-09 |
| 卡地亚 祖母绿和钻石 Jabot 胸针，法国 | | 322,610 | 纽约苏富比 | 2021-06-09 |
| 卡地亚 祖母绿和钻石胸针 | | 384,500 | 巴黎佳士得 | 2021-07-07 |
| 卡地亚 祖母绿配红宝石及钻石别针，约1958年 | | 452,636 | 日内瓦苏富比 | 2021-05-11 |
| 卡地亚 钻石和多宝石独角兽胸针 | 5.9cm×3.5cm | 60,981 | 纽约佳士得 | 2021-04-21 |
| 卡地亚 钻石和缟玛瑙胸针 | | 177,436 | 纽约苏富比 | 2021-06-09 |
| 卡地亚 钻石和红宝石狗胸针 | 3.2cm×2.8cm | 139,387 | 纽约佳士得 | 2021-04-13 |
| 卡地亚 钻石配宝石及贝母胸针 | | 834,624 | 香港苏富比 | 2021-10-12 |
| 卡地亚 钻石配缟玛瑙及祖母绿胸针 | | 1,168,398 | 香港苏富比 | 2021-04-20 |
| 卡地亚珐琅配钻石“红桃皇帝”及“红桃皇后”别针一对，约1950年 | | 361,302 | 日内瓦苏富比 | 2021-05-13 |
| 卡地亚钻石夹一对 | 3.8cm×3.5cm×2 | 269,150 | 巴黎佳士得 | 2021-07-07 |
| 蓝宝石、红宝石和钻石夹式胸针 | | 146,812 | 纽约苏富比 | 2021-08-31 |
| 蓝宝石、红宝石和钻石胸针 | 75mm×55mm | 44,960 | 日内瓦苏富比 | 2021-07-07 |
| 蓝宝石、红宝石和钻石胸针 | | 61,172 | 纽约苏富比 | 2021-08-31 |
| 蓝宝石、养殖珍珠及钻石胸针 | | 33,120 | 佳士得 | 2021-05-23 |
| 蓝宝石、祖母绿、红宝石和钻石胸针 | | 46,140 | 巴黎佳士得 | 2021-07-07 |
| 蓝宝石、祖母绿和钻石“海马”胸针 | | 57,094 | 纽约苏富比 | 2021-08-31 |
| 蓝宝石“Pavot de L’Himalaya”胸针，梵克雅宝 | 胸针长9.3cm | 1,795,938 | 佳士得 | 2021-11-28 |
| 蓝宝石和钻石夹式胸针 | 长4.2cm | 29,307 | 米兰佳士得 | 2021-02-03 |
| 蓝宝石和钻石双夹胸针 | 7.5cm×5.5cm | 28,458 | 纽约佳士得 | 2021-04-21 |
| 蓝宝石和钻石胸针，红宝石和钻石一对耳夹，戒指和胸针 | | 94,322 | 米兰苏富比 | 2021-03-04 |
| 蓝宝石和钻石胸针一对 | 长4.7cm×2 | 41,029 | 米兰佳士得 | 2021-02-03 |
| 蓝宝石及钻石胸针，Michele della Valle设计 | 长12.4cm | 269,100 | 佳士得 | 2021-05-23 |
| 蓝宝石配祖母绿及钻石胸针 | | 44,712 | 天成国际 | 2021-06-01 |
| 蓝宝石配钻石别针，19世纪末 | | 21,678 | 日内瓦苏富比 | 2021-05-13 |
| 蓝宝石配钻石及彩宝“大嘴鸟”胸针 | | 36,800 | 华艺国际 | 2021-12-10 |
| 勒内·博伊万 两个金色和红宝石夹式胸针，法国 | | 524,242 | 纽约苏富比 | 2021-06-09 |
| 李莉设计花团锦簇缅甸天然翡翠配钻石及红宝石胸针/吊坠两用 | | 63,250 | 北京保利 | 2021-06-07 |
| 两个红宝石和钻石胸针 | | 81,706 | 巴黎佳士得 | 2021-07-07 |
| 两个银顶金钻石胸针 19世纪中叶 | | 177,713 | 纽约苏富比 | 2021-06-11 |
| 两颗彩色钻石和钻石胸针 | 58mm×69mm 和 58mm×65mm | 171,455 | 伦敦苏富比 | 2021-06-24 |
| 两枚钻石海星胸针 | | 44,661 | 纽约佳士得 | 2021-01-27 |
| 两枚钻石和蓝宝石龟背针 | 长2.5cm×3.1cm | 40,654 | 纽约佳士得 | 2021-04-21 |
| 路易威斯 19世纪末胸针 | | 34,291 | 伦敦苏富比 | 2021-06-24 |
| 吕西安·高特瑞珐琅胸针大约1900年 | | 40,006 | 伦敦苏富比 | 2021-06-24 |
| 绿松石和钻石三叶草胸针 | 5.3cm×4.2cm | 24,034 | 纽约佳士得 | 2021-06-04 |
| 玛瑙和多宝石花卉胸针，SABBADINI | 7.5cm×9.4cm×3.1cm | 21,492 | 米兰佳士得 | 2021-02-03 |
| 缅甸天然冰种翡翠配钻石及彩色宝石“花朵”胸针及戒指套装 | | 55,200 | 北京保利 | 2021-12-05 |
| 缅甸天然翡翠蛋面配钻石“葫芦”挂坠及“凤凰”胸针套装 | | 23,645 | 保利香港 | 2021-11-27 |
| 缅甸天然翡翠配钻石蜻蜓胸针 | | 38,441 | 保利香港 | 2021-04-22 |
| 缅甸天然满绿翡翠配钻石“花朵”胸针 | | 25,300 | 北京保利 | 2021-12-05 |
| 缅甸天然满绿翡翠配钻石及彩色宝石蝴蝶胸针 | | 48,300 | 北京保利 | 2021-06-07 |

| 拍品名称 | 物品尺寸 | 成交价RMB | 拍卖公司 | 拍卖日期 |
|---|---|---|---|---|
| 缅甸天然满绿翡翠配钻石及彩色宝石蜻蜓胸针 | | 43,700 | 北京保利 | 2021-06-07 |
| 缅甸天然满绿翡翠配钻石胸针 | | 20,700 | 北京保利 | 2021-06-07 |
| 民国 K金镶嵌翡翠胸针 | 长4.8cm | 20,700 | 中国嘉德 | 2021-05-19 |
| 纳迪多宝石黑色胸针 | 长5.9cm，宽3.8cm | 44,661 | 纽约佳士得 | 2021-01-27 |
| 尼古拉斯·瓦尼 黄金、钻石和彩色钻石夹式胸针 | | 48,467 | 纽约苏富比 | 2021-06-11 |
| 帕拉伊巴碧玺花形胸针 | | 230,000 | 上海匡时 | 2021-07-08 |
| 璞安设计 水晶，翡翠及钻石“走失的木马”胸针 | | 39,408 | 保利香港 | 2021-11-27 |
| 前南斯拉夫Dimitri王子4.36克拉淡粉红色钻石配宝石及钻石胸针 | | 1,043,280 | 香港苏富比 | 2021-10-12 |
| 乔治·安东尼奥·吉拉尔代半镶边丝玛瑙吊坠、胸针、耳环 19世纪70年代 | | 171,455 | 伦敦苏富比 | 2021-06-24 |
| 青金石和钻石龟胸针一对 | 长2.5cm×3.9cm×2 | 44,719 | 纽约佳士得 | 2021-04-21 |
| 蜻蜓点水胸针 | | 1,265,000 | 永乐拍卖 | 2021-05-22 |
| 蜻蜓胸针 | | 40,250 | 永乐拍卖 | 2021-12-02 |
| 人工养殖珍珠和钻石吊坠胸针 | 5.1cm×4.1cm | 24,392 | 纽约佳士得 | 2021-04-21 |
| 人工养殖珍珠和钻石耳环和胸针 | 胸针：长4.6cm，宽4.0cm | 25,985 | 纽约佳士得 | 2021-01-27 |
| 萨尔瓦多·达利 钻石和石榴石胸针，“Tristan and Isolde”20世纪50年代 | 长47mm | 205,746 | 伦敦苏富比 | 2021-06-24 |
| 三色金钻石夹式胸针 | | 65,250 | 纽约苏富比 | 2021-08-31 |
| 沙弗莱石、海蓝宝石和橄榄石胸针 | 长5.72cm | 36,350 | 纽约苏富比 | 2021-06-11 |
| 沙弗莱石榴石配蓝宝石及钻石“蜂鸟”胸针/吊坠，Nisan | | 59,112 | 天成国际 | 2021-11-26 |
| 珊瑚配翡翠及钻石别针，约1970年 | | 234,847 | 日内瓦苏富比 | 2021-05-13 |
| 珊瑚配天然翡翠及钻石“春色”胸针/摆件，王进玲 | | 59,112 | 天成国际 | 2021-11-26 |
| 珊瑚胸针 约1870年 | 6.3cm×4.0cm | 15,428 | 纽约佳士得 | 2021-01-27 |
| 尚美红宝石配钻石别针，约1928年 | | 4,055,763 | 日内瓦苏富比 | 2021-05-11 |
| 尚美 青金石、绿松石和钻石胸针，法国 | 长3.81cm | 28,547 | 纽约苏富比 | 2021-08-31 |
| 19世纪晚期钻石胸针 | 5.1cm×4.5cm | 96,125 | 巴黎佳士得 | 2021-07-07 |
| 石榴石，钻石和黄金“TRIStan AND ISOLDE”胸针 | | 163,985 | 纽约佳士得 | 2021-04-13 |
| 双夹式复古蓝宝石、彩色蓝宝石和钻石胸针 | 8.2cm×6.2cm | 230,700 | 巴黎佳士得 | 2021-07-07 |
| 双夹式钻石胸针，约1960年 | | 39,238 | 日内瓦苏富比 | 2021-07-07 |
| 水晶、养殖珍珠、宝石和钻石“棋子”胸针 | 长5.4cm | 77,484 | 纽约苏富比 | 2021-08-31 |
| 斯特莱 黄金，绿松石和钻石胸针和一对耳夹，法国 | | 483,916 | 纽约苏富比 | 2021-06-09 |
| 钛金属配彩色刚玉及钻石“蜻蜓”胸针，Nisan | | 29,556 | 天成国际 | 2021-11-26 |
| 钛金属镶水晶内雕天使蝴蝶胸针 | | 40,250 | 西泠印社 | 2021-07-25 |
| 天然冰种翡翠配翡翠及钻石胸针 | | 49,260 | 天成国际 | 2021-11-26 |
| 天然翡翠蛋面胸针/吊坠 | 胸针/吊坠长4.7cm | 30,788 | 佳士得 | 2021-11-28 |
| 天然翡翠配钻石胸针一对 | | 127,462 | 香港苏富比 | 2021-04-20 |
| 天然翡翠胸针 | 胸针长3.7cm | 53,365 | 佳士得 | 2021-11-28 |
| 天然海螺珠配钻石双夹胸针 | 胸针长56mm | 138,000 | 北京保利 | 2021-09-26 |
| 天然海螺珠配钻石双夹胸针 | | 93,594 | 保利香港 | 2021-11-27 |
| 天然红宝石蝴蝶配钻石吊坠胸针两用 | | 23,000 | 华艺国际 | 2021-06-04 |
| 天然红碧玺配钻石胸针戒指两用款 | | 28,750 | 华艺国际 | 2021-06-04 |
| 天然满绿翡翠蛋面配钻石蝴蝶戒指胸针两用 | | 25,300 | 保利厦门 | 2021-11-04 |
| 天然满绿翡翠蛋面配钻石蜻蜓胸针 | | 46,000 | 保利厦门 | 2021-11-04 |
| 天然无经注胶处理翡翠配钻石蝴蝶胸针/吊坠 | | 44,712 | 天成国际 | 2021-06-01 |
| 天然珍珠，钻石和红宝石胸针1910年 | | 59,572 | 米兰苏富比 | 2021-03-04 |
| 天然珍珠和钻石吊坠和天然珍珠、蓝宝石和钻石胸针 | | 47,658 | 米兰苏富比 | 2021-03-04 |
| 天然珍珠和钻石胸针 | 直径3.0cm | 77,242 | 纽约佳士得 | 2021-04-21 |
| 天然珍珠和钻石胸针 | | 179,839 | 日内瓦苏富比 | 2021-07-07 |

**2021翡翠珠宝拍卖成交汇总(续表)**

**(成交价RMB：2万元以上)**

| 拍品名称 | 物品尺寸 | 成交价RMB | 拍卖公司 | 拍卖日期 |
|---|---|---|---|---|
| 天然珍珠和钻石胸针 约1935年 | 5.7cm×3.0cm | 375,963 | 日内瓦佳士得 | 2021-05-12 |
| 天然珍珠及钻石胸针 | 胸针长7.3cm | 828,000 | 佳士得 | 2021-05-23 |
| 天然珍珠胸针，梵克雅宝 | 胸针长9.8cm | 615,750 | 佳士得 | 2021-11-28 |
| 托尼·杜奎特石英胸针和耳夹一对 | 胸针长11.11cm，耳夹长3.18cm×2 | 72,701 | 纽约苏富比 | 2021-06-11 |
| 托尼·杜奎特 紫水晶、绿色石英和钻石夹式胸针 | 9.84cm×9.84cm | 56,545 | 纽约苏富比 | 2021-06-11 |
| 维多利亚风格 钻石颤抖花胸针 | | 28,750 | 永乐拍卖 | 2021-05-22 |
| 维多利亚时期 金加银镶红宝钻石胸针(约1837年至1901年) | | 25,300 | 西泠印社 | 2021-01-16 |
| 维多利亚时期 绿松石野生珍珠胸针吊坠两用 | | 28,750 | 保利厦门 | 2021-11-04 |
| 维多利亚时期 蔷薇颤抖花钻石胸针 | 9.5cm×2.5cm；重19.5g | 92,000 | 西泠印社 | 2021-07-23 |
| 魏文镌设计蝶卉/蝶翼 1克拉缅甸鸽血红红宝石配钻石戒指/胸针两用 | | 144,900 | 北京保利 | 2021-06-07 |
| 沃尔弗斯 钻石胸针和耳环 | | 57,222 | 日内瓦苏富比 | 2021-07-07 |
| 五凤鹓雏-18K金石榴石胸针 | | 241,500 | 永乐拍卖 | 2021-05-22 |
| 稀有的主石为7.76克拉天然缅甸未经热处理红宝石配总重2.35克拉天然红宝石，南洋珍珠及总重10.87克拉天然钻石胸针/吊坠 | | 172,500 | 中国嘉德 | 2021-11-30 |
| 夏天 1.41克拉埃塞俄比亚祖母绿蝴蝶胸针 | | 32,200 | 永乐拍卖 | 2021-12-02 |
| 夏天设计 蓝宝石羊头胸针 | | 34,500 | 永乐拍卖 | 2021-05-22 |
| 香奈儿 GRIPOIX 玻璃和人造珍珠胸针 | 宽8.4cm；最大长6.9cm(包括人造珍珠水滴) | 21,087 | 纽约佳士得 | 2021-01-14 |
| 香奈儿 GRIPOIX 玻璃和水钻吊坠胸针(无签名) | 5.6cm×10.4cm | 34,063 | 纽约佳士得 | 2021-01-14 |
| 香奈儿 GRIPOIX 玻璃十字夹胸针 | 6.9cm×10.1cm | 22,709 | 纽约佳士得 | 2021-01-14 |
| 香奈儿 GRIPOIX 玻璃水钻花卉胸针 | 宽9.0cm；长10.2cm | 21,087 | 纽约佳士得 | 2021-01-14 |
| 香奈儿 GRIPOIX 玻璃胸针 | 宽7.4cm；长7.4cm | 19,465 | 纽约佳士得 | 2021-01-14 |
| 香奈儿 玻璃，人造钻石和人造珍珠胸针 | 宽5.9cm，长13.6cm | 19,465 | 纽约佳士得 | 2021-01-14 |
| 香奈儿 超大号玻璃石鸟胸针 | 最宽12.7cm；最高17.9cm | 194,646 | 纽约佳士得 | 2021-01-14 |
| 香奈儿 人造珍珠，水钻和玻璃吊坠胸针 | 5.9cm×8.4cm(长包括最大的紫色玻璃水滴) | 30,819 | 纽约佳士得 | 2021-01-14 |
| 香奈儿 人造珍珠和人造钻石胸针 | 最大宽度6.6cm，最大长度13.3cm | 52,717 | 纽约佳士得 | 2021-01-14 |
| 香奈儿水钻，人造珍珠和GRIPOIX玻璃十字吊坠胸针(无签名) | 8.0cm×8.1cm | 24,331 | 纽约佳士得 | 2021-01-14 |
| 香奈儿水钻和GRIPOIX玻璃胸针 | 8.4cm×8.6cm | 24,331 | 纽约佳士得 | 2021-01-14 |
| 香奈儿 系列人造珍珠和GRIPOIX 玻璃首饰 | 胸针8.3cm×8.6cm；耳环长7.7cm | 30,819 | 纽约佳士得 | 2021-01-14 |
| 香奈儿设计 黄色刚玉配钻石“驯鹿”胸针 | | 29,556 | 保利香港 | 2021-11-27 |
| 新古典时期 约1945年制 钻石镶嵌白金麦穗造型胸针 | 3.8cm×6cm；重20.8g | 40,250 | 西泠印社 | 2021-01-17 |
| 新锐设计师-龙梓嘉 18K白金4.96克拉素面坦桑石美杜莎蛇形缠绕羽毛艺术款胸针 | | 39,725 | 北京保利 | 2021-01-16 |
| 新锐设计师-龙梓嘉 18K白金缅甸天然翡翠金蟾水晶荷叶设计款胸针 | | 29,510 | 北京保利 | 2021-01-16 |
| 新艺术风格钻石和玻璃葡萄胸针 | 4.3cm×2.2cm | 15,448 | 纽约佳士得 | 2021-04-21 |
| 养殖珍珠和钻石夹式胸针，法国 | | 106,031 | 纽约苏富比 | 2021-08-31 |
| 养殖珍珠钻石胸针 | 长6.04cm | 21,206 | 纽约苏富比 | 2021-08-31 |
| 叶子胸针 (一对) | | 126,500 | 永乐拍卖 | 2021-12-02 |
| 一套钻石和铂金胸针 | 4.4cm×4.8cm，2.8cm×4.4cm | 89,438 | 纽约佳士得 | 2021-04-21 |

| 拍品名称 | 物品尺寸 | 成交价RMB | 拍卖公司 | 拍卖日期 |
|---|---|---|---|---|
| 艺术装饰时期 金镶蓝宝石胸针 | 胸针6.8cm×1.7cm；重8.99g | 36,800 | 西泠印社 | 2021-07-25 |
| 艺术装饰时期 金镶钻石蝴蝶结胸针 | 胸针5.3cm×3.8cm；重34.49g | 63,250 | 西泠印社 | 2021-07-25 |
| 银顶黄金、钻石和珍珠胸针 | 8.57cm×7.62cm | 161,557 | 纽约苏富比 | 2021-06-11 |
| 银顶黄金、钻石和珍珠胸针 | 长6.67cm | 121,168 | 纽约苏富比 | 2021-06-11 |
| 银饰黄金、红宝石和钻石胸针 | | 48,467 | 纽约苏富比 | 2021-06-11 |
| 英国 约1860年 维多利亚时期(Vi克拉orian era)双向材质蔓枝花果饰钻石胸针 | 5.5cm×2.8cm；重18.9g | 40,250 | 西泠印社 | 2021-01-17 |
| 英国 约1901年 爱德华时期 藤蔓花卉饰钻石及珍珠胸针 | 5.5cm×4.6cm；重7.9g | 20,700 | 西泠印社 | 2021-01-17 |
| 英国 约1920年 凯宁共济珠宝商纪念定制三件套钻石胸针 | 主胸针5.6cm×2.8cm；双拼胸针1.8cm×3.6cm；重37g | 109,250 | 西泠印社 | 2021-01-17 |
| 英国 约1920年 装饰艺术(Art Deco)时期 双拼(double clip)18K白金钻石胸针 | 2.6cm×2cm；重16.35g | 43,700 | 西泠印社 | 2021-01-17 |
| 有色钻石及钻石胸针，Cartier设计 | 胸针长6.1cm | 269,100 | 佳士得 | 2021-05-23 |
| 有色钻石及钻石胸针耳环套装 | 胸针长5.3cm，耳环长2.1cm×2 | 144,900 | 佳士得 | 2021-05-23 |
| 玉髓、钻石及蓝宝石胸针，Margherita Burgener设计 | 胸针长6.4cm | 56,444 | 佳士得 | 2021-11-28 |
| 约1900年 英国 爱德华时期 Goldsmiths & Silversmiths 钻石花篮造型胸针/吊坠两用 | | 34,500 | 保利厦门 | 2021-11-04 |
| 约1950年 钻石胸针 | | 28,750 | 保利厦门 | 2021-11-04 |
| 约1970年 Tiffany 枫叶钻石胸针 | | 20,700 | 保利厦门 | 2021-11-04 |
| 早期格鲁吉亚钻石蝴蝶结胸针 约1830年 | 9.2cm×7.4cm | 311,572 | 纽约佳士得 | 2021-04-13 |
| 赵佳设计 4.75克拉星光红宝石配钻石“蝶梦”胸针/戒指，未经加热 | | 88,668 | 保利香港 | 2021-11-27 |
| 郑莎设计 2.26克拉红宝石配钻石及红宝石“红玫瑰”戒指/胸针 | | 66,994 | 保利香港 | 2021-11-27 |
| 重约34.45克拉祖母绿配钻石“叶子”胸针，约1950年制 | | 49,450 | 中国嘉德 | 2021-11-30 |
| 重约45.70克拉祖母绿配总重约5克拉钻石胸针及吊坠 | | 80,500 | 中国嘉德 | 2021-05-21 |
| 装饰艺术风格 蓝宝石钻石胸针 | | 36,800 | 永乐拍卖 | 2021-05-22 |
| 装饰艺术风格 双夹胸针 | | 69,000 | 永乐拍卖 | 2021-05-22 |
| 装饰艺术时期钻石胸针 | | 65,754 | 保利香港 | 2021-04-22 |
| 装饰艺术时期钻石胸针 | | 55,638 | 保利香港 | 2021-04-22 |
| 紫水晶和绿松石耳环和胸针 | 耳环4.0cm×2.5cm，胸针5.8cm×3.0cm | 32,523 | 纽约佳士得 | 2021-04-21 |
| 紫水晶和钻石花胸针 | 4.3cm×3.2 cm | 21,140 | 纽约佳士得 | 2021-04-21 |
| 紫水晶和钻石胸针 | 7.8cm×2.8cm | 76,900 | 巴黎佳士得 | 2021-07-07 |
| 总重11.37克拉天然未经加热鸽血红红宝石配总重约3.72克拉钻石“蝴蝶”胸针/戒指(两用) | | 92,000 | 中国嘉德 | 2021-11-30 |
| 总重8.93克拉赞比亚艳绿色祖母绿配钻石“蜻蜓”胸针 | | 34,500 | 北京保利 | 2021-12-05 |
| 总重约2.70克拉红宝石配总重约2.50克拉钻石胸针 | | 36,800 | 中国嘉德 | 2021-05-21 |
| 总重约36.45克拉天然红宝石配总重约12克拉钻石蝴蝶胸针 | 胸针90mm×75mm | 230,000 | 中国嘉德 | 2021-05-21 |
| 总重约5.30克拉彩色宝石配总重约2克拉钻石及钛金属蝴蝶胸针 | 胸针90mm×70mm | 101,200 | 中国嘉德 | 2021-05-21 |
| 祖母绿，仿祖母绿和钻石胸针 | 4.8cm×4.6cm | 21,140 | 纽约佳士得 | 2021-04-21 |
| 祖母绿、红宝石和钻石领带别针 | | 77,658 | 日内瓦苏富比 | 2021-07-07 |
| 祖母绿和钻石胸针 | | 121,804 | 纽约佳士得 | 2021-01-27 |
| 祖母绿和钻石胸针 | 长6.35cm | 65,250 | 纽约苏富比 | 2021-08-31 |
| 祖母绿和钻石胸针 | 3.5cm×3.4cm | 64,962 | 纽约佳士得 | 2021-01-27 |
| 祖母绿及钻石胸针 | 胸针长7.1cm | 144,900 | 佳士得 | 2021-05-23 |

（成交价RMB：2万元以上）

| 拍品名称 | 物品尺寸 | 成交价RMB | 拍卖公司 | 拍卖日期 |
|---|---|---|---|---|
| 祖母绿与钻石蛇形胸针 | 长7.4cm，宽1.5cm | 25,985 | 纽约佳士得 | 2021-01-27 |
| 祖母绿钻石花胸针 | 长7.0cm，宽5.5cm | 69,022 | 纽约佳士得 | 2021-01-27 |
| 钻石，彩色钻石和红宝石鸟胸针 | 9.5cm×6.2cm | 44,719 | 纽约佳士得 | 2021-04-21 |
| 钻石，经过处理的有色钻石和养殖珍珠胸针 | 6.7cm×5.0cm | 36,588 | 纽约佳士得 | 2021-04-21 |
| 钻石、蓝宝石和红宝石耳夹和胸针一对 |  | 61,172 | 纽约苏富比 | 2021-08-31 |
| 钻石、蓝宝石和祖母绿胸针 |  | 288,375 | 巴黎佳士得 | 2021-07-07 |
| 钻石别针 |  | 289,042 | 日内瓦苏富比 | 2021-05-13 |
| 钻石别针 |  | 216,781 | 日内瓦苏富比 | 2021-05-13 |
| 钻石别针 |  | 180,651 | 日内瓦苏富比 | 2021-05-13 |
| 钻石别针，19世纪末 |  | 2,353,708 | 日内瓦苏富比 | 2021-05-11 |
| 钻石别针一对 | 3.4cm×3.5cm×2 | 60,981 | 纽约佳士得 | 2021-04-21 |
| 钻石铂金胸针 | 3.6cm×5.7cm | 89,438 | 纽约佳士得 | 2021-04-21 |
| 钻石铂金胸针 | 8.0cm×5.5cm | 56,842 | 纽约佳士得 | 2021-01-27 |
| 钻石铂金胸针 |  | 129,924 | 纽约佳士得 | 2021-01-27 |
| 钻石铂金胸针 | 长6.4cm，宽3.4cm | 56,842 | 纽约佳士得 | 2021-01-27 |
| 钻石带胸针 | 11.3cm×3.4cm | 60,902 | 纽约佳士得 | 2021-01-27 |
| 钻石珐琅兰花胸针 | 9.5cm×4.4cm | 19,514 | 纽约佳士得 | 2021-04-21 |
| 钻石珐琅蜻蜓胸针 | 长4.1cm，宽5.0cm | 19,489 | 纽约佳士得 | 2021-01-27 |
| 钻石耳环和胸针 | 胸针长5.0cm，耳环长3.2cm×2 | 73,177 | 纽约佳士得 | 2021-04-21 |
| 钻石和白金吊坠胸针 | 项链长47.5cm；胸针直径5.3cm | 27,609 | 纽约佳士得 | 2021-01-27 |
| 钻石和宝石镶嵌胸针 | 6.35cm×5.72cm | 105,025 | 纽约苏富比 | 2021-06-11 |
| 钻石和彩色钻石棒别针 | 长6.4cm | 154,285 | 纽约佳士得 | 2021-01-27 |
| 钻石和多宝石蜂鸟胸针 | 3.2cm×3.4cm | 60,902 | 纽约佳士得 | 2021-01-27 |
| 钻石和多宝石蝴蝶胸针 | 5.5cm×3.6cm | 52,782 | 纽约佳士得 | 2021-01-27 |
| 钻石和多宝石蝴蝶胸针 | 7.8cm×5.0cm | 30,443 | 纽约佳士得 | 2021-06-04 |
| 钻石和多宝石鹦鹉胸针 | 最宽处9.7cm×4.5cm | 44,661 | 纽约佳士得 | 2021-01-27 |
| 钻石和珐琅胸针和耳环 | 胸针4.2cm×6.1cm，耳环 1.9cm×2.6cm | 32,523 | 纽约佳士得 | 2021-04-21 |
| 钻石和缟玛瑙狗胸针 | 2.8cm×3.0cm | 36,588 | 纽约佳士得 | 2021-04-21 |
| 钻石和红宝石鸟胸针 | 长7.3cm | 89,438 | 纽约佳士得 | 2021-04-21 |
| 钻石和黄金龟胸针 | 4.4cm×3.2cm | 24,361 | 纽约佳士得 | 2021-01-27 |
| 钻石和黄金胸针 | 6.5cm×5.8cm | 64,962 | 纽约佳士得 | 2021-01-27 |
| 钻石和黄金胸针 | 8.3cm×5.3cm | 40,654 | 纽约佳士得 | 2021-04-21 |
| 钻石和养殖珍珠胸针和耳环套装，REPOSSI | 胸针长5.7cm，耳环长4.7cm | 53,729 | 米兰佳士得 | 2021-02-03 |
| 钻石及彩色宝石“花卉”胸针 |  | 20,700 | 北京保利 | 2021-12-05 |
| 钻石夹式胸针 | 5.4cm×4.76cm | 68,662 | 纽约苏富比 | 2021-06-11 |
| 钻石配红宝石瓢羊胸针，Schlumberger，Tiffany & Co. |  | 34,776 | 天成国际 | 2021-06-01 |
| 钻石人物胸针 | 5.5cm×3.4cm | 38,977 | 纽约佳士得 | 2021-01-27 |
| 钻石双夹式胸针 | 5.0cm×4.8cm | 72,101 | 纽约佳士得 | 2021-06-04 |
| 钻石双夹式胸针和链条 | 链长60.96cm | 81,562 | 纽约苏富比 | 2021-08-31 |
| 钻石胸针 | 胸针长4.8cm | 124,200 | 佳士得 | 2021-05-23 |
| 钻石胸针 | 胸针长8.6cm | 92,363 | 佳士得 | 2021-11-28 |
| 钻石胸针 | 5.8cm×6.0cm | 278,775 | 纽约佳士得 | 2021-04-13 |
| 钻石胸针 | 5.7cm×3.0cm | 73,082 | 纽约佳士得 | 2021-01-27 |
| 钻石胸针 |  | 73,571 | 日内瓦苏富比 | 2021-07-07 |
| 钻石胸针 |  | 49,643 | 米兰苏富比 | 2021-03-04 |
| 钻石胸针 |  | 48,467 | 纽约苏富比 | 2021-06-11 |
| 钻石胸针 | 2.0cm×9.7cm | 30,897 | 纽约佳士得 | 2021-04-21 |
| 钻石胸针 |  | 26,158 | 日内瓦苏富比 | 2021-07-07 |
| 钻石胸针 1880年 |  | 198,573 | 米兰苏富比 | 2021-03-04 |
| 钻石胸针 1927年 |  | 278,003 | 米兰苏富比 | 2021-03-04 |
| 钻石胸针 1964年 |  | 218,431 | 米兰苏富比 | 2021-03-04 |
| 钻石胸针 20世纪30年代 |  | 25,147 | 伦敦苏富比 | 2021-06-24 |
| 钻石胸针，20世纪30年代 |  | 36,785 | 日内瓦苏富比 | 2021-07-07 |
| 钻石胸针，20世纪50年代 |  | 73,571 | 日内瓦苏富比 | 2021-07-07 |
| 钻石胸针，Harry Winston设计 |  | 165,600 | 佳士得 | 2021-05-23 |
| 钻石胸针，Tiffany & Co.设计 | 胸针长3.4cm | 331,200 | 佳士得 | 2021-05-23 |
| 钻石胸针，Van Cleef & Arpels设计（一对） | 胸针长6.4cm×2 | 641,700 | 佳士得 | 2021-05-23 |
| 钻石胸针，宝格丽 | 长7.4cm | 787,732 | 日内瓦佳士得 | 2021-05-12 |
| 钻石胸针，宝格丽 | 长4.1cm | 21,492 | 米兰佳士得 | 2021-02-03 |
| 钻石胸针，蒂芙尼 | 胸针长10.9cm | 236,038 | 佳士得 | 2021-11-28 |
| 钻石胸针和耳环蝴蝶结套装，宝诗龙 | 胸针长6.5cm、长4.5cm，耳环长4.2cm | 161,127 | 日内瓦佳士得 | 2021-05-12 |
| 钻石与祖母绿青蛙胸针 | 5.8cm×4.3cm | 30,897 | 纽约佳士得 | 2021-04-21 |
| 钻石珍珠胸针 | 9.0cm×5.4cm | 22,766 | 纽约佳士得 | 2021-04-21 |
| 左娜设计“兰花苑”缅甸天然满绿翡翠配钻石“玉兰花”胸针 |  | 149,500 | 北京保利 | 2021-12-05 |
| **手镯、手链** |  |  |  |  |
| 10.10克拉钻石手链 |  | 65,376 | 纽约苏富比 | 2021-02-04 |
| 10.12克拉天然祖母绿配钻石手链 |  | 69,000 | 华艺国际 | 2021-06-04 |
| 11.87克拉天然缅甸未经加热尖晶石配总重约5.82克拉钻石手链 | 手链长168mm | 207,000 | 中国嘉德 | 2021-05-21 |
| 14颗4.50—1.01克拉D-F/FL-VS2钻石手链 | 手链长15.6cm | 3,591,875 | 佳士得 | 2021-11-28 |
| 14颗有色钻石手链 | 手链长17.1cm | 841,525 | 佳士得 | 2021-11-28 |
| 14颗枕形及椭圆形缅甸天然鸽血红红宝石手链 | 手链长18.0cm | 1,345,500 | 佳士得 | 2021-05-23 |
| 15颗枕形缅甸天然尖晶石手链，Forms设计 | 手链长16.9cm | 3,933,000 | 佳士得 | 2021-05-23 |
| 16颗天然珍珠手链 | 手链长19.0cm | 165,600 | 佳士得 | 2021-05-23 |
| 18K白金1.02克拉绿钻钻石花式手链 |  | 190,400 | 上海联合 | 2021-06-27 |
| 18K白金及钻石ENCHAÎNÉE手环 | 周长15.5cm | 165,600 | 佳士得 | 2021-05-21 |
| 18K白金及钻石KILIM小码手环 | 周长16.5cm | 124,200 | 佳士得 | 2021-05-21 |
| 18K白金及钻石与亮面九重葛红色短吻鳄皮BOUCLE SELLIER宽版手环 | 宽13cm×高2.8cm | 227,700 | 佳士得 | 2021-05-21 |
| 18K白金缅甸天然满绿翡翠蛋面配钻石手链 |  | 24,970 | 北京保利 | 2021-08-09 |
| 18K翡翠高冰种满绿手链 |  | 73,920 | 上海联合 | 2021-11-21 |
| 18K翡翠满绿平安扣手链 |  | 41,440 | 上海联合 | 2021-11-21 |
| 18K金翡翠碎钻手链 | 55mm×55mm×6.2mm；重48g | 86,250 | 南京经典 | 2021-07-18 |
| 18K金镶钻石马鞍扣款手链（约1940年） |  | 36,800 | 西泠印社 | 2021-01-16 |
| 18K蓝宝石花式手链 |  | 31,360 | 上海联合 | 2021-11-21 |
| 18K玫瑰金及钻石米兰编织凯莉手环 | 周长15cm | 196,650 | 佳士得 | 2021-05-21 |
| 18K莫桑比克鸽血红红宝石手链 |  | 86,240 | 上海联合 | 2021-11-21 |
| 18K祖母绿手环 |  | 43,680 | 上海联合 | 2021-11-21 |
| 1960年制 双金镶嵌钻石蕾丝风格手链 | 18.5cm×1.6cm；重47.8g | 86,250 | 西泠印社 | 2021-07-23 |
| 1980年代花卉手链 |  | 34,500 | 永乐拍卖 | 2021-12-02 |
| 19颗长方形哥伦比亚祖母绿手链 | 手链长17.8cm | 828,000 | 佳士得 | 2021-05-23 |
| 19世纪初蓝宝石和钻石手链 | 长17.5cm | 805,635 | 日内瓦佳士得 | 2021-05-12 |
| 20世纪中叶蓝宝石与钻石手链 | 长18.0cm | 170,079 | 日内瓦佳士得 | 2021-05-12 |
| 20世纪中叶祖母绿和钻石手链，卡地亚 | 长17.5cm | 1,253,210 | 日内瓦佳士得 | 2021-05-12 |
| 23.96克拉，13.93克拉和10.85克拉蓝宝石和钻石手链 |  | 2,953,995 | 日内瓦佳士得 | 2021-05-12 |
| 5.17克拉黄钻石手链 | 重13.67g | 46,000 | 上海嘉禾 | 2021-07-22 |
| 9颗5.18至1.67克拉枕形克什米尔天然蓝宝石手链 | 手链长17.7cm | 16,953,650 | 佳士得 | 2021-11-28 |
| HENRI PICQ 装饰艺术钻石手链 | 长17.2cm | 368,966 | 纽约佳士得 | 2021-04-13 |
| Hermes设计 钻石手链 | 长17cm | 103,500 | 华艺国际 | 2021-03-31 |
| JAR 彩色钻石和钻石双面“伸缩环”手链 |  | 2,886,390 | 纽约佳士得 | 2021-06-08 |
| JAR 黑色钻石“卡特彼勒”手链 | 长18.4cm | 320,710 | 纽约佳士得 | 2021-06-08 |
| JAR 钻石“卡特彼勒”手链 | 长18.4cm | 200,444 | 纽约佳士得 | 2021-06-08 |
| K金配蓝宝石及钻石“花束”耳夹一对及手链套装，Cartier |  | 443,340 | 天成国际 | 2021-11-26 |
| MARIO BUCCELLATI 金手链 | 18.0cm×2.0cm | 39,028 | 纽约佳士得 | 2021-04-21 |
| Mauboussin 复古红宝石和钻石手链 | 18.8cm×3.2cm | 180,384 | 纽约佳士得 | 2021-04-13 |
| ROBERTO 硬币钻石手链 | 19.5cm×2.0cm | 81,308 | 纽约佳士得 | 2021-04-21 |

## 2021翡翠珠宝拍卖成交汇总(续表)

(成交价RMB：2万元以上)

| 拍品名称 | 物品尺寸 | 成交价RMB | 拍卖公司 | 拍卖日期 |
|---|---|---|---|---|
| SEAMAN SCHEPPS 多宝石手链、耳环首饰套装 | 手链 20.3cm，耳环 2.5cm | 81,993 | 纽约佳士得 | 2021-04-13 |
| TONY DUQUETTE 多色蓝宝石和红宝石手链 | 17.2cm × 5.8cm | 144,320 | 纽约佳士得 | 2021-06-08 |
| VERDURA 钻石和黄金“双新月”手链 | 长18cm | 180,384 | 纽约佳士得 | 2021-04-13 |
| 爱马仕 2021 18K玫瑰金镶钻石KELLY GOURMETTE手链及18K白金镶钻石FINESSE手链 | | 98,520 | 保利香港 | 2021-12-01 |
| 爱马仕 金腰带手链 | | 57,675 | 巴黎佳士得 | 2021-07-07 |
| 奥斯卡 · 海曼兄弟 Padparadscha 6.37克拉蓝宝石钻石手链 | 长17.15cm | 565,450 | 纽约苏富比 | 2021-06-11 |
| 宝格丽 宝石镶嵌、钻石和养殖珍珠手链，“Allegra” | 长170mm | 251,468 | 伦敦苏富比 | 2021-06-24 |
| 宝格丽 多宝石和钻石手链 | 17.2cm × 1.6cm | 124,963 | 巴黎佳士得 | 2021-07-07 |
| 宝格丽 多色宝石镶嵌，养殖珍珠和钻石手链“Allegra” | | 148,930 | 米兰苏富比 | 2021-03-04 |
| 宝格丽 黄金，珐琅和钻石“Serpenti”手链腕表 | | 887,179 | 纽约苏富比 | 2021-06-09 |
| 宝格丽 黄金、紫水晶和电气石手链 | 长19.05cm | 89,719 | 纽约苏富比 | 2021-08-31 |
| 宝格丽 黄金和钻石手链 | 内周长15.88cm | 114,187 | 纽约苏富比 | 2021-08-31 |
| 宝格丽缅甸鸽血红红宝石配钻石手链 | | 345,000 | 北京保利 | 2021-06-07 |
| 宝格丽 珊瑚，青金石和钻石“星条旗”手链 | 长20.8cm | 152,337 | 纽约佳士得 | 2021-06-08 |
| 宝格丽 小蛮腰钻石手链 | | 22,400 | 上海联合 | 2021-06-27 |
| 宝格丽 钻石手链“SPIGA” | 最小内周长16.0cm | 153,800 | 巴黎佳士得 | 2021-07-07 |
| 宝格丽手链 | 18.5cm × 2.5cm | 67,288 | 巴黎佳士得 | 2021-07-07 |
| 宝格丽手链 | 16.0cm × 2.8cm | 38,450 | 巴黎佳士得 | 2021-07-07 |
| 宝诗龙 蓝宝石手链 | | 163,413 | 巴黎佳士得 | 2021-07-07 |
| 宝诗龙 钻石手链，约1960年 | | 179,839 | 日内瓦苏富比 | 2021-07-07 |
| 宝诗龙 钻石手链腕表，1950 年代 | 长180mm | 44,960 | 日内瓦苏富比 | 2021-07-07 |
| 宝诗龙“Serpent Bohème”钻石戒指和钻石手链 | | 84,394 | 米兰苏富比 | 2021-03-04 |
| 宝诗龙古董金手链 | 长20.8cm | 130,092 | 纽约佳士得 | 2021-04-21 |
| 宝诗龙钻石手链 | 内周长16.0cm | 178,716 | 米兰苏富比 | 2021-03-04 |
| 宝石手链4条套装，Bulgari设计 | 手链长17.6cm × 4 | 186,300 | 佳士得 | 2021-05-23 |
| 宝石镶嵌钻石手链 | | 125,734 | 伦敦苏富比 | 2021-06-24 |
| 彩色翡翠蛋面配钻石手链 | | 63,250 | 保利厦门 | 2021-11-04 |
| 彩色蓝宝石和钻石手链 | 长180mm | 40,873 | 日内瓦苏富比 | 2021-07-07 |
| 彩色钻石，钻石和祖母绿手链 | 长18.7cm | 344,369 | 纽约佳士得 | 2021-04-13 |
| 彩色钻石和钻石手链 约1920年 | | 160,225 | 纽约佳士得 | 2021-06-04 |
| 彩色钻石配钻石手链 | | 39,408 | 保利香港 | 2021-11-27 |
| 彩色钻石配钻石手链(39颗彩色钻石共重13.60克拉) | | 417,312 | 香港苏富比 | 2021-10-12 |
| 彩色钻石手链 | 长15.3cm，宽1.2cm | 56,842 | 纽约佳士得 | 2021-01-27 |
| 大卫 · 莫里斯 钻石手链和钻石耳环一对 | | 182,885 | 伦敦苏富比 | 2021-06-24 |
| 大卫 · 韦伯 黄金，珊瑚，祖母绿和钻石手链 | | 225,827 | 纽约苏富比 | 2021-06-09 |
| 大卫 · 韦伯 黄金、钻石、祖母绿和珐琅手链 | 内周长14.92cm | 177,713 | 纽约苏富比 | 2021-06-11 |
| 大卫 · 韦伯 黄金和钻石手链 | 内周长16.51cm | 193,869 | 纽约苏富比 | 2021-06-11 |
| 大卫 · 韦伯 祖母绿，红宝石，蓝宝石和钻石手链 1970年 | | 306,480 | 纽约苏富比 | 2021-06-09 |
| 大卫 · 韦伯 钻石和金手链 | 16.4cm × 2.3cm | 104,231 | 纽约佳士得 | 2021-06-08 |
| 大卫 · 韦伯 钻石和金手链 | 15.8cm × 2.0cm | 128,284 | 纽约佳士得 | 2021-06-08 |
| 德格里索戈诺 彩色蓝宝石、石榴石和钻石手链 | 长17.15cm | 387,737 | 纽约苏富比 | 2021-06-11 |
| 德格里索戈诺 黄金、锰铝榴石和钻石手链 | 长20.32cm–22.86cm | 64,623 | 纽约苏富比 | 2021-06-11 |
| 蒂芙尼 碧玺、黄玉和缟玛瑙手链 | | 136,191 | 纽约佳士得 | 2021-06-04 |
| 蒂芙尼 珐琅和黄金手链、耳环珠宝 | 手链内周长17.14cm | 97,569 | 纽约佳士得 | 2021-04-21 |
| 蒂芙尼 复古多色蓝宝石和钻石手链 | | 152,214 | 纽约佳士得 | 2021-06-04 |
| 蒂芙尼 红宝石和钻石手链 | 长18.0cm | 76,107 | 纽约佳士得 | 2021-06-04 |
| 蒂芙尼 黄金、黄水晶和红宝石手链 | 长17.78cm | 32,625 | 纽约苏富比 | 2021-08-31 |
| 蒂芙尼 黄金和钻石手链 | | 106,269 | 日内瓦苏富比 | 2021-07-07 |
| 蒂芙尼 蓝宝石钻石手链 | 长17.5cm | 64,962 | 纽约佳士得 | 2021-01-27 |
| 蒂芙尼 天然缅甸红宝石配钻石手链 | | 371,763 | 香港苏富比 | 2021-04-20 |
| 蒂芙尼 银色和宝石镶嵌袖口手链和戒指 | 手链内周长15.24cm | 21,002 | 纽约苏富比 | 2021-06-11 |
| 蒂芙尼 钻石“COOPER”手链 | 19.0cm × 2.5cm | 377,166 | 纽约佳士得 | 2021-04-13 |
| 蒂芙尼 钻石和金手链 | | 80,113 | 纽约佳士得 | 2021-06-04 |
| 蒂芙尼 钻石和祖母绿手链 | 长19.05cm | 193,566 | 纽约苏富比 | 2021-06-09 |
| 蒂芙尼 钻石手链 | 17.7cm × 2.4cm | 128,180 | 纽约佳士得 | 2021-06-04 |
| 多宝石和钻石蛇形手链 | 内周长16.2cm | 163,985 | 纽约佳士得 | 2021-04-13 |
| 多宝石和钻石手链 | 18.2cm × 2.3cm | 160,355 | 纽约佳士得 | 2021-06-08 |
| 珐琅、红宝石和钻石手链 | 长180mm | 36,785 | 日内瓦苏富比 | 2021-07-07 |
| 珐琅与钻石手链 | 长18.0cm | 60,084 | 纽约佳士得 | 2021-06-04 |
| 梵克雅宝 复古钻石和金色“LUDO”手链，约1940年 | | 600,844 | 纽约佳士得 | 2021-06-04 |
| 梵克雅宝 红宝石和钻石“PELOUSE”手链 | 16.6cm × 1.2cm | 213,181 | 纽约佳士得 | 2021-04-13 |
| 梵克雅宝 红宝石和钻石手链 | 长18cm | 426,361 | 纽约佳士得 | 2021-04-13 |
| 梵克雅宝 红玉髓“VINTAGE ALHAMBRA”手链 | 长18.3cm | 28,458 | 纽约佳士得 | 2021-04-21 |
| 梵克雅宝 黄金、绿松石、红宝石和钻石“夏威夷”手链 | 内周长17.15cm | 212,062 | 纽约苏富比 | 2021-08-31 |
| 梵克雅宝黄金和珐琅半宝石耳环、戒指和手链 | | 57,222 | 日内瓦苏富比 | 2021-07-07 |
| 梵克雅宝 黄金和红玉髓“Vintage Alhambra”手链，法国 | 长18.1cm | 28,547 | 纽约苏富比 | 2021-08-31 |
| 梵克雅宝 黄金和钻石手链，“Ludo Briquettes”，约 1930 年 | | 155,316 | 日内瓦苏富比 | 2021-07-07 |
| 梵克雅宝 蓝宝石和钻石手链 | 18.4cm × 0.8cm | 245,978 | 纽约佳士得 | 2021-04-13 |
| 梵克雅宝 绿松石和黄金珠宝手链、耳环、戒指套装 | 手链长18.0cm，宽1.1cm；耳环1.8cm × 1.6cm | 73,082 | 纽约佳士得 | 2021-01-27 |
| 梵克雅宝 砂金石石英和钻石手链约1970年 | 21.5cm × 2.0cm | 72,160 | 纽约佳士得 | 2021-06-08 |
| 梵克雅宝珊瑚，玛瑙及钻石鱼手链 | 长17.5cm | 69,111 | 纽约佳士得 | 2021-04-21 |
| 梵克雅宝珊瑚、祖母绿和钻石手链 | 长18.5cm | 81,668 | 巴黎佳士得 | 2021-07-07 |
| 梵克雅宝 神秘镶嵌红宝石和钻石手链 | | 2,338,925 | 纽约苏富比 | 2021-06-09 |
| 梵克雅宝 水晶，缟玛瑙和金手链 | 19.1cm × 1.8cm | 88,195 | 纽约佳士得 | 2021-06-08 |
| 梵克雅宝钻石“Cadenas”手链手表 | | 121,168 | 纽约苏富比 | 2021-06-11 |
| 梵克雅宝 钻石耳环和手链 | | 347,504 | 米兰苏富比 | 2021-03-04 |
| 梵克雅宝 钻石和金手链 | 16.0cm × 2.0cm | 213,181 | 纽约佳士得 | 2021-04-13 |
| 梵克雅宝 钻石及蓝宝石手链 | 17.5cm × 1.4cm | 138,223 | 纽约佳士得 | 2021-04-21 |
| 翡翠手镯“东方之神” | 重38g | 46,000 | 上海嘉禾 | 2021-07-22 |
| 粉色钻石配钻石手链 | | 46,000 | 北京保利 | 2021-06-07 |
| 复古彩色钻石和钻石手链 | 内周长17.0cm | 57,675 | 巴黎佳士得 | 2021-07-07 |
| 复古黄水晶和红宝石手链和戒指 | 手链内周长16.5cm | 30,897 | 纽约佳士得 | 2021-04-21 |
| 复古蓝宝石和钻石腕表手链 | 15.2cm × 4.0cm | 655,940 | 纽约佳士得 | 2021-04-13 |
| 缟玛瑙、珊瑚和钻石半圆形手链 | | 43,256 | 巴黎佳士得 | 2021-07-07 |
| 格拉夫 钻石“WAVE”手链 | 长18.2cm | 152,337 | 纽约佳士得 | 2021-06-08 |
| 格拉夫 钻石手链 | 17.7cm × 1.5cm | 561,243 | 纽约佳士得 | 2021-06-08 |
| 格鲁吉亚钻石手链 | 17.0cm × 2.0cm | 344,369 | 纽约佳士得 | 2021-04-13 |
| 葛雯竹设计芳华四季钻石，彩钻及彩色宝石耳环，手链及戒指套装 | | 258,750 | 北京保利 | 2021-06-07 |
| 海瑞温斯顿钻石手链 | 长17.8cm | 801,775 | 纽约佳士得 | 2021-06-08 |
| 哈默曼兄弟 钻石手链 | | 212,062 | 纽约苏富比 | 2021-08-31 |
| 红宝石和珐琅印度手链 | 长18.5cm | 124,963 | 巴黎佳士得 | 2021-07-07 |
| 红宝石和金手链 | 长17.8cm | 80,113 | 纽约佳士得 | 2021-06-04 |
| 红宝石和钻石手链 | 19.0cm × 3.1cm | 360,799 | 纽约佳士得 | 2021-06-08 |
| 红宝石和钻石手链 大约1910年 | | 434,353 | 伦敦苏富比 | 2021-06-24 |
| 红宝石和钻石手链 约1950年 | 18.9cm × 4.0cm | 280,621 | 纽约佳士得 | 2021-06-08 |
| 红宝石和钻石手链和钻石手链 | 长175mm | 36,613 | 伦敦苏富比 | 2021-06-24 |
| 红宝石及蓝宝石手链Bulgari设计 | | 56,925 | 佳士得 | 2021-05-23 |
| 红宝石配钻石手链，André Vassort，M. Gérard | | 99,360 | 天成国际 | 2021-06-01 |
| 红宝石钻石手链 | | 63,250 | 上海匡时 | 2021-07-08 |
| 红玉髓和金臂章/手链 | 臂章内周长24.1cm | 360,767 | 纽约佳士得 | 2021-04-13 |
| 黄金、养殖珍珠和钻石手链 | | 61,172 | 纽约苏富比 | 2021-08-31 |

(成交价RMB：2万元以上)

| 拍品名称 | 物品尺寸 | 成交价RMB | 拍卖公司 | 拍卖日期 |
|---|---|---|---|---|
| 黄金、紫水晶和钻石手链 | 长17.46cm | 65,250 | 纽约苏富比 | 2021-08-31 |
| 黄金和紫水晶珠宝手链、胸针、耳环套装 | | 68,662 | 纽约苏富比 | 2021-06-11 |
| 黄金和钻石手链 | | 56,545 | 纽约苏富比 | 2021-06-11 |
| 黄金和钻石手链 | | 48,937 | 纽约苏富比 | 2021-08-31 |
| 黄金和钻石手链，法国 | | 77,484 | 纽约苏富比 | 2021-08-31 |
| 黄金和钻石手链/手表组合 | 长170mm | 57,222 | 日内瓦苏富比 | 2021-07-07 |
| 黄色钻石手链 | | 103,500 | 永乐拍卖 | 2021-05-22 |
| 黄水晶和钻石手链 | 长17.0cm | 37,122 | 米兰佳士得 | 2021-02-03 |
| 黄水晶和钻石手链，钻石和彩色钻石戒指以及祖母绿和钻石戒指 | | 74,465 | 米兰苏富比 | 2021-03-04 |
| 黄水晶配钻石别针/手镯组合一对，约1940年 | 内周长160mm | 343,237 | 日内瓦苏富比 | 2021-05-13 |
| 火蛋白石和木制手链 | | 67,288 | 巴黎佳士得 | 2021-07-07 |
| 金色"ATOMO"手链 | 长22.5cm | 33,647 | 纽约佳士得 | 2021-06-04 |
| 金色"ROPE-LINK"手链 | 19.0cm×2.0cm | 56,079 | 纽约佳士得 | 2021-06-04 |
| 金色和宝石镶嵌"Fifties"袖口手链 | 内周长17.78cm | 228,374 | 纽约苏富比 | 2021-08-31 |
| 金手链 | 长180mm | 28,611 | 日内瓦苏富比 | 2021-07-07 |
| 金手链和耳夹一对 | 手链长20.96cm | 61,172 | 纽约苏富比 | 2021-08-31 |
| 金手链和金钻石耳夹一对 | 手链内周长15.88cm | 228,374 | 纽约苏富比 | 2021-08-31 |
| 金镶彩钻手链 | | 80,500 | 西泠印社 | 2021-07-25 |
| 金镶总重16.82克拉缅甸红宝石手链 | 手链长15.5cm | 1,012,000 | 西泠印社 | 2021-07-25 |
| 精美的总重约16.74克拉天然缅甸未经加热鸽血红红宝石配钻石手链 | 手链长160mm | 322,000 | 中国嘉德 | 2021-05-21 |
| 精致的总重约8.95克拉天然巴西极微油祖母绿配钻石手链 | | 92,000 | 中国嘉德 | 2021-11-30 |
| 卡地亚"AL' Infini"钻石手链 | | 159,327 | 香港苏富比 | 2021-04-20 |
| 卡地亚"C"形黄金和钻石手链 | 内周长18.5cm | 37,122 | 米兰佳士得 | 2021-02-03 |
| 卡地亚 多色蓝宝石和钻石手链 | | 604,895 | 纽约苏富比 | 2021-06-09 |
| 卡地亚 复古红宝石和蓝宝石手链 | 长15.9cm | 280,394 | 纽约佳士得 | 2021-06-04 |
| 卡地亚 复古钻石手链 | 17.0cm×3.5cm | 384,540 | 纽约佳士得 | 2021-06-04 |
| 卡地亚 黄金、珐琅和钻石手链 | 内周长14.61cm | 113,090 | 纽约苏富比 | 2021-06-11 |
| 卡地亚 黄金、青金石和钻石手链 | 长185mm | 44,960 | 日内瓦苏富比 | 2021-07-07 |
| 卡地亚 黄金和珊瑚色手链、耳环、戒指 | 手链长190mm | 114,443 | 日内瓦苏富比 | 2021-07-07 |
| 卡地亚 黄金和钻石手链 | 长19.05cm | 241,958 | 纽约苏富比 | 2021-06-09 |
| 卡地亚 黄金手镯 | 长180mm | 72,260 | 日内瓦苏富比 | 2021-05-13 |
| 卡地亚 金钻石搭扣手链 | 长可调节，最长21.5cm | 136,191 | 纽约佳士得 | 2021-06-04 |
| 卡地亚 蓝宝石、绿松石、青金石和钻石手链 | 长20.0cm | 528,688 | 巴黎佳士得 | 2021-07-07 |
| 卡地亚 沙弗莱石榴石"NAKOURA"黑豹手链 | 长16.0cm | 230,700 | 巴黎佳士得 | 2021-07-07 |
| 卡地亚 钻石，缟玛瑙和祖母绿"Panthère"手链，法国 | 内周长15.88cm | 1,613,052 | 纽约苏富比 | 2021-06-09 |
| 卡地亚 钻石、红宝石和缟玛瑙手链 | 7.5cm×1.1cm | 600,844 | 纽约佳士得 | 2021-06-04 |
| 卡地亚 钻石铂金手链 | 长18.0cm | 56,915 | 纽约佳士得 | 2021-04-21 |
| 卡地亚 钻石和玫瑰金"爱"手链 | 内周长16.0cm | 138,223 | 纽约佳士得 | 2021-04-21 |
| 卡地亚 钻石配祖母绿手链 | | 625,968 | 香港苏富比 | 2021-10-12 |
| 卡地亚 钻石配祖母绿手链 | | 531,090 | 香港苏富比 | 2021-04-20 |
| 卡地亚 钻石手链 | 长17cm | 114,790 | 纽约佳士得 | 2021-04-13 |
| 卡地亚 钻石手链，法国 | | 1,935,662 | 纽约苏富比 | 2021-06-09 |
| 卡地亚 钻石手镯 | 内周长155mm | 995,799 | 日内瓦苏富比 | 2021-05-11 |
| 卡地亚设计 18K金及钻石手链 | | 57,142 | 保利香港 | 2021-11-27 |
| 克里夫 钻石手链 | 内周长17.75cm | 89,719 | 纽约苏富比 | 2021-08-31 |
| 蓝宝石，祖母绿，红宝石和钻石手链 | 内周长15.5cm | 99,287 | 米兰苏富比 | 2021-03-04 |
| 蓝宝石和钻石"神秘套装"手链 梵克雅宝 | 长16.1cm | 1,611,270 | 日内瓦佳士得 | 2021-05-12 |
| 蓝宝石和钻石手链 | 长18.5cm | 64,536 | 米兰苏富比 | 2021-03-04 |
| 蓝宝石和钻石手链 1920年 | | 84,394 | 米兰苏富比 | 2021-03-04 |
| 蓝宝石和钻石手链，REZA | 长17.8cm | 671,363 | 日内瓦佳士得 | 2021-05-12 |
| 蓝宝石和钻石手链，蒂芙尼 | 长16.0cm | 151,817 | 日内瓦佳士得 | 2021-05-12 |
| 蓝宝石和钻石手链，约 1940 年 | 长190mm | 57,222 | 日内瓦苏富比 | 2021-07-07 |

| 拍品名称 | 物品尺寸 | 成交价RMB | 拍卖公司 | 拍卖日期 |
|---|---|---|---|---|
| 蓝宝石钻石手链 | 长15.6cm | 81,203 | 纽约佳士得 | 2021-01-27 |
| 雷内·博文 彩色蓝宝石和钻石手链 20世纪70年代 | 长165mm | 342,910 | 伦敦苏富比 | 2021-06-24 |
| 洛林施瓦茨 钻石和薰衣草翡翠手链 | 长17.78cm | 282,725 | 纽约苏富比 | 2021-06-11 |
| 绿松石及蓝宝石手链，Bulgari设计 | 手链长17.0cm | 923,625 | 佳士得 | 2021-11-28 |
| 绿松石与钻石手链 | 18.5cm×4.7cm | 120,266 | 纽约佳士得 | 2021-06-08 |
| 缅甸天然红宝石手链 | 手链长18.0cm | 923,625 | 佳士得 | 2021-11-28 |
| 纳尔迪 黄金、祖母绿、钻石和珐琅手链 | 内周长16.19cm | 64,623 | 纽约苏富比 | 2021-06-11 |
| 糯冰满绿翡翠珠和田玉籽料手串 | | 36,800 | 西泠印社 | 2021-01-16 |
| 青金石 Parure 项链和两条钻石手链 | 项链长42.0cm，手链内周长15.5cm | 39,715 | 米兰苏富比 | 2021-03-04 |
| 青金石半宝石和手链 | | 94,322 | 米兰苏富比 | 2021-03-04 |
| 青金石和珐琅手链 19世纪60年代 | 长185mm | 74,297 | 伦敦苏富比 | 2021-06-24 |
| 青金石和钻石手链 | 长18.8cm | 131,188 | 纽约佳士得 | 2021-04-13 |
| 清 翡翠十八子手串 | 长30cm | 34,816 | 中国嘉德 | 2021-04-21 |
| 清 粉碧玺手链 | 长19.3cm | 34,500 | 中国嘉德 | 2021-05-19 |
| 日本 约1950年 镂空编织纹饰18K金手链 | 长18cm；重32.2g | 28,750 | 西泠印社 | 2021-01-17 |
| 三个古董钻石和种子珍珠手链 | 20.7cm；20.4cm；20.0cm | 69,111 | 纽约佳士得 | 2021-04-21 |
| 三颗宝石手链 | 长15.88cm | 161,557 | 纽约苏富比 | 2021-06-11 |
| 三只宝格丽金、钻石和多宝石手链 | 蓝色蓝宝石手链19.6cm | 81,308 | 纽约佳士得 | 2021-04-21 |
| 珊瑚，青金石，钻石和蓝宝石手链 | 长19.0cm | 64,536 | 米兰苏富比 | 2021-03-04 |
| 珊瑚，祖母绿和钻石戒指和青金石、珊瑚和钻石手链 | | 41,700 | 米兰苏富比 | 2021-03-04 |
| 珊瑚与钻石复古手链 | 内周长25.0cm | 288,375 | 巴黎佳士得 | 2021-07-07 |
| 19世纪制 法国回流粉色碧玺手串 | 单颗直径1cm | 23,000 | 西泠印社 | 2021-01-17 |
| 19世纪中叶蓝宝石和钻石皇冠手链 | 内径17.2cm | 576,750 | 巴黎佳士得 | 2021-07-07 |
| 双色金手链 | | 37,729 | 米兰苏富比 | 2021-03-04 |
| 水果锦囊鹦鹉造型手链 | 手链长16cm | 138,000 | 永乐拍卖 | 2021-05-22 |
| 天然翡翠手链 | | 66,700 | 华艺国际 | 2021-03-31 |
| 天然哥伦比亚木佐无油祖母绿配钻石手链(祖母绿共重17.16克拉) | | 3,338,496 | 香港苏富比 | 2021-10-12 |
| 天然珍珠与钻石手链 | 7.8cm×1.9cm | 120,266 | 纽约佳士得 | 2021-06-08 |
| 托尼·杜奎特宝石手链和一对耳夹 | 手链长17.78cm | 113,090 | 纽约苏富比 | 2021-06-11 |
| 托尼·杜奎特 黄金、珊瑚和绿玉髓手链 | 内周长17.15cm | 161,557 | 纽约苏富比 | 2021-06-11 |
| 托尼·杜奎特金鲍鱼手链及耳夹一对 | 手链长21cm | 96,934 | 纽约苏富比 | 2021-06-11 |
| 托尼·杜奎特 月光石和钻石手链 | 长18.42cm | 64,623 | 纽约苏富比 | 2021-06-11 |
| 托尼·杜奎特 紫水晶和石英手链 | 长20.32cm | 64,623 | 纽约苏富比 | 2021-06-11 |
| 五颗5.95至5.08克拉，十五颗3.21至2.00克拉钻石手链 | 17.0cm×1.0cm | 7,674,498 | 纽约佳士得 | 2021-04-13 |
| 萧邦 钻石手链 | | 201,814 | 香港苏富比 | 2021-04-20 |
| 袖口手链 | 内周长18.0cm | 47,658 | 米兰苏富比 | 2021-03-04 |
| 银顶钻手链 19世纪中叶 | | 60,584 | 纽约苏富比 | 2021-06-11 |
| 英国 约1860年 维多利亚时期 黄金镂空雕花花卉饰祖母绿手链 | 长20cm；重85.2g | 69,000 | 西泠印社 | 2021-01-17 |
| 有色钻石及钻石手链 | 手链长16.5cm | 1,035,000 | 佳士得 | 2021-05-23 |
| 种子珍珠，钻石和多宝石手链 | 17.9cm×4.4cm | 32,523 | 纽约佳士得 | 2021-04-21 |
| 重要的总重约30.71克拉天然赞比亚祖母绿配总重约6.35克拉钻石手链 | | 437,000 | 中国嘉德 | 2021-11-30 |
| 装饰艺术时期总重约7克拉钻石手链 | | 92,000 | 北京保利 | 2021-06-07 |
| 装饰艺术钻石铂金手链 | 17.5cm×1.9cm | 480,675 | 纽约佳士得 | 2021-06-04 |
| 装饰艺术钻石手链 | | 160,355 | 纽约佳士得 | 2021-06-08 |
| 装饰艺术钻石手链 | 19.0cm×1.8cm | 155,786 | 纽约佳士得 | 2021-04-13 |
| 紫水晶手链 | | 69,501 | 米兰苏富比 | 2021-03-04 |
| 紫水晶与钻石手链 | 长18.8cm | 34,149 | 纽约佳士得 | 2021-04-21 |
| 总重11.71克拉彩色尖晶石配总重1.25克拉钻石手链，未经加热 | | 22,700 | 北京保利 | 2021-08-08 |
| 总重6.66克拉天然彩色钻石配钻石手链 | 手链长165mm | 253,000 | 中国嘉德 | 2021-05-21 |
| 总重量约15.17克拉红宝石手链 | 手链长180mm | 126,500 | 中国嘉德 | 2021-05-21 |

## 2021翡翠珠宝拍卖成交汇总(续表)

(成交价RMB：2万元以上)

| 拍品名称 | 物品尺寸 | 成交价RMB | 拍卖公司 | 拍卖日期 |
|---|---|---|---|---|
| 总重约11.49克拉哥伦比亚祖母绿配钻石手链 | 手链长17.0cm | 529,000 | 北京保利 | 2021-09-26 |
| 总重约12.65克拉天然红宝石配钻石手链 | | 97,750 | 中国嘉德 | 2021-11-30 |
| 总重约2.28克拉 天然莫桑比克鸽血红红宝石配钻石手链 | | 28,750 | 保利厦门 | 2021-11-04 |
| 总重约36.45克拉天然斯里兰卡蓝宝石配钻石手链 | | 149,500 | 中国嘉德 | 2021-11-30 |
| 总重约6.75克拉天然缅甸未经加热矢车菊蓝蓝宝石配总重约4.76克拉钻石手链 | 手链长162mm | 126,500 | 中国嘉德 | 2021-05-21 |
| 祖母绿，红宝石，蓝宝石和钻石手链 | | 297,860 | 米兰苏富比 | 2021-03-04 |
| 祖母绿，红宝石和钻石手链和一对祖母绿和钻石耳环 | | 34,750 | 米兰苏富比 | 2021-03-04 |
| 祖母绿，钻石和红宝石手链 | 内周长14.6cm | 56,915 | 纽约佳士得 | 2021-04-21 |
| 祖母绿和钻石手链 | 内周长18.0cm | 72,094 | 巴黎佳士得 | 2021-07-07 |
| 祖母绿和钻石手链 | 长160mm | 57,222 | 日内瓦苏富比 | 2021-07-07 |
| 祖母绿和钻石手链 | 长18cm | 21,843 | 米兰苏富比 | 2021-03-04 |
| 祖母绿和钻石手链，REZA | 长17.0cm | 1,029,423 | 日内瓦佳士得 | 2021-05-12 |
| 祖母绿和钻石手链，REZA | 长18.0cm | 152,176 | 日内瓦佳士得 | 2021-05-12 |
| 祖母绿和钻石手链和耳环 | | 67,288 | 巴黎佳士得 | 2021-07-07 |
| 祖母绿和钻石装饰艺术手链 约1930年 | | 67,288 | 巴黎佳士得 | 2021-07-07 |
| 钻石 Atrika 手链 | | 89,719 | 纽约苏富比 | 2021-08-31 |
| 钻石、红宝石和蓝宝石手链 | 长16.0cm | 25,636 | 纽约佳士得 | 2021-06-04 |
| 钻石、祖母绿手链和祖母绿戒指 | 手链内周长15.3cm | 240,338 | 纽约佳士得 | 2021-06-04 |
| 钻石"皇冠羽毛"手链和耳环 | 手链内周长14.5cm | 192,270 | 纽约佳士得 | 2021-06-04 |
| 钻石铂金手链 | 17.0cm×2.8cm | 260,184 | 纽约佳士得 | 2021-04-21 |
| 钻石铂金手链 | 长18.0cm | 73,177 | 纽约佳士得 | 2021-04-21 |
| 钻石和金手链 | 内周长17.0cm | 60,902 | 纽约佳士得 | 2021-01-27 |
| 钻石和祖母绿手链 20世纪20年代 | 长14.0cm | 143,224 | 日内瓦佳士得 | 2021-05-12 |
| 钻石手链 | | 134,550 | 佳士得 | 2021-05-23 |
| 钻石手链 | 手链长16.0cm | 124,200 | 佳士得 | 2021-05-23 |
| 钻石手链 | 手链长16.5cm | 124,200 | 佳士得 | 2021-05-23 |
| 钻石手链 | | 78,816 | 天成国际 | 2021-11-26 |
| 钻石手链 | | 56,925 | 佳士得 | 2021-05-23 |
| 钻石手链 | 17.5cm×2.0cm | 1,147,895 | 纽约佳士得 | 2021-04-13 |
| 钻石手链 | 长19.69cm | 387,132 | 纽约苏富比 | 2021-06-09 |
| 钻石手链 | 内周长13.0cm | 99,287 | 米兰苏富比 | 2021-03-04 |
| 钻石手链 | 18.4cm×2.2cm | 144,320 | 纽约佳士得 | 2021-06-08 |
| 钻石手链 | 长19.5cm | 138,924 | 纽约苏富比 | 2021-02-04 |
| 钻石手链 | 长190mm | 98,094 | 日内瓦苏富比 | 2021-07-07 |
| 钻石手链 | | 84,394 | 米兰苏富比 | 2021-03-04 |
| 钻石手链 | 长20cm | 79,429 | 米兰苏富比 | 2021-03-04 |
| 钻石手链 | 长180mm | 69,483 | 日内瓦苏富比 | 2021-07-07 |
| 钻石手链 | 内径 16.2cm | 62,481 | 巴黎佳士得 | 2021-07-07 |
| 钻石手链 | 长175mm | 57,222 | 日内瓦苏富比 | 2021-07-07 |
| 钻石手链 | 内周长16.0cm | 33,644 | 巴黎佳士得 | 2021-07-07 |
| 钻石手链 | 长179mm | 29,719 | 伦敦苏富比 | 2021-06-24 |
| 钻石手链 20世纪中叶 | 内周长150mm | 137,164 | 伦敦苏富比 | 2021-06-24 |
| 钻石手链 蒂芙尼 20世纪30年代 | 长18.0cm | 402,818 | 日内瓦佳士得 | 2021-05-12 |
| 钻石手链 约1925年 | 20.2cm×2.2cm | 196,782 | 纽约佳士得 | 2021-04-13 |
| 钻石手链，20世纪50年代 | 长175mm | 106,269 | 日内瓦苏富比 | 2021-07-07 |
| 钻石手链，Cartier设计 | 内周长16.5cm | 248,400 | 佳士得 | 2021-05-23 |
| 钻石手链，Cartier设计 | 手链长16.4cm | 2,463,000 | 佳士得 | 2021-11-28 |
| 钻石手链，PEDERZANI | 长18.0cm | 97,689 | 米兰佳士得 | 2021-02-03 |
| 钻石手链，约 1955 年 | 长190mm | 245,235 | 日内瓦苏富比 | 2021-07-07 |
| 钻石手链，钻石和养殖珍珠戒指和钻石腕表 | | 34,750 | 米兰苏富比 | 2021-03-04 |
| 钻石手链和海蓝宝石和钻石耳环一对及戒指 | | 59,572 | 米兰苏富比 | 2021-03-04 |
| 钻石手链及耳坠套装 | | 403,628 | 香港苏富比 | 2021-04-20 |
| 钻石手链及胸针套装 | | 31,526 | 保利香港 | 2021-11-27 |
| 钻石手链一对 | | 119,144 | 米兰苏富比 | 2021-03-04 |

| 拍品名称 | 物品尺寸 | 成交价RMB | 拍卖公司 | 拍卖日期 |
|---|---|---|---|---|
| "TIRA"金手镯一对 | 内周长 18.0cm，宽6.4cm×2 | 96,125 | 巴黎佳士得 | 2021-07-07 |
| "彩虹"多颗宝石手镯 | 内周长46cm | 105,738 | 巴黎佳士得 | 2021-07-07 |
| "怀金垂紫"高冰粉紫翡翠对镯 | 圈口57mm、58mm，壁厚12.5mm、13.1mm，壁宽12.2mm、13mm，重90.91克、103.66克 | 5,750,000 | 西泠印社 | 2021-01-16 |
| "天赐圆满"极其珍罕天然满色翡翠手镯 | 内直径55.21mm，厚度10.12mm | 25,648,275 | 香港苏富比 | 2021-04-20 |
| "虞美人"老坑冰种翡翠对镯 | 圈口54mm、55.5mm，壁厚均为12mm，壁宽12mm、11.5mm，重78.27克、77.35克 | 9,890,000 | 西泠印社 | 2021-01-16 |
| 10.15克拉钻石扭力手镯 | 内径 5.8cm | 1,188,891 | 纽约佳士得 | 2021-04-13 |
| 18K翡翠冰糯种手镯 | 圈口：58mm | 140,000 | 上海联合 | 2021-06-27 |
| 1940年代梦宝星托帕石手镯 | | 138,000 | 永乐拍卖 | 2021-12-02 |
| 21.15克拉椭圆形M色钻石配黄色刚玉手镯，Lily Gabriella设计 | | 2,399,544 | 香港苏富比 | 2021-10-12 |
| 53圈口冰种粉紫翡翠圆镯 | | 40,250 | 西泠印社 | 2021-01-16 |
| 55圈口冰种飘绿翡翠半圆贵妃镯 | 圈口55mm，壁厚8.5mm，壁宽14.5mm | 632,500 | 西泠印社 | 2021-07-25 |
| 55圈口木那坑白冰翡翠圆镯 | | 92,000 | 西泠印社 | 2021-07-25 |
| 56圈口冰种飘绿翡翠圆镯 | | 92,000 | 西泠印社 | 2021-01-16 |
| 56圈口高冰飘绿翡翠圆镯 | | 78,200 | 西泠印社 | 2021-01-16 |
| 56圈口木那高冰手镯 | 重53.73克 | 218,500 | 西泠印社 | 2021-01-16 |
| 57圈口糯冰春带彩翡翠贵妃镯 | 重73.59克 | 207,000 | 西泠印社 | 2021-01-16 |
| 58.5圈口冰种飘绿翡翠手镯 | 手镯圈口58.5mm，壁厚7mm，壁宽13mm | 1,955,000 | 西泠印社 | 2021-01-16 |
| 58圈口高冰满绿翡翠圆镯 | 圈口58mm，壁厚13mm，壁宽12.8mm | 11,270,000 | 西泠印社 | 2021-07-25 |
| 62.44克拉紫水晶，祖母绿，彩色钻石和钻石手镯，KARRY BERREBY | 内周长16.5cm | 179,030 | 日内瓦佳士得 | 2021-05-12 |
| ANGELA CUMMINGS，ASSAEL养殖珍珠和金手镯 | 内周长16.5cm | 34,149 | 纽约佳士得 | 2021-04-21 |
| HEMMERLE 铜金手镯 | 内周长18.4cm | 81,993 | 纽约佳士得 | 2021-04-13 |
| JAR 一对钻石手镯 | 内径 4.9cm×2 | 400,888 | 纽约佳士得 | 2021-06-08 |
| JAR 钻石"雪下分支"手镯 | 内径 5.7cm | 12,122,838 | 纽约佳士得 | 2021-06-08 |
| K金配钻石手镯，Van Cleef & Arpels | | 76,846 | 天成国际 | 2021-11-26 |
| MATTIA CIELO设计 钛金属及钻石GHIACCIO手镯 | | 92,000 | 北京保利 | 2021-09-26 |
| POMELLATO金手镯 | 长19cm | 32,523 | 纽约佳士得 | 2021-04-21 |
| 爱马仕 2017 18K白金镶嵌钻石KELLY手镯 | | 74,750 | 北京保利 | 2021-09-26 |
| 安吉拉·卡明斯 黄金和珍珠母手镯和耳夹一对 | 内周长17.15cm | 72,701 | 纽约苏富比 | 2021-06-11 |
| 宝格丽 多宝石手镯 | 长18.2cm | 21,113 | 纽约佳士得 | 2021-01-27 |
| 宝格丽 黄金和钻石"Spiga"手镯 | | 210,024 | 纽约苏富比 | 2021-06-11 |
| 宝格丽 三色黄金和钻石手镯 | 长16.83cm | 68,662 | 纽约苏富比 | 2021-06-11 |
| 宝格丽设计 SERPENTI系列 红色碧玺配钻石手镯 | 手镯内径43.5mm，宽18mm | 230,000 | 华艺国际 | 2021-06-04 |
| 宝格丽设计"尚得拉系列"彩色宝石手镯及戒指套装 | | 52,900 | 北京保利 | 2021-12-05 |
| 宝诗龙手镯、戒指、耳钉套装 | | 184,000 | 永乐拍卖 | 2021-12-02 |
| 大卫·韦伯 红宝石，蓝宝石和祖母绿手镯 | 内周长17.2cm | 36,541 | 纽约佳士得 | 2021-01-27 |
| 大卫·韦伯 金手镯 | 长18cm | 36,541 | 纽约佳士得 | 2021-01-27 |
| 大卫·韦伯 水晶，红宝石和金色"奇美拉"手镯 | 内周长16.0cm | 208,462 | 纽约佳士得 | 2021-06-08 |
| 大卫·韦伯 钻石和黄金手镯 | | 89,323 | 纽约佳士得 | 2021-01-27 |

## 2021翡翠珠宝拍卖成交汇总(续表)

(成交价RMB：2万元以上)

| 拍品名称 | 物品尺寸 | 成交价RMB | 拍卖公司 | 拍卖日期 |
|---|---|---|---|---|
| 蒂芙尼蓝宝石和钻石“vannerie”手镯 | 长18.8cm，宽1.4cm | 56,842 | 纽约佳士得 | 2021-01-27 |
| 蒂芙尼 多宝石手镯 | 内周长16.5cm | 89,438 | 纽约佳士得 | 2021-04-21 |
| 蒂芙尼 珐琅和钻石窄手镯 | 内周长15.2cm | 131,188 | 纽约佳士得 | 2021-04-13 |
| 蒂芙尼 珐琅绿松石手镯 | 内周长15.2cm | 192,426 | 纽约佳士得 | 2021-06-08 |
| 蒂芙尼 珐琅钻石手镯 | 内径 5.7cm | 208,462 | 纽约佳士得 | 2021-06-08 |
| 蒂芙尼 黄金和珐琅手镯和耳夹一对 | | 53,134 | 日内瓦苏富比 | 2021-07-07 |
| 蒂芙尼 金手镯 | 19.0cm × 2.2cm | 52,850 | 纽约佳士得 | 2021-04-21 |
| 蒂芙尼 玫瑰金手镯 | 内周长180mm | 53,134 | 日内瓦苏富比 | 2021-07-07 |
| 蒂芙尼墨玉金“SEVILLANA”手镯 | 内周长15.3cm | 105,700 | 纽约佳士得 | 2021-04-21 |
| 蒂芙尼 青金石和玛瑙手镯 | 内周长16.5cm | 89,438 | 纽约佳士得 | 2021-04-21 |
| 蒂芙尼 钻石和黄金手镯 | 长17.0cm | 105,563 | 纽约佳士得 | 2021-01-27 |
| 蒂芙尼 钻石手镯 | 长16.51cm | 193,869 | 纽约苏富比 | 2021-06-11 |
| 法拉昂金和黑色金手镯 | 长17.3cm | 60,902 | 纽约佳士得 | 2021-01-27 |
| 梵克雅宝 缟玛瑙和钻石手镯 | 长20.32cm | 96,934 | 纽约苏富比 | 2021-06-11 |
| 梵克雅宝 黄金，祖母绿和角狮子手镯 | 内周长16.4cm | 155,786 | 纽约佳士得 | 2021-04-13 |
| 梵克雅宝 木金手镯 | 内周长19.5cm | 52,073 | 纽约佳士得 | 2021-06-04 |
| 梵克雅宝 钻石，蓝宝石和绿松石手镯 | 17.5cm × 1.5cm | 89,438 | 纽约佳士得 | 2021-04-21 |
| 非常罕有的缅甸天然紫罗兰翡翠手镯 | 内径54.02mm，厚度13.17mm，宽度11.89mm | 10,350,000 | 北京保利 | 2021-06-07 |
| 翡翠冰种手镯(一对) | | 920,000 | 永乐拍卖 | 2021-12-02 |
| 翡翠手镯 | 内径51mm | 3,450,000 | 永乐拍卖 | 2021-05-22 |
| 翡翠手镯 | 手镯内径53.4mm | 3,933,000 | 佳士得 | 2021-05-23 |
| 翡翠手镯 | 内直径5.8cm | 101,200 | 深圳世浩 | 2021-03-31 |
| 翡翠手镯 | | 402,500 | 永乐拍卖 | 2021-12-02 |
| 翡翠手镯 | | 24,640 | 上海联合 | 2021-11-21 |
| 高楠设计“君子”缅甸天然满绿翡翠配钻石手镯及茶拨 | | 126,500 | 北京保利 | 2021-12-05 |
| 高楠设计“万福”缅甸天然满绿“叶子”手镯及胸针套装 | | 59,800 | 北京保利 | 2021-12-05 |
| 古董钻石，红宝石和蓝宝石手镯 | 内周长17.3cm | 24,361 | 纽约佳士得 | 2021-01-27 |
| 古董钻石和黄金手镯 约1880年 | 内周长15.4cm | 32,481 | 纽约佳士得 | 2021-01-27 |
| 红宝石和钻石双夹一对/手镯组合 | | 98,094 | 日内瓦苏富比 | 2021-07-07 |
| 红宝石手镯 | 外径58mm | 24,150 | 上海嘉禾 | 2021-07-22 |
| 花开富贵手镯 | 内径60mm；重80g | 1,725,000 | 上海嘉禾 | 2021-07-22 |
| 黄金和绿松石手镯 | 内周长160mm | 26,158 | 日内瓦苏富比 | 2021-07-07 |
| 黄金和青金石手镯，宝格丽 | 内周长14.5cm | 58,613 | 米兰佳士得 | 2021-02-03 |
| 黄金和钻石手镯 | 内周长17.46cm | 44,428 | 纽约苏富比 | 2021-06-11 |
| 黄金和钻石手镯、戒指 | 手镯内周长165mm | 57,222 | 日内瓦苏富比 | 2021-07-07 |
| 黄金和钻石手镯和耳环套装，宝格丽 | 手镯内周长13.0cm，耳环长2.6cm × 2 | 53,729 | 米兰佳士得 | 2021-02-03 |
| 黄金漩涡手镯 | 内周长16.5cm | 56,915 | 纽约佳士得 | 2021-04-21 |
| 极其珍稀的缅甸天然满绿翡翠手镯 | 内径55.55mm，厚度11.91mm，宽度12.46mm | 11,500,000 | 北京保利 | 2021-06-07 |
| 极为瑰丽与珍罕的天然翡翠手镯 | 翡翠手镯总重约82.89克，79.8mm × 12.09mm × 11.9mm | 15,870,000 | 中国嘉德 | 2021-11-30 |
| 极为精美的天然满绿翡翠手镯，53mm圈口 | 手镯外径73.2mm，条宽约10.1mm | 6,900,000 | 中国嘉德 | 2021-11-30 |
| 金手镯 | 17.3cm × 3.3cm | 48,785 | 纽约佳士得 | 2021-04-21 |
| 金手镯 | 长17.5cm | 36,541 | 纽约佳士得 | 2021-01-27 |
| 金手镯 | 内周长16.5cm | 32,523 | 纽约佳士得 | 2021-04-21 |
| 金手镯，约1940年 | 长180mm | 26,158 | 日内瓦苏富比 | 2021-07-07 |
| 金手镯和耳夹一对 | 手镯内周长170mm | 32,698 | 日内瓦苏富比 | 2021-07-07 |
| 金竹手镯一对 | 内周长15.9cm | 34,247 | 纽约佳士得 | 2021-04-21 |
| 卡地亚“L' Odysséede Cartier Parcoursd”“unstyle”63.66克拉梨形D色内部无瑕钻石配白水晶手镯 | | 39,517,311 | 香港苏富比 | 2021-04-20 |
| 卡地亚 黄金和钻石“Love”手镯/手链 | 内周长15.24cm | 68,662 | 纽约苏富比 | 2021-06-11 |
| 卡地亚 黄金和钻石“三位一体”手镯，法国 | 内周长20.32cm | 177,713 | 纽约苏富比 | 2021-06-11 |
| 卡地亚 金手镯 | 长18.0cm，宽3.4cm | 146,165 | 纽约佳士得 | 2021-01-27 |
| 卡地亚 两个“爱情”金手镯 | | 96,934 | 纽约苏富比 | 2021-06-11 |
| 卡地亚 两个手镯 | 内周长16.0cm | 158,859 | 米兰苏富比 | 2021-03-04 |
| 卡地亚 三色金色“Trinity”手镯/手链 | 内周长19.69cm | 24,234 | 纽约苏富比 | 2021-06-11 |
| 卡地亚 手镯，“三位一体”1997年 | 内周长190mm | 29,719 | 伦敦苏富比 | 2021-06-24 |
| 卡地亚 手镯，“Juste un Clou” | | 43,435 | 伦敦苏富比 | 2021-06-24 |
| 卡地亚 钻石“C de Cartier”手镯：法国 | | 105,012 | 纽约苏富比 | 2021-06-11 |
| 卡地亚 钻石和黄金手镯 | | 69,111 | 纽约佳士得 | 2021-04-21 |
| 卡地亚 钻石手镯 | 长15.0cm | 211,400 | 纽约佳士得 | 2021-04-21 |
| 卡地亚设计 18K金及钻石“LOVE”手镯 | | 37,438 | 保利香港 | 2021-11-27 |
| 蓝宝石，钻石和白金手镯 | 17.3cm × 1.5cm | 60,981 | 纽约佳士得 | 2021-04-21 |
| 蓝宝石和钻石手镯 | 内周长16.5cm | 176,391 | 纽约佳士得 | 2021-06-08 |
| 蓝宝石钻石手镯 | 长17.2cm | 73,082 | 纽约佳士得 | 2021-01-27 |
| 蓝宝石钻石手镯 | 长16.0cm | 38,977 | 纽约佳士得 | 2021-01-27 |
| 老矿切割钻石及野生珍珠手镯 | | 80,500 | 永乐拍卖 | 2021-12-02 |
| 雷内·博文 珊瑚和水晶手镯 20世纪70年代 | 内周长175mm | 160,025 | 伦敦苏富比 | 2021-06-24 |
| 两个MULTI-GEM手镯 | 内周长15.0cm | 52,782 | 纽约佳士得 | 2021-01-27 |
| 两个宝格丽“parentesi”金和钢手镯 | 浅色手链长20.5cm；深色手链长20.0cm | 40,601 | 纽约佳士得 | 2021-01-27 |
| 两个宝格丽多宝石手镯 | 长19.2cm | 44,661 | 纽约佳士得 | 2021-01-27 |
| 两个宝石和钻石手镯 | 内周长16.8cm | 56,842 | 纽约佳士得 | 2021-01-27 |
| 两个吊坠手镯 | 长17.0cm | 53,729 | 米兰佳士得 | 2021-02-03 |
| 两个多宝石袖口手镯 | | 28,421 | 纽约佳士得 | 2021-01-27 |
| 两个钻石手镯 | 内周长186mm和181mm | 36,577 | 伦敦苏富比 | 2021-06-24 |
| 罗伯托硬币 两条白金钻石手镯 | 内周长16.2cm | 68,662 | 纽约苏富比 | 2021-06-11 |
| 绿松石和钻石手镯 | 长18.0cm，宽3.0cm | 64,962 | 纽约佳士得 | 2021-01-27 |
| 绿松石和钻石手镯 | 内周长16.5cm | 24,361 | 纽约佳士得 | 2021-01-27 |
| 马里奥布契拉提 蓝宝石配钻石手镯 | | 424,872 | 香港苏富比 | 2021-04-20 |
| 马里奥布契拉提红宝石配钻石手镯 | | 333,850 | 香港苏富比 | 2021-10-12 |
| 玛丽娜B金手镯 | 内周长14.6cm | 60,981 | 纽约佳士得 | 2021-04-21 |
| 玛瑙金手镯，宝格丽 | 长18.0cm | 126,995 | 米兰佳士得 | 2021-02-03 |
| 美好年代时期 金镶青金石手镯 | 镯内径6.1cm；重27.54g | 20,700 | 西泠印社 | 2021-07-25 |
| 缅甸天然翡翠“葫芦”配钻石手镯 | | 86,698 | 保利香港 | 2021-11-27 |
| 缅甸天然翡翠“瑞兽”手镯 | | 34,050 | 北京保利 | 2021-08-09 |
| 缅甸天然翡翠手镯 | | 92,000 | 北京保利 | 2021-12-05 |
| 缅甸天然翡翠手镯 | | 21,565 | 北京保利 | 2021-08-09 |
| 缅甸天然满绿翡翠“如意”配钻石手镯 | | 36,800 | 北京保利 | 2021-12-05 |
| 缅甸天然紫罗兰翡翠手镯 | | 96,550 | 保利香港 | 2021-11-27 |
| 秦依依设计 和光吉维尼缅甸天然冰种翡翠配彩色宝石及钻石手镯及耳环套装 | 手镯直径50.5mm | 126,500 | 北京保利 | 2021-06-07 |
| 清 翡翠手镯 | 外径7.5cm；内径5.3cm | 46,000 | 广东崇正 | 2021-01-07 |
| 清 翡翠手镯(一对) | | 68,100 | 十竹斋拍卖(北京) | 2021-04-25 |
| 清 翡翠镯(一对) | 内直径5.7cm × 2 | 184,000 | 中国嘉德 | 2021-05-19 |
| 清 翡翠镯(一对) | 内径5.6cm × 2 | 34,500 | 中国嘉德 | 2021-05-19 |
| 清 翡翠镯(一对) | 内径5.8cm；内径5.6cm | 28,750 | 中国嘉德 | 2021-11-29 |
| 清代 翡翠手镯 | 内直径7.5cm | 101,200 | 古天一 | 2021-06-07 |
| 盛世玲珑 缅甸天然翡翠手镯 | 手镯内径56.87mm，厚度12.59mm | 30,348,000 | 保利香港 | 2021-04-22 |
| 石榴石，黑漆及玛瑙“Panthère”手镯，Cartier设计 | 手镯内周长15.2cm | 133,413 | 佳士得 | 2021-11-28 |
| 手镯 | | 34,750 | 米兰苏富比 | 2021-03-04 |

**2021翡翠珠宝拍卖成交汇总(续表)**

**(成交价RMB：2万元以上)**

| 拍品名称 | 物品尺寸 | 成交价RMB | 拍卖公司 | 拍卖日期 |
|---|---|---|---|---|
| 私人收藏 卡地亚高定珠宝 TRINIY XL 特粗高级珠宝系列 三色金钻石手镯 | | 437,000 | 永乐拍卖 | 2021-12-02 |
| 私人收藏 马里奥·布契拉提1930年代 玫瑰金铂金无烧蓝宝石配钻石手镯 | | 460,000 | 永乐拍卖 | 2021-12-02 |
| 四个梵克雅宝钻石金手镯 | 内径 6.5cm | 256,360 | 纽约佳士得 | 2021-06-04 |
| 天然冰种翡翠玉镯 | | 575,000 | 上海匡时 | 2021-07-08 |
| 天然玻璃种翡翠手镯 | | 637,308 | 香港苏富比 | 2021-04-20 |
| 天然玻璃种满绿翡翠手镯 | 镯圈口为57mm，壁厚度均为13.5mm，壁宽为10mm | 13,800,000 | 华艺国际 | 2021-06-04 |
| 天然翡翠手镯 | | 49,680 | 天成国际 | 2021-06-01 |
| 天然翡翠手镯 | 内径55.6mm | 153,938 | 佳士得 | 2021-11-28 |
| 天然翡翠圆条手镯 | 内径56.2mm，宽13mm，厚12.8mm | 1,092,500 | 华艺国际 | 2021-03-31 |
| 天然翡翠圆条手镯 | 内径58mm，宽13mm，厚12.7mm | 1,035,000 | 华艺国际 | 2021-03-31 |
| 天然黄翡翠手镯 | | 54,186 | 天成国际 | 2021-11-26 |
| 天然紫色翡翠手镯一对 | | 292,118 | 香港苏富比 | 2021-10-12 |
| 天作之合 珍罕天然满绿翡翠福镯(一对) | 内径57.1mm；外径83.8mm；厚13.9mm；内径57.3mm；外径83.8mm；厚13.8mm | 53,475,000 | 保利厦门 | 2021-11-04 |
| 维多利亚时期 蓝宝石镶嵌黄金灵蛇手镯 | 重41g | 74,750 | 西泠印社 | 2021-07-23 |
| 维多利亚时期 祖母绿镶嵌钻石雏菊饰手镯 | 直径6cm；重35.8g | 80,500 | 西泠印社 | 2021-07-23 |
| 维克多·维康mabé珍珠和金手镯 | 内周长17.4cm | 52,782 | 纽约佳士得 | 2021-01-27 |
| 魏文镌设计鱼跃有栖 彩色碧玺配钻石及彩色宝石手镯及胸针套装 | | 133,400 | 北京保利 | 2021-06-07 |
| 高冰飘花翡翠手镯 | 75mm×75mm×8.8mm；重85g | 195,500 | 南京经典 | 2021-07-18 |
| 西冰飘花冰种翡翠手镯 | 76mm×76mm×8.5mm；重85g | 195,500 | 南京经典 | 2021-07-18 |
| 希腊 19世纪 希腊神话兽首饰18K金手镯 | 56号；重28.18g | 32,200 | 西泠印社 | 2021-01-17 |
| 细冰晴绿翡翠手镯 | 74mm×74mm×8.7mm；重46g | 92,000 | 南京经典 | 2021-07-18 |
| 现代 紫罗兰翡翠手镯 | 内径5.9cm；宽1.2cm | 161,000 | 浙江佳宝 | 2021-01-10 |
| 香奈儿“Sousle SigneduLion”钻石手镯 | | 531,090 | 香港苏富比 | 2021-04-20 |
| 香奈儿 GRIPOIX 玻璃手镯 | 内周长17cm，最大宽度8.4cm | 34,063 | 纽约佳士得 | 2021-01-14 |
| 香奈儿 宽型人造珍珠手镯(无签名) | 从18.7cm到15.9cm(连续内周)，宽7.0cm | 21,087 | 纽约佳士得 | 2021-01-14 |
| 新艺术时期(ART NOUVEAU)灿若繁星蓝宝石及钻石珍珠手镯 | 内径6cm；重34.2g | 34,500 | 西泠印社 | 2021-07-23 |
| 馨动高定品牌 蓝宝石配钻石戒指、手镯(一套) | | 230,000 | 永乐拍卖 | 2021-05-22 |
| 徐飞冰种黄翡手镯 | 65mm×65mm×8.9mm；重47.7g | 690,000 | 南京经典 | 2021-07-18 |
| 养殖珍珠和钻石手镯一对 | | 168,787 | 米兰苏富比 | 2021-03-04 |
| 伊丽莎白·盖奇金手镯 | 长21.5cm | 52,782 | 纽约佳士得 | 2021-01-27 |
| 珍罕的天然老坑种翡翠手镯 | 手镯外圈直径74.8mm，条宽10.0mm | 494,500 | 中国嘉德 | 2021-05-21 |
| 珍罕夺目天然满色翡翠手镯 | | 13,169,340 | 香港苏富比 | 2021-10-12 |
| 珠宝手镯，耳夹和打火机 | | 41,700 | 米兰苏富比 | 2021-03-04 |
| 紫绿双色翡翠手镯 | | 747,500 | 永乐拍卖 | 2021-05-22 |
| 总重约10.55克拉天然钻石手镯 | | 34,500 | 中国嘉德 | 2021-11-30 |

| 拍品名称 | 物品尺寸 | 成交价RMB | 拍卖公司 | 拍卖日期 |
|---|---|---|---|---|
| 祖母绿及钻石手镯，Buccellati设计 | 内周长16.0cm | 331,200 | 佳士得 | 2021-05-23 |
| 祖母绿手镯 | 内周长17.1cm | 245,978 | 纽约佳士得 | 2021-04-13 |
| 钻石和白金手镯 | 18.0cm×1.9cm | 48,785 | 纽约佳士得 | 2021-04-21 |
| 钻石和白金手镯 | 长17.0cm | 69,022 | 纽约佳士得 | 2021-01-27 |
| 钻石和彩色钻石手镯，法国 | | 489,374 | 纽约苏富比 | 2021-08-31 |
| 钻石和红宝石手镯 | 长18.0cm | 78,151 | 米兰佳士得 | 2021-02-03 |
| 钻石和人造蓝宝石手镯 大约1935年 | 长18.42cm | 121,168 | 纽约苏富比 | 2021-06-11 |
| 钻石红宝石蛇形手镯 | 内周长16.5cm | 44,719 | 纽约佳士得 | 2021-04-21 |
| 钻石戒指及钻石手镯 | | 27,586 | 天成国际 | 2021-11-26 |
| 钻石扭力手镯 | 内周长15.8cm | 942,914 | 纽约佳士得 | 2021-04-13 |
| 钻石手镯 | | 24,278 | 保利香港 | 2021-04-22 |
| 钻石手镯 | 内周长161mm | 48,007 | 伦敦苏富比 | 2021-06-24 |
| 钻石手镯 | 长18.42cm | 88,856 | 纽约苏富比 | 2021-06-11 |
| 钻石手镯 | 长19.7cm，宽1.2cm | 77,142 | 纽约佳士得 | 2021-01-27 |
| 钻石手镯、耳夹和戒指套装 | 内周长160mm | 26,158 | 日内瓦苏富比 | 2021-07-07 |
| 钻石手镯和耳夹一对 | 手链内周长18.42cm | 68,662 | 纽约苏富比 | 2021-06-11 |
| 佐洛塔斯 黄金耳环、手镯及戒指 | | 61,309 | 日内瓦苏富比 | 2021-07-07 |
| 项链、朝珠 | | | | |
| “乘物游心”蓝宝石项链 | 项链长78cm | 184,000 | 西泠印社 | 2021-07-25 |
| “蝶恋花”金镶祖母绿项圈 | 项圈直径19.5cm | 207,000 | 西泠印社 | 2021-01-16 |
| “鸾凤和鸣”41.45克拉天然碧玺配彩色宝石、钻石及珍珠吊坠项链/胸针(两用) | | 28,750 | 中国嘉德 | 2021-11-30 |
| “麦田”金镶翡翠珍珠项链 | | 28,750 | 西泠印社 | 2021-01-16 |
| “扭转乾坤”43颗高冰帝王绿翡翠珠串 | 珠串长560mm，翡翠珠最小直径11.2mm，最大直径13mm | 11,385,000 | 西泠印社 | 2021-07-25 |
| “清荷映影”天然翡翠配钻石及红宝石吊坠项链 | | 28,750 | 中国嘉德 | 2021-11-30 |
| “四季平安”天然翡翠珠配钻石及红宝石项链 | | 19,732,101 | 香港苏富比 | 2021-04-20 |
| “旋转乾坤”41颗木那坑冰种翡翠珠串 | 珠串长58.5cm，重184.68克 | 16,100,000 | 西泠印社 | 2021-01-16 |
| 1.36克拉浓彩黄色钻石配彩色宝石项链 | | 48,300 | 北京保利 | 2021-06-07 |
| 10.27克拉浓彩黄色钻石配钻石项链 | | 1,477,800 | 保利香港 | 2021-11-27 |
| 108颗 天然紫粉翡翠珠链 | | 23,000 | 保利厦门 | 2021-11-04 |
| 108颗缅甸天然冰种翡翠珠项链 | | 27,240 | 北京保利 | 2021-08-09 |
| 108颗缅甸天然满绿翡翠珠项链 | 项链长88cm | 2,875,000 | 北京保利 | 2021-06-07 |
| 116.67克拉天然无经处理橙色海螺珠配钻石太空漫步吊坠项链 | | 516,672 | 天成国际 | 2021-06-01 |
| 141.22克拉彩色钻石和钻石吊坠项链 | | 17,401,716 | 日内瓦佳士得 | 2021-05-12 |
| 16.44克拉钻石吊坠项链 | 吊坠3.8cm×2.4cm，链条长40.7cm | 1,598,854 | 纽约佳士得 | 2021-04-13 |
| 18.36克拉和17.21克拉钻石项链 | | 2,416,905 | 日内瓦佳士得 | 2021-05-12 |
| 18K澳白珍珠项链 | | 20,754 | 上海联合 | 2021-06-27 |
| 18K白金翡翠满绿蛋面花式套件(项链、戒指) | | 560,000 | 上海联合 | 2021-06-27 |
| 18K翡翠白冰花式套链(耳环、项链、戒指) | | 75,040 | 上海联合 | 2021-06-27 |
| 18K翡翠满绿蛋面项链、花式戒指(一套) | | 806,400 | 上海联合 | 2021-11-21 |
| 18K翡翠项链两用款 | | 394,240 | 上海联合 | 2021-11-21 |
| 18K哥伦比亚素面花式钻石项链 | | 125,440 | 上海联合 | 2021-06-27 |
| 18K黄金总重2.15克拉钻石及1.95克拉“艳绿色”祖母绿项链 | | 38,590 | 北京保利 | 2021-08-08 |
| 18K金翡翠碎钻套装(项链 耳钉 戒指) | 尺寸不一；重项链19g、耳钉6g、戒指5g | 207,000 | 南京经典 | 2021-07-18 |
| 18K金翡翠项链 | 长：26cm；重36g | 80,500 | 南京经典 | 2021-07-18 |

| 拍品名称 | 物品尺寸 | 成交价RMB | 拍卖公司 | 拍卖日期 |
|---|---|---|---|---|
| 18K玫瑰金缅甸天然紫罗兰翡翠蛋面配钻石及红宝石项链 | | 27,240 | 北京保利 | 2021-08-09 |
| 18K莫桑比克无烧5.07克拉鸽血红钻石花式项链 | | 655,200 | 上海联合 | 2021-06-27 |
| 18颗天然翡翠蛋面项链 | 项链长39.7cm | 287,350 | 佳士得 | 2021-11-28 |
| 1960年制 绿松石镶嵌14K金项链及耳夹套组 | 耳夹1.9cm×1.2cm；重11.9g | 92,000 | 西泠印社 | 2021-07-23 |
| 1980年 18K金坦克项链/手链两用 | | 86,250 | 永乐拍卖 | 2021-05-22 |
| 19世纪晚期天然珍珠项链 | 长116.5cm | 313,303 | 日内瓦佳士得 | 2021-05-12 |
| 19世纪早期蓝宝石和钻石项链 | 长40.5cm | 3,133,025 | 日内瓦佳士得 | 2021-05-12 |
| 2.09克拉钻石吊坠项链 | | 57,222 | 日内瓦苏富比 | 2021-07-07 |
| 2.33克拉浓彩黄钻钻石吊坠项链 | 项链长400mm | 137,164 | 伦敦苏富比 | 2021-06-24 |
| 2.50克拉钻石项链 | | 105,700 | 纽约佳士得 | 2021-04-21 |
| 3.35克拉椭圆形天然无经处理海螺珠配钻石花朵吊坠项链 | | 51,667 | 天成国际 | 2021-06-01 |
| 3.40至0.25克拉圆形艳彩黄色VVS1-SI2钻石首饰套装 | 项链长40.0cm，耳环长2.5cm | 13,702,490 | 佳士得 | 2021-11-28 |
| 4.11克拉梨形天然哥伦比亚祖母绿配钻石吊坠项链 | | 119,232 | 天成国际 | 2021-06-01 |
| 4.20克拉椭圆形天然斯里兰卡无经加热处理变色蓝宝石配钻石项链，Bulgari | | 61,603 | 天成国际 | 2021-06-01 |
| 5.01克拉圆形D/VVS1钻石吊坠项链 | 吊坠长1.9cm，项链长45.5cm | 1,604,250 | 佳士得 | 2021-05-23 |
| 5.06克拉D色Type IIA钻石配红宝石项链 | | 1,213,920 | 保利香港 | 2021-04-22 |
| 5.41及5.10克拉圆形I-H/VVS2-SI1钻石项链，Cusi设计 | 项链长36.5cm | 1,552,500 | 佳士得 | 2021-05-23 |
| 6.03克拉、3.09克拉、3.02克拉、2.23克拉及2.06克拉长方形及正方形哥伦比亚天然祖母绿及钻石项链，Cartier设计 | 项链长37.5cm | 13,322,520 | 佳士得 | 2021-05-23 |
| 6.05克拉梨形及2.43克拉椭圆形红宝石和钻石吊坠项链 | 项链长40.5cm | 146,354 | 纽约佳士得 | 2021-04-21 |
| 6.11克拉榄尖形L/SI1钻石吊坠项链 | 项链长40.5cm，吊坠5.8cm | 307,875 | 佳士得 | 2021-11-28 |
| 6.35克拉红宝石钻石项链 | 重19.02g | 59,800 | 上海嘉禾 | 2021-07-22 |
| 6.38克拉缅甸星光红宝石配钻石项链，未经加热 | | 131,508 | 保利香港 | 2021-04-22 |
| 6.58克拉梨形D/IF钻石及0.54克拉长方形深粉红色SI2钻石吊坠项链 | 项链长43.0cm，吊坠长3.4cm | 2,691,000 | 佳士得 | 2021-05-23 |
| 7.29克拉梨形E/VS1钻石吊坠项链 | 吊坠2.9cm，项链长46.0cm | 1,385,438 | 佳士得 | 2021-11-28 |
| 7.54克拉心形D/IF(极优打磨及比例)钻石吊坠项链 | 吊坠2.0cm，项链长45.5cm | 2,873,500 | 佳士得 | 2021-11-28 |
| 8.02克拉钻石吊坠项链 | 长45cm | 2,042,996 | 纽约苏富比 | 2021-02-04 |
| 8.87克拉蓝宝石钻石项链(带红G18K金素金项链) | 重14.17g | 28,750 | 上海嘉禾 | 2021-07-22 |
| 9.32克拉帕拉伊巴碧玺配钻石项链 | | 149,500 | 北京保利 | 2021-12-05 |
| 20世纪早期钻石手链/项链 | 项链长58.0cm，手链长18.5cm | 716,120 | 日内瓦佳士得 | 2021-05-12 |
| 20世纪早期钻石项链 | 长37.5cm | 895,150 | 日内瓦佳士得 | 2021-05-12 |
| 20世纪中期钻石项链/腰带 | | 258,146 | 米兰苏富比 | 2021-03-04 |
| 21.01克拉梨形祖母绿项链 | | 115,000 | 永乐拍卖 | 2021-12-02 |
| 22.50克拉蓝宝石配钻石吊坠一枚及钻石项链一条 | | 541,954 | 日内瓦苏富比 | 2021-05-13 |
| 23.49克拉梨形天然粉红色碧玺配钻石吊坠项链 | | 64,038 | 天成国际 | 2021-11-26 |
| 24.45克拉，D色，内部无瑕，IIa型钻石项链 | 吊坠长3.0cm，项链43.8cm | 13,061,382 | 纽约佳士得 | 2021-08-18 |
| 24.55克拉卢比莱碧玺项链戒指两用 | | 103,500 | 西泠印社 | 2021-07-25 |
| 25.94克拉克什米尔天然蓝宝石吊坠项链 | 吊坠4.2cm，项链长41.2cm | 1,744,625 | 佳士得 | 2021-11-28 |
| 26.05克拉卢比莱碧玺97分钻石吊坠(带G18K金素金项链) | 重13.22g | 218,500 | 上海嘉禾 | 2021-07-22 |

| 拍品名称 | 物品尺寸 | 成交价RMB | 拍卖公司 | 拍卖日期 |
|---|---|---|---|---|
| 27颗15—17mm无瑕南洋海水珍珠项链 | 项链长46cm | 402,500 | 西泠印社 | 2021-01-16 |
| 28.22克拉天然缅甸鸽血红红宝石项链 | 项链长42cm | 1,035,000 | 华艺国际 | 2021-06-04 |
| 30.89克拉美乐珠配钻石项链 | | 159,327 | 香港苏富比 | 2021-04-20 |
| 33.06克拉缅甸无烧皇家蓝蓝宝石配钻石项链 | 项链长43cm | 4,370,000 | 永乐拍卖 | 2021-05-22 |
| 36.20克拉心形D/IF Type IIa(极优打磨及比例)钻石戒指，Ronald Abram设计 | 项链长47.5cm | 17,938,850 | 佳士得 | 2021-11-28 |
| 36.61克拉帕拉伊巴碧玺配钻石吊坠项链 | | 517,500 | 华艺国际 | 2021-12-10 |
| 38颗椭圆形缅甸天然鸽血红红宝石项链，Faidee设计 | 项链长38.5cm | 4,968,000 | 佳士得 | 2021-05-23 |
| 39.91克拉梨形海蓝宝石钻石项链 | | 115,000 | 上海匡时 | 2021-07-08 |
| 42.71克拉红碧玺“飞凤祥云”项链 | | 218,500 | 上海匡时 | 2021-07-08 |
| 45.33克拉和10.10克拉祖母绿和钻石吊坠项链 | 项链长40.5cm；吊坠长5.7cm | 245,978 | 纽约佳士得 | 2021-04-13 |
| 45颗高冰紫翡珠串 | 翡翠珠直径13mm，珠串长560mm | 920,000 | 西泠印社 | 2021-07-25 |
| 47.68克拉天然海蓝宝配钻石项链 | | 115,000 | 华艺国际 | 2021-03-31 |
| 50.05克拉水滴形D/FL Type IIa(极优打磨及比例)钻石吊坠项链 | 吊坠长4.0cm，项链长40.6—43.4cm | 17,098,200 | 佳士得 | 2021-05-23 |
| 56.79克拉海蓝宝日本海水珍珠项链 | | 138,000 | 上海匡时 | 2021-07-08 |
| 57.11克拉祖母绿项链 | | 1,610,000 | 上海嘉禾 | 2021-07-22 |
| 57.96克拉浓彩黄钻项链 | 项链长42.55cm | 3,613,365 | 纽约苏富比 | 2021-06-09 |
| 59颗椭圆形缅甸红宝石项链 | 项链长41.0cm | 513,125 | 佳士得 | 2021-11-28 |
| 60.17克拉蓝宝石配钻石项链、手链、耳夹首饰套装 | 项链(可调节)长370-420mm | 3,794,959 | 日内瓦苏富比 | 2021-05-11 |
| 67.61克拉古垫形天然“莫桑比克”无经加热处理帕拉伊巴碧玺配钻石吊坠项链 | | 935,940 | 天成国际 | 2021-11-26 |
| 73.68克拉梨形F/IF Type IIa(极优打磨及比例)钻石吊坠项链，Ronald Abram设计 | 项链长43.0cm，吊坠4.6cm | 31,731,650 | 佳士得 | 2021-11-28 |
| 78.54克拉无烧坦桑石项链 | | 345,000 | 永乐拍卖 | 2021-05-22 |
| 900铂金9.20克拉斯里兰卡紫色星光蓝宝石配钻石项链，未经加热 | | 26,105 | 北京保利 | 2021-08-08 |
| 950铂金及18K白金总重7.38克拉“艳绿色”祖母绿配1.06克拉钻石项链，微注油 | | 47,670 | 北京保利 | 2021-08-08 |
| AARON BASHA 钻石吊饰项链 | 长40.6cm | 52,850 | 纽约佳士得 | 2021-04-21 |
| ADLER设计 红宝石配钻石项链 | | 275,856 | 保利香港 | 2021-11-27 |
| ART DECO 多宝石和钻石项链 | 项链长38.0cm | 286,974 | 纽约佳士得 | 2021-04-13 |
| ART DECO 钻石项链/手镯/手链/胸针 | 颈圈 38.0cm×2.0cm 可调；抹胸 45.0cm×2.6cm 可调；手链 16.4cm×1.7cm；胸针 6.6cm×2.5cm | 256,568 | 纽约佳士得 | 2021-06-08 |
| BELLE EPOQUE 钻石 LAVALLIÈRE 项链 | 长43.0cm | 1,074,180 | 日内瓦佳士得 | 2021-05-12 |
| BELLE EPOQUE 钻石吊坠项链 | 项链长40.0cm，吊坠长7.1cm | 313,303 | 日内瓦佳士得 | 2021-05-12 |
| BELLE EPOQUE 钻石吊坠项链，CHARLTON & CO . 1915年 | 项链长32.2cm，吊坠长6.0cm | 1,074,180 | 日内瓦佳士得 | 2021-05-12 |
| BELLE EPOQUE 钻石胸针/吊坠项链，宝诗龙 | 项链长45.0cm，吊坠长7.8cm | 232,739 | 日内瓦佳士得 | 2021-05-12 |
| BOUCHERON 蓝宝石，钻石，水晶和玫瑰石英项链、耳环首饰套装 | 项链长37.7cm；可拆卸吊坠 4.1cm×3.5cm；耳环 4.5cm×2 | 344,369 | 纽约佳士得 | 2021-04-13 |
| BUCCELLATI 海蓝宝石，黄水晶和金项链 | 长36.1cm | 196,782 | 纽约佳士得 | 2021-04-13 |
| BUCCELLATI 玉髓双色金项链 | 长42.5cm | 69,022 | 纽约佳士得 | 2021-01-27 |

**2021翡翠珠宝拍卖成交汇总(续表)**

(成交价RMB：2万元以上)

| 拍品名称 | 物品尺寸 | 成交价RMB | 拍卖公司 | 拍卖日期 |
|---|---|---|---|---|
| DONGYEEMAN 祖母绿套装项链、耳饰 | | 6,900,000 | 永乐拍卖 | 2021-12-02 |
| D色钻石“十字架”挂坠项链，净度无瑕 | | 47,290 | 保利香港 | 2021-11-27 |
| HEMMERLE 硬石金项链、手链首饰套装 | 项链 61cm×2.5cm | 180,384 | 纽约佳士得 | 2021-04-13 |
| JAMES W.CURRENS作品 心动 共49.30克拉心形天然缅甸鸽血红红宝石配钻石项链、耳环、戒指套装 | 耳环长4.5cm，项链长38cm | 11,270,000 | 永乐拍卖 | 2021-05-22 |
| K金配红宝石项链，Mellerio Paris，约1950年代 | | 67,565 | 天成国际 | 2021-06-01 |
| K金配钻石项链及耳环套装 | | 57,142 | 天成国际 | 2021-11-26 |
| LALAOUNIS 金叶项链 | 长54.5cm | 180,384 | 纽约佳士得 | 2021-04-13 |
| MARINA B 玉髓，粉红碧玺和钻石“NILUFAR”项链 | 36.8cm×1.4cm | 155,786 | 纽约佳士得 | 2021-04-13 |
| MIKIMOTO设计 养殖珍珠配钻石项链及手镯套装 | | 37,438 | 保利香港 | 2021-11-27 |
| NO.P-38904珍珠项链 | 直径8~8.5mm | 20,700 | 上海嘉禾 | 2021-07-22 |
| PALMIERO设计 钻石玩偶造型挂坠项链 | | 74,750 | 北京保利 | 2021-09-26 |
| RENÉ BOIVIN 钻石“PAMPILLES DE FEUILLES”耳环/项链/夹式胸针组合 | | 1,311,880 | 纽约佳士得 | 2021-04-13 |
| STERLÉ 绿松石和钻石项链、耳环首饰套装 | 项链 35.5cm；耳环 3.8cm | 440,976 | 纽约佳士得 | 2021-06-08 |
| Tiffany设计Pt950配钻石花瓣钥匙项链 | | 51,750 | 华艺国际 | 2021-03-31 |
| Ugo Cala彩色宝石套链 | | 63,250 | 华艺国际 | 2021-03-31 |
| VHERNIER 琥珀金“Trottola”项链 | | 73,177 | 纽约佳士得 | 2021-04-21 |
| 阿德勒 彩色蓝宝石、蓝宝石和钻石半宝石项链 | | 73,571 | 日内瓦苏富比 | 2021-07-07 |
| 阿斯普雷 黄水晶和钻石项链和一对耳夹，法国 | | 105,012 | 纽约苏富比 | 2021-06-11 |
| 爱德华时期风格 珍珠项链 | | 209,300 | 永乐拍卖 | 2021-05-22 |
| 爱马仕 K金配钻石项链 | | 233,680 | 香港苏富比 | 2021-04-20 |
| 爱马仕设计 18K金及钻石项链及手镯套装 | | 131,508 | 保利香港 | 2021-04-22 |
| 安德鲁·克伦 镶嵌28颗渐变椭圆形钻石，总重168.91克拉华丽的钻石项链 | 长38.1cm | 26,461,734 | 纽约苏富比 | 2021-06-09 |
| 奥斯卡·海曼兄弟 Padparadscha蓝宝石和钻石项链 | 长40.64cm | 226,180 | 纽约苏富比 | 2021-06-11 |
| 奥斯卡·海曼兄弟钻石项链 | 40.3cm×0.7cm | 409,963 | 纽约佳士得 | 2021-04-13 |
| 澳白珍珠项链 | | 46,000 | 永乐拍卖 | 2021-12-02 |
| 白金“Allegra”珠宝项链、戒指和耳环套装 | | 122,343 | 纽约苏富比 | 2021-08-31 |
| 白金翡翠项链耳环(一套) | | 3,335,000 | 上海嘉禾 | 2021-07-22 |
| 百达翡丽珊瑚和钻石项链、手链、耳环首饰套装 | 项链长39.3cm；手链内周长16.4cm；耳环 2.5cm×2.2cm | 160,355 | 纽约佳士得 | 2021-06-08 |
| 半角珍珠吊坠项链 | 吊坠直径27mm | 34,500 | 上海嘉禾 | 2021-07-22 |
| 宝格丽 180克18K黄金项链(约1970年) | | 97,750 | 西泠印社 | 2021-01-16 |
| 宝格丽 宝石镶嵌吊坠项链，“Allegra” | | 54,866 | 伦敦苏富比 | 2021-06-24 |
| 宝格丽 宝石镶嵌和瓷器“Chandra”项链和耳夹一对 | 项链长48.9cm | 105,012 | 纽约苏富比 | 2021-06-11 |
| 宝格丽 彩色刚玉配钻石项链 | 长360mm | 270,977 | 日内瓦苏富比 | 2021-05-13 |
| 宝格丽 瓷器、黄玉、紫水晶、电气石“Chandra”项链和手链 | 项链长41.0cm | 76,900 | 巴黎佳士得 | 2021-07-07 |
| 宝格丽 橄榄石和碧玺项链及手镯，“Tubogas” | | 49,047 | 日内瓦苏富比 | 2021-07-07 |
| 宝格丽 古代银币项链“莫奈” | 长71.0cm | 576,750 | 巴黎佳士得 | 2021-07-07 |
| 宝格丽 古钱币项链 | 长40.5cm | 48,063 | 巴黎佳士得 | 2021-07-07 |
| 宝格丽 红玉髓 TUBOGAS 项链 | 长38.1cm | 60,902 | 纽约佳士得 | 2021-01-27 |
| 宝格丽 黄金，珐琅和钻石长项链 | 长88.27cm | 1,532,399 | 纽约苏富比 | 2021-06-09 |
| 宝格丽 黄金“Monete”长项链 | | 316,140 | 日内瓦苏富比 | 2021-05-13 |
| 宝格丽 黄金和古币“monete”吊坠项链 | 项链长61.6cm，吊坠直径5.08cm | 242,336 | 纽约苏富比 | 2021-06-11 |
| 宝格丽 黄金和古董硬币“Monete”项链 | 长41.92cm | 129,246 | 纽约苏富比 | 2021-06-11 |
| 宝格丽 黄金和钻石项链 | 长420mm | 114,443 | 日内瓦苏富比 | 2021-07-07 |
| 宝格丽 黄水晶和钻石项链和一对黄水晶耳夹 | 项链长385mm | 81,745 | 日内瓦苏富比 | 2021-07-07 |
| 宝格丽 金“松木”项链和一对耳夹 | 项链内周长38.1cm | 212,062 | 纽约苏富比 | 2021-08-31 |
| 宝格丽 金币“蒙乃特”项链 | 长38.0cm | 112,249 | 纽约佳士得 | 2021-06-08 |
| 宝格丽 金钢项链 | 长88cm | 81,308 | 纽约佳士得 | 2021-04-21 |
| 宝格丽 金钢项链 | 长45.5cm | 28,421 | 纽约佳士得 | 2021-01-27 |
| 宝格丽 金项链 | 长88.9cm | 212,062 | 纽约苏富比 | 2021-08-31 |
| 宝格丽 金项链 | | 65,396 | 日内瓦苏富比 | 2021-07-07 |
| 宝格丽 金项链 | 长39.6cm | 39,028 | 纽约佳士得 | 2021-04-21 |
| 宝格丽 石榴石项链，“Lucea” | 长420mm | 32,005 | 伦敦苏富比 | 2021-06-24 |
| 宝格丽 系列钻石和多宝石“allegra”珠宝 | 项链长42.0cm；吊坠 4.5cm×1.8cm；耳环 3.5cm×0.5cm | 56,915 | 纽约佳士得 | 2021-04-21 |
| 宝格丽 “圆括号”钻石项链 | | 86,513 | 巴黎佳士得 | 2021-07-07 |
| 宝格丽 养殖珍珠，钻石和多宝石项链 | 42.5cm×1.5cm | 426,361 | 纽约佳士得 | 2021-04-13 |
| 宝格丽 养殖珍珠、浮雕、蓝宝石、红宝石和钻石项链 | | 65,396 | 日内瓦苏富比 | 2021-07-07 |
| 宝格丽 珍珠母贝和钻石吊坠项链，“Intarsio” | 链长(最长)913mm，吊坠长54mm | 51,437 | 伦敦苏富比 | 2021-06-24 |
| 宝格丽 祖母绿，蓝宝石，红宝石和钻石吊坠/项链和耳夹一对 | | 2,177,620 | 纽约苏富比 | 2021-06-09 |
| 宝格丽 钻石项链、戒指首饰 | | 61,309 | 日内瓦苏富比 | 2021-07-07 |
| 宝格丽设计 B.ZERO1系列 K金配钻石项链 | | 20,700 | 华艺国际 | 2021-06-04 |
| 宝格丽设计 钻石配珍珠母贝 DIVAS DREAM 项链及耳环套装 | | 38,441 | 保利香港 | 2021-04-22 |
| 宝诗龙 白水晶配蓝宝石及钻石首饰套装 | | 632,279 | 日内瓦苏富比 | 2021-05-13 |
| 宝诗龙 宝石配钻石首饰套装 | | 270,977 | 日内瓦苏富比 | 2021-05-13 |
| 宝诗龙 可变形金项链、手链和耳环 | 项链长39.5cm | 96,125 | 巴黎佳士得 | 2021-07-07 |
| 宝诗龙水果锦囊项链、胸针、手链三用款 | 项链长38cm | 667,000 | 永乐拍卖 | 2021-05-22 |
| 宝诗龙钻石项链手链组合 | | 377,290 | 米兰苏富比 | 2021-03-04 |
| 宝石“Panthère”项链，Cartier设计 | 项链长38.0cm | 225,775 | 佳士得 | 2021-11-28 |
| 宝石PANTHÈRE吊坠项链，Cartier设计 | 吊坠长7.8cm | 196,650 | 佳士得 | 2021-05-23 |
| 宝石及珊瑚项链，Michele della Valle设计 | 项链长36.5cm | 97,494 | 佳士得 | 2021-11-28 |
| 宝石配钻石手链 | 长180mm | 216,781 | 日内瓦苏富比 | 2021-05-13 |
| 宝石配钻石项链 | | 316,140 | 日内瓦苏富比 | 2021-05-13 |
| 宝石镶嵌和钻石项链、手链、耳环首饰 | | 59,572 | 米兰苏富比 | 2021-03-04 |
| 宝石镶嵌和钻石项链和耳环 | | 36,785 | 日内瓦苏富比 | 2021-07-07 |
| 宝石镶嵌项链 | 长45.72cm | 30,696 | 纽约苏富比 | 2021-06-11 |
| 宝石镶嵌钻石项链，“Najwa” | 长400mm | 61,309 | 日内瓦苏富比 | 2021-07-07 |
| 宝石镶嵌钻石项圈，耳夹 | | 238,288 | 米兰苏富比 | 2021-03-04 |
| 宝石项链、手链、戒指和耳环套装，“Cimin” | | 65,396 | 日内瓦苏富比 | 2021-07-07 |
| 宝石御前赛宝项链，Wallace Chan设计 | 吊坠长6.9cm，项链长72.5cm | 2,380,500 | 佳士得 | 2021-05-23 |
| 碧玺和钻石项链，FRED | 长31.5cm | 626,605 | 日内瓦佳士得 | 2021-05-12 |
| 碧玺和钻石项链和耳环 | 项链长42.0cm；耳环 6.2cm×2.2cm | 284,576 | 纽约佳士得 | 2021-04-21 |
| 冰种正阳绿翡翠配钻石项链 | 项链长46cm | 13,800,000 | 永乐拍卖 | 2021-05-22 |
| 波梅拉托 蓝色托帕石和钻石戒指“Lulu”，以及玫瑰石英和碧玺吊坠项链“Luna” | | 45,721 | 伦敦苏富比 | 2021-06-24 |

(成交价RMB：2万元以上)

| 拍品名称 | 物品尺寸 | 成交价RMB | 拍卖公司 | 拍卖日期 |
|---|---|---|---|---|
| 伯爵心形K金配钻石项链 HEART系列 | | 80,500 | 华艺国际 | 2021-03-31 |
| 布契拉提设计 18K金及钻石手镯、戒指及项链套装 | | 126,500 | 北京保利 | 2021-12-05 |
| 布切拉蒂海蓝宝石和黄水晶Parure项链，手链，耳环 | 项链长34.0cm，手链长17.5cm | 169,103 | 米兰苏富比 | 2021-03-04 |
| 布切拉蒂珊瑚项链 | 长42cm | 94,322 | 米兰苏富比 | 2021-03-04 |
| 彩黄色钻石项链 | 长410mm | 769,481 | 日内瓦苏富比 | 2021-05-11 |
| 彩色宝石配钻石吊坠项链 | | 44,712 | 天成国际 | 2021-06-01 |
| 彩色尖晶石配钻石项链/口罩链 | | 99,360 | 天成国际 | 2021-06-01 |
| 彩色蓝宝石和钻石项链，REZA | 长42.8cm | 116,370 | 日内瓦佳士得 | 2021-05-12 |
| 彩色蓝宝石和钻石项链和一对黄水晶和钻石耳环 | | 148,930 | 米兰苏富比 | 2021-03-04 |
| 彩色蓝宝石和钻石长链 | 长86.36cm | 122,343 | 纽约苏富比 | 2021-08-31 |
| 彩色钻石和钻石项链，格拉夫 | 长39.7cm | 581,848 | 日内瓦佳士得 | 2021-05-12 |
| 彩色钻石和钻石珠宝项链、戒指、耳环套装 | 项链内周长33.02cm | 129,246 | 纽约苏富比 | 2021-06-11 |
| 大卫·韦伯 黄金和钻石项链 | | 130,500 | 纽约苏富比 | 2021-08-31 |
| 大卫·韦伯 金、缟玛瑙和钻石项链 | 内周长48.26cm | 73,406 | 纽约苏富比 | 2021-08-31 |
| 大卫·韦伯 金项链 | 63.5cm×3.1cm | 136,302 | 纽约佳士得 | 2021-06-08 |
| 大卫·韦伯 金项链 | 项链长83.5cm，可拆卸部分为19.5cm | 121,961 | 纽约佳士得 | 2021-04-21 |
| 大卫·韦伯 绿松石，蓝宝石和钻石首饰套装 | 胸针5.2cm×4.2cm；耳环3.1cm×2.1cm | 106,590 | 纽约佳士得 | 2021-04-13 |
| 大卫·韦伯 绿松石和钻石首饰套装 | 项链长41.7cm | 532,951 | 纽约佳士得 | 2021-04-13 |
| 大卫·韦伯 项链，耳环黄金珠宝 | 项链最宽处31.0cm×2.2cm | 113,831 | 纽约佳士得 | 2021-04-21 |
| 大卫·韦伯 黄金Necklace-Bracelet项链和手链组合 | | 145,401 | 纽约苏富比 | 2021-06-11 |
| 丹赤凤翥 J.W. CURRENS为辉帝设计 共重57.71克拉缅甸天然鸽血红红宝石配钻石"火凤凰"项链，未经加热 | 项链长约40cm | 10,837,200 | 保利香港 | 2021-11-27 |
| 单股人工养殖珍珠项链 | 长43.0cm | 73,177 | 纽约佳士得 | 2021-04-21 |
| 德格里索戈诺 黄金、锰铝榴石和钻石吊坠项链 | 长53.34cm | 56,545 | 纽约苏富比 | 2021-06-11 |
| 蒂芙尼 10.03克拉心形D色完美无瑕钻石项链 | | 5,655,240 | 香港苏富比 | 2021-10-12 |
| 蒂芙尼 15.07克拉天然斯里兰卡变色蓝宝石配钻石项链 | | 191,192 | 香港苏富比 | 2021-04-20 |
| 蒂芙尼 18.44克拉圆形D色内部无瑕钻石项链 | | 11,877,870 | 香港苏富比 | 2021-04-20 |
| 蒂芙尼 彩色钻石和金瓶吊坠项链 | 项链长73.4cm | 26,018 | 纽约佳士得 | 2021-04-21 |
| 蒂芙尼 蛋白石和钻石吊坠项链 | 吊坠5.6cm×2.3cm，项链39.5cm | 144,203 | 纽约佳士得 | 2021-06-04 |
| 蒂芙尼 翡翠和黄金吊坠项链 | 项链长76.2cm | 44,719 | 纽约佳士得 | 2021-04-21 |
| 蒂芙尼 金玫瑰花瓣项链 | 45cm×3.2cm | 104,146 | 纽约佳士得 | 2021-06-04 |
| 蒂芙尼 金色"Signature X"项链 | 长41.28cm | 48,467 | 纽约苏富比 | 2021-06-11 |
| 蒂芙尼 金色"蛇"项链 | 长52.07cm | 106,031 | 纽约苏富比 | 2021-08-31 |
| 蒂芙尼 金色"网状"项链 | 长68cm | 38,454 | 纽约佳士得 | 2021-06-04 |
| 蒂芙尼 金色项链和金色戒指 | 项链长42.55cm | 77,484 | 纽约苏富比 | 2021-08-31 |
| 蒂芙尼 金珊瑚项链/手链组合 | 项链长37.47cm | 88,856 | 纽约苏富比 | 2021-06-11 |
| 蒂芙尼 蓝宝石与钻石项链/手链组合 | 项链长41.28cm | 244,687 | 纽约苏富比 | 2021-08-31 |
| 蒂芙尼 蛇形项链 | 长51.5cm | 76,075 | 纽约佳士得 | 2021-06-04 |
| 蒂芙尼 祖母绿和钻石项链 | 长41.28cm | 887,179 | 纽约苏富比 | 2021-06-09 |
| 蒂芙尼 钻石"爵士"吊坠项链 | 长40.5cm | 24,392 | 纽约佳士得 | 2021-04-21 |
| 蒂芙尼 钻石心锁吊坠项链 | 项链长43.2cm | 28,458 | 纽约佳士得 | 2021-04-21 |
| 电气石、紫水晶和钻石项链和一对吊坠耳夹 | 项链长43.82cm | 56,545 | 纽约苏富比 | 2021-06-11 |
| 多宝石和珐琅印度项链 | 长24.5cm | 72,094 | 巴黎佳士得 | 2021-07-07 |

| 拍品名称 | 物品尺寸 | 成交价RMB | 拍卖公司 | 拍卖日期 |
|---|---|---|---|---|
| 多宝石项链，宝格丽 | 长43.5cm | 37,122 | 米兰佳士得 | 2021-02-03 |
| 多色蓝宝石项链 | 长44.5cm | 126,995 | 米兰佳士得 | 2021-02-03 |
| 法国 拿破仑三世时期 野生珍珠项链 | | 46,000 | 保利厦门 | 2021-11-04 |
| 法国 约1901年 爱德华时期 18K白金镶嵌钻石及珍珠天使之翼造型项链 | 重8.24g | 32,200 | 西泠印社 | 2021-01-17 |
| 法国1950年 珍珠项链 | | 115,000 | 永乐拍卖 | 2021-05-22 |
| 法国宝诗龙颈链 | | 55,200 | 永乐拍卖 | 2021-12-02 |
| 法国古董珍珠长链 | | 24,150 | 永乐拍卖 | 2021-12-02 |
| 法国装饰艺术钻石手链/颈链 | | 138,000 | 永乐拍卖 | 2021-12-02 |
| 法萨诺项链 | | 139,001 | 米兰苏富比 | 2021-03-04 |
| 珐琅、钻石和蓝宝石项链、耳夹和戒指 | 长810mm | 114,443 | 日内瓦苏富比 | 2021-07-07 |
| 梵克雅宝 "Tania"钻石项链 | | 4,023,639 | 香港苏富比 | 2021-04-20 |
| 梵克雅宝 "VINTAGE ALHAMBRA"松石项链 | 长42.3cm | 154,285 | 纽约佳士得 | 2021-01-27 |
| 梵克雅宝 "Zip"钻石项链 | | 2,712,528 | 香港苏富比 | 2021-10-12 |
| 梵克雅宝 金，粉红蓝宝石和钻石"Zip Antique Udaipur"项链/手链组合，法国 | | 3,226,104 | 纽约苏富比 | 2021-06-09 |
| 梵克雅宝 粉红金和木"Alhambra Bois D'Amourette"项链，法国 | 长84.46cm | 121,168 | 纽约苏富比 | 2021-06-11 |
| 梵克雅宝 复古红宝石和钻石项链 | 长37.5cm | 2,008,816 | 纽约佳士得 | 2021-04-13 |
| 梵克雅宝 缟玛瑙和黄金长项链，"阿尔罕布拉宫" | | 77,658 | 日内瓦苏富比 | 2021-07-07 |
| 梵克雅宝 红宝石和钻石项链、耳环首饰套装 | 项链39.6cm×3.1cm；耳环3.6cm×2.5cm | 1,065,903 | 纽约佳士得 | 2021-04-13 |
| 梵克雅宝 红玉髓"VINTAGE ALHAMBRA"项链 | 长42.0cm | 56,915 | 纽约佳士得 | 2021-04-21 |
| 梵克雅宝 黄金，珊瑚和绿玉髓吊坠项链，法国 | | 443,589 | 纽约苏富比 | 2021-06-09 |
| 梵克雅宝 "Alhambra"黄金长项链一对 | | 153,554 | 日内瓦苏富比 | 2021-05-13 |
| 梵克雅宝 黄金和珍珠母贝"Pure Alhambra"吊坠项链，法国 | | 30,994 | 纽约苏富比 | 2021-08-31 |
| 梵克雅宝 黄金和珍珠母贝"Vintage Alhambra"项链，法国 | 长42.86cm | 69,328 | 纽约苏富比 | 2021-08-31 |
| 梵克雅宝 金色阿尔罕布拉复古项链和耳夹一对，法国 | 项链长81.28cm | 145,401 | 纽约苏富比 | 2021-06-11 |
| 梵克雅宝 金项链 | 长57.0cm | 146,354 | 纽约佳士得 | 2021-04-21 |
| 梵克雅宝 蓝宝石配珍珠母及钻石项链/腕表 | | 1,168,398 | 香港苏富比 | 2021-04-20 |
| 梵克雅宝 绿松石"VINTAGE ALHAMBRA"项链 | 项链长42.0cm | 162,615 | 纽约佳士得 | 2021-04-21 |
| 梵克雅宝绿松石"Vintage Alhambra"项链和耳夹一对，法国 | 项链长43.18cm | 228,374 | 纽约苏富比 | 2021-08-31 |
| 梵克雅宝 绿玉髓和钻石项链，手链，耳环首饰套装 | 项链35.5cm×1.0cm，手链17.1cm，耳环3.8cm×2.2cm | 368,966 | 纽约佳士得 | 2021-04-13 |
| 梵克雅宝 晴项链 | | 22,400 | 上海联合 | 2021-06-27 |
| 梵克雅宝 珊瑚、钻石和黄金项链、耳夹和戒指首饰 | | 130,792 | 日内瓦苏富比 | 2021-07-07 |
| 梵克雅宝 养殖珍珠，钻石和祖母绿项链、手链首饰套装 | 项链44.5cm×2.0cm，手链21.0cm×2.0cm | 393,564 | 纽约佳士得 | 2021-04-13 |
| 梵克雅宝 养殖珍珠钻石项链 | 长91.44cm | 97,875 | 纽约苏富比 | 2021-08-31 |
| 梵克雅宝 玉髓和钻石项链，吊坠，手链，耳环，戒指 | | 695,007 | 米兰苏富比 | 2021-03-04 |
| 梵克雅宝 紫水晶和金长链，法国 | 长91.44cm | 888,565 | 纽约苏富比 | 2021-06-11 |
| 梵克雅宝 祖母绿和钻石项链 | | 1,147,895 | 纽约佳士得 | 2021-04-13 |
| 梵克雅宝 钻石吊坠项链 | | 595,720 | 米兰苏富比 | 2021-03-04 |
| 梵克雅宝 钻石蝴蝶吊坠项链 | 项链长41.5cm | 89,438 | 纽约佳士得 | 2021-04-21 |

**2021翡翠珠宝拍卖成交汇总(续表)**

**(成交价RMB：2万元以上)**

| 拍品名称 | 物品尺寸 | 成交价RMB | 拍卖公司 | 拍卖日期 |
|---|---|---|---|---|
| 梵克雅宝 钻石手链，20世纪20年代 | 长185mm | 633,691 | 日内瓦苏富比 | 2021-05-11 |
| 梵克雅宝 钻石项链 | | 179,437 | 纽约苏富比 | 2021-08-31 |
| 梵克雅宝 钻石项链/手链组合 | | 446,790 | 米兰苏富比 | 2021-03-04 |
| 梵克雅宝 钻石项链/手链组合 | 项链长43.18cm | 1,492,073 | 纽约苏富比 | 2021-06-09 |
| 梵克雅宝 钻石项链/手链组合 | | 476,576 | 米兰苏富比 | 2021-03-04 |
| 梵克雅宝设计 18K金及缟玛瑙“ALHAMBRA”项链 | | 41,378 | 保利香港 | 2021-11-27 |
| 梵克雅宝设计 18K金及红玉髓“ALHAMBRA”手链及项链套装 | | 41,378 | 保利香港 | 2021-11-27 |
| 方钠石和黄金项链，吊坠，耳环套装 | 项链 63.6cm，吊坠 4.6cm×4.6cm，耳环 2.4cm×2.4cm | 44,719 | 纽约佳士得 | 2021-04-21 |
| 非常精美的天然满绿翡翠配钻石珠链 | | 4,485,000 | 中国嘉德 | 2021-11-30 |
| 非常珍罕硕大天然紫色翡翠珠配钻石及红宝石项链 | | 3,952,044 | 香港苏富比 | 2021-10-12 |
| 非常重要的缅甸天然满绿翡翠蛋面配钻石项链、戒指及耳环套装 | 项链长44.3cm，戒指16号，耳环长2cm×2 | 20,700,000 | 北京保利 | 2021-06-07 |
| 翡翠，养殖珍珠及钻石项链 | 项链长58.0cm | 186,300 | 佳士得 | 2021-05-23 |
| 翡翠吊坠项链/胸针 | 吊坠/胸针长4.0cm，项链长43.2cm | 123,150 | 佳士得 | 2021-11-28 |
| 翡翠挂件项链 | 项链内周长38.1cm | 331,200 | 佳士得 | 2021-05-23 |
| 翡翠及宝石项链 | 项链长76.0cm | 4,761,000 | 佳士得 | 2021-05-23 |
| 翡翠及钻石吊坠项链 | 吊坠长6.1cm | 1,863,000 | 佳士得 | 2021-05-23 |
| 翡翠及钻石项链 | 项链长42.5cm | 558,900 | 佳士得 | 2021-05-23 |
| 翡翠配红宝石耳环项链套装·圣诞系列 | | 299,000 | 永乐拍卖 | 2021-12-02 |
| 翡翠配钻石“中国结”项链 | | 1,725,000 | 永乐拍卖 | 2021-05-22 |
| 翡翠配钻石项链 | 项链长46cm | 4,600,000 | 永乐拍卖 | 2021-05-22 |
| 翡翠配钻石项链 | | 2,070,000 | 永乐拍卖 | 2021-05-22 |
| 翡翠配钻石项链 | | 287,500 | 永乐拍卖 | 2021-05-22 |
| 翡翠飘绿花珠串（16颗） | | 22,400 | 上海联合 | 2021-06-27 |
| 翡翠玉珠项链 | 项链长62.5cm | 269,100 | 佳士得 | 2021-05-23 |
| 翡翠珠串 | 长：24cm；重53g | 40,250 | 南京经典 | 2021-07-18 |
| 粉红色刚玉配钻石吊坠项链 | | 128,076 | 天成国际 | 2021-11-26 |
| 粉色珍珠项链 | | 28,375 | 北京保利 | 2021-08-08 |
| 弗雷德 钻石项链 | | 147,141 | 日内瓦苏富比 | 2021-07-07 |
| 复古可变形钻石项链 约1940年 | 项链 42.0cm | 144,188 | 巴黎佳士得 | 2021-07-07 |
| 橄榄石套链 | | 437,000 | 上海匡时 | 2021-07-08 |
| 橄榄石项链 | | 29,719 | 伦敦苏富比 | 2021-06-24 |
| 格拉夫 “INFINITY”钻石和蓝宝石项链 | 长42.5cm | 365,411 | 纽约佳士得 | 2021-01-27 |
| 格拉夫 “雪花”红宝石和钻石吊坠项链 | 长42.5cm | 154,285 | 纽约佳士得 | 2021-01-27 |
| 格拉夫 1.65克拉，淡彩黄色，自然色，VS2净度彩色钻石和钻石套索项链 | 钻石链长39.0cm | 1,147,895 | 纽约佳士得 | 2021-04-13 |
| 格拉夫 3.39克拉黄色蓝宝石和钻石吊坠项链 | | 120,266 | 纽约佳士得 | 2021-06-08 |
| 格拉夫 7.13克拉 D色TYPE IIA钻石配钻石项链 | 项链长46.2cm | 4,163,000 | 北京保利 | 2021-06-07 |
| 格拉夫 粉红色蓝宝石和钻石吊坠项链 | 吊坠长3cm，颈链长43.7cm | 52,115 | 纽约佳士得 | 2021-06-08 |
| 格拉夫 红宝石和钻石吊坠项链，“Bullseye” | 吊坠长34mm | 91,443 | 伦敦苏富比 | 2021-06-24 |
| 格拉夫 红宝石和钻石吊坠/项链和戒指 | 项链长43.18cm | 96,934 | 纽约苏富比 | 2021-06-11 |
| 格拉夫 红宝石和钻石项链 | 长39.37cm | 685,547 | 纽约苏富比 | 2021-06-09 |
| 格拉夫 红宝石配钻石项链 | | 2,124,360 | 香港苏富比 | 2021-04-20 |
| 格拉夫 红宝石与钻石“蝴蝶”吊坠项链 | 吊坠长3.2cm；项链长40.6cm | 88,195 | 纽约佳士得 | 2021-06-08 |
| 格拉夫 蓝宝石和钻石“韵律”项链 | 长42.55cm | 1,048,484 | 纽约苏富比 | 2021-06-09 |

| 拍品名称 | 物品尺寸 | 成交价RMB | 拍卖公司 | 拍卖日期 |
|---|---|---|---|---|
| 格拉夫 蓝宝石和钻石吊坠项链，“Icon” | 吊坠长61mm | 125,734 | 伦敦苏富比 | 2021-06-24 |
| 格拉夫 雪花钻石大奖章项链 | 项链长41.5cm，吊坠4.5cm，奖章直径3.7cm | 529,440 | 纽约佳士得 | 2021-01-27 |
| 格拉夫 祖母绿，蓝宝石和钻石徽章项链 | 项链 46.7cm，圆形吊坠 5.5cm | 721,598 | 纽约佳士得 | 2021-06-08 |
| 格拉夫 祖母绿和钻石 BOMBÉ项链 | 长43.0cm | 440,976 | 纽约佳士得 | 2021-06-08 |
| 格拉夫 祖母绿配钻石项链 | 长410mm | 812,931 | 日内瓦苏富比 | 2021-05-13 |
| 格拉夫 钻石吊灯项链 | | 440,976 | 纽约佳士得 | 2021-06-08 |
| 格拉夫 钻石吊坠项链 | | 289,042 | 日内瓦苏富比 | 2021-05-13 |
| 格拉夫 钻石吊坠项链，“钻石上的钻石” | 长420mm | 62,867 | 伦敦苏富比 | 2021-06-24 |
| 格拉夫 钻石和彩色钻石挂锁吊饰项链 | | 64,090 | 纽约佳士得 | 2021-06-04 |
| 格拉夫 钻石和彩色钻石项链 | 长34.5cm | 211,127 | 纽约佳士得 | 2021-01-27 |
| 格拉夫 钻石和红宝石“雪花”吊坠项链 | 项链长40.5cm，吊坠 3.0cm×2.4cm | 121,961 | 纽约佳士得 | 2021-04-21 |
| 格拉夫 钻石和红宝石项链和耳环 | 项链长37.0cm，耳环长5.3cm | 178,877 | 纽约佳士得 | 2021-04-21 |
| 格拉夫 钻石项链 | 吊坠长6.6cm；项链长39.8cm | 320,710 | 纽约佳士得 | 2021-06-08 |
| 格拉夫 钻石花朵吊坠项链 | 项链41.2cm | 308,665 | 纽约佳士得 | 2021-08-18 |
| 格拉夫 钻石吉卜赛项链 | 项链42.0cm | 89,350 | 纽约佳士得 | 2021-08-18 |
| 格拉夫彩色钻石项链 | 长38.7cm | 262,376 | 纽约佳士得 | 2021-04-13 |
| 共重40.07克拉缅甸鸽血红红宝石配钻石项链 | 项链长46cm | 1,163,340 | 保利香港 | 2021-04-22 |
| 古董MICRO-MOSAIC项链 | 长47.5cm | 60,981 | 纽约佳士得 | 2021-04-21 |
| 古董珐琅金项链，约1880年 | 长114.0cm | 68,096 | 纽约佳士得 | 2021-06-04 |
| 古董蓝宝石和钻石项链 约1890年 | 长39.0cm | 696,936 | 纽约佳士得 | 2021-04-13 |
| 古董蓝宝石和钻石硬币钱包吊坠项链 | 项链长58cm，吊坠8.0cm×3.8cm | 30,857 | 纽约佳士得 | 2021-01-27 |
| 古董钻石项链 | 39.3cm | 577,278 | 纽约佳士得 | 2021-06-08 |
| 古董钻石项链 约1900年 | 项链长39.1cm | 532,951 | 纽约佳士得 | 2021-04-13 |
| 海瑞温斯顿祖母绿，钻石，红宝石和珍珠项链 | 项链长39.0cm | 195,138 | 纽约佳士得 | 2021-04-21 |
| 海蓝宝石，钻石和金项链 | 项链长31.0cm，吊坠 4.9cm×4.2cm | 121,961 | 纽约佳士得 | 2021-04-21 |
| 海蓝宝石、红宝石和种子珍珠项链 | | 73,571 | 日内瓦苏富比 | 2021-07-07 |
| 海蓝宝石、钻石和珐琅项链 | 长610mm | 32,698 | 日内瓦苏富比 | 2021-07-07 |
| 海蓝宝石和黑漆项链 | 项链长58.5cm，吊坠9.8cm×4.5cm | 7,536,200 | 巴黎佳士得 | 2021-07-07 |
| 海蓝宝石项链和手链 | 项链长415mm，手链长170mm | 81,745 | 日内瓦苏富比 | 2021-07-07 |
| 海瑞温斯顿 111.73克拉蓝宝石配钻石项链 | 长470mm | 30,570,899 | 日内瓦苏富比 | 2021-05-11 |
| 海瑞温斯顿 126.43克拉蓝宝石配钻石项链 | 长680mm | 14,922,622 | 日内瓦苏富比 | 2021-05-11 |
| 海瑞温斯顿 令人印象深刻的祖母绿和钻石项链 | 长39.37cm | 17,942,003 | 纽约苏富比 | 2021-06-09 |
| 海瑞温斯顿 钻石项链，约1973年 | 长370mm | 23,616,109 | 日内瓦苏富比 | 2021-05-11 |
| 罕见天然帕拉伊巴碧玺项链/吊坠 | 总长42cm | 2,530,000 | 上海匡时 | 2021-07-08 |
| 黑钻石和钻石项链和戒指 | 长430mm | 68,582 | 伦敦苏富比 | 2021-06-24 |
| 红宝石，蓝宝石和祖母绿项链 | 长45.5cm，宽1.1cm | 38,977 | 纽约佳士得 | 2021-01-27 |
| 红宝石，蓝宝石和钻石项链、耳环和戒指套装 | 最短链式项链长49.0cm，耳环长5.5cm | 97,689 | 米兰佳士得 | 2021-02-03 |
| 红宝石、祖母绿和钻石项链 | | 307,600 | 巴黎佳士得 | 2021-07-07 |
| 红宝石和黄金项链、耳环和戒指 | 项链内周长350mm | 89,920 | 日内瓦苏富比 | 2021-07-07 |
| 红宝石和钻石“神秘套装”胸针/吊坠项链，梵克雅宝 | 项链长40.3cm，胸针/吊坠长4.7cm | 1,074,180 | 日内瓦佳士得 | 2021-05-12 |
| 红宝石和钻石项链 | 长560mm | 98,094 | 日内瓦苏富比 | 2021-07-07 |
| 红宝石和钻石项链 | | 98,094 | 日内瓦苏富比 | 2021-07-07 |

## 2021翡翠珠宝拍卖成交汇总(续表)

(成交价RMB：2万元以上)

| 拍品名称 | 物品尺寸 | 成交价RMB | 拍卖公司 | 拍卖日期 |
|---|---|---|---|---|
| 红宝石和钻石项链 | 40.7cm×1.5cm | 491,955 | 纽约佳士得 | 2021-04-13 |
| 红宝石和钻石项链 | 长41.0cm | 218,431 | 米兰苏富比 | 2021-03-04 |
| 红宝石和钻石项链、耳环和戒指 | 长440mm | 73,571 | 日内瓦苏富比 | 2021-07-07 |
| 红宝石和钻石项链、手链和耳环 | | 31,063 | 日内瓦苏富比 | 2021-07-07 |
| 红宝石和钻石项链和耳夹一对 | 项链内周长38.74cm | 242,336 | 纽约苏富比 | 2021-06-11 |
| 红宝石和钻石项链和一对耳夹 | | 121,168 | 纽约苏富比 | 2021-06-11 |
| 红宝石和钻石长链 | 长162.56cm | 138,656 | 纽约苏富比 | 2021-08-31 |
| 红宝石及钻石项链 | 项链长69.0cm | 517,500 | 佳士得 | 2021-05-23 |
| 红宝石配钻石项链 | | 177,336 | 天成国际 | 2021-11-26 |
| 红宝石配钻石项链 | | 118,224 | 天成国际 | 2021-11-26 |
| 红宝石配钻石项链、手链、耳环首饰套装 | 项链长400mm | 496,791 | 日内瓦苏富比 | 2021-05-13 |
| 红宝石配钻石项链、耳环及戒指套装 | 项链长34cm，耳环长2cm，戒指6¼号 | 207,000 | 北京保利 | 2021-09-26 |
| 红宝石首饰套装 | 项链内周长35.5cm，手链长内周长14.2cm，戒指5号，耳环长2.3cm | 123,150 | 佳士得 | 2021-11-28 |
| 红宝石钻石项链 | 项链长35.0cm | 63,498 | 米兰佳士得 | 2021-02-03 |
| 虎眼钻石吊坠项链 | 项链 76cm；吊坠14.0cm×3.3cm | 136,191 | 纽约佳士得 | 2021-06-04 |
| 花式黄钻，彩钻和钻石项链 | 长40.64cm | 2,419,578 | 纽约苏富比 | 2021-06-09 |
| 黄金、绿松石和钻石项链 | 长41.92cm | 69,911 | 纽约苏富比 | 2021-08-31 |
| 黄金、青铜和钻石项链 | 内周长40.64cm | 130,500 | 纽约苏富比 | 2021-08-31 |
| 黄金、钻石、宝石和珐琅项链 | 长87.63cm | 153,479 | 纽约苏富比 | 2021-06-11 |
| 黄金和养殖珍珠项圈项链和耳夹一对 | 项链内周长36.83cm | 195,750 | 纽约苏富比 | 2021-08-31 |
| 黄金和钻石手镯和项链 | 手链长21.0cm，项链长53.0cm | 121,804 | 纽约佳士得 | 2021-01-27 |
| 黄金和钻石项链 | 长28cm | 52,850 | 纽约佳士得 | 2021-04-21 |
| 黄金和钻石项链 | 长53.34cm | 97,875 | 纽约苏富比 | 2021-08-31 |
| 黄金和钻石项链 | 长40.64cm | 76,740 | 纽约苏富比 | 2021-06-11 |
| 黄金和钻石项链，梵克雅宝20世纪70年代 | 长80.0cm | 537,090 | 日内瓦佳士得 | 2021-05-12 |
| 黄金和钻石项链和耳夹 | | 28,611 | 日内瓦苏富比 | 2021-07-07 |
| 黄金和钻石项链和手链 | 项链长36.2cm，手链长19.69cm | 56,545 | 纽约苏富比 | 2021-06-11 |
| 黄金长链 | 长91.12cm | 48,467 | 纽约苏富比 | 2021-06-11 |
| 黄水晶，钻石和缟玛瑙项链 | 长38.5cm | 40,654 | 纽约佳士得 | 2021-04-21 |
| 黄水晶项链 | 长550mm | 53,134 | 日内瓦苏富比 | 2021-07-07 |
| 极为精美的天然满绿翡翠配红宝石及钻石珠链 | 珠链长610mm | 5,175,000 | 中国嘉德 | 2021-05-21 |
| 极为精美的天然满绿翡翠配总重14.78克拉钻石项链及耳环套装 | | 4,830,000 | 中国嘉德 | 2021-11-30 |
| 极为稀有与重要的22.12克拉天然D色VVS1净度IIa型钻石配总重约36.82克拉钻石吊坠项链 | 项链长416mm，吊坠长75mm | 11,500,000 | 中国嘉德 | 2021-05-21 |
| 极为珍罕的天然满绿翡翠蛋面配钻石及蓝宝石项链、戒指套装 | 项链(可拆卸)长454mm，最宽约15.5mm；吊坠48mm×32mm | 13,800,000 | 中国嘉德 | 2021-11-30 |
| 金，玛瑙和钻石项链 | 内周长44.45cm | 80,779 | 纽约苏富比 | 2021-06-11 |
| 金币红宝石项链 | 50mm×46mm | 28,750 | 上海嘉禾 | 2021-07-22 |
| 金色"ATOMO"项链 | 长可调节 44cm | 64,090 | 纽约佳士得 | 2021-06-04 |
| 金色长链 | 长69.0cm | 25,399 | 米兰佳士得 | 2021-02-03 |
| 金镶海螺珠项链 | 长40.5cm | 230,000 | 西泠印社 | 2021-01-16 |
| 金项链 | 长38.5cm | 36,588 | 纽约佳士得 | 2021-04-21 |
| 金项链 | 40.0cm×1.7cm | 96,135 | 纽约佳士得 | 2021-06-04 |
| 金项链 | | 89,920 | 日内瓦苏富比 | 2021-07-07 |
| 精美的5.02克拉天然D色IF内部无瑕净度IIa型钻石配钻石吊坠项链 | 项链长400mm | 2,185,000 | 中国嘉德 | 2021-05-21 |
| 精美的天然满绿翡翠配总重约4.58克拉钻石吊坠项链/戒指(两用) | | 230,000 | 中国嘉德 | 2021-11-30 |

| 拍品名称 | 物品尺寸 | 成交价RMB | 拍卖公司 | 拍卖日期 |
|---|---|---|---|---|
| 精美绝伦 13颗总重24.02克拉哥伦比亚"木佐绿"祖母绿配钻石项链，未经注油 | 项链长43.0cm | 4,600,000 | 北京保利 | 2021-12-05 |
| 精美珍珠和钻石项链 | 长38.0cm | 403,725 | 巴黎佳士得 | 2021-07-07 |
| 精湛的钻石项链 | 长39.0cm | 4,923,325 | 日内瓦佳士得 | 2021-05-12 |
| 卡地亚"MELI MELO"月光石、玉髓、托帕石、堇青石和钻石项链 | 长40cm | 38,450 | 巴黎佳士得 | 2021-07-07 |
| 卡地亚 "Panthére"钻石配缟玛瑙及祖母绿项链 | | 690,417 | 香港苏富比 | 2021-04-20 |
| 卡地亚 1910年代49克拉梨形无烧斯里兰卡蓝宝石配珍珠、钻石项链 | | 6,095,000 | 永乐拍卖 | 2021-12-02 |
| 卡地亚 20世纪初珐琅、珍珠和钻石项链和表链 大约1900年 | | 124,578 | 巴黎佳士得 | 2021-07-07 |
| 卡地亚 42.09克拉哥伦比亚祖母绿配珍珠及钻石项链 | | 4,227,645 | 香港苏富比 | 2021-04-20 |
| 卡地亚 94.87克18K黄金双猎豹项圈(约1970年) | | 74,750 | 西泠印社 | 2021-01-16 |
| 卡地亚 豹子吊坠和项链 | 项链长44.5cm，吊坠 6.0cm×3.2cm | 162,405 | 纽约佳士得 | 2021-01-27 |
| 卡地亚 黄金和钻石长链 | | 89,920 | 日内瓦苏富比 | 2021-07-07 |
| 卡地亚 金项链 | 长36.5cm | 40,601 | 纽约佳士得 | 2021-01-27 |
| 卡地亚 金项链和手链 | 项链长40.64cm | 114,187 | 纽约苏富比 | 2021-08-31 |
| 卡地亚 金珠项链 | | 101,200 | 永乐拍卖 | 2021-05-22 |
| 卡地亚 天然珍珠配3.69及2.32克拉D色钻石及红宝石项链 | | 1,877,904 | 香港苏富比 | 2021-10-12 |
| 卡地亚 养殖珍珠和钻石项链 | | 98,094 | 日内瓦苏富比 | 2021-07-07 |
| 卡地亚 珍珠配2.52克拉梨形F色钻石及粉红刚玉项链 | | 1,877,904 | 香港苏富比 | 2021-10-12 |
| 卡地亚 祖母绿配钻石及贝母项链 | | 1,512,756 | 香港苏富比 | 2021-10-12 |
| 卡地亚 钻石"Deux Lignes"项链 | 长380mm | 541,954 | 日内瓦苏富比 | 2021-05-13 |
| 卡地亚 钻石"Maillon Panthère"项链 | 长420mm | 162,586 | 日内瓦苏富比 | 2021-05-13 |
| 卡地亚 钻石"三叶草"吊坠项链，法国 | 长70.49cm | 106,031 | 纽约苏富比 | 2021-08-31 |
| 卡地亚 钻石和多宝石"MELI-MELO"珠宝套装 | 项链长41.9cm，耳环长4.2cm | 154,484 | 纽约佳士得 | 2021-04-21 |
| 卡地亚 钻石配祖母绿项链 | | 438,178 | 香港苏富比 | 2021-10-12 |
| 卡地亚 钻石手链 | | 587,117 | 日内瓦苏富比 | 2021-05-13 |
| 卡地亚 钻石项链 | | 605,102 | 香港苏富比 | 2021-10-12 |
| 卡地亚 钻石项链 | 长390mm | 541,954 | 日内瓦苏富比 | 2021-05-13 |
| 卡地亚 钻石项链，法国 | | 4,310,433 | 纽约苏富比 | 2021-06-09 |
| 卡地亚 钻石项链,法国 | 内周长35.56cm | 145,401 | 纽约苏富比 | 2021-06-11 |
| 卡地亚设计 14.9克拉斯里兰卡矢车菊蓝蓝宝石配钻石项链，未经加热 | 项链长360mm | 460,000 | 华艺国际 | 2021-06-04 |
| 卡地亚设计 蓝宝石，钻石配祖母绿及黑玛瑙AZURIN美洲豹项链 | 项链长38cm | 4,046,400 | 保利香港 | 2021-04-22 |
| 卡地亚设计 香水瓶项链 | | 1,495,000 | 华艺国际 | 2021-12-10 |
| 卡地亚设计 总重124.87克拉皇家蓝蓝宝石配钻石首饰套装 | | 11,822,400 | 保利香港 | 2021-11-27 |
| 卡地亚设计 钻石项链 | | 59,112 | 保利香港 | 2021-11-27 |
| 卡地亚设计 钻石项链及戒指套装 | | 41,378 | 保利香港 | 2021-11-27 |
| 卡地亚设计"猎豹系列"18K金及钻石项链 | | 34,500 | 北京保利 | 2021-12-05 |
| 卡地亚项链 | | 20,700 | 永乐拍卖 | 2021-12-02 |
| 卡地亚钻石"C de Cartier Passion"项链 | 长390mm | 316,140 | 日内瓦苏富比 | 2021-05-13 |
| 卡雷拉高定蓝宝石项链 | | 253,000 | 永乐拍卖 | 2021-12-02 |
| 卡瑞拉•卡瑞拉设计 小天使项链 | | 51,750 | 华艺国际 | 2021-03-31 |
| 可变形钻石项链 | | 230,700 | 巴黎佳士得 | 2021-07-07 |
| 克莱斯勒 54.03克拉，D色，内部无瑕，IaB型梨形钻石吊坠项链 | | 32,519,994 | 纽约佳士得 | 2021-06-08 |
| 克里斯托弗·沃林 金项链和耳夹一对 | 项链长54.61cm | 105,012 | 纽约苏富比 | 2021-06-11 |
| 孔雀石和红玉髓项链 | 长57.79cm | 44,859 | 纽约苏富比 | 2021-08-31 |
| 拉劳尼斯 金项链 | 长38.1cm | 121,168 | 纽约苏富比 | 2021-06-11 |

## 2021翡翠珠宝拍卖成交汇总（续表）

（成交价RMB：2万元以上）

| 拍品名称 | 物品尺寸 | 成交价RMB | 拍卖公司 | 拍卖日期 |
|---|---|---|---|---|
| 莱俪 玻璃项链 | 长440mm | 25,147 | 伦敦苏富比 | 2021-06-24 |
| 蓝宝石和钻石项链 | 长440mm | 735,705 | 日内瓦苏富比 | 2021-07-07 |
| 蓝宝石和钻石项链，REZA | 项链长37.5cm，吊坠长7.0cm | 2,774,965 | 日内瓦佳士得 | 2021-05-12 |
| 蓝宝石和钻石项链，卡地亚 | 长34.8cm | 13,104,996 | 日内瓦佳士得 | 2021-05-12 |
| 蓝宝石和钻石项链和耳环 | | 196,188 | 日内瓦苏富比 | 2021-07-07 |
| 蓝宝石和钻石项链和耳环 | 项链长360mm | 34,333 | 日内瓦苏富比 | 2021-07-07 |
| 蓝宝石及钻石项链Etcetera设计 | 项链长46.5cm | 6,367,320 | 佳士得 | 2021-05-23 |
| 蓝宝石配钻石耳环一对，项链一条 | 项链长390mm | 722,605 | 日内瓦苏富比 | 2021-05-13 |
| 蓝宝石配钻石手链 | | 45,163 | 日内瓦苏富比 | 2021-05-13 |
| 蓝宝石配钻石项链、耳夹首饰套装 | 长380mm | 216,781 | 日内瓦苏富比 | 2021-05-13 |
| 蓝宝石项链 | 25mm×22mm | 57,500 | 上海嘉禾 | 2021-07-22 |
| 蓝宝石钻石项链 | 长60.5cm | 73,082 | 纽约佳士得 | 2021-01-27 |
| 浪花水波设计蓝宝石钻石项链 | | 2,300,000 | 上海匡时 | 2021-07-08 |
| 勒内·博伊万 黄金，红宝石和钻石项链，法国 | 内周长41.91cm | 604,895 | 纽约苏富比 | 2021-06-09 |
| 勒内·博伊文 木材项链，手链，耳环装饰 20世纪70年代 | 项链内周长340mm | 137,164 | 伦敦苏富比 | 2021-06-24 |
| 雷萨 钻石项链 | | 179,839 | 日内瓦苏富比 | 2021-07-07 |
| 梨形哥伦比亚祖母绿及钻石项链，Cartier设计 | 项链长50.6cm | 393,300 | 佳士得 | 2021-05-23 |
| 两条链项链和手镯 | | 41,685 | 米兰苏富比 | 2021-03-04 |
| 两条项链，耳环和养殖珍珠和钻石戒指的套装 | 项链（灰）长39.0cm、项链（白）长45.5cm | 156,302 | 米兰佳士得 | 2021-02-03 |
| 两条养殖珍珠和钻石项链 | 长107.95cm,长40.64cm | 81,562 | 纽约苏富比 | 2021-08-31 |
| 两条祖母绿和养殖珍珠项链 | 长68.58cm | 285,468 | 纽约苏富比 | 2021-08-31 |
| 刘过设计 红宝石蝴蝶胸针及祖母绿猫头鹰项链 | | 69,000 | 北京保利 | 2021-06-07 |
| 龙梓嘉设计流光海雾10.22克拉蓝宝石配钻石及玉髓项链 | | 230,000 | 北京保利 | 2021-06-07 |
| 卢比莱红碧玺108.4克拉钻石项链 | | 1,127,000 | 上海匡时 | 2021-07-08 |
| 路易威登 帕拉伊巴碧玺配祖母绿及钻石 “Acte V Apotheosis” 项链 | 内周长400mm | 2,534,762 | 日内瓦苏富比 | 2021-05-11 |
| 马里奥·布契拉提 养殖珍珠和钻石项链 | 长450mm | 48,007 | 伦敦苏富比 | 2021-06-24 |
| 玛瑙，种子珍珠和珐琅小盒吊坠项链 | 项链64.0cm长，小盒长6.5cm，吊坠宽4.3cm | 21,113 | 纽约佳士得 | 2021-01-27 |
| 猫眼月光石配彩色宝石及钻石吊坠项链 | | 57,142 | 天成国际 | 2021-11-26 |
| 美松珠蓝宝石项链 | | 287,500 | 上海嘉禾 | 2021-07-22 |
| 缅甸天然翡翠“葫芦”配钻石项链 | | 57,500 | 北京保利 | 2021-12-05 |
| 缅甸天然翡翠葫芦配钻石及刚玉挂坠项链 | | 31,526 | 保利香港 | 2021-11-27 |
| 缅甸天然翡翠配钻石挂坠项链 | | 837,420 | 保利香港 | 2021-11-27 |
| 缅甸天然翡翠项链 | | 216,744 | 保利香港 | 2021-11-27 |
| 缅甸天然翡翠珠配红宝石及钻石项链 | 最大翡翠珠直径约11.99mm，珠链长约570mm | 14,778,000 | 保利香港 | 2021-11-27 |
| 缅甸天然翡翠珠配钻石项链 | 项链长91.5cm | 943,000 | 北京保利 | 2021-09-26 |
| 缅甸天然红宝石项链 | 项链长41.0cm | 2,155,125 | 佳士得 | 2021-11-28 |
| 缅甸天然满绿翡翠葫芦配钻石项链 | | 276,000 | 北京保利 | 2021-06-07 |
| 缅甸天然满绿翡翠珠配钻石及红宝石项链 | | 287,500 | 北京保利 | 2021-06-07 |
| 缅甸天然满绿翡翠珠配钻石项链 | | 56,750 | 北京保利 | 2021-08-09 |
| 缅甸天然紫罗兰翡翠蛋面配钻石套装 | | 747,500 | 北京保利 | 2021-12-05 |
| 缅甸天然紫罗兰翡翠珠配钻石项链 | | 207,000 | 北京保利 | 2021-06-07 |
| 南洋珍珠配总重3.56克拉红宝石项链 | | 23,000 | 中国嘉德 | 2021-11-30 |
| 欧洲古董珍珠项链 | | 230,000 | 永乐拍卖 | 2021-05-22 |
| 青金石和钻石项链和一对耳夹 | 长46.0cm | 158,859 | 米兰苏富比 | 2021-03-04 |
| 清 翡翠持珠 | 珠径1cm | 23,000 | 西泠印社 | 2021-07-24 |
| 清 翡翠项链 | 每颗直径1.2cm | 109,250 | 十竹斋 | 2021-06-27 |
| 清 翡翠珠链 | 珠径8—10mm | 23,000 | 西泠印社 | 2021-01-15 |
| 让·马希 金项链 | 长74.93cm | 77,484 | 纽约苏富比 | 2021-08-31 |
| 人工养殖珍珠，钻石及多宝石项链 | 31.0cm×1.6cm | 34,149 | 纽约佳士得 | 2021-04-21 |
| 人工养殖珍珠和钻石项链 | 长35.5cm，宽2.0cm | 113,684 | 纽约佳士得 | 2021-01-27 |
| 人工养殖珍珠和钻石项链 | 长48.9cm | 64,623 | 纽约苏富比 | 2021-06-11 |
| 人工养殖珍珠和钻石项链 | 长45.5cm | 56,842 | 纽约佳士得 | 2021-01-27 |
| 三股天然珍珠、祖母绿和钻石项链 | 最短链 41.0cm | 163,985 | 纽约佳士得 | 2021-04-13 |
| 三金钻石项链 | 长32.0cm | 253,991 | 米兰佳士得 | 2021-02-03 |
| 珊瑚，钻石和翡翠项链和戒指 | 项链长74.0cm | 44,661 | 纽约佳士得 | 2021-01-27 |
| 珊瑚和养殖珍珠项链 | 长41.91cm | 163,125 | 纽约苏富比 | 2021-08-31 |
| 珊瑚色袖扣及珊瑚色和钻石项链、耳环、戒指 | | 86,513 | 巴黎佳士得 | 2021-07-07 |
| 珊瑚珠、玉石和红宝石项链 | | 68,582 | 伦敦苏富比 | 2021-06-24 |
| 石榴石和钻石项链、手镯、戒指首饰套装 | | 26,018 | 纽约佳士得 | 2021-04-21 |
| 石榴石项链、胸针、耳环套装 19世纪初及以后 | | 22,861 | 伦敦苏富比 | 2021-06-24 |
| 石英石、玛瑙和孔雀石项链 | 长59.7cm | 407,812 | 纽约苏富比 | 2021-08-31 |
| 双股养殖珍珠和钻石项链 | 长86.2cm | 213,181 | 纽约佳士得 | 2021-04-13 |
| 双股珍珠，缟玛瑙和钻石项链 | 长68cm | 532,951 | 纽约佳士得 | 2021-04-13 |
| 水滴透辉石套链 | | 368,000 | 上海匡时 | 2021-07-08 |
| 水晶项链 | 长38.1cm | 68,662 | 纽约苏富比 | 2021-06-11 |
| 硕美非凡天然翡翠珠配钻石及红宝石项链 | | 16,675,920 | 香港苏富比 | 2021-10-12 |
| 斯蒂芬·哈夫纳 彩色钻石和钻石项链 | 内周长34.29cm | 80,779 | 纽约苏富比 | 2021-06-11 |
| 斯特莱 法国黄金和钻石项链、手链、耳夹珠宝套装 | | 403,263 | 纽约苏富比 | 2021-06-09 |
| 斯特莱 黄金和钻石项链和一对耳夹，法国 | | 306,480 | 纽约苏富比 | 2021-06-09 |
| 天然冰种翡翠福豆配满绿翡翠蛋面及钻石吊坠项链 | | 20,700 | 保利厦门 | 2021-11-04 |
| 天然玻璃种满绿翡翠配红宝石及钻石珠链 | 项链长540mm | 14,950,000 | 华艺国际 | 2021-06-04 |
| 天然帝王绿翡翠项链 | | 3,129,840 | 香港苏富比 | 2021-10-12 |
| 天然翡翠“福豆”配钻石吊坠项链 | | 253,000 | 中国嘉德 | 2021-11-30 |
| 天然翡翠“五福临门”吊坠项链 | 项链长69.5cm，吊坠7.7cm | 19,909,250 | 佳士得 | 2021-11-28 |
| 天然翡翠蛋面配钻石项链 | 项链长42cm | 115,000 | 华艺国际 | 2021-03-31 |
| 天然翡翠蛋面配钻石项链 | 长41cm | 862,500 | 华艺国际 | 2021-03-31 |
| 天然翡翠蛋面配钻石项链、耳环、戒指三件套 | 耳环总长4cm | 138,000 | 华艺国际 | 2021-03-31 |
| 天然翡翠吊坠项链 | 吊坠4.2cm，项链长45.0cm | 307,875 | 佳士得 | 2021-11-28 |
| 天然翡翠吊坠项链 | 项链长39.7cm，吊坠4.5cm | 133,413 | 佳士得 | 2021-11-28 |
| 天然翡翠配红宝石及钻石项链、耳环、戒指套装 | | 625,968 | 香港苏富比 | 2021-10-12 |
| 天然翡翠配总重约5.70克拉钻石观音吊坠项链 | 项链长540mm | 287,500 | 中国嘉德 | 2021-05-21 |
| 天然翡翠配钻石项链 | | 4,431,651 | 香港苏富比 | 2021-04-20 |
| 天然翡翠配钻石项链 | | 148,705 | 香港苏富比 | 2021-04-20 |
| 天然翡翠配钻石项链 | | 377,568 | 天成国际 | 2021-06-01 |
| 天然翡翠项链 | | 1,911,924 | 香港苏富比 | 2021-04-20 |
| 天然翡翠项链 | 项链长38.5cm | 564,438 | 佳士得 | 2021-11-28 |
| 天然翡翠项链及手链套装，Cartier设计 | 项链长39.0cm，手链长18.0cm | 6,609,050 | 佳士得 | 2021-11-28 |
| 天然海螺珠配钻石项链 | | 2,300,000 | 北京保利 | 2021-09-26 |
| 天然满绿冰种翡翠蛋面配钻石项链及耳环（一套） | | 2,415,000 | 华艺国际 | 2021-12-10 |
| 天然满绿翡翠葫芦配钻石吊坠项链 | | 575,000 | 保利厦门 | 2021-11-04 |
| 天然满绿翡翠配钻石无事牌吊坠项链 | 吊坠53mm×24mm | 552,000 | 中国嘉德 | 2021-05-21 |
| 天然满绿翡翠珠链 | | 9,200,000 | 保利厦门 | 2021-11-04 |
| 天然满绿翡翠珠链 | | 805,000 | 华艺国际 | 2021-03-31 |

2021翡翠珠宝拍卖成交汇总(续表)

(成交价RMB：2万元以上)

| 拍品名称 | 物品尺寸 | 成交价RMB | 拍卖公司 | 拍卖日期 |
|---|---|---|---|---|
| 天然缅甸39颗辣绿翡翠珠链 | 翡翠直径：12mm–13.5mm；链长540mm | 4,313,000 | 十竹斋拍卖(北京) | 2021-04-25 |
| 天然缅甸冰种满绿大鸽子蛋翡翠镶钻吊坠项链 | 翡翠36mm×30mm | 4,370,000 | 十竹斋拍卖(北京) | 2021-04-25 |
| 天然缅甸帝王绿老坑冰种翡翠葫芦项链、耳环、戒指套装 | 项链：翡翠20.4mm×12.9mm–16.1mm×10.2mm；戒指：翡翠16mm×11.5mm；耳钉：翡翠13.5mm×8.8mm | 1,265,000 | 十竹斋拍卖(北京) | 2021-04-25 |
| 天然缅甸未经加热红宝石配钻石套装(红宝石共重24.78克拉) |  | 1,877,904 | 香港苏富比 | 2021-10-12 |
| 天然缅甸未经加热尖晶石配贝母及钻石套装(尖晶石共重62.66克拉) |  | 1,043,280 | 香港苏富比 | 2021-10-12 |
| 天然珊瑚挂件项链 | 25.4mm×20mm×12.6mm | 138,000 | 上海嘉禾 | 2021-07-22 |
| 天然坦桑石、月光石月之海洋套链 | 坦桑石23.6mm×23.6mm×14mm，重63.3g | 287,500 | 华艺国际 | 2021-03-31 |
| 天然珍珠和养殖珍珠项链 | 长380mm | 228,607 | 伦敦苏富比 | 2021-06-24 |
| 天然珍珠和钻石项链 | 长181cm | 245,978 | 纽约佳士得 | 2021-04-13 |
| 天然珍珠和钻石项链 | 项链长44.0cm | 97,569 | 纽约佳士得 | 2021-04-21 |
| 天然珍珠和钻石项链 | 长343mm | 62,867 | 伦敦苏富比 | 2021-06-24 |
| 天然珍珠和钻石项链 |  | 238,288 | 米兰苏富比 | 2021-03-04 |
| 天然珍珠及钻石项链，Cartier设计 | 项链长48.3cm | 3,105,000 | 佳士得 | 2021-05-23 |
| 天然珍珠配钻石及红宝石长项链/项链组合 | 最短长420mm | 1,629,490 | 日内瓦苏富比 | 2021-05-11 |
| 天然珍珠配钻石及珍珠项链，卡地亚 钻石链扣 |  | 1,669,248 | 香港苏富比 | 2021-10-12 |
| 天然珍珠配钻石项链 | 最短长520mm | 198,716 | 日内瓦苏富比 | 2021-05-13 |
| 天然祖母绿配钻石项链 |  | 28,750 | 中国嘉德 | 2021-05-21 |
| 天然祖母绿配钻石项链及耳环一套(祖母绿共重约61.15克拉) |  | 805,000 | 华艺国际 | 2021-12-10 |
| 托尼·杜奎特 宝石镶嵌项链 | 内周长55.88cm | 177,713 | 纽约苏富比 | 2021-06-11 |
| 托尼·杜奎特 黄金和黄水晶项链和耳夹一对 | 项链长50.8cm | 64,623 | 纽约苏富比 | 2021-06-11 |
| 托尼·杜奎特 火蛋白石珠宝套装 | 项链长46.99cm，胸针长7.62cm | 161,557 | 纽约苏富比 | 2021-06-11 |
| 托尼·杜奎特 金鲍鱼项链 | 内周长50.8cm | 64,623 | 纽约苏富比 | 2021-06-11 |
| 托尼·杜奎特 珊瑚和养殖珍珠项链 | 长75.57cm | 36,350 | 纽约苏富比 | 2021-06-11 |
| 托尼·杜奎特 紫水晶和绿松石项链 | 内周长38.1–45.72cm | 56,545 | 纽约苏富比 | 2021-06-11 |
| 托帕石项链，Michele della Valle设计 | 内周长39.5cm | 289,800 | 佳士得 | 2021-05-23 |
| 维多利亚时期 蝴蝶结绸蔓花卉饰钻石项链 | 长38cm；重13.6g | 103,500 | 西泠印社 | 2021-07-23 |
| 维多利亚时期 花叶枝蔓饰钻石晚宴项链 | 长36cm；重24g | 230,000 | 西泠印社 | 2021-07-23 |
| 希腊著名品牌LALAOUNIS黄金项链 |  | 32,200 | 永乐拍卖 | 2021-12-02 |
| 香奈儿 “Collerette” 钻石项链 |  | 318,654 | 香港苏富比 | 2021-04-20 |
| 香奈儿“Sous le Signe du Lion”钻石项链 |  | 318,654 | 香港苏富比 | 2021-04-20 |
| 香奈儿 Demi-parure项链和手链，“山茶花” | 项链长500mm，手链长180mm | 43,435 | 伦敦苏富比 | 2021-06-24 |
| 香奈儿 GRIPOIX 玻璃和人造珍珠首饰套装 | 项链长40–44cm（可调节），宽18.2cm；耳环长7.5cm | 105,433 | 纽约佳士得 | 2021-01-14 |
| 香奈儿 GRIPOIX 玻璃项链和胸针 | 项链39cm(可调节)，胸针6.4cm×6.4cm | 89,213 | 纽约佳士得 | 2021-01-14 |
| 香奈儿 GRIPOIX 玻璃长链项链(无签名) | 长197.4cm | 44,606 | 纽约佳士得 | 2021-01-14 |
| 香奈儿 白色 GRIPOIX 玻璃胸针和无签名香奈儿 GRIPOIX 玻璃项链 | 项链长254.0cm；胸针5.7cm×6.2cm | 30,819 | 纽约佳士得 | 2021-01-14 |
| 香奈儿 超大号人造珍珠项链(无签名) | 长188.0cm | 24,331 | 纽约佳士得 | 2021-01-14 |
| 香奈儿 吊饰长链项链(无签名) | 长186cm | 34,063 | 纽约佳士得 | 2021-01-14 |
| 香奈儿 多股人造珍珠项链（无签名） | 长30cm | 40,551 | 纽约佳士得 | 2021-01-14 |
| 香奈儿 黑色 GRIPOIX 玻璃项链和腰带 | 腰带总长87.0cm，项链长96.0cm | 24,331 | 纽约佳士得 | 2021-01-14 |
| 香奈儿 金色“Mongole”项链和耳夹一对，法国 | 项链长43.18cm | 97,875 | 纽约苏富比 | 2021-08-31 |
| 香奈儿 魅力珠宝项链、手链、耳环套装 | 耳环5.0cm×5.5cm，袖口手链长15.2cm，项链长104.0cm | 77,047 | 纽约佳士得 | 2021-01-14 |
| 香奈儿 人造绿松石及水钻项链和吊坠胸针 | 项链长118cm，吊坠胸针直径7.0cm | 40,551 | 纽约佳士得 | 2021-01-14 |
| 香奈儿 人造珍珠和 GRIPOIX 玻璃项链 | 长33.7cm，宽10.7cm | 48,662 | 纽约佳士得 | 2021-01-14 |
| 香奈儿 人造珍珠和黑珠项链(无签名) | 项链长（可调节）53.0—57.0cm；最长的单股107.0cm | 28,386 | 纽约佳士得 | 2021-01-14 |
| 香奈儿 人造珍珠和链条多股项链 | 最短股线38.2cm，最长链200cm | 36,496 | 纽约佳士得 | 2021-01-14 |
| 香奈儿 人造珍珠和水钻项链(无签名) | 长35.6cm，可变宽度8.0—9.0cm | 28,386 | 纽约佳士得 | 2021-01-14 |
| 香奈儿 人造珍珠项链(无签名) | 长168.0cm | 21,087 | 纽约佳士得 | 2021-01-14 |
| 香奈儿 人造珍珠项链和手链 | 项链长43.5cm（可调节），宽14.5cm；手链长20.3cm(可调节)，耳环3.2cm×3.2cm | 60,827 | 纽约佳士得 | 2021-01-14 |
| 香奈儿 钻石项链 |  | 138,083 | 香港苏富比 | 2021-04-20 |
| 香奈儿设计 “彗星” 钻石项链及腕表套装 |  | 472,896 | 保利香港 | 2021-11-27 |
| 项链，耳夹珠宝收藏 |  | 69,501 | 米兰苏富比 | 2021-03-04 |
| 萧邦 钻石长项链 |  | 903,256 | 日内瓦苏富比 | 2021-05-13 |
| 萧邦 宝石镶嵌和钻石项链和耳环 | 项链长470mm | 61,309 | 日内瓦苏富比 | 2021-07-07 |
| 养殖珍珠，蓝宝石和钻石项链、耳环 |  | 94,322 | 米兰苏富比 | 2021-03-04 |
| 养殖珍珠，钻石和彩色钻石项链、手链、耳环首饰套装 |  | 34,149 | 纽约佳士得 | 2021-04-21 |
| 养殖珍珠、红宝石和钻石项链 | 长450mm | 22,861 | 伦敦苏富比 | 2021-06-24 |
| 养殖珍珠和蓝宝石项链 | 长25.5cm | 31,772 | 米兰苏富比 | 2021-03-04 |
| 养殖珍珠和钻石项链 | 最短股线长42.5cm | 92,804 | 米兰佳士得 | 2021-02-03 |
| 养殖珍珠和钻石项链 | 长42.5cm | 39,715 | 米兰苏富比 | 2021-03-04 |
| 养殖珍珠和钻石项链 19世纪及以后 | 长57.5cm | 23,829 | 米兰苏富比 | 2021-03-04 |
| 养殖珍珠和钻石项链，POMELLATO | 最短股线38.0cm | 37,122 | 米兰佳士得 | 2021-02-03 |
| 养殖珍珠和钻石项链、耳环珠宝 | 项链 39.2cm；耳环 4.0cm×1.5cm | 113,831 | 纽约佳士得 | 2021-04-21 |
| 养殖珍珠和钻石项链和手链套装 | 项链长47.0cm，手链长19.5cm | 68,382 | 米兰佳士得 | 2021-02-03 |
| 养殖珍珠及钻石项链，Cartier设计 | 项链长40.5cm | 155,250 | 佳士得 | 2021-05-23 |
| 养殖珍珠配钻石流苏项链 |  | 23,645 | 保利香港 | 2021-11-27 |
| 养殖珍珠配钻石项链 |  | 74,520 | 天成国际 | 2021-06-01 |
| 养殖珍珠配钻石项链及耳环套装 |  | 44,334 | 保利香港 | 2021-11-27 |
| 养殖珍珠项链 |  | 29,556 | 天成国际 | 2021-11-26 |
| 养殖珍珠项链 |  | 51,437 | 伦敦苏富比 | 2021-06-24 |
| 养殖珍珠项链 | 长152.0cm | 49,196 | 纽约佳士得 | 2021-04-13 |
| 养殖珍珠项链，25颗圆形养殖珍珠19.31至15.39毫米 | 项链长47.0cm | 564,438 | 佳士得 | 2021-11-28 |
| 养殖珍珠钻石项链及耳夹一对 | 项链长36.83cm | 64,623 | 纽约苏富比 | 2021-06-11 |
| 养殖珍珠钻石项链 | 长47.94cm | 32,311 | 纽约苏富比 | 2021-06-11 |
| 伊达尔戈锤金项链 | 长46.5cm，宽1.4cm | 44,661 | 纽约佳士得 | 2021-01-27 |

**2021翡翠珠宝拍卖成交汇总(续表)**

**(成交价RMB：2万元以上)**

| 拍品名称 | 物品尺寸 | 成交价RMB | 拍卖公司 | 拍卖日期 |
| --- | --- | --- | --- | --- |
| 伊丽莎白·洛克的钻石、金项链和耳环 | 项链长49.5cm；吊坠 4.3cm×2.1cm；耳环 2.2cm×1.5cm | 56,842 | 纽约佳士得 | 2021-01-27 |
| 伊丽莎白·盖奇养殖珍珠和金项链 | 长39.5cm | 77,142 | 纽约佳士得 | 2021-01-27 |
| 伊利亚斯·拉劳尼斯 金色长链和耳夹一对 | 链长80.33cm | 226,180 | 纽约苏富比 | 2021-06-11 |
| 英国 约1901年 爱德华时期 海蓝宝镶嵌钻石蝴蝶结饰项链 | 重10.69g | 40,250 | 西泠印社 | 2021-01-17 |
| 硬币项链 |  | 37,729 | 米兰苏富比 | 2021-03-04 |
| 优雅的5.88克拉天然赞比亚艳绿色祖母绿配珍珠、贝母及钻石项链 |  | 80,500 | 中国嘉德 | 2021-11-30 |
| 有色钻石及钻石项链 | 项链长45.5cm | 724,500 | 佳士得 | 2021-05-23 |
| 有色钻石及钻石项链、耳环首饰套装 | 项链长43.5cm，耳环长4.9cm | 2,070,000 | 佳士得 | 2021-05-23 |
| 玉髓、红宝石和钻石项链 |  | 31,063 | 日内瓦苏富比 | 2021-07-07 |
| 月亮石英和红宝石项链 | 长74.2cm | 21,318 | 纽约佳士得 | 2021-04-13 |
| 珍罕的总重34.03克拉天然缅甸未经加热鸽血红红宝石配总重约26.79克拉钻石项链 | 项链长440mm | 4,025,000 | 中国嘉德 | 2021-05-21 |
| 珍罕天然翡翠配钻石吊坠项链 |  | 2,086,560 | 天成国际 | 2021-06-01 |
| 珍罕卓绝 天然满绿翡翠108颗珠链 | 总长逾100cm | 15,525,000 | 华艺国际 | 2021-03-31 |
| 珍珠，钻石和祖母绿项链 |  | 69,501 | 米兰苏富比 | 2021-03-04 |
| 种子珍珠和钻石项链和种子珍珠、蓝宝石和钻石手链 | 长190mm | 81,745 | 日内瓦苏富比 | 2021-07-07 |
| 种子珍珠和钻石项链、戒指 | 长410mm | 26,158 | 日内瓦苏富比 | 2021-07-07 |
| 重要与稀有的45.18克拉天然哥伦比亚艳绿色极微油处理祖母绿配总重约10.35克拉钻石吊坠项链/胸针 |  | 1,897,500 | 中国嘉德 | 2021-11-30 |
| 紫锂辉石配钻石吊坠项链 |  | 31,526 | 天成国际 | 2021-11-26 |
| 紫锂辉石套链 | 主石89.95克拉×11粒 | 368,000 | 上海匡时 | 2021-07-08 |
| 总重50.1克拉缅甸抹谷鸽血红红宝石配钻石项链，未经加热 | 项链长39.5cm | 7,360,000 | 北京保利 | 2021-06-07 |
| 总重65.13克拉缅甸鸽血红红宝石配钻石项链，未经加热 |  | 2,758,560 | 保利香港 | 2021-11-27 |
| 总重80.21克拉缅甸抹谷鸽血红红宝石配钻石项链，未经加热 |  | 2,012,500 | 北京保利 | 2021-12-05 |
| 总重9.27克拉天然斯里兰卡矢车菊蓝蓝宝石配钻石项链 |  | 92,000 | 中国嘉德 | 2021-11-30 |
| 总重量29.51克拉天然缅甸无经加热处理红宝石配钻石项链 |  | 472,896 | 天成国际 | 2021-11-26 |
| 总重量42.21克拉椭圆形及古垫形天然缅甸未经加热处理红宝石配钻石项链 |  | 874,368 | 天成国际 | 2021-06-01 |
| 总重约13.25克拉天然赞比亚祖母绿配钻石项链 |  | 48,300 | 中国嘉德 | 2021-11-30 |
| 总重约15.33克拉天然赞比亚艳彩绿祖母绿配总重约5.26克拉钻石项链、手链及戒指套装 | 项链长400-450mm（可调节），手链长163mm | 207,000 | 中国嘉德 | 2021-05-21 |
| 祖母绿和蓝宝石项链 | 长44.0cm | 53,729 | 米兰佳士得 | 2021-02-03 |
| 祖母绿和钻石吊坠项链 1890年 |  | 109,215 | 米兰苏富比 | 2021-03-04 |
| 祖母绿和钻石项链 |  | 409,963 | 纽约佳士得 | 2021-04-13 |
| 祖母绿和钻石项链 | 长38.1cm | 325,230 | 纽约佳士得 | 2021-04-21 |
| 祖母绿和钻石项链 | 长440mm | 163,490 | 日内瓦苏富比 | 2021-07-07 |
| 祖母绿和钻石项链 | 长410mm | 40,873 | 日内瓦苏富比 | 2021-07-07 |
| 祖母绿和钻石项链 |  | 34,333 | 日内瓦苏富比 | 2021-07-07 |
| 祖母绿和钻石项链，FRED | 长40.0cm | 2,148,360 | 日内瓦佳士得 | 2021-05-12 |
| 祖母绿和钻石项链，REZA | 长38.0cm | 1,969,330 | 日内瓦佳士得 | 2021-05-12 |
| 祖母绿和钻石项链，REZA | 项链长43.0cm | 429,672 | 日内瓦佳士得 | 2021-05-12 |
| 祖母绿和钻石项链、手链和耳环套装，ADLER | 项链长39.0cm、手链长20.0cm、耳环长6.2cm | 1,539,658 | 日内瓦佳士得 | 2021-05-12 |

| 拍品名称 | 物品尺寸 | 成交价RMB | 拍卖公司 | 拍卖日期 |
| --- | --- | --- | --- | --- |
| 祖母绿和钻石项链，约1910年 | 长410mm | 57,222 | 日内瓦苏富比 | 2021-07-07 |
| 祖母绿及钻石项链、耳环、戒指套装Tiffany & Co.设计 | 项链长42.5cm，耳环长1.5cm | 621,000 | 佳士得 | 2021-05-23 |
| 祖母绿及钻石项链、手链首饰套装 | 项链长43.2cm，手链长19.5cm | 289,800 | 佳士得 | 2021-05-23 |
| 祖母绿及钻石项链、手链套装，Fred设计 | 项链长40.3cm，手链长17.3cm | 393,300 | 佳士得 | 2021-05-23 |
| 祖母绿配蓝宝石及钻石手链 | 长180mm | 198,716 | 日内瓦苏富比 | 2021-05-13 |
| 祖母绿配钻石手链 | 长190mm | 108,391 | 日内瓦苏富比 | 2021-05-13 |
| 祖母绿配钻石项链 |  | 234,847 | 日内瓦苏富比 | 2021-05-13 |
| 祖母绿配钻石项链、耳环首饰套装 |  | 19,269,365 | 日内瓦苏富比 | 2021-05-11 |
| 祖母绿配钻石项链及耳环套装 |  | 82,951 | 保利香港 | 2021-04-22 |
| 祖母绿珠和钻石项链 | 长40.0cm | 104,146 | 纽约佳士得 | 2021-06-04 |
| 钻石，珐琅和金项链 | 长40.0cm | 28,421 | 纽约佳士得 | 2021-01-27 |
| 钻石，养殖珍珠和缟玛瑙项链，宝诗龙 20世纪70年代 | 长37.5cm | 375,963 | 日内瓦佳士得 | 2021-05-12 |
| 钻石，祖母绿和金公羊头项链 | 长64.5cm | 105,700 | 纽约佳士得 | 2021-04-21 |
| 钻石、缟玛瑙和珊瑚项链 | 长76.0cm | 112,158 | 纽约佳士得 | 2021-06-04 |
| 钻石“死亡”项链 | 长46cm | 36,541 | 纽约佳士得 | 2021-01-27 |
| 钻石Flowerlace吊坠项链Van Cleef & Arpels设计 |  | 124,200 | 佳士得 | 2021-05-23 |
| 钻石Happy Spirit吊坠项链，Chopard |  | 55,642 | 天成国际 | 2021-06-01 |
| 钻石Love项链及戒指 Cartier设计 |  | 93,150 | 佳士得 | 2021-05-23 |
| 钻石吊坠项链 | 项链长41.5cm、吊坠长1.5cm | 402,818 | 日内瓦佳士得 | 2021-05-12 |
| 钻石吊坠项链 | 长420mm | 274,328 | 伦敦苏富比 | 2021-06-24 |
| 钻石吊坠项链 | 长430mm | 20,575 | 伦敦苏富比 | 2021-06-24 |
| 钻石吊坠项链，“迷你吉卜赛” | 长435mm | 108,588 | 伦敦苏富比 | 2021-06-24 |
| 钻石吊坠项链，Graff设计 | 项链长42.0cm，吊坠长6.1cm | 258,750 | 佳士得 | 2021-05-23 |
| 钻石吊坠项链 Graff设计 |  | 175,950 | 佳士得 | 2021-05-23 |
| 钻石吊坠项链 Graff设计 |  | 33,120 | 佳士得 | 2021-05-23 |
| 钻石和白金项链 | 长41cm | 77,242 | 纽约佳士得 | 2021-04-21 |
| 钻石和铂金项链 | 长36.5cm | 162,405 | 纽约佳士得 | 2021-01-27 |
| 钻石和彩钻项链 | 内周长40.64cm | 339,270 | 纽约苏富比 | 2021-06-11 |
| 钻石和多宝石项链 | 长42.4cm | 532,951 | 纽约佳士得 | 2021-04-13 |
| 钻石和多宝石项链 | 项链长45.0cm | 32,481 | 纽约佳士得 | 2021-01-27 |
| 钻石和红宝石项链，CUSI | 长55.5cm | 1,611,270 | 日内瓦佳士得 | 2021-05-12 |
| 钻石和黄金吊坠项链 | 项链长36.0cm；吊坠3.3cm×2.4cm | 89,323 | 纽约佳士得 | 2021-01-27 |
| 钻石和黄金吊坠项链/胸针 | 项链长63cm，吊坠长10.5cm | 89,323 | 纽约佳士得 | 2021-01-27 |
| 钻石和黄水晶项链和耳环一对 |  | 258,146 | 米兰苏富比 | 2021-03-04 |
| 钻石和金项链 | 项链35.8cm | 144,203 | 纽约佳士得 | 2021-06-04 |
| 钻石花环项链 | 长38.4cm | 139,387 | 纽约佳士得 | 2021-04-13 |
| 钻石及蓝宝石吊坠项链，Graff设计 | 项链长41.0cm，吊坠长4.5cm | 165,600 | 佳士得 | 2021-05-23 |
| 钻石及有色钻石项链 | 项链长40.5cm | 465,750 | 佳士得 | 2021-05-23 |
| 钻石手链 | 长175mm | 406,465 | 日内瓦苏富比 | 2021-05-13 |
| 钻石手链，20世纪30年代 | 长180mm | 234,847 | 日内瓦苏富比 | 2021-05-13 |
| 钻石首饰套装 | 项链内周长32.3cm，手链长内周长15.3cm | 143,675 | 佳士得 | 2021-11-28 |
| 钻石项链 | 项链长37.0cm | 465,750 | 佳士得 | 2021-05-23 |
| 钻石项链 |  | 276,000 | 永乐拍卖 | 2021-05-22 |
| 钻石项链 |  | 198,720 | 天成国际 | 2021-06-01 |
| 钻石项链 | 项链长43.9cm | 5,131,250 | 佳士得 | 2021-11-28 |
| 钻石项链 | 项链长37.0cm | 266,825 | 佳士得 | 2021-11-28 |
| 钻石项链 | 项链长47.0cm | 2,052,500 | 佳士得 | 2021-11-28 |
| 钻石项链 | 项链长39.5cm | 112,888 | 佳士得 | 2021-11-28 |
| 钻石项链 | 项链长42.0cm | 2,463,000 | 佳士得 | 2021-11-28 |
| 钻石项链 | 36.3cm×3.1cm | 1,475,865 | 纽约佳士得 | 2021-04-13 |
| 钻石项链 | 长37cm | 655,940 | 纽约佳士得 | 2021-04-13 |
| 钻石项链 | 内周长360mm | 587,117 | 日内瓦苏富比 | 2021-05-13 |

## 2021翡翠珠宝拍卖成交汇总(续表)

(成交价RMB：2万元以上)

| 拍品名称 | 物品尺寸 | 成交价RMB | 拍卖公司 | 拍卖日期 |
| --- | --- | --- | --- | --- |
| 钻石项链 | 长38.0cm | 557,549 | 纽约佳士得 | 2021-04-13 |
| 钻石项链 | 长34.5cm | 537,288 | 米兰佳士得 | 2021-02-03 |
| 钻石项链 | 长41.8cm | 280,621 | 纽约佳士得 | 2021-06-08 |
| 钻石项链 | 长514mm | 171,455 | 伦敦苏富比 | 2021-06-24 |
| 钻石项链 | 长35.5cm | 89,323 | 纽约佳士得 | 2021-01-27 |
| 钻石项链 | 长390mm | 361,302 | 日内瓦苏富比 | 2021-05-13 |
| 钻石项链 | 长35.56cm | 242,336 | 纽约苏富比 | 2021-06-11 |
| 钻石项链 |  | 204,300 | 纽约苏富比 | 2021-02-04 |
| 钻石项链 |  | 204,300 | 纽约苏富比 | 2021-02-04 |
| 钻石项链 | 长43.0cm | 136,764 | 米兰佳士得 | 2021-02-03 |
| 钻石项链 |  | 117,227 | 米兰佳士得 | 2021-02-03 |
| 钻石项链 | 长400mm | 114,443 | 日内瓦苏富比 | 2021-07-07 |
| 钻石项链 |  | 109,215 | 米兰苏富比 | 2021-03-04 |
| 钻石项链 | 长420mm | 98,094 | 日内瓦苏富比 | 2021-07-07 |
| 钻石项链 | 内周长39.5cm | 79,429 | 米兰苏富比 | 2021-03-04 |
| 钻石项链 |  | 61,309 | 日内瓦苏富比 | 2021-07-07 |
| 钻石项链 | 长43.1cm | 60,981 | 纽约佳士得 | 2021-04-21 |
| 钻石项链 | 长425mm | 48,007 | 伦敦苏富比 | 2021-06-24 |
| 钻石项链 梵克雅宝 20世纪70年代 | 长37.0cm | 1,790,300 | 日内瓦佳士得 | 2021-05-12 |
| 钻石项链 梵克雅宝 20世纪70年代 | 长39.0cm | 313,303 | 日内瓦佳士得 | 2021-05-12 |
| 钻石项链，Graff设计 | 项链长38.5cm | 165,600 | 佳士得 | 2021-05-23 |
| 钻石项链，Harry Winston设计 | 项链长44.0cm | 724,500 | 佳士得 | 2021-05-23 |
| 钻石项链，M. GÉRARD | 长36.0cm | 313,303 | 日内瓦佳士得 | 2021-05-12 |
| 钻石项链和一对耳环，Marina B. | 内周长29.0cm | 168,787 | 米兰苏富比 | 2021-03-04 |
| 钻石项链，迪莫拉 | 内周长37.0cm | 119,144 | 米兰苏富比 | 2021-03-04 |
| 钻石项链、耳环首饰套装 | 项链长39.3cm，耳环长4.1cm | 1,147,895 | 纽约佳士得 | 2021-04-13 |
| 钻石项链，耳环首饰套装，20世纪50年代 |  | 406,465 | 日内瓦苏富比 | 2021-05-13 |
| 钻石项链，法国 | 长52.71cm | 1,613,052 | 纽约苏富比 | 2021-06-09 |
| 钻石项链，镶铂金及金，项链38.0厘米 |  | 266,825 | 佳士得 | 2021-11-28 |
| 钻石项链，约 1950 年 | 长350mm | 89,920 | 日内瓦苏富比 | 2021-07-07 |
| 钻石项链，约1910年 | 项链长470mm | 270,977 | 日内瓦苏富比 | 2021-05-13 |
| 钻石项链，约1960年 | 长415mm | 316,140 | 日内瓦苏富比 | 2021-05-13 |
| 钻石项链、手链和耳环套装 | 项链长370mm，手链长180mm | 53,134 | 日内瓦苏富比 | 2021-07-07 |
| 钻石项链/头饰 1910年 | 长21cm | 397,147 | 米兰苏富比 | 2021-03-04 |
| 钻石项链“Maillon Panthère” |  | 69,483 | 日内瓦苏富比 | 2021-07-07 |
| 钻石项链和耳环 | 长400mm | 85,728 | 伦敦苏富比 | 2021-06-24 |
| 钻石项链及耳环套装 | 项链内周长35.4cm，耳环1.7cm×2 | 155,250 | 佳士得 | 2021-05-23 |
| 钻石项链及耳环套装 |  | 32,371 | 保利香港 | 2021-04-22 |
| 钻石项链，可变形为手链 | 项链35.0cm，变成手链时16.4cm | 1,249,625 | 巴黎佳士得 | 2021-07-07 |
| 钻石项链蓝宝石吊坠 |  | 2,415,000 | 上海匡时 | 2021-07-08 |
| 钻石项链/手链组合，法国 |  | 725,873 | 纽约苏富比 | 2021-06-09 |
| 钻石项链胸针 | 项链 41.5cm，吊坠/胸针 6.5cm×4.7cm | 88,124 | 纽约佳士得 | 2021-06-04 |
| 钻石长链 |  | 23,000 | 华艺国际 | 2021-06-04 |
| 清 翡翠108子朝珠 | 珠径1.1cm | 92,000 | 西泠印社 | 2021-01-16 |
| 清 翡翠朝珠 | 长96.5cm | 49,737 | 中国嘉德 | 2021-04-21 |
| 清 红碧玺及翡翠108子朝珠 | 珠径0.9cm | 20,700 | 西泠印社 | 2021-07-24 |
| 清中期 红宝石朝珠 | 长67cm | 129,168 | 中国嘉德 | 2021-10-14 |
| 清中期 蓝宝石朝珠 | 长72cm | 119,232 | 中国嘉德 | 2021-10-14 |
| **袖 扣** |  |  |  |  |
| 梵克雅宝 蓝宝石袖扣一对 20世纪60年代 | 16mm×16mm×2 | 45,721 | 伦敦苏富比 | 2021-06-24 |
| 梵克雅宝 两对袖扣 |  | 24,524 | 日内瓦苏富比 | 2021-07-07 |
| 格拉夫 红宝石和钻石饰钉 | 长1.2cm | 152,214 | 纽约佳士得 | 2021-06-04 |
| 格拉夫 红宝石袖扣一对 |  | 25,849 | 纽约苏富比 | 2021-06-11 |
| 红宝石和钻石一对礼服袖扣和四颗纽扣套装 20世纪30年代 |  | 194,316 | 伦敦苏富比 | 2021-06-24 |
| 红宝石和钻石两个连衣裙袖扣和四个饰钉套装 |  | 32,625 | 纽约苏富比 | 2021-08-31 |
| 金色和钻石一对连衣裙袖扣和四个饰钉套装 |  | 32,625 | 纽约苏富比 | 2021-08-31 |
| 金袖扣一对，卡地亚两对金镶宝石袖扣 |  | 31,063 | 日内瓦苏富比 | 2021-07-07 |
| 卡地亚 珐琅袖扣一对 20世纪30年代 |  | 43,435 | 伦敦苏富比 | 2021-06-24 |
| 卡地亚 金色“Juste Un Clou”袖扣一对 | 长2.54cm×2 | 48,937 | 纽约苏富比 | 2021-08-31 |
| 卡地亚 金袖扣一对 |  | 26,100 | 纽约苏富比 | 2021-08-31 |
| 卡地亚 蓝宝石袖扣一对 20世纪30年代 |  | 48,035 | 伦敦苏富比 | 2021-06-24 |
| 卡地亚 蓝宝石袖扣一对 20世纪50年代 |  | 45,721 | 伦敦苏富比 | 2021-06-24 |
| 卡地亚 祖母绿袖扣一对 20世纪30年代 |  | 182,885 | 伦敦苏富比 | 2021-06-24 |
| 卡地亚 钻石和蓝宝石连衣裙袖扣套装 | 袖扣 1.5cm | 104,146 | 纽约佳士得 | 2021-06-04 |
| 蓝宝石和钻石一对礼服袖扣和四个饰钉套装 |  | 45,721 | 伦敦苏富比 | 2021-06-24 |
| 蓝宝石和钻石一对礼服袖扣和四个饰钉套装 |  | 34,291 | 伦敦苏富比 | 2021-06-24 |
| 两对“神秘套装”袖扣，梵克雅宝 | 蓝宝石袖扣1.3cm，红宝石袖扣1.0cm | 73,267 | 米兰佳士得 | 2021-02-03 |
| 缅甸天然翡翠配钻石袖扣 |  | 41,378 | 保利香港 | 2021-11-27 |
| 青金石，钻石和珐琅袖扣 | 袖扣头 2.0cm×1.7cm | 16,262 | 纽约佳士得 | 2021-04-21 |
| **手袋、晚装包** |  |  |  |  |
| 19世纪末的蓝宝石晚装包 大约1890年 | 12.5cm×17.0cm | 72,094 | 巴黎佳士得 | 2021-07-07 |
| CHARLES HOLL 20世纪早期祖母绿和钻石晚宴包 | 14.5cm×14.2cm | 98,391 | 纽约佳士得 | 2021-04-13 |
| 宝格丽 晚装包 |  | 89,358 | 米兰苏富比 | 2021-03-04 |
| 黄金和钻石袖珍包，法国 | 7.94cm×6.35cm×1..59cm | 52,506 | 纽约苏富比 | 2021-06-11 |
| 金色和钻石晚装包 | 10.16cm×17.78cm | 137,324 | 纽约苏富比 | 2021-06-11 |
| 金色晚装包 |  | 195,750 | 纽约苏富比 | 2021-08-31 |
| 金、钻石晚宴包 | 18.4cm×8.6cm×4.1cm | 97,569 | 纽约佳士得 | 2021-04-21 |
| 紧凑型晚装包 |  | 129,073 | 米兰苏富比 | 2021-03-04 |
| 卡地亚 碧玺和金色晚装包 | 17.1cm×23.5cm×5.0cm | 21,140 | 纽约佳士得 | 2021-04-21 |
| 卡地亚 缟玛瑙、珊瑚、珐琅和钻石晚装包 |  | 105,738 | 巴黎佳士得 | 2021-07-07 |
| 绿松石和钻石晚装手袋 | 15.5cm×12cm | 136,764 | 米兰佳士得 | 2021-02-03 |
| 女士金色钻石晚装包和零钱包 | 200mm×150mm×10mm | 89,920 | 日内瓦苏富比 | 2021-07-07 |
| 女士蓝宝石晚装包 |  | 54,608 | 米兰苏富比 | 2021-03-04 |
| 女士晚装包 | 135mm×85mm×35mm | 89,920 | 日内瓦苏富比 | 2021-07-07 |
| 女士晚装包，20世纪10年代 | 135mm×140mm | 77,658 | 日内瓦苏富比 | 2021-07-07 |
| 细工花丝小包 | 45mm×35mm | 78,200 | 十竹斋拍卖（北京） | 2021-04-25 |
| 钻石晚装包 | 18.5cm×9.0cm×4.0cm | 115,350 | 巴黎佳士得 | 2021-07-07 |
| **裸 石** |  |  |  |  |
| 1.41克拉缅甸抹谷鸽血红红宝石，未经优化处理 | 裸石6.35mm×5.86mm×4.65mm | 138,000 | 西泠印社 | 2021-01-16 |
| 1.84克拉和1.79克拉的祖母绿 未镶嵌 |  | 32,481 | 纽约佳士得 | 2021-01-27 |
| 2.13克拉淡粉色IF净度粉钻裸石 | 裸石7.94mm×6.94mm×4.38mm | 1,610,000 | 西泠印社 | 2021-01-16 |
| 2.50克拉未镶嵌祖母绿 |  | 24,361 | 纽约佳士得 | 2021-01-27 |
| 2.55克拉莫桑比克无烧红宝石裸石 |  | 73,920 | 上海联合 | 2021-06-27 |
| 3.01克拉和3.00克拉的钻石 |  | 461,400 | 巴黎佳士得 | 2021-07-07 |
| 3.06克拉E色I1净度钻石 未镶嵌 |  | 73,082 | 纽约佳士得 | 2021-01-27 |
| 3.13克拉硅硼镁铝石 |  | 86,250 | 西泠印社 | 2021-01-16 |
| 3.69克拉哥伦比亚木佐祖母绿裸石 |  | 184,800 | 上海联合 | 2021-06-27 |
| 4.02克拉天然D色VVS2净度IIa型钻石(裸石) |  | 690,000 | 中国嘉德 | 2021-05-21 |

## 2021翡翠珠宝拍卖成交汇总(续表)

(成交价RMB：2万元以上)

| 拍品名称 | 物品尺寸 | 成交价RMB | 拍卖公司 | 拍卖日期 |
|---|---|---|---|---|
| 4.09克拉莫桑比克无烧鸽血红红宝石裸石 | | 313,600 | 上海联合 | 2021-06-27 |
| 4.6克拉巴西祖母绿裸石 | | 285,600 | 上海联合 | 2021-06-27 |
| 5.01克拉E色VS1净度白钻裸石 | | 1,840,000 | 西泠印社 | 2021-07-25 |
| 5.26克拉GGTL无烧矢车菊蓝宝石 | | 172,500 | 上海嘉禾 | 2021-07-22 |
| 6.02克拉D色钻石，净度内部无瑕 | | 2,300,000 | 北京保利 | 2021-06-07 |
| 6.11克拉F色钻石 | | 862,500 | 北京保利 | 2021-06-07 |
| 6.12克拉椭圆形切割F色IF净度钻石裸石 | | 1,725,000 | 西泠印社 | 2021-01-16 |
| 7.38克拉巴西祖母绿水滴形裸石 | | 952,000 | 上海联合 | 2021-06-27 |
| 7.38克拉赞比亚祖母绿裸石 | | 336,000 | 上海联合 | 2021-06-27 |
| 7.64克拉赞比亚沃顿绿祖母绿裸石 | | 246,400 | 上海联合 | 2021-06-27 |
| 7.78克拉哥伦比亚无油祖母绿裸石 | | 3,427,000 | 永乐拍卖 | 2021-12-02 |
| 7.93克拉未镶嵌祖母绿 | | 32,481 | 纽约佳士得 | 2021-01-27 |
| 9.34克拉巴西祖母绿裸石 | | 560,000 | 上海联合 | 2021-06-27 |
| 9.48克拉圆形D色完美无瑕钻石 | | 6,267,705 | 香港苏富比 | 2021-04-20 |
| 10.21克拉D色TypeIIA钻石，净度内部无瑕 | | 4,117,000 | 北京保利 | 2021-09-26 |
| 10.54克拉的长方形切割祖母绿 | | 44,719 | 纽约佳士得 | 2021-04-21 |
| 10.88克拉长方形、D色、完美无瑕钻石 | | 5,915,523 | 香港苏富比 | 2021-10-19 |
| 11.17克拉浓彩黄色VVS1净度裸钻 | | 1,207,500 | 北京保利 | 2021-09-26 |
| 20.80克拉D色TYPE IIA全美钻石，净度无瑕 | | 14,778,000 | 保利香港 | 2021-11-27 |
| 22.66克拉未镶嵌的祖母绿 | | 468,906 | 米兰佳士得 | 2021-02-03 |
| 22.88克拉圆形D色完美无瑕钻石 | | 19,018,080 | 香港苏富比 | 2021-04-20 |
| 39.88克拉方形D色完美无瑕钻石 | | 23,608,215 | 香港苏富比 | 2021-04-20 |
| 50.03克拉，G色，VVS2净度的圆形钻石 | | 17,331,620 | 纽约苏富比 | 2021-06-17 |
| 204.36克拉，浓彩黄，自然色，VVS2净度未镶嵌彩色钻石 | | 31,750,290 | 纽约佳士得 | 2021-06-08 |
| 77颗未镶嵌的祖红宝石 | | 128,284 | 纽约佳士得 | 2021-06-08 |
| 阿盖尔0.34克拉粉钻裸石 | | 40,250 | 西泠印社 | 2021-01-16 |
| 八颗未镶嵌钻石 | | 491,955 | 纽约佳士得 | 2021-04-13 |
| 非常珍罕及重要30.88克拉圆形D色完美无瑕钻石 | | 24,791,148 | 香港苏富比 | 2021-10-12 |
| 翡翠满绿蛋面裸石 | | 621,600 | 上海联合 | 2021-06-27 |
| 翡翠满绿蛋面裸石(铜托) | | 744,800 | 上海联合 | 2021-06-27 |
| 红宝石裸石 | | 517,500 | 上海匡时 | 2021-07-08 |
| 288.38克拉和272.51克拉未镶嵌的祖母绿 | | 3,848,520 | 纽约佳士得 | 2021-06-08 |
| 十全十美 10.41克拉D色TYPE IIA全美钻石，净度无瑕 | | 7,093,440 | 保利香港 | 2021-11-27 |
| 未镶嵌108.12克拉祖母绿 | | 587,117 | 日内瓦苏富比 | 2021-05-13 |
| 未镶嵌12.22克拉，D色，SI2净度钻石 | | 2,864,480 | 日内瓦佳士得 | 2021-05-12 |
| 未镶嵌15.24克拉，J色，SI1净度钻石 | | 1,969,330 | 日内瓦佳士得 | 2021-05-12 |
| 未镶嵌24.23克拉蓝宝石 | | 537,090 | 日内瓦佳士得 | 2021-05-12 |
| 未镶嵌25.82克拉蓝宝石 | | 537,090 | 日内瓦佳士得 | 2021-05-12 |
| 无油7.25克拉祖母绿裸石 | | 517,500 | 上海匡时 | 2021-07-08 |
| 五颗未镶嵌的红宝石 | | 68,096 | 纽约佳士得 | 2021-06-04 |
| 一颗巨大的100.94克拉，D色，内部无瑕净度，IIa型未镶嵌钻石 | | 91,953,389 | 纽约佳士得 | 2021-05-12 |
| 一组未镶嵌的祖母绿 | | 138,223 | 纽约佳士得 | 2021-04-21 |
| 珍罕8.88克拉圆形D色完美无瑕钻石 | | 4,853,736 | 香港苏富比 | 2021-10-12 |
| 珍罕及重要20.88克拉圆形D色完美无瑕钻石 | | 14,972,724 | 香港苏富比 | 2021-10-12 |
| 重2.53克拉彩棕黄色SI2净度钻石未镶嵌 | | 52,782 | 纽约佳士得 | 2021-01-27 |
| **其他佩饰件** | | | | |
| 天然海水珍珠配钻石冠冕/项链，19世纪末 | | 2,018,142 | 香港苏富比 | 2021-04-20 |

| 拍品名称 | 物品尺寸 | 成交价RMB | 拍卖公司 | 拍卖日期 |
|---|---|---|---|---|
| 清中期 翡翠带扣(一套) | 长10cm | 920,000 | 北京保利 | 2021-06-08 |
| 清 翡翠带扣(一对) | 总长10cm×2；宽3.5cm | 32,200 | 辽宁省拍 | 2021-07-04 |
| 清 翡翠灵管 | 高8.2cm | 23,000 | 十竹斋拍卖(北京) | 2021-05-29 |
| 清 翡翠松鹿纹带板 | 8cm×6cm | 20,700 | 广东崇正 | 2021-01-07 |
| 清 翡翠璎珞(一组十二件) | 长19cm | 63,250 | 广东崇正 | 2021-07-19 |
| 19世纪蓝宝石和钻石皇冠 | 长45.3cm | 12,675,324 | 日内瓦佳士得 | 2021-05-12 |
| 19世纪晚期祖母绿和钻石头饰 | 内周长20.2cm | 537,090 | 日内瓦佳士得 | 2021-05-12 |
| 19世纪早期重要的蓝宝石和钻石头饰 | 长49.0cm | 3,759,630 | 日内瓦佳士得 | 2021-05-12 |
| GUCCI 金腰带 | 87.0cm×2.5cm | 262,376 | 纽约佳士得 | 2021-04-13 |
| Stefano Ricci豹子皮带扣 | | 32,200 | 北京保利 | 2021-06-07 |
| Stefano Ricci 飞龙配镶钻石皮带扣 | | 32,200 | 北京保利 | 2021-06-07 |
| 古董紫水晶和钻石头饰约1890年 | 27.6cm×7.4cm | 262,376 | 纽约佳士得 | 2021-04-13 |
| 卡地亚 珊瑚，缟玛瑙配钻石及珐琅扣环 | | 289,042 | 日内瓦苏富比 | 2021-05-13 |
| 两个 DAVID WEBB 和一个 KIESELSTEIN 绳带扣 | | 44,062 | 纽约佳士得 | 2021-06-04 |
| 天然珍珠和钻石头饰，约1890年 | | 73,571 | 日内瓦苏富比 | 2021-07-07 |
| 天然珍珠配钻石王冠/项链，19世纪下半叶，具历史价值 | 长380mm | 10,575,878 | 日内瓦苏富比 | 2021-05-11 |
| 钻石冠冕，20世纪初 | | 690,417 | 香港苏富比 | 2021-04-20 |
| 钻石头饰，法国 20 世纪初 | | 362,937 | 纽约苏富比 | 2021-06-09 |
| **陈设件** | | | | |
| **摆件** | | | | |
| 清 黄花梨螭龙纹架三色翡翠“吉庆有余”磬 | 高60cm | 161,000 | 广东崇正 | 2021-01-07 |
| 清中期 翡翠浮雕兽面凤纹挂磬 | 翡翠磬长13.5cm；宽11.5cm | 207,000 | 西泠印社 | 2021-07-24 |
| 清早期 翡翠猫摆件 | 高4.5cm | 36,800 | 中鸿信 | 2021-07-14 |
| 清中期 翡翠碧玉雕仙鹤摆件一对 | 高47.5cm×2 | 2,070,000 | 北京保利 | 2021-12-06 |
| 清中期 翡翠观音 | 高68.5cm | 31,050,000 | 华艺国际 | 2021-06-05 |
| 清 翠雕瑞兽 | 长8cm | 23,000 | 北京保利 | 2021-01-09 |
| 清 翠玉太狮少狮摆件 | 长4.3cm；宽4cm；高3cm | 119,369 | 中国嘉德 | 2021-04-21 |
| 清 翡翠船 | 122mm×80mm×20mm | 109,250 | 西泠印社 | 2021-07-25 |
| 清 翡翠雕太师少师摆件 | 135mm×92mm×66mm | 69,000 | 西泠印社 | 2021-07-25 |
| 清 翡翠雕有余摆件 | 184mm×67mm×12mm；带座高120mm | 80,500 | 西泠印社 | 2021-01-15 |
| 清 翡翠雕竹报平安花插 | 186mm×155mm×62mm | 632,500 | 西泠印社 | 2021-07-25 |
| 清 翡翠镂雕佛手福寿纹摆件 | 带座高26cm；高21cm | 57,500 | 西泠印社 | 2021-07-24 |
| 清 翡翠巧雕“一帆风顺”摆件 | 直径21.5cm；高17cm | 43,700 | 保利厦门 | 2021-11-05 |
| 清 翡翠瑞兽 | 75mm×44mm×48mm；带座高68mm | 97,750 | 西泠印社 | 2021-07-25 |
| 清 翡翠童子拜寿摆件 | 高8.3cm | 25,300 | 西泠印社 | 2021-10-23 |
| 清 翡翠羊 | 53mm×35mm×26mm | 57,500 | 西泠印社 | 2021-01-15 |
| 清 翡翠鱼形摆件 | 长26.4cm | 690,000 | 北京保利 | 2021-12-06 |
| 清 红绿宝石雕童子捧寿摆件 | 高10cm | 29,808 | 中国嘉德 | 2021-10-14 |
| 晚清 翠玉雕刘海戏金蟾摆件 | 高22.2cm | 718,375 | 佳士得 | 2021-12-03 |
| 民国 翠雕凤凰摆件(一对) | 高25cm×2 | 63,250 | 北京保利 | 2021-10-30 |
| 民国 翡翠玉兰花摆件 | 高21.5cm | 46,000 | 北京保利 | 2021-05-18 |
| 民国 老坑翡翠摆件 | 高9cm | 20,160 | 江苏汇中 | 2021-12-01 |
| JAR 岩石水晶雕塑 | 24.13cm×17.14cm×8.89cm | 208,293 | 纽约佳士得 | 2021-06-04 |

| 拍品名称 | 物品尺寸 | 成交价RMB | 拍卖公司 | 拍卖日期 |
|---|---|---|---|---|
| 陈家杰 翡翠朝圣摆件 | 22.5cm×17cm×9cm | 537,600 | 上海联合 | 2021-11-21 |
| 陈家杰 翡翠灵芝如意摆件 | 13.5cm×10.8cm×6.5cm；重668.1g | 515,200 | 上海联合 | 2021-11-21 |
| 当代 王建制紫罗兰百财摆件 | 长35cm | 690,000 | 中鸿信 | 2021-07-14 |
| 珐琅、钻石和象牙桌面时钟20世纪初 | 直径79mm | 40,006 | 伦敦苏富比 | 2021-06-24 |
| 翡翠摆件 | | 82,800 | 佳士得 | 2021-05-23 |
| 翡翠摆件 | | 49,680 | 佳士得 | 2021-05-23 |
| 翡翠灵芝摆件 | 12.6cm×7cm×4.1cm；重367.3g | 2,105,600 | 上海联合 | 2021-11-21 |
| 翡翠满载而归摆件 | | 224,000 | 上海联合 | 2021-11-21 |
| 翡翠清明上河图摆件 | 32cm×15cm×14cm | 806,400 | 上海联合 | 2021-11-21 |
| 翡翠饮水思源摆件 | | 2,105,600 | 上海联合 | 2021-11-21 |
| 翡翠迎客松摆件 | 20cm×20cm×9cm | 280,000 | 上海联合 | 2021-11-21 |
| 锦绣河山 满绿翡翠玉雕摆件 | | 5,750,000 | 保利厦门 | 2021-11-04 |
| 缅甸天然冰种翡翠观音摆件 | | 115,000 | 北京保利 | 2021-06-07 |
| 天然翡翠“观音”摆件 | | 5,520,000 | 华艺国际 | 2021-12-10 |
| 天然翡翠刘海戏金蟾摆件 | 翡翠69.0mm×53.9mm×42.2mm | 124,200 | 佳士得 | 2021-05-23 |
| 蔚长海雕“福禄寿”摆件 | 主石 88.2mm×53.5mm×30.8mm | 2,070,000 | 永乐拍卖 | 2021-05-22 |
| 银镀金配钻石“小狗”摆件，Jewellery Theatre | | 118,224 | 天成国际 | 2021-11-26 |
| 银镀金配钻石长颈鹿摆件，Jewellery Theatre | | 23,846 | 天成国际 | 2021-06-01 |
| 郑国柳 翡翠罗汉 摆件 | | 761,600 | 上海联合 | 2021-11-21 |
| **如意** | | | | |
| 清中期 翡翠龙纹如意 | 长41.5cm | 138,000 | 十竹斋拍卖(北京) | 2021-05-29 |
| 清 翡翠安居乐业如意 | 长40.5cm | 299,000 | 华艺国际 | 2021-12-11 |
| 清 翡翠荷叶形小如意 | 长10.4cm | 23,000 | 中国嘉德 | 2021-11-29 |
| 清 翡翠如意 | 长41.5cm | 218,500 | 中贸圣佳 | 2021-09-26 |
| 清 翡翠小如意 | 长12cm | 34,500 | 中国嘉德 | 2021-05-19 |
| 清代 翡翠巧雕福寿双全如意 | 长38cm；宽10.3cm | 333,500 | 永乐拍卖 | 2021-12-01 |
| **像** | | | | |
| 清乾隆 翡翠仕女 | 高14cm(不含底座) | 437,000 | 辽宁省拍 | 2021-07-04 |
| 清 翡翠浮雕罗汉山子摆件 | 带座高15cm；高11cm；长13.9cm | 34,500 | 西泠印社 | 2021-07-24 |
| 清中期 翡翠持净瓶荷莲观音 | 高26.5cm | 2,300,000 | 华艺国际 | 2021-12-11 |
| 清中期 翡翠观音 | 高15cm | 138,000 | 十竹斋拍卖(北京) | 2021-05-29 |
| 陈世英 鸿福满堂弥勒佛、金玉满堂弥勒佛(一对) | | 2,300,000 | 华艺国际 | 2021-06-04 |
| 红宝石和天然珍珠狮身人面像 | 长6.5cm，宽3.2cm，高 4.3cm | 24,361 | 纽约佳士得 | 2021-01-27 |
| 民国 翡翠观音立像 | 高14.3cm | 20,700 | 广东崇正 | 2021-07-19 |
| **山子** | | | | |
| 林成洪 菩提花开翡翠山子 | 整体33.4cm×9.5cm×13.4cm；翡翠16.6cm×7.9cm×3.4cm | 1,035,000 | 上海嘉禾 | 2021-07-22 |
| 林成洪 溪山行旅图翡翠山子 | 6.5cm×3.2cm×2.3cm | 115,000 | 上海嘉禾 | 2021-07-22 |
| 渔翁得利 翡翠山子 | 232mm×158mm×109mm；重7060g | 109,250 | 西泠印社 | 2021-07-25 |
| **屏** | | | | |
| 清乾隆 翡翠雕山水人物插屏 | 25.5cm×25.5cm；通高41cm | 138,000 | 中鸿信 | 2021-07-14 |
| 清中期 翡翠人物纹插屏 | 高18.5cm；宽9.5cm | 28,750 | 广东崇正 | 2021-01-07 |
| 清 翡翠雕十八罗汉双面插屏 | 高30.5cm；宽31.5cm | 57,500 | 朵云轩 | 2021-07-07 |
| 清 翡翠雕羲之爱鹅插屏 | 带座高21cm；长21cm；屏心长17.2cm；宽12.5cm | 36,800 | 西泠印社 | 2021-07-24 |
| 清 翡翠浮雕高士出游图插屏 | 高30.5cm；长13.3cm；宽9cm | 115,000 | 西泠印社 | 2021-01-16 |
| 清 翡翠浮雕太平有象插屏 | 带座高24cm；长18cm；宽6cm；屏心长16.7cm；宽13.2cm | 69,000 | 西泠印社 | 2021-01-16 |
| 清 翡翠浮雕仙居图插屏 一对 | 高30.2cm，高30.3cm | 253,000 | 西泠印社 | 2021-07-24 |
| 清 翡翠嵌百宝清供图紫檀插屏 | 高57cm；长35cm；屏心长32.5cm；宽22.7cm | 36,800 | 西泠印社 | 2021-10-23 |
| 清 翡翠双面浮雕山水图挂屏 | 长67.8cm；宽39.6cm | 126,500 | 西泠印社 | 2021-07-24 |
| 清 陆宝忠铭翡翠浮雕仙人贺寿清供图诗文插屏 | 屏心长25cm，宽18cm | 184,000 | 西泠印社 | 2021-04-10 |
| 清光绪 翡翠雕山水高士双面插屏 | 19.5cm×13.7cm×34.6cm | 460,000 | 北京保利 | 2021-12-06 |
| 清末 翡翠山水人物纹台屏(一对) | 9.7cm×6.6cm×0.7cm×2 | 43,680 | 江苏汇中 | 2021-12-01 |
| 民国 翡翠人物纹插屏带座 | 高30.5cm | 97,750 | 广东崇正 | 2021-07-19 |
| **生活器皿** | | | | |
| **瓶** | | | | |
| 清 翡翠雕龙凤纹盖瓶 | 高34.5cm | 920,000 | 北京保利 | 2021-01-09 |
| 清 翡翠雕龙纹花瓶 | 高28cm | 34,500 | 广东崇正 | 2021-01-07 |
| 清 翡翠雕双凤耳龙凤纹赏瓶 | 高28.5cm | 115,000 | 西泠印社 | 2021-01-16 |
| 清 翡翠雕折枝花果兽耳衔环瓶 | 高31.5cm | 920,000 | 北京保利 | 2021-12-06 |
| 清 翡翠浮雕花卉纹活环耳赏瓶 | 高21.4cm；带座通高24.7cm | 57,500 | 西泠印社 | 2021-01-16 |
| 清 翡翠高浮雕龙纹包袱瓶 | 高30cm | 97,750 | 西泠印社 | 2021-04-10 |
| 清 翡翠龙纹盖瓶 | 高25cm | 149,500 | 中贸圣佳 | 2021-05-21 |
| 清 翡翠镂雕葫芦瓶 | | 552,000 | 中贸圣佳 | 2021-07-07 |
| 清翡翠瑞兽凤鸟纹瓶(一组两件) | 高16.5cm | 34,500 | 中贸圣佳 | 2021-09-25 |
| 清 翡翠狮子戏球盖瓶 | 高10cm | 23,000 | 北京保利 | 2021-10-31 |
| 清 翡翠五狮瓶 | 高10.5cm | 46,000 | 十竹斋 | 2021-06-27 |
| 清 翡翠喜鹊登梅双环瓶 | 高14cm | 287,500 | 十竹斋拍卖(北京) | 2021-05-29 |
| 19世纪 翡翠小扁瓶 | 高10.2cm | 23,000 | 中贸圣佳 | 2021-09-25 |
| 晚清 翡翠镂雕花鸟纹瓶 | 带座高26cm；高23cm | 55,200 | 西泠印社 | 2021-10-23 |
| 民国 翡翠雕天女散花盖瓶 | 高27cm | 97,750 | 北京保利 | 2021-06-08 |
| 民国 翡翠《西厢记》人物故事带盖瓶 | 直径15cm；高20cm | 115,000 | 江苏汇中 | 2021-12-01 |
| 当代 翡翠雕饕餮纹双龙耳衔环瓶 | 高28.5cm | 74,750 | 中鸿信 | 2021-07-14 |
| **炉** | | | | |
| 19世纪 翡翠雕衔环龙耳三足熏炉 | 高8cm | 345,000 | 保利厦门 | 2021-11-05 |
| 民国 翡翠龙纹游环耳香炉 | 直径14.5cm | 28,750 | 北京保利 | 2021-01-09 |
| 清 翡翠螭龙盖熏炉 | 高8.3cm | 43,700 | 中贸圣佳 | 2021-09-26 |
| 清 翡翠雕瑞兽活环耳三足炉 | 高18cm | 63,250 | 广东崇正 | 2021-01-07 |
| 清 翡翠雕饕餮纹双龙耳簋式盖炉 | 高14.5cm；通径25cm；口径16.5cm | 143,750 | 西泠印社 | 2021-01-16 |
| 清 翡翠镂雕花卉纹熏炉 | 高10.5cm；通径16.5cm | 86,250 | 西泠印社 | 2021-07-24 |
| 清 翡翠双龙衔环炉 | 长28cm | 218,500 | 华艺国际 | 2021-12-11 |
| 清乾隆 翡翠雕盘龙钮活环耳鼎式熏炉 | 炉高12.3cm；炉通径15.5cm | 862,500 | 西泠印社 | 2021-07-24 |
| **盒** | | | | |
| 清 翡翠朝珠连盒 | 长128cm | 97,750 | 中贸圣佳 | 2021-09-26 |
| 清 翡翠寿桃形香盒 | 长7.2cm | 230,000 | 中贸圣佳 | 2021-03-26 |
| 清代 翡翠和合 | 直径5.5cm；厚1.2cm | 43,700 | 上海呗美 | 2021-05-30 |
| G. 凯勒 黄金和红宝石化妆盒 | 70mm×45mm | 31,063 | 日内瓦苏富比 | 2021-07-07 |
| 宝格丽 黄金镶钻石配珐琅粉盒 | | 63,228 | 日内瓦苏富比 | 2021-05-13 |
| 玳瑁色珐琅粉盒 | | 64,536 | 米兰苏富比 | 2021-03-04 |
| 蒂芙尼红宝石和钻石粉盒 | 7.4cm×6.1cm×1.3cm | 25,985 | 纽约佳士得 | 2021-01-27 |
| 多宝石化妆盒，卡地亚 | 5.3cm×7.9cm×1.1cm | 83,035 | 米兰佳士得 | 2021-02-03 |

## 2021翡翠珠宝拍卖成交汇总(续表)

(成交价RMB：2万元以上)

| 拍品名称 | 物品尺寸 | 成交价RMB | 拍卖公司 | 拍卖日期 |
|---|---|---|---|---|
| 珐琅，玛瑙和钻石粉盒，lacloche fréres | 10.5cm×4.5cm ×2.4cm | 404,608 | 日内瓦佳士得 | 2021-05-12 |
| 梵克雅宝 黄金和钻石化妆盒 | 100mm×40mm | 98,094 | 日内瓦苏富比 | 2021-07-07 |
| 缟玛瑙和钻石化妆盒 | | 36,785 | 日内瓦苏富比 | 2021-07-07 |
| 黑漆、钻石和珊瑚粉饼，卡地亚 唇膏盒，梵克雅宝 | 75mm×55mm ×18mm | 44,960 | 日内瓦苏富比 | 2021-07-07 |
| 红宝石和钻石香烟和火柴盒 | 90mm×75mm ×15mm | 40,873 | 日内瓦苏富比 | 2021-07-07 |
| 金色烟盒 | 90mm×80mm ×20mm | 40,873 | 日内瓦苏富比 | 2021-07-07 |
| 卡地亚 ART DECO 多宝石和金色化妆盒 | 长13.5cm | 88,124 | 纽约佳士得 | 2021-06-04 |
| 卡地亚 黑色珐琅和adventurine石英药丸盒 | | 29,786 | 米兰苏富比 | 2021-03-04 |
| 卡地亚 药盒 | | 29,786 | 米兰苏富比 | 2021-03-04 |
| 卡地亚 重559克18K黄金化妆盒(约1925年) | 18.3cm×7.5cm ×3.15cm | 460,000 | 西泠印社 | 2021-01-16 |
| 卡地亚 祖母绿，红宝石，蓝宝石和钻石粉盒和唇膏盒 | | 89,358 | 米兰苏富比 | 2021-03-04 |
| 蓝色珐琅和钻石配饰系列 | | 79,429 | 米兰苏富比 | 2021-03-04 |
| 玛瑙和种子珍珠盒 | 直径 6.3cm，高2.9cm | 24,361 | 纽约佳士得 | 2021-01-27 |
| 印度搪瓷小雕像和药盒 | | 59,572 | 米兰苏富比 | 2021-03-04 |
| 玉、珐琅和钻石化妆盒，约1930 年 | 75mm×40mm×10mm | 65,396 | 日内瓦苏富比 | 2021-07-07 |
| 钻石、种子珍珠和蓝宝石化妆盒 | 9.7cm×5.0cm | 39,028 | 纽约佳士得 | 2021-04-21 |
| 钻石烟盒 | | 49,643 | 米兰苏富比 | 2021-03-04 |
| **碗、盘** | | | | |
| 清乾隆 翡翠梅花飘香净水碗 | 直径12.5cm；高4.7cm | 97,750 | 广东崇正 | 2021-07-19 |
| 清乾隆 翡翠碗（一对） | 直径14cm×2 | 1,380,000 | 北京保利 | 2021-09-26 |
| 清 翡翠盖碗（一对） | 高11.1cm(带座)×2 | 23,000 | 中贸圣佳 | 2021-03-26 |
| 清 翡翠赏盘（一对） | 直径14.6cm，直径14.7cm | 103,500 | 西泠印社 | 2021-07-24 |
| 当代 翡翠盖碗 | 直径20cm | 345,000 | 北京翰海 | 2021-06-05 |
| 当代 江春源　翡翠秋声秋色盘 | 长37cm | 517,500 | 北京翰海 | 2021-06-05 |
| **文房用品** | | | | |
| JAR 海蓝宝石镇纸 | 5.8cm×4.3cm ×2.4cm | 400,563 | 纽约佳士得 | 2021-06-04 |
| **笔 筒** | | | | |
| 翡翠浮雕山水人物笔筒 | 高11cm；直径7.6cm | 36,800 | 西泠印社 | 2021-04-10 |
| **印章** | | | | |
| 天然双色翡翠“事事如意”印章（一对） | | 37,438 | 天成国际 | 2021-11-26 |
| **腕表** | | | | |
| 1950年代宝诗龙隐藏式珠宝腕表 | | 92,000 | 永乐拍卖 | 2021-12-02 |
| ART DECO 多宝石吊坠手表，RAYMOND YARD 和百达翡丽 | | 895,150 | 日内瓦佳士得 | 2021-05-12 |
| K金配钻石女装腕表，Piaget | | 49,260 | 天成国际 | 2021-11-26 |
| K金配钻石女装腕表，Van Cleef & Arpels | | 57,629 | 天成国际 | 2021-06-01 |
| MARCHAK ART DECO 珐琅和金表壳，JANESICH ART DECO 珐琅，钻石和金表壳 | | 128,284 | 纽约佳士得 | 2021-06-08 |
| 百达翡丽 不锈钢和钻石“Twenty-4”腕表 | | 44,428 | 纽约苏富比 | 2021-06-11 |
| 百达翡丽Calatravas 钻石腕表 | | 119,144 | 米兰苏富比 | 2021-03-04 |
| 宝格丽“TUBOGAS”金表 | 表壳直径19mm | 76,754 | 纽约佳士得 | 2021-04-21 |
| 宝格丽 CARBONGOLD手表 | 表壳 38.00mm | 30,897 | 纽约佳士得 | 2021-04-21 |
| 宝格丽 黄金和钻石女士腕表，“Serpenti” | | 61,309 | 日内瓦苏富比 | 2021-07-07 |
| 宝格丽 黄金和钻石腕表，“Parentesi” | 内周长140mm | 89,920 | 日内瓦苏富比 | 2021-07-07 |
| 宝格丽 女士腕表，“Serpenti” | | 73,571 | 日内瓦苏富比 | 2021-07-07 |
| 宝格丽 钻石“divas”梦想手表 | 表壳 38.00mm | 211,400 | 纽约佳士得 | 2021-04-21 |
| 宝格丽 钻石和缟玛瑙“SERPENTI”腕表 | 内周长12.7cm | 327,970 | 纽约佳士得 | 2021-04-13 |
| 宝诗龙女士钻石腕表 | | 94,322 | 米兰苏富比 | 2021-03-04 |
| 保加利亚人 保加利亚金表 | 表壳24.00mm，长165mm | 25,985 | 纽约佳士得 | 2021-01-27 |
| 伯爵翡翠与钻石“奴隶”腕表 | 内周长15.9cm | 208,293 | 纽约佳士得 | 2021-06-04 |
| 登喜路 金色打火机/手表组合 | | 31,063 | 日内瓦苏富比 | 2021-07-07 |
| 法国1940年代欧米伽隐藏式珠宝腕表 | | 80,500 | 永乐拍卖 | 2021-12-02 |
| 梵克雅宝 复古钻石“挂锁”腕表大约1940年 | | 62,481 | 巴黎佳士得 | 2021-07-07 |
| 梵克雅宝 黄金和红宝石腕表，“Cadenas”，约 1940 年 | 长180mm | 89,920 | 日内瓦苏富比 | 2021-07-07 |
| 梵克雅宝 女士腕表，梵克雅宝和珠宝组 | | 79,429 | 米兰苏富比 | 2021-03-04 |
| 刚玉钻石和多宝石手表 | 17.0cm×3.7cm | 89,438 | 纽约佳士得 | 2021-04-21 |
| 缟玛瑙配白水晶及钻石吊坠表，1923年 | | 234,847 | 日内瓦苏富比 | 2021-05-13 |
| 格拉夫“BabyGalaxy”钻石腕表 | | 1,009,071 | 香港苏富比 | 2021-04-20 |
| 格拉夫“GraffStar”珍珠母配钻石腕表 | | 233,680 | 香港苏富比 | 2021-04-20 |
| 格拉夫“Master Graff Tourbillon”限量版钻石配祖母绿自动上链腕表 | | 2,549,232 | 香港苏富比 | 2021-04-20 |
| 格拉夫“Snowfall”红宝石配钻石及珍珠母腕表 | | 339,898 | 香港苏富比 | 2021-04-20 |
| 格拉夫 红宝石和钻石腕表 | 长16.5cm | 240,338 | 纽约佳士得 | 2021-06-04 |
| 格拉夫 钻石“孔雀”腕表 | 宽3.4cm | 521,154 | 纽约佳士得 | 2021-06-08 |
| 积家女士钻石腕表 | | 139,001 | 米兰苏富比 | 2021-03-04 |
| 卡地亚 黄金和钻石腕表 | 内周长15.24cm | 69,328 | 纽约苏富比 | 2021-08-31 |
| 卡地亚 女士钻石腕表，约 1910 年 | | 69,483 | 日内瓦苏富比 | 2021-07-07 |
| 卡地亚 装饰艺术红宝石，钻石和珐琅翻领腕表 | 6.5cm×3.1cm | 196,782 | 纽约佳士得 | 2021-04-13 |
| 卡地亚 装饰艺术钻石腕表 | 长15cm | 327,970 | 纽约佳士得 | 2021-04-13 |
| 卡地亚 钻石“BAIGNOIRE”腕表 | 表壳 22.5mm | 155,786 | 纽约佳士得 | 2021-04-13 |
| 卡地亚 钻石和白金“坦克英国”手表 | | 69,111 | 纽约佳士得 | 2021-04-21 |
| 卡地亚 钻石手表 | 外壳 20.00mm | 73,177 | 纽约佳士得 | 2021-04-21 |
| 卡地亚 钻石腕表 | | 240,338 | 纽约佳士得 | 2021-06-04 |
| 卡地亚 钻石装饰艺术腕表“DUOPLAN” | | 192,250 | 巴黎佳士得 | 2021-07-07 |
| 女士宝石镶嵌钻石腕表 | | 26,158 | 日内瓦苏富比 | 2021-07-07 |
| 女士腕表，伯爵和珠宝组 | | 54,608 | 米兰苏富比 | 2021-03-04 |
| 女士祖母绿和钻石腕表，梵克雅宝，珐琅座钟和珠宝系列 | | 74,465 | 米兰苏富比 | 2021-03-04 |
| 香奈儿“camélia”钻石和珍珠母手表 | 表壳35.00mm | 60,902 | 纽约佳士得 | 2021-01-27 |
| 萧邦“经典”钻石和白金手表 | 表壳 50.00mm×30.00mm | 138,044 | 纽约佳士得 | 2021-01-27 |
| 萧邦钻石腕表 | 15.2cm | 90,192 | 纽约佳士得 | 2021-04-13 |
| 萧邦钻石珍珠母表 | 表壳宽度为 29.00mm | 113,684 | 纽约佳士得 | 2021-01-27 |
| **原石** | | | | |
| 翡翠莫西沙原石 | 12.3cm×8.7cm×5.5cm；重710g | 840,000 | 上海联合 | 2021-06-27 |
| 翡翠莫西沙原石 | 10cm×7.8cm×4.2cm；重377g | 199,360 | 上海联合 | 2021-06-27 |
| 翡翠木那种原石 | 12cm×6cm×5.6cm；重560g | 336,000 | 上海联合 | 2021-06-27 |
| **其他物品** | | | | |
| 18K金 黑钻红宝石牛币 | | 126,500 | 上海嘉禾 | 2021-07-22 |
| DE BEERS钻石沙漏 | | 49,450 | 永乐拍卖 | 2021-05-22 |
| 卡地亚 珐琅，缟玛瑙和珊瑚打火机 | | 29,550 | 米兰苏富比 | 2021-03-04 |